Bankinformatik-Studien

Herausgegeben von Professor Dr. Dieter Bartmann
Institut für Bankinformatik an der Universität Regensburg

Band 6

Titel der bisher erschienenen Bände

Band 1: B. A. Kerscher
Telekommunikation
im Bankgeschäft
1998. ISBN 3-7908-1067-3

Band 2: M. Kreuzer
Elektronische Bankvertriebswege
1998. ISBN 3-7908-1068-1

Band 3: C. Stockmann
Elektronische Bankfilialen
und virtuelle Banken
1998. ISBN 3-7908-1069-X

Band 4: Ch. Fotschki
Kooperationen an der elektronischen
Bank-Kunde-Schnittstelle
1998. ISBN 3-7908-1085-1

Band 5: M. Grebe
Das elektronische Firmenkunden-
geschäft der Kreditinstitute mit
dem industriellen Mittelstand
1998. ISBN 3-7908-1086-X

Gerald Wörner

Wirtschaftlichkeitsanalyse elektronischer Bankvertriebswege

Ein szenariogestütztes Vorgehensmodell zur Unterstützung strategischer Investitionsentscheidungen

Mit 69 Abbildungen
und 125 Tabellen

Physica-Verlag

Ein Unternehmen
des Springer-Verlags

Dr. Gerald Wörner
Institut für Bankinformatik
Universität Regensburg
D-93040 Regensburg

ISBN-13: 978-3-7908-1087-5 e-ISBN-13: 978-3-642-47021-9

DOI: 10.1007/ 978-3-642-47021-9

Die Deutsche Bibliothek - CIP-Einheitsaufnahme
Wörner, Gerald:
Wirtschaftlichkeitsanalyse elektronischer Bankvertriebswege : ein szenariogestütztes Vorgehensmodell zur Unterstützung strategischer Investitionsentscheidungen / Gerald Wörner. -
Heidelberg : Physica-Verl., 1998
(Bankinformatik-Studien; Bd. 6)
Zugl.: Regensburg, Univ., Diss., 1997

Softcover reprint of the hardcover 1st edition 1998

Umschlaggestaltung: Claudia Binder, Graphikdesign, Erding
SPIN 10661947 88/2202-5 4 3 2 1 0 - Gedruckt auf säurefreiem Papier

Vorwort des Herausgebers

Elektronische Vertriebswege - heute hauptsächlich Telefon, Telefax und Selbstbedienungsautomaten, morgen vermehrt Online Services im Internet - werden von den Großbanken unter den Gesichtspunkten Rationalisierung, Personalpolitik, Informatikstrategie und Kundenbindung gesehen. Dabei ist der Wirtschaftlichkeitsaspekt im Augenblick nicht dominierend. Langfristig verhält sich dies jedoch anders. In einigen Jahren muß sich die strategische Investitionsentscheidung „virtuelle Bankfiliale“ rechnen. Sie wird es auch, falls sich die Strategie als richtig erwiesen hat. Letztendlich ist der langfristig realisierbare wirtschaftliche Erfolg der ausschlaggebende Gradmesser für eine strategische Investitionsentscheidung. Da sich den Banken heute eine breite Vielfalt von vertriebsstrategischen Optionen bietet, ist deshalb eine szenariogestützte Wirtschaftlichkeitsanalyse ein wichtiges Orientierungsinstrument zur Festlegung der Vertriebsstrategie. Ein wesentliches Problem besteht darin, daß hierfür die wichtigsten Zahlen nicht aus dem Datenpool der Informatiksysteme geschöpft werden können.

Der Verfasser macht es sich zur Aufgabe, ein maßgeschneidertes Instrument zur Wirtschaftlichkeitsanalyse elektronischer Bankvertriebswege zu entwickeln. Aus der Untersuchung und der vergleichenden Bewertung problemadäquater Wirtschaftlichkeitsverfahren aus der Literatur leitet er die Notwendigkeit zur Definition eines eigenen Vorgehensmodells zur Wirtschaftlichkeitsanalyse ab.

Das im Rahmen der Arbeit entwickelte Instrument kann für die folgenden drei strategischen Investitionsentscheidungen eingesetzt werden:

- Auswahl eines neuen elektronischen Vertriebsweges aus mehreren möglichen neuen elektronischen Vertriebswegen
- Auswahl und gleichzeitige Einführung mehrerer neuer elektronischer Vertriebswege aus mehreren möglichen neuen elektronischen Vertriebswegen
- Bestimmung der optimalen Reihenfolge einer zeitlich versetzten Einführung mehrerer neuer elektronischer Vertriebswege.

Dabei umfassen die praktische Anwendbarkeit und die konkrete Umsetzung des Vorgehensmodells den ersten Teil der Arbeit. Die Anwendung des dargestellten Vorgehensmodells im zweiten Teil wird sehr ausführlich anhand des Praxisbeispiels Advance Bank dargestellt.

Regensburg, im August 1997 Dieter Bartmann

Vorwort

Die vorliegende Arbeit entstand im Rahmen meiner Forschungstätigkeit am Institut für Bankinformatik an der Universität Regensburg gemeinnützige GmbH. Das Forschungsinstitut wurde von Prof. Dr. Dieter Bartmann 1993 zusammen mit der Bayerischen Landesbank, der Bayerischen Vereinsbank, der SchmidtBank und dem Bayerischen Sparkassen- und Giroverband als Gesellschaftern gegründet. Eine der Zielsetzungen des Instituts ist die Institutionalisierung einer engen Verbundforschung zwischen Wissenschaft und Praxis, durch die Einrichtung speziell auf das jeweilige Forschungsziel ausgerichteter Kompetenzzentren. Im Rahmen der Forschungsarbeit eines Kompetenzzentrums werden die Inhalte eng mit den Projektpartnern aus der Praxis abgestimmt und die Ergebnisse durch die Veröffentlichung von Studien und die Durchführung von Workshops an die Projektpartner weitergegeben.
Das Kompetenzzentrum Medien (CC Medien), befaßt sich mit der langfristigen Entwicklung und Bedeutung der elektronischen Bank-Kunde-Schnittstelle. Mein Forschungsgebiet im besonderen hatte die Ermittlung der Wirtschaftlichkeit der Bereitstellung, der Einführung und des Betriebes elektronischer Vertriebswege zum Inhalt. Wesentliches Ergebnis meiner Forschungstätigkeit sollte ein Vorgehensmodell sein, welches die Ermittlung der Wirtschaftlichkeit der Einführung eines elektronischen Vertriebsweges in einen bestehenden Vertriebswegemix ermöglicht.
Für die, im Rahmen der Kompetenzzentren, untersuchten praxisnahen Fragestellungen hätte eine rein akademische Forschung nur zu bedingt praxisrelevanten Ergebnissen geführt. Daher möchte ich Herrn Prof. Dr. Dieter Bartmann dafür danken, daß er mit dem Institut für Bankinformatik und der Organisation in Kompetenzzentren den Rahmen geschaffen hat, innerhalb dessen eine sehr praxisorientierte Forschung möglich ist. Ebenfalls danken möchte ich den oben bereits erwähnten Projektpartnern des CC Medien, für ihre partnerschaftliche Unterstützung der Forschungsarbeit des Instituts für Bankinformatik.
Besonderen Dank möchte ich an dieser Stelle Herrn Ludwig Fensterer und den Mitarbeitern der Abteilung Organisation und Informatik der Advance Bank AG aussprechen. Durch sie wurde es möglich, die vorliegende Arbeit mit konkreten Praxisbeispielen anzureichern, die es erlauben, Erkenntnisse aus der Theorie an der Praxis zu validieren. Großer Dank gilt auch meinen Kollegen am CC Medien und am Lehrstuhl für Wirtschaftsinformatik für die nachhaltige und freundschaftliche Zusammenarbeit. Ein besonderer Dank gilt Frau Gabriele Matzinger, die stets ein hilfsbereiter Ansprechpartner ist.

Nicht zuletzt danke ich meiner Familie und meiner lieben und geschätzten Dagmar für ihre immerwährende Unterstützung in der langen entbehrungsreichen Zeit. Besonders meinen Eltern möchte ich den größten Dank aussprechen, da sie immer meine Entscheidungen und Vorhaben mit Rat und Tat unterstützt haben.

Regensburg, im August 1997 Gerald Wörner

Inhaltsverzeichnis

Teil C - Konkrete Anwendung des Vorgehensmodells: Advance Bank AG - Vertrieb über Internet/WWW

Abkürzungsverzeichnis

Abb.	—	Abbildung
ABC	—	Activity-Based Costing
Abs.	—	Absatz
Abschn.	—	Abschnitt
AC	—	Andersen Consulting
AfA	—	Absetzung für Abnutzung
AHK	—	Anschaffungs- und Herstellungskosten
akt.	—	aktuelle/aktuellen
AOL	—	America Online
AWF	—	Ausschuß für Wirtschaftliche Fertigung e.V.
BEN	—	Bestätigungsnummer
BL	—	Bankleistung
BP	—	Bankprodukt
Bsp.	—	Beispiel
bzgl.	—	bezüglich
ca.	—	zirka
CC	—	Kompetenzzentrum
CMK	—	Cash-Management-Konto
d.h.	—	das heißt
DE-CIX	—	Das Deutsche Commercial Internet Exchange (DE-CIX) ist ein Zusammenschluß der großen deutschen ISPs, die den innerdeutschen Datenaustausch über eine gemeinsame Routingzentrale effizient durchführen. Angeschlossen sind Stand Juni 1996 die ISPs EUNet, IS, Xlink, ECRC, contrib.net und Nacamar
DFN	—	Deutsches Forschungs Netzwerk
DGN	—	Deutsches Gesundheitsnetz
Diss.	—	Dissertation
DIT	—	Deutscher Investment-Trust
DM	—	Deutsche Mark
DTAG	—	Deutsche Telekom AG, Bonn
DV	—	Datenverarbeitung
ec	—	eurocheque
ECRC	—	The European Computer-Industry Research Centre GmbH, München. Ein Gemeinschaftsunternehmen der Firmen Bull S.A., ICL Plc. und Siemens AG
EDV	—	Elektronische Datenverarbeitung
eMail	—	Electronic Mail
EUNet	—	EUNet Deutschland GmbH, Dortmund

evtl.	—	eventuell
f.	—	folgend
FAZ	—	Frankfurter Allgemeine Zeitung
ff.	—	fortfolgende
GAA	—	Geldausgabeautomat
GI	—	Gesamtinanspruchnahme einer Bankleistung über einen Vertriebsweg pro Periode
GMK	—	Geldmarkt-Konto
GSM	—	Gobal System for Mobile Telecommunications
GWA	—	Gemeinkosten-Wertanalyse
HMD	—	Handbuch der modernen Datenverarbeitung
HP	—	Haupteinflußparameter
Hrsg.	—	Herausgeber
HTML	—	Hypertext Markup Language
i.d.R.	—	in der Regel
i.e.S.	—	im engeren Sinne
i.H.v.	—	in Höhe von
i.S.	—	im Sinne
i.V.m.	—	in Verbindung mit
IKS	—	Informations- und Kommunikationssysteme
IS	—	Internet Services GmbH, Hamburg
ISP	—	Internet Service Provider
IZB	—	Informatik Zentrum Bayern
Jg.	—	Jahrgang
K	—	Kosten
KD	—	Kostendelta
KO	—	Kostenobjekt
KS	—	Kostenstelle
KWG	—	Kreditwesengesetz
lmi	—	leistungsmengeninduziert
lmn	—	leistungsmengenneutral
MJ	—	Mitarbeiterjahr
Mo.	—	Monat
ND	—	quantitatives Nutzendelta
o. Inf.	—	organisatorische Infrastruktur
o.g.	—	oben genannt
o.J.	—	ohne Jahr
p. Inf.	—	personelle Infrastruktur
p.a.	—	per annum
PC	—	Personal Computer
PE	—	Personaleinheit
PIN	—	Persönliche Identifikationsnummer
PKR	—	Prozeßkostenrechnung
POS	—	Point of sale

PSEK	—	prozeßorientierte Standardeinzelkostenrechnung
pua.	—	prozeßunabhängig
resp.	—	respektive
RMS	—	Relationship Management System
SB	—	Selbstbedienung
SMS	—	Short Message Service (Datendienst im GSM-Mobilfunknetz)
SNI	—	Siemens Nixdorf AG
SSL	—	Secure Socket Layer (Protokoll der Firma Netscape Inc. zur sicheren Datenübertragung im Internet)
t. Inf.	—	technische Infrastruktur
Tab.	—	Tabelle
TAN	—	Transaktionsnummer (Einmalpaßwort)
TCP/IP	—	Transmission Control Protocol/Internet Protocol
TDM	—	tausend Deutsche Mark
TK	—	Telekommunikation
TP	—	Teilprozeß
Tsd.	—	tausend
URL	—	Uniform Resource Locator
usw.	—	und so weiter
vgl.	—	vergleiche
VW	—	Vertriebsweg
W'lichk.	—	Wahrscheinlichkeit
WiSt	—	Zeitschrift: Wirtschaftswissenschaftliches Studium
Wkt.	—	Wirtschaftlichkeit
WWW	—	World Wide Web
Xlink	—	NTG Netzwerk und Telematic GmbH, Geschäftsbereich Xlink, Karlsruhe
z.B.	—	zum Beispiel
ZBB	—	Zero-Base Budgeting
ZfB	—	Zeitschrift für Betriebswirtschaft
Zfbf	—	Zeitschrift für betriebswirtschaftliche Forschung

Übersicht

Die vorliegende Arbeit entstand im Rahmen eines Forschungsprojektes am Kompetenzzentrum Medien (CC Medien) des Instituts für Bankinformatik an der Universität Regensburg. Projektpartner des CC Medien sind die Bayerische Landesbank, die Bayerische Vereinsbank AG, das Informatik Zentrum Bayern (IZB) und die SchmidtBank KGaA.
Projektauftrag des CC Medien ist es, die künftige Ausgestaltung der elektronischen Bank-Kunde-Schnittstelle zu erforschen. Das Forschungsgebiet wird in den Teilbereichen Kundenpräferenzen, Wirtschaftlichkeit, Technologie, Wettbewerb und Vertrieb genauer analysiert. Aus dem Projektauftrag leiten sich die Fragestellungen dieser Arbeit ab.
Ziel der Arbeit ist es, ein Vorgehensmodell zur Durchführung einer szenariogestützten Wirtschaftlichkeitsanalyse für die Einführung eines neuen elektronischen Bankvertriebsweges[1] in einen bestehenden Vertriebswegemix und für dessen Betrieb zu entwickeln. Die Ergebnisse des Vorgehensmodells sollen die langfristigen strategischen Investitionsentscheidungen in neue elektronische Bankvertriebswege unterstützen. Diese Ergebnisse können für folgende strategische Investitionsentscheidungen herangezogen werden:

(1) Auswahl **eines** neuen elektronischen Vertriebsweges aus mehreren möglichen neuen elektronischen Vertriebswegen.

(2) Auswahl und gleichzeitige Einführung **mehrerer** neuer elektronischer Vertriebswege aus mehreren möglichen neuen elektronischen Vertriebswegen.

(3) Bestimmung der optimalen Reihenfolge einer **zeitlich versetzten Einführung mehrerer** neuer elektronischer Vertriebswege.

Die wesentlichen Aussagen und Ergebnisse der Arbeit sind im folgenden zusammenfassend dargestellt und vermitteln einen Überblick über den Aufbau und die Inhalte der Arbeit. Die Arbeit gliedert sich in drei Teile und sechs Kapitel, die hier im Überblick wiedergegeben werden.

Teil A - Grundlagen
Teil A definiert die begrifflichen und systematischen Grundlagen für die weitere Arbeit. Weiterhin werden die Anforderungen an ein Vorgehensmodell zur Durchführung der szenariogestützten Wirtschaftlichkeitsanalyse für neue elektronische Bankvertriebswege formuliert. Aus den definierten Anforderungen ergibt sich ein Kriterienkatalog zur Bewertung problemadäquater Wirtschaftlichkeitsverfahren. Nach der Darstellung problemadäquater Wirtschaftlichkeitsverfahren aus der Literatur werden diese anhand des aufgestellten Kriterienkataloges bewertet. Auf der Grundlage dieser Bewertung wird die Notwendigkeit eines neuen Vorgehensmodells zur Durchführung der szenariogestützten Wirtschaftlichkeitsanalyse abgeleitet.

---

[1] Die Begriffe elektronischer Vertriebsweg, technischer Vertrieb und Electronic Banking werden in dieser Arbeit synonym verwendet [vgl. Kuhn 95; Heitmüller 91, S. 195].

Die wesentlichen Anforderungen, die ein Vorgehensmodell zur szenariogestützten Wirtschaftlichkeitsanalyse erfüllen muß, werden im folgenden kurz dargestellt:

- Vollständige Erfassung der quantitativen und qualitativen Auswirkungen durch die Bereitstellung und den Betrieb eines neuen elektronischen Vertriebsweges für Bankleistungen.
- Ermittlung der nutzungsunabhängigen Investitionskosten zur Bereitstellung, der laufenden Kosten zum Betrieb und der kundenspezifischen nutzungsunabhängigen Kosten zur Nutzung des neuen elektronischen Vertriebsweges.
- Ermittlung der nutzungsabhängigen Standardeinzelkosten für den Einzelkostenbereich des neuen elektronischen und der bestehenden Vertriebswege und der Prozeßkosten für den Gemeinkostenbereich des neuen elektronischen Vertriebsweges.
- Erfassung quantitativer und qualitativer Nutzeffekte durch Bereitstellung, Betrieb und Nutzung des neuen elektronischen Vertriebsweges.
- Berücksichtigung unterschiedlicher Nutzungs- und Umweltszenarien durch Verwendung der Szenario-Technik.
- Erfassung möglicher Risikopotentiale durch Bereitstellung, Betrieb und Nutzung des neuen elektronischen Vertriebsweges.
- Berücksichtigung möglicher zeitlicher Veränderungen im Betrachtungszeitraum.

Teil B - Vorgehensmodell für die szenariogestützte Wirtschaftlichkeitsanalyse elektronischer Bankvertriebswege

In Teil B wird das Vorgehensmodell der szenariogestützten Wirtschaftlichkeitsanalyse dargestellt. Das definierte Vorgehensmodell dient der Unterstützung strategischer Investitionsentscheidungen in elektronische Bankvertriebswege. Neben den Auswirkungen auf den neuen elektronischen Vertriebsweg werden auch die Änderungen bei den bestehenden Vertriebswegen der Bank analysiert. Dargestellt wird ein klar strukturiertes Vorgehensmodell zur Ermittlung der szenariogestützten Wirtschaftlichkeit eines elektronischen Vertriebsweges für Bankleistungen[2]. Im folgenden werden die vier Schritte[3] des Vorgehensmodells im Überblick erläutert:

Schritt 1:

Schritt 1 legt die Grundlagen für die Schritte 2 bis 4. Neben einer Definition des neuen elektronischen Vertriebsweges und der darüber angebotenen Bankleistungen werden insbesondere die Auswirkungen des neuen elektronischen Vertriebsweges auf bestehende Vertriebswege erfaßt und in die Ermittlung der Wirtschaftlichkeit mit einbezogen. Weiterhin werden die besonderen Charakteristika der Bankleistung durch die Aufstellung von Nutzungs-, Verflochtenheits-, Mehrnutzungs-, Gesamtinanspruchnahme- und Substitutionsmatrizen berücksichtigt. Die dynamische Veränderung der Umwelt, des Nutzungs- und Kundenverhaltens wird durch die Identifikation der Haupteinflußparameter auf die szenariogestützte Wirtschaftlich-

---

[2] Bankleistungen im Sinne dieser Arbeit sind Bankmarktleistungen oder primäre Bankleistungen, die gegenüber dem Privatkunden absatzfähige Dienstleistungen darstellen [vgl. Süchting 92, S. 421 ff.; vgl. Hein 93, S. 19 ff.; vgl. Eilenberger 96, S. 189].

[3] Jeder der vier Schritte des Vorgehensmodells setzt sich aus drei Teilschritten zusammen, die im Detail in Kapitel 3 dargestellt werden.

keit und deren Variation innerhalb der drei definierten Szenarien berücksichtigt. Außerdem wird innerhalb der drei Szenarien die Gesamtinanspruchnahme der Bankleistungen des neuen elektronischen Vertriebsweges variiert.

Schritt 2:

Schritt 2 ermittelt die im Zusammenhang mit der Erstellung und dem Vertrieb von Bankleistungen stehenden Kosten des Betriebsbereiches für den neuen elektronischen und die bestehenden[4] Vertriebswege. Hierbei sind insbesondere die Personalkosten zu betrachten, da diese mit 65%-70% den größten Anteil der Gesamtverwaltungskosten darstellen [vgl. Gerke 95, S. 396; vgl. Schüller 95, S. 365; vgl. Obst/Hintner 93, S. 957; vgl. Brunold/Pfatteicher 95, S. 184]. Weiterhin werden die EDV-, Formular- und Arbeitsmittelkosten und somit der Großteil der Kosten erfaßt [vgl. Schierenbeck 94, S. 274 f.]. Für den neuen elektronischen Vertriebsweg werden für jede Bankleistung Standardeinzelkosten auf Teilkostenbasis für den Einzelkostenbereich und Prozeßkosten auf Vollkostenbasis für den Gemeinkostenbereich ermittelt. Für die bestehenden Vertriebswege werden je Bankleistung Standardeinzelkosten auf Teilkostenbasis ermittelt.
Ergebnis des zweiten Schrittes ist eine Matrix der Kostenunterschiede (Deltas) des neuen elektronischen Vertriebsweges gegenüber den bestehenden Vertriebswegen. Ist das Kostendelta positiv, so liegt eine Produktivitätssteigerung und/oder eine Faktorkostenreduktion vor [vgl. Schüller 95, S. 360], die sich in einer Stückkostenreduktion niederschlägt. Ist das Kostendelta hingegen negativ, so liegt eine Stückkostensteigerung durch den Einsatz des neuen elektronischen gegenüber dem bestehenden Vertriebsweg vor.

Schritt 3:

Schritt 3 analysiert die im Zusammenhang mit dem Vertrieb von Bankleistungen entstehenden Erlöse des Betriebsbereiches für den neuen elektronischen und die bestehenden Vertriebswege. Weiterhin werden neben den quantitativen Nutzeffekten auch die qualitativen Nutzeffekte, Nutzenpotentiale und Wirkungsketten des neuen elektronischen Vertriebsweges ermittelt.
Ergebnis des dritten Schrittes ist eine Matrix mit quantitativen Nutzendeltas des neuen elektronischen Vertriebsweges gegenüber den bestehenden Vertriebswegen. Durch teilweise gesonderte Gebührenmodelle für elektronische Vertriebswege wird das quantitative Nutzendelta meist negativ ausfallen, welches jedoch meist auf Ebene der Bankleistung bereits durch ein positives Kostendelta kompensiert wird.

Schritt 4:

Schritt 4 berechnet die einmaligen und laufenden nutzungsunabhängigen Kosten für die Bereitstellung und den Betrieb des elektronischen Vertriebsweges. Weiterhin werden die einmaligen und laufenden kundenspezifischen nutzungsunabhängigen Kosten durch die Nutzung des neuen elektronischen Vertriebsweges ermittelt.
Abschließend werden die Grundlagen aus Schritt 1 und die Ergebnisse der Schritte 2 bis 4 zur Wirtschaftlichkeit des neuen elektronischen Vertriebsweges für jedes der drei in Schritt 1 definierten Szenarien zusammengeführt. Abb. 1.1

---

[4] Die bestehenden Vertriebswege einer Bank können sowohl traditionelle, als auch technische bzw. elektronische Vertriebswege sein. Sie zeichnen sich dadurch aus, daß über sie bereits vor der Bereitstellung des neuen elektronischen Vertriebsweges Bankleistungen abgesetzt wurden.

zeigt die Ergebnismatrix der szenariogestützten Wirtschaftlichkeitsanalyse des neuen elektronischen Vertriebsweges.
Als Wirtschaftlichkeitskennzahlen werden die jahres- und szenariobezogene Gesamtwirtschaftlichkeit (absolute Über- oder Unterdeckung der Kosten durch die Erlöse), der Gesamtwirtschaftlichkeitskoeffizient (relativer Anteil der Kostendeckung durch die Erlöse) und der szenariobezogene Teilkapitalwert (Summe der auf den Investitionszeitpunkt diskontierten Ein- und Auszahlungen des Betrachtungszeitraumes) ermittelt [vgl. Abb. 0.1].

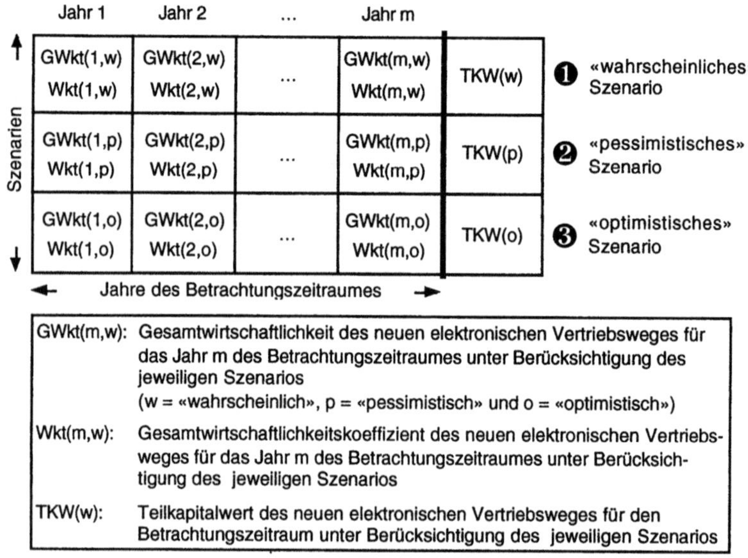

Abb. 0.1: Wirtschaftlichkeit des elektronischen Vertriebsweges für die Jahre des Betrachtungszeitraumes unter Berücksichtigung der drei Szenarien

Teil C - Konkrete Anwendung des Vorgehensmodells: Advance Bank AG - Vertrieb über Internet/WWW[5]
Im letzten Teil der Arbeit wird die Anwendung des in Teil B dargestellten Vorgehensmodells anhand eines Praxisbeispiels exemplarisch dargestellt. Im Rahmen des Fallbeispieles wird die Bereitstellung und der Betrieb des neuen elektronischen Vertriebsweges Internet/WWW bei der Advance Bank AG auf seine Wirtschaftlichkeit hin untersucht.
Das einleitende Kapitel beschreibt die bestehenden Vertriebswege der Advance Bank AG und die Ausgestaltung des Vertriebsweges Internet/WWW mit den darüber angebotenen Bankleistungen. Im darauf folgenden Kapitel wird die praktische An-

[5] Hypermediadienst im Internet, der mittels des Hypertext Transfer Protocols (HTTP) Informationen austauscht, diese im HTML-Format ablegt und nach dem weltweit eindeutigen URL-Adressierungsschema arbeitet.

wendung des Vorgehensmodells anhand des Vertriebsweges Internet/WWW bei der Advance Bank AG dargestellt. Die dabei verwendeten Zahlen wurden für das Fallbeispiel anonymisiert. Durch die Verfälschung ist ein direkter Vergleich der Zahlen mit anderen Wirtschaftlichkeitsanalysen nicht sinnvoll. Dennoch kann anhand des vorliegenden Zahlenmaterials die Anwendbarkeit des in dieser Arbeit entwickelten Vorgehensmodells gezeigt werden. Abschließend erfolgt eine Zusammenfassung der Erfahrungen aus der Anwendung des Vorgehensmodells und ein Ausblick auf mögliche Weiterentwicklungen.

Teil A - Grundlagen

1 Thematische Abgrenzung und Hinführung zum Thema

Das Kapitel 1 dient der thematischen Abgrenzung dieser Arbeit und der Hinführung des Lesers zum Thema. In Kapitel 1.1 wird die Problemstellung dargestellt. Kapitel 1.2 geht auf die Ziele der Arbeit ein. In Kapitel 1.3 wird der Aufbau der Arbeit dargestellt und der Inhalt der einzelnen Kapitel kurz erläutert.

1.1 Problemstellung

In Deutschland treiben maßgeblich drei Entwicklungen die Einführung neuer elektronischer Vertriebswege für Bankleistungen[6]. Erstens führt der starke Konkurrenzdruck durch Direktbanken, Non- und Near-Banks sowie ausländische Banken zu sinkenden Zinsmargen, Provisions- und Gebühreneinnahmen [vgl. Doerig 96, S. 15 f.; vgl. Brunold/Pfatteicher 95, S. 184; vgl. Kampmann 95, S. 1; Bernet 95, S. 32 ff.]. Hierdurch sind die Banken zur Kostensenkung und damit zur weiteren Rationalisierung der Vertriebswege gezwungen [vgl. Erke 96, S. 17]. Zweitens entwickelt sich die deutsche Gesellschaft hin zur Informationsgesellschaft und verlangt daher nach der technischen Unterstützung der Bankleistungen durch elektronische Vertriebswege. Drittens ändert sich das Kundenverhalten, und die Kunden stellen höhere Anforderungen an die Bereitstellung elektronischer Bankvertriebswege [vgl. FAZ 96a]. Diese drei Entwicklungen werden im folgenden detailliert dargestellt. Sie sind die wesentlichen Gründe für Banken, neue elektronische Vertriebswege einzuführen [vgl. Erke 96, S. 1].

Universalbanken in Deutschland unterliegen starkem Konkurrenzdruck durch Direktbanken, Non- und Near-Banks sowie ausländische Banken

Die allgemeine Lage der im Privatkundengeschäft tätigen Universalbanken in Deutschland ist in den letzten Jahren durch folgende Entwicklungen gekennzeichnet [vgl. Doerig 96, S. 15 ff.]:

- Gründung von Direktbanken[7] durch die großen deutschen Bankgesellschaften.
- Verstärkter Markteintritt von ausländischen Banken auf dem deutschen Markt, die insbesondere die Bankleistungen der Passivseite forcieren.

---

[6] Im Rahmen dieser Arbeit wird der Begriff „Vertriebsweg" synonym für „Bankvertriebsweg für Bankleistungen" (traditionell oder elektronisch) verwendet.

[7] Fast jede in Deutschland ansässige Großbank hat in den letzten Jahren eine Direktbanktochter gegründet. Im folgenden sind einige Beispiele aufgezählt: Bank24 AG - Deutsche Bank AG, ComDirect AG - Commerzbank AG, Direkt Anlage Bank GmbH - Bayerische Hypotheken- und Wechselbank AG, Advance Bank AG - Bayerische Vereinsbank AG.

- Gründung von Non- und Near-Banks durch große deutsche Konzerne und starkes Wachstum dieser Banken mit Bankleistungen der Aktiv- und Passivseite, z.B. Volkswagen Bank AG, Quelle Bank AG, usw. [vgl. Bartmann 95b, S. 93 f.].
- Rückgang des durch die Banken verwalteten Geldvermögens der deutschen Privathaushalte im Zeitraum von 1980 bis 1994 um 22%. Im gleichen Zeitraum konnten die Versicherungen einen Zuwachs um 44% und die Investmentzertifikate einen absoluten Anteil von 7,6% erreichen [vgl. Erke 96, S. 8].
- Etablierung von unabhängigen Finanz- und Vermögensberatern, die neben Versicherungen auch Bankleistungen vertreiben und sich insbesondere auf die vermögende Privatkundschaft konzentrieren. Zu nennen sind beispielsweise die MLP AG Heidelberg oder die Deutsche Vermögensberatung AG Wiesbaden.

Für die Banken gibt es grundsätzlich zwei Möglichkeiten, auf verringerte Zinsmargen zu reagieren:

(1) Erlöse des Werte- und/oder des Betriebsbereiches steigern:

(a) Ausweitung des Volumens der Aktiv- und Passivseite, was jedoch auf der Aktivseite langfristig durch ein erhöhtes Risiko und auf der Passivseite nur durch Konditionen auf Direktbankniveau möglich ist.

(b) Ausweitung des Provisionsgeschäftes durch Kooperationen mit Bausparkassen, Versicherungen oder anderen Finanzdienstleistern und Verbreiterung der angebotenen Palette an Bank- und Dienstleistungen. Damit kann eine effizientere Auslastung der vorhandenen Infrastruktur der Bank erreicht werden.

(2) Kosten senken, z.B. durch Rationalisierung bestehender Vertriebswege bzw. Einführung oder Ausbau elektronischer Vertriebswege:

(a) Verschiebung der Inanspruchnahme von Bankleistungen auf kostengünstigere bestehende Vertriebswege durch die Schaffung von Anreizsystemen für den Kunden, z.B. durch Herabsetzung oder Streichung von Gebühren für Bankleistungen oder durch Bereitstellung eines 24-Stunden Service im Telefon-Banking, usw.

(b) Bereitstellung und Betrieb von neuen elektronischen Vertriebswegen zur kostengünstigen Bereitstellung von Bankleistungen auf hohem Serviceniveau (24-Stunden Betrieb, weltweite Erreichbarkeit, aktuelle Informationen, usw.); dadurch Entlastung der „teureren" traditionellen Vertriebswege vom Standardgeschäft.

Die Banken sind aus Kostengründen und durch Kundenanforderungen gezwungen, neue elektronische Vertriebswege bereitzustellen [vgl. Mendonca/Nakache 96, S. 140]. Bei der Einführung elektronischer Vertriebswege können die Banken meist zwischen mehreren Alternativen wählen, so daß sich die Frage stellt, welcher oder welche Kombination der möglichen neuen elektronischen Vertriebswege die wirtschaftlichste ist [vgl. Wieneke/Prätsch/Beckröge 96, S. 203].

Weitere technische Durchdringung der Privathaushalte und der Selbstbedienungstechnik in der Bankenwelt

Die deutsche Gesellschaft ist auf dem Weg in die Informationsgesellschaft. Dies läßt sich exemplarisch anhand einiger Prognosen und Fakten belegen:

(1) Internet/WWW und kommerzielle Online-Dienste werden von den Banken bereits heute verstärkt eingesetzt:

(a) Zirka 95% der deutschen Banken bieten Transaktionen in T-Online an [vgl. Rodewald 96]. Im Januar 1997 wurden zirka 2,35 Mio. Konten über T-Online verwaltet [vgl. o.V. 97].

(b) Innerhalb von eineinhalb Jahren (Mai 1995 - Dezember 1996) bieten mehr als 320 deutsche Banken Informationsangebote im Internet/WWW an [vgl. Stockmann 96, S. 178 ff.].

(c) Ende 1996 bieten mehrere deutsche Banken Transaktionen im Internet/WWW an[8]. Eine Übersicht über deutsche Banken mit Transaktionsangeboten im Internet/WWW und eine Kurzbeschreibung der in Deutschland angebotenen Transaktionssysteme gibt [vgl. Stockmann 97].

(d) Ende 1996 bieten mehrere deutsche Banken in AOL Transaktionen an[9]. Homebanking ist für kommerzielle Online-Dienste eine der vier Schlüsselanwendungen[10] [vgl. Treplin 95, S. 22 f.]. Einen möglichen Entwicklungspfad vom Electronic Banking der neunziger Jahre hin zum Virtual Consulting des einundzwanzigsten Jahrhunderts zeigt Lutter auf [vgl. Lutter 94].

(2) Die bisherige Entwicklung und Prognosen deuten auf eine weitere Nutzungssteigerung im Bereich des Online-Banking hin:

(a) Starker Anstieg der PC-Durchdringung bzw. der online-fähigen PCs in den deutschen Haushalten. Der prognostizierte Anteil wird sich von zirka 8% im Jahre 1996 [vgl. Online/Offline 96, S. 46 ff.] auf zirka 30% im Jahre 2000 und zirka 63% im Jahre 2006 erhöhen [vgl. Kreuzer 96, S. 59].

(b) Kommerzielle Online-Dienste wie T-Online, AOL und CompuServe sowie das Internet/WWW werden sich in Deutschland rasant entwikkeln. Im Jahr 1996 nutzten nur zirka 5% der deutschen Haushalte kommerzielle Online-Dienste und das Internet/WWW. Nach einer Prognose werden im Jahre 2000 zirka 15% und im Jahre 2006 zirka

---

8 Exemplarisch seien an dieser Stelle folgende Banken genannt: Direkt Anlage Bank GmbH seit 27.8.1996, Bank24 AG seit 15.10.1996, Deutsche Bank AG seit 18.11.1996, 1822 Direkt seit 24.10.1996.

9 Exemplarisch seien an dieser Stelle folgende Banken genannt: Direkt Anlage Bank GmbH seit 1.8.1996, Bayerische Vereinsbank AG seit Anfang Dezember 1996.

10 Neben dem Homebanking sind eMail, Chat und Support die weiteren Schlüsselanwendungen für kommerzielle Online-Dienste [vgl. Treplin 95, S. 22 ff.].

40% einen kommerziellen Online-Dienst nutzen [vgl. Kreuzer 96, S. 78].

(3) SB-Banking hat eine wesentliche Bedeutung erreicht und wird bei den Kreditinstituten noch an Bedeutung gewinnen [vgl. Turiaux 95, S. 264 ff.]:

Die Zahl der von den deutschen Kreditinstituten eingesetzten Selbstbedienungsautomaten in Form von Geldausgabeautomaten, Kontoauszugsdruckern sowie Multifunktionsterminals ist seit 1992 von zirka 34.100 [vgl. SNI 94] auf zirka 70.000 im Jahr 1995 gestiegen [vgl. Kreuzer 96]. Dies entspricht einer durchschnittlichen jährlichen Wachstumsrate von zirka 27%. Der Bankkunde hat die Selbstbedienung über Automaten in der Zwischenzeit akzeptiert und nutzt das höhere Serviceniveau z.B. der Geldausgabeautomaten.

Verändertes Kundenverhalten:

Das Kundenverhalten und die Kundenanforderungen an die Dienstleistungen der Bank haben sich in den letzten Jahren wesentlich verändert [vgl. Grebe 95; vgl. Held 96; vgl. Rottenbacher 94, S. 63 ff.]. Der Kunde zeigt ein hybrides Verhalten [vgl. Grebe 95, S. 40 ff.]. Diese Entwicklung kann insbesondere an den folgenden Verhaltensweisen festgestellt werden [vgl. o.V. 96b]:

(1) Die Kunden möchten Bankleistungen über verschiedene Vertriebswege in Anspruch nehmen. So z.B. Discount Brokerage über einen kommerziellen Online-Dienst, die qualifizierte Vermögensberatung in der Filiale und die Beratung für eine Baufinanzierung in der eigenen Wohnung [vgl. Rodewald 96].

(2) Es werden höhere Anforderungen an die Verfügbarkeit und Qualität der angebotenen Bank- und Dienstleistungen gestellt, z.B. 24-Stunden Betrieb, qualifizierte Beratung auch zu Hause, reine Geschäftsabwicklung beim Wertpapierkauf, stärkere Betonung des Service durch den Kunden.

(3) Die Wechselbereitschaft des Kunden ist gestiegen, dies resultiert unter anderem aus der Unzufriedenheit der Bankkunden mit ihrer bisherigen Bankverbindung [vgl. FAZ 96a]. Weiterhin bieten die Direktbanken in einem verschärften Wettbewerbsumfeld sehr attraktive Konditionen [vgl. FAZ 96a].

(4) Der Kunde ist in zunehmendem Maße aufgeklärter und kennt sich in Geldangelegenheiten besser aus. Der deutsche Markt für Bankleistungen wird durch Print- und Elektronische Medien immer transparenter. Hieraus entstehen für die Bankberater neue Anforderungen an die Beratungsqualität [vgl. Wieneke/Prätsch/Beckröge 96, S. 203].

(5) Der Kunde fordert eine Integration von Filial- und Direktbank in einer Bankorganisation [vgl. Kreuzer 96, S. 154 ff.]. Der Kunde kann bei der Inanspruchnahme jeder Bankleistung neu entscheiden, welchen der angebotenen Vertriebswege er wählt [vgl. Bartmann 95a; vgl. Mendonca/Nakache 96, S. 139]. Dabei werden unterschiedliche Vertriebswege, wie z.B. Automaten-Banking, die Filiale oder der kommerzielle Online-Dienst, durch die Bank

integriert innerhalb einer rechtlichen Einheit angeboten [vgl. Rodewald 96, S. 9]. Untersuchungen haben gezeigt, daß insbesondere junge Bankkunden ihre Bankleistungen über elektronische Vertriebswege abwickeln wollen [vgl. Reimer-Mortensen/Funken-Luce 96, S. 19; vgl. Abb. 1.1; vgl. Mendonca/Nakache 96, S. 140].

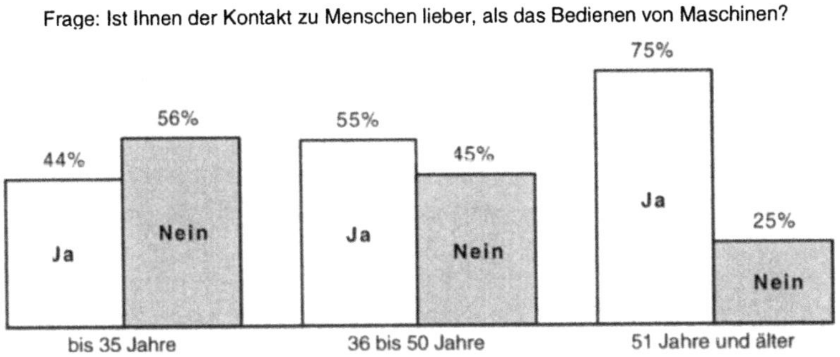

Abb. 1.1: Affinität zu elektronischen Vertriebswegen in Abhängigkeit des Lebensalters [Reimer-Mortensen/Funken-Luce 96, S. 19]

Einsetzende Reaktion der Banken auf die dargestellten Entwicklungen

Die oben angeführten Gründe des erhöhten Konkurrenzdrucks, der Entwicklung hin zur Informationsgesellschaft und des veränderten Kundenverhaltens erfordern die Bereitstellung und den Betrieb von elektronischen Vertriebswegen durch die Banken [vgl. Erke 96, S. 17; vgl. Bartmann 95a].
Eine vom Marktforschungsinstitut Datapro Anfang 1996 durchgeführte Untersuchung von zirka 650 Banken über die Gründe zur Einführung von Online-Banking bestätigt nochmals die obigen Aussagen [vgl. Datapro 96]. Danach werden an erster Stelle mit 30% die Kundenanforderungen als wichtigster Grund genannt. An zweiter Stelle folgen mit 24% die Kosteneinsparungen, und der Wettbewerb mit Non- und Near-Banks folgt mit 12% an dritter Position [vgl. Abb. 1.2].

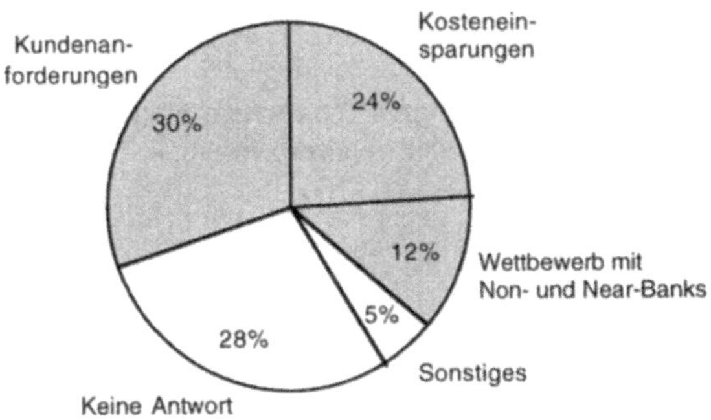

Abb. 1.2: Gründe für die Einführung von Online-Banking bei Banken [Datapro 96]

Tab. 1.1 zeigt, daß neben dem Automaten- und dem Telefon-Banking Ende 1996, 1997 und 1998 die Vertriebswege PC- und Internet-Banking eine wesentliche Rolle spielen werden [vgl. Datapro 96][11].

Zeitraum / Elektron. Vertriebsweg	Anfang 1996	Ende 1996	1997	1998	Keine Antwort	Keine Pläne
Geldausgabeautomaten	67%	4%	2%	1%	13%	14%
Telefon-Banking	52%	12%	8%	4%	11%	14%
PC-Banking	19%	19%	21%	8%	17%	18%
Internet	7%	17%	19%	6%	21%	31%
Bildschirm-Telefon	3%	3%	5%	2%	31%	56%
Interaktives TV	1%	1%	4%	4%	32%	58%

Tab. 1.1: Pläne zur Einführung von Online-Banking bei Banken [Datapro 96]

Diese Untersuchung bestätigt die Notwendigkeit einer szenariogestützten Wirtschaftlichkeitsanalyse möglicher neuer elektronischer Vertriebswege, um bereits im Rahmen der Planung deren Kosten und Nutzen zu evaluieren. Für eine Bank bestehen grundsätzlich mehrere Möglichkeiten, ihren Kunden elektronische Vertriebswege anzubieten. Dabei stellt sich neben der Frage nach den möglichen elektronischen Vertriebswegen auch die Frage nach dem wirtschaftlichsten elektronischen Vertriebsweg bzw. elektronischen Vertriebswegekombination. Ziel ist es daher, ein Vorgehensmodell[12] zu entwickeln, mit dessen Hilfe einer oder mehrere mögliche elektronische Vertriebswege einer Bank auf ihre Wirtschaftlichkeit hin untersucht werden können.

Dabei sollen in die Wirtschaftlichkeitsanalyse als wesentliche Haupteinflußparameter die Kundenstruktur, das Kundenverhalten und der bestehende Vertriebswegemix eingehen. Dazu müssen die folgenden Fragen im Rahmen des Vorgehensmodells beantwortet werden:

- Sind die Kunden technikaffin oder nicht?
- Bestehen Sicherheitsbedenken bei der Nutzung bestimmter elektronischer Vertriebswege?
- Sind die notwendigen technischen Voraussetzungen zur Nutzung bestimmter elektronischer Vertriebswege beim Kunden vorhanden?
- Muß der Kunde Anfangsinvestitionen zur Nutzung des elektronischen Vertriebsweges leisten?
- Wie oft und welche Bankleistungen des neuen elektronischen Vertriebsweges voraussichtlich durch den Kunden genutzt werden?

[11] Eine vom Marktforschungsinstitut Nomos im Auftrag von Olivetti durchgeführte Untersuchung hat über die laufenden und geplanten Investitionsprojekte in Banken für die Jahre 1994-1995 vergleichbare Ergebnisse ergeben. Wesentliche Investitionen im Bereich der Vertriebskanäle werden in elektronische Vertriebswege vorgenommen [vgl. o.V. 96a].

[12] Eine Darstellung der allgemeinen Struktur von Vorgehensmodellen findet sich bei Lehner [Lehner 93, S. 63 f.].

- Welche Substitutionswirkungen bestehender Vertriebswege treten durch die Einführung neuer elektronischer Vertriebswege auf?

Bevor eine Wirtschaftlichkeitsanalyse der möglichen neuen elektronischen Vertriebswege durchgeführt werden kann, müssen zuerst zur Definition des Stellenwertes elektronischer Vertriebswege für die Bank zwei wesentliche Fragen beantwortet werden [vgl. Becker 90, S. 60 f.]:

(1) Welche strategische Bedeutung hat Electronic Banking bei der Erstellung von Bankleistungen?

(2) Welche operative Bedeutung hat Electronic Banking bei der Erstellung von Bankleistungen?

Durch die Beantwortung dieser Fragen werden die möglichen elektronischen Vertriebswege und die daraufhin angebotenen Bankleistungen eingeschränkt.
Die Bereitstellung von neuen elektronischen Vertriebswegen kann zu einer Erhöhung der Kundenbindung führen. Kundenbindung kann zum einen über den Aufbau von Austrittsbarrieren erfolgen oder über den Aufbau von Kundenloyalität aufgrund von erfahrener Servicequalität [Backhaus/Kleine 95, S. 471]. Wesentlicher Kostentreiber wird in der Zukunft die Aus- und Weiterbildung der Mitarbeiter sein, um auf breiter Basis den Kunden eine qualifizierte Beratung bieten zu können [vgl. Rodewald 96, S. 10]. Durch eine vertrauensempfindliche Beratung steigen auf der Kundenseite die Wechselkosten an, so daß die Bankloyalität steigt [vgl. Backhaus/Kleine 95, S. 471]. Weiterhin können verschiedene Strategien zum Aufbau von Austrittsbarrieren verfolgt werden. Als relevante Wechsel- oder Austrittsbarrieren werden die folgenden Gruppen diskutiert [Backhaus/Kleine 95, S. 472]:

- leistungsprogramminduziert,
- beratungsinduziert i.e.S.,
- kontraktinduziert und
- kompatibilitätsinduziert.

Bei der leistungsprogramminduzierten Austrittsbarriere steht z.B. die innerhalb der Beratung erarbeitete Problemlösung für den Kunden im Vordergrund. Nachrangig ist dabei das einzelne Geschäft. Die Kundenbindung ergibt sich aus der Exklusivität und Individualität des unterbreiteten Angebotes. In diesem Zusammenhang sind insbesondere Cross-selling-Produkte wichtig, damit der Kunde umfassend beraten und betreut werden kann.
Die angebotenen Leistungsbündel müssen nach den folgenden Kriterien differenziert werden [vgl. Backhaus/Kleine 95, S. 472]:

- Lebensphasen (Existenzgründung, Familiensicherung etc.)
- Berufsgruppen (Lehrer, Ärzte, Einzelhandel etc.)
- Objektbezug (Konsum, Investition)

Die Strategie der langfristigen Kundenbindung zur Sicherung einer lukrativen Klientel im gehobenen Privatkundengeschäft bewirkt daneben auch eine mittelfristige Reduzierung von Verwaltungs- und Akquisitionskosten [vgl. Backhaus/Kleine 95, S. 471].

1.2 Zielsetzung

Zielsetzung der Arbeit ist die Entwicklung eines Vorgehensmodells, mit dessen Hilfe die Wirtschaftlichkeit der Bereitstellung und des Betriebes neuer elektronischer Vertriebswege innerhalb eines bestehenden Vertriebswegemixes für das Privatkundengeschäft ermittelt werden kann. Dabei sollen die Ergebnisse des Vorgehensmodells Unterstützung bei strategischen Investitionsentscheidungen bieten und verschiedene Alternativen elektronischer Vertriebswege des Privatkundenbereiches vergleichbar darstellen. Das Vorgehensmodell soll für jeden Banktyp (Universal- und Spezialbank) einsetzbar sein und die Wirtschaftlichkeit eines neuen elektronischen Vertriebsweges aus Sicht der Bank ermitteln. Bei der Ermittlung der Wirtschaftlichkeit werden steuerliche Wirkungen nicht berücksichtigt.

Untersucht wird dabei jeweils die Einführung eines neuen elektronischen Vertriebsweges in einen bestehenden Vertriebswegemix aus traditionellen und/oder elektronischen Vertriebswegen. Ermittelt werden alle Kosteneffekte des Einzel- und Gemeinkostenbereiches und Nutzeffekte, die durch die Bereitstellung, den Betrieb und die Nutzung des neuen elektronischen Vertriebsweges entstehen.

Im Rahmen des Vorgehensmodells sollen die besonderen Charakteristika der Bankleistung [vgl. Obst/Hintner 93, S. 357 f.; vgl. Schmitt 93, S. 73; vgl. Eilenberger 96, S. 188 ff.] berücksichtigt werden. Weiterhin sollen Umwelt- und Nutzungsänderungen durch den Einsatz der Szenariotechnik[13] antizipiert werden [vgl. Götze 93; vgl. Meyer-Schönherr 91]. Hierfür sollen drei Szenarien definiert und im Rahmen der Wirtschaftlichkeitsanalyse bewertet werden.

Für die Erhebung der notwendigen Daten der Kosten- und Leistungsrechnung soll nach Möglichkeit auf bereits bestehende und in der Bank eingeführte Kostenrechnungsverfahren zurückgegriffen werden, um die Akzeptanz des Vorgehensmodells zu erhöhen und den Erhebungs- und Erfassungsaufwand zu vermindern.

Das entwickelte Vorgehensmodell soll in der Praxis einsetzbar und im Rahmen der Arbeit anhand eines Fallbeispiels validiert werden.

Das Vorgehensmodell soll im wesentlichen zwei Ergebnisse liefern. Dies ist zum einen die Bestimmung der Kosten-/Erlösdifferenz[14] (Deltas) des neuen elektronischen Vertriebsweges gegenüber den bestehenden Vertriebswegen. Mit den vorliegenden Daten kann der in Abb. 1.3 dargestellte Würfel mit den Dimensionen Bankleistungen, bestehende Vertriebswege und Szenarien für jedes Jahr des Betrachtungszeitraumes gefüllt werden.

---

[13] Eine detaillierte Darstellung der Szenario-Technik findet sich z.B. in [Götze 93; Mißler-Behr 93 und Meyer-Schönherr 91].

[14] Die Ermittlung der Kosten-/Erlösdifferenz (Deltas) wird in Kapitel 3.5.2 dargestellt.

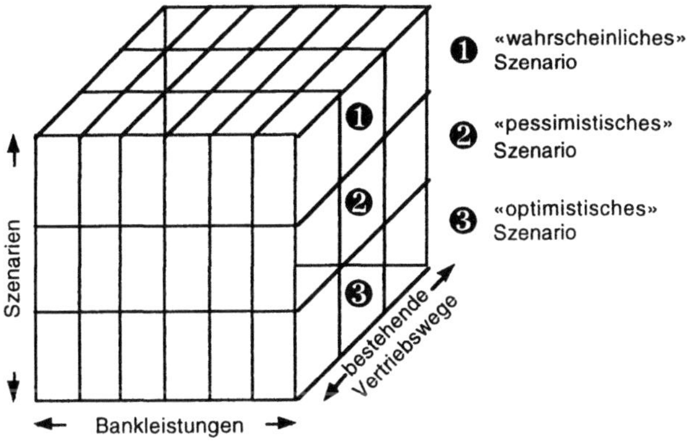

Abb. 1.3: Ergebniswürfel bestehend aus den Dimensionen Bankleistungen, bestehende Bankvertriebswege und Szenarien

Zum anderen ist dies die Ermittlung der Wirtschaftlichkeitszahlen des elektronischen Vertriebsweges für den Betrachtungszeitraum in den drei Szenarien «wahrscheinlich», «pessimistisch» und «optimistisch», wie sie in Abb. 1.4 dargestellt sind. Als Maß der Wirtschaftlichkeit wird für jedes Jahr des Betrachtungszeitraumes und für jedes Szenario die Gesamtwirtschaftlichkeit, der Gesamtwirtschaftlichkeitskoeffizient und für den gesamten Betrachtungszeitraum der Teilkapitalwert der Investition ermittelt.

Szenarien	Jahr 1	Jahr 2	...	Jahr m		
	GWkt(1,w) Wkt(1,w)	GWkt(2,w) Wkt(2,w)	...	GWkt(m,w) Wkt(m,w)	TKW(w)	❶ «wahrscheinliches» Szenario
	GWkt(1,p) Wkt(1,p)	GWkt(2,p) Wkt(2,p)	...	GWkt(m,p) Wkt(m,p)	TKW(p)	❷ «pessimistisches» Szenario
	GWkt(1,o) Wkt(1,o)	GWkt(2,o) Wkt(2,o)	...	GWkt(m,o) Wkt(m,o)	TKW(o)	❸ «optimistisches» Szenario

Jahre des Betrachtungszeitraumes

GWkt(m,w):	Gesamtwirtschaftlichkeit des neuen elektronischen Vertriebsweges für das Jahr m des Betrachtungszeitraumes unter Berücksichtigung des jeweiligen Szenarios (w = «wahrscheinlich», p = «pessimistisch» und o = «optimistisch»)
Wkt(m,w):	Gesamtwirtschaftlichkeitskoeffizient des neuen elektronischen Vertriebsweges für das Jahr m des Betrachtungszeitraumes unter Berücksichtigung des jeweiligen Szenarios
TKW(w):	Teilkapitalwert des neuen elektronischen Vertriebsweges für den Betrachtungszeitraum unter Berücksichtigung des jeweiligen Szenarios

Abb. 1.4: Matrix der ermittelten Wirtschaftlichkeit des elektronischen Vertriebsweges für die drei untersuchten Szenarien im Betrachtungszeitraum

1.3 Aufbau und Inhalt der Arbeit

Die Arbeit besteht aus drei Teilen mit insgesamt sechs Kapiteln. Der Inhalt der Kapitel und deren Zuordnung zu den drei Teilen der Arbeit wird im folgenden kurz erläutert:

- **Teil A - Grundlagen** enthält die Kapitel 1 und 2. Kapitel 1 dient der thematischen Abgrenzung und Hinführung zum Thema. Kapitel 2 legt die definitorischen Grundlagen und stellt den für die Arbeit zentralen Begriff des Prozesses und darauf aufbauend die Kostenrechnungsverfahren der prozeßorientierten Standardeinzel- (PSEK) und der Prozeßkostenrechnung[15] (PKR) dar. Beide Verfahren ermöglichen eine prozeßorientierte Kostenermittlung innerhalb der Bank und bilden damit die Grundlage für eine verursachungsgerechte Wirtschaftlichkeitsanalyse. Weiterhin werden die Anforderungen an ein Vorgehensmodell zur Durchführung einer szenariogestützten Wirtschaftlichkeitsanalyse für neue elektronische Vertriebswege formuliert. Anhand des aus den Anforderungen abgeleiteten Kriterienkataloges werden vier ausgewählte in der Literatur diskutierte problemadäquate Wirtschaftlichkeitsverfahren bewertet.

- **Teil B - Beschreibung des Vorgehensmodells** besteht aus Kapitel 3. Die Anforderungen und der Kriterienkatalog aus Kapitel 2 sind Grundlage für das Vorgehensmodell. Kapitel 3 gibt zuerst einen Überblick über die vier Hauptschritte des Vorgehensmodells. Dann folgt eine detaillierte Beschreibung des Vorgehensmodells mit den vier Hauptschritten und den jeweils dazugehörigen 3 Teilschritten.

- **Teil C - Praktische Anwendung des Vorgehensmodells** enthält die Kapitel 4, 5 und 6. Die praktische Anwendbarkeit des Vorgehensmodells wird in Kapitel 4 und 5 anhand eines Fallbeispiels bei der Advance Bank AG für den elektronischen Vertriebsweg Internet/WWW validiert. Kapitel 4 beschreibt die Ausgangslage der Advance Bank AG, die eine wesentliche Grundlage der Wirtschaftlichkeitsanalyse des neuen elektronischen Vertriebsweges Internet/WWW darstellt. Kapitel 5 beschreibt die praktische Anwendung des Vorgehensmodells der szenariogestützten Wirtschaftlichkeitsanalyse des Vertriebsweges Internet/WWW bei der Advance Bank AG. Kapitel 6 gibt einen Überblick über die Erfahrungen bei der Anwendung des Vorgehensmodells sowie einen Ausblick auf mögliche Weiterentwicklungen.

Die drei Teile und sechs Kapitel der Arbeit und die Zuteilung der Kapitel zu den einzelnen Teilen und deren Abhängigkeit untereinander ist in der Abb. 1.5 dargestellt. Die Darstellung zeigt, daß ein Schwerpunkt der Arbeit in der ausführlichen Darstellung des Vorgehensmodells (Kapitel 3) und in der Darstellung der praktischen Anwendung des Vorgehensmodells (Kapitel 4 und 5) liegt.

---

[15] Der Begriff „Prozeßkostenrechnung“ wird synonym zu den Begriffen „Aktivitätsorientierte Kostenrechnung“ und „Vorgangskostenrechnung“ benutzt [vgl. Horváth/Mayer 89].

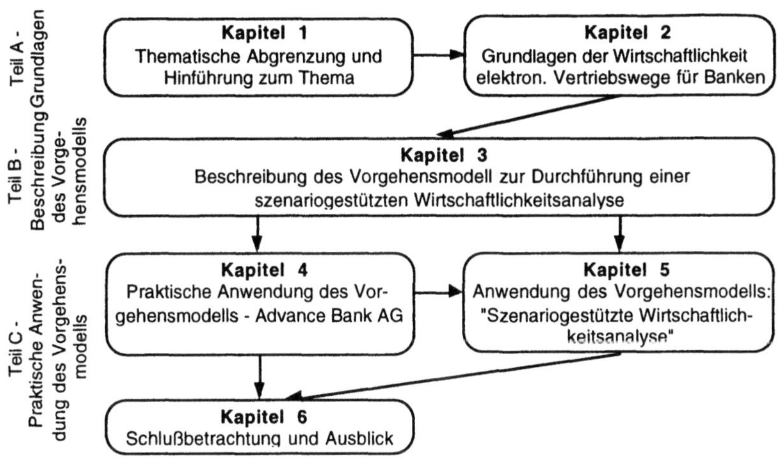

Abb. 1.5: Der Aufbau der Arbeit im Überblick

2 Wirtschaftlichkeit neuer elektronischer Vertriebswege für Bankleistungen

In Kapitel 2 werden einige begriffliche Grundlagen für die Arbeit definiert, Anforderungen an ein Wirtschaftlichkeitsverfahren neuer elektronischer Vertriebswege formuliert und anhand eines abgeleiteten Kriterienkataloges problemadäquate Verfahren bewertet. Kapitel 2.1.1 gibt eine Definition des Begriffs Wirtschaftlichkeit, der erst in einem allgemeinen Zusammenhang und dann speziell für die Investitionsentscheidung in neue elektronische Bankvertriebswege formuliert wird. Kapitel 2.1.2 definiert den in der Arbeit verwendeten Begriff des elektronischen Bankvertriebsweges für Bankleistungen und in Kapitel 2.1.3 wird der in der Arbeit auf seine Wirtschaftlichkeit hin untersuchte elektronische Vertriebsweg erweitert. In Kapitel 2.1.4 werden weitere begriffliche Grundlagen gelegt. Kapitel 2.2 beschreibt die wesentlichen Charakteristika der Bankleistung und deren Auswirkungen auf die Ermittlung der Wirtschaftlichkeit und die Durchführung einer Wirtschaftlichkeitsanalyse. In Kapitel 2.3 werden Ziel und Einsatz von Wirtschaftlichkeitsverfahren diskutiert. Kapitel 2.4 definiert den für die Arbeit zentralen Begriff des Prozesses und stellt die modernen prozeßorientierten Kostenrechnungsverfahren der Standardeinzel- und der Prozeßkostenrechnung dar. Kapitel 2.5 definiert einen Anforderungskatalog für ein Verfahren oder Vorgehensmodell zur Bestimmung der Wirtschaftlichkeit von neuen elektronischen Bankvertriebswegen. Dieser Anforderungskatalog dient im folgenden zur Erstellung eines Kriterienkatalogs zum Vergleich ausgewählter problemadäquater Wirtschaftlichkeitsverfahren. In Kapitel 2.6 werden die ausgewählten problemadäquaten Wirtschaftlichkeitsverfahren anhand der Kriterien bewertet.

2.1 Begriffsbestimmungen

2.1.1 Definition des hier verwendeten Begriffs der Wirtschaftlichkeit

Der Begriff Wirtschaftlichkeit ist ein wirtschaftssystem- und unternehmenszielindifferenter Ausdruck dafür, inwieweit eine Tätigkeit dem Wirtschaftlichkeitsprinzip genügt. Das Wirtschaftlichkeitsprinzip[16] ist der Grundsatz, daß ein bestimmter Erfolg mit dem geringstmöglichen Mitteleinsatz bzw. mit einem bestimmten Mitteleinsatz der größtmögliche Erfolg erzielt werden soll [vgl. Dworatschek/Donike 72, S. 29 f.].
Unternehmen in einer Marktwirtschaft arbeiten nach dem erwerbswirtschaftlichen Prinzip. Dieses Prinzip geht von einer wirtschaftlichen Betätigung zum Zwecke der Gewinnerzielung aus. Damit können drei mögliche Ziele verfolgt werden: Dies sind die Gewinnmaximierung, die angemessene Gewinnerzielung oder die Kostendeckung. Grundsätzlich verfolgen alle privatwirtschaftlichen Unternehmen im Rahmen der gesetzlichen, sozialen und gesellschaftlichen Rahmenbedingungen die

---

16 Synonym hierzu wird auch der Begriff „Ökonomisches Prinzip“ verwandt.

Gewinnmaximierung [vgl. Bindlingmaier 64, S. 103]. Der im Rahmen dieser Arbeit verwendete Begriff der Wirtschaftlichkeit wird daher als Umsetzung des erwerbswirtschaftlichen Prinzips der Gewinnmaximierung, d.h. des Überschusses der Erlöse über die Kosten, verstanden. Diese Wirtschaftlichkeit bezogen auf den neuen elektronischen Vertriebsweg unterliegt verschiedenen Einflüssen, die in Abb. 2.1 dargestellt sind.

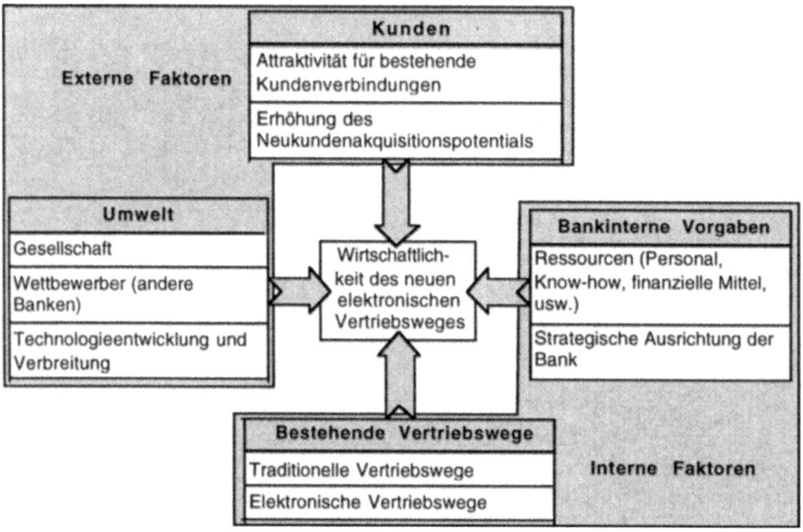

Abb. 2.1: Einflüsse auf die Wirtschaftlichkeit eines neuen elektronischen Vertriebsweges [vgl. Gutenberg 83, S. 477 ff.; vgl. Bindlingmaier 64, S. 103]

Bei der Bewertung einer einzelnen Investitionsalternativen wird die absolute Wirtschaftlichkeit ermittelt. Bei mehreren Alternativen wird sowohl die absolute Wirtschaftlichkeit, als auch die relative Wirtschaftlichkeit der einzelnen untersuchten Investitionsalternativen zueinander analysiert [vgl. Antweiler 95, S. 57]. Wirtschaftlichkeit sollte hier als dynamische und nicht als statische Größe verstanden werden, die sich innerhalb eines Zeitraumes verändert, jedoch stets über einem vorgegebenen Sollwert und über dem Wert vergleichbarer Systeme liegen sollte [vgl. Antweiler 95, S. 58].

Absolute Wirtschaftlichkeit [Gablers Wirtschafts-Lexikon 88, S. 2732 f.]:

Für eine bestimmte Handlung ermittelte Beziehung zwischen dem Handlungsergebnis und dem dafür erforderlichen Mitteleinsatz. Der Wert des Handlungsergebnisses und des Mitteleinsatzes wird durch die jeweils relevanten Ziele festgelegt und in einem erwerbswirtschaftlichen Unternehmen durch Erträge und Aufwendungen oder Erlöse und Kosten gemessen. Ein Investitionsprojekt ist z.B. dann wirtschaftlich, wenn sein Kapitalwert positiv ist [vgl. Wöhe 96, S. 757; Schneider 92, S. 75 ff.].

Relative Wirtschaftlichkeit [Gablers Wirtschafts-Lexikon 88, S. 2732 f.]:

Beziehung der absoluten Wirtschaftlichkeit auf eine andere Handlung. Ein Investitionsprojekt A ist z.B. dann relativ wirtschaftlich gegenüber einem Projekt B, wenn sein Kapitalwert größer ist, unabhängig davon, ob er positiv ist oder nicht.
Das wirtschaftliche Handeln von Banken steht grundsätzlich unter dem Wirtschaftlichkeitsprinzip [vgl. Wöhe 96, S. 5 ff; Gablers Wirtschafts-Lexikon 88, S. 2733.; Kilger 87, S. 5 f.], welches durch zwei Formen charakterisiert wird:

(1) **Minimalprinzip:** Ein bestimmter Erfolg soll mit dem minimalen Mitteleinsatz erzielt werden [vgl. Wöhe 96, S. 1 f.; Gablers Wirtschafts-Lexikon 88, S. 2733].

(2) **Maximalprinzip:** Mit einem bestimmten Mitteleinsatz soll der größtmögliche Erfolg erzielt werden [vgl. Wöhe 96, S. 1 f.; Gablers Wirtschafts-Lexikon 88, S. 2733].

Für Investitionsentscheidungen in neue elektronische Bankvertriebswege bedeutet dies, daß diejenigen Bankvertriebswege realisiert werden müssen, die eine absolute Wirtschaftlichkeit, einen positiven Kapitalwert und auch eine relative Wirtschaftlichkeit gegenüber anderen Alternativinvestitionen in andere elektronische Vertriebswege oder andere Investitionsprojekte gewährleisten. Daher müssen im Rahmen der Wirtschaftlichkeitsanalyse alle für die Entscheidungsträger relevanten Kosten und Nutzeffekte erfaßt werden. Bereits die Vernachlässigung oder Nichtberücksichtigung eines relevanten Aspektes kann zu einer nicht zielkonformen Präsentation der Daten und falschen Investitionsentscheidungen führen.
Probleme sind dabei insbesondere die in der Zukunft liegenden Wirkungen, die oft nur geschätzt werden können [vgl. Antweiler 95, S. 60 f.]. Aus diesem Grund setzt man z.B. die Szenariotechnik zur Simulation unsicherer Werte in der Zukunft ein [vgl. Götze 93; vgl. Meyer-Schönherr 91].

Dellmann definiert den Begriff der Wirtschaftlichkeit als relatives Erfolgsmaß, das auf bekannten Größen des Rechnungswesen bzw. der Kosten- und Leistungsrechnung basiert[17] [vgl. Dellmann 87, S. 372 f.; vgl. Dellmann/Pedell 94, S. 28]:

$$\text{Wirtschaftlichkeit} = \frac{\text{Ertrag nominal}}{\text{Aufwand nominal}}$$

oder

$$\text{Wirtschaftlichkeit} = \frac{\text{Erlöse/Leistung nominal}}{\text{Kosten nominal}}$$

- Das Maß ist dimensionslos, da Zähler und Nenner die gleiche Dimension aufweisen.

[17] Wöhe definiert die Wirtschaftlichkeit als das Verhältnis zwischen der günstigsten und der tatsächlich erreichten Kostensituation [Wöhe 96, S. 48 f.]: $\text{Wirtschaftlichkeit} = \frac{\text{Istkosten}}{\text{Sollkosten}}$
Diese Definition kann in der Arbeit nicht verwendet werden, da bei Konzeption und Planung eines neuen elektronischen Vertriebsweges noch keine Istkosten vorliegen, die zu den geplanten Sollkosten in Beziehung gesetzt werden könnten.

- Das Maß ist bezugsgrößenabhängig in dem Sinn, daß Zähler bzw. Nenner bezugsgrößenkongruent ermittelt werden. Als Bezugsgrößen für die Wirtschaftlichkeit kommen in Frage:
  - (a) Perioden verschiedener Längen (Jahr, Monat, Dekade, usw.)
  - (b) Stellen und deren Aggregationen (Plätze, Stellen, Bereiche, Abteilungen, Unternehmen als Ganzes)
  - (c) Wohldefinierte Bezugsobjekte, wie z.B. Produkte, Produktgruppen, Sparten oder Projekte
- Das Maß erlaubt Aggregationen innerhalb gleicher Bezugsgrößen.
- Das Maß ist ein nominales Maß, es umfaßt monetäre und realwirtschaftliche Größen.

Für die Beurteilung der Wirtschaftlichkeit elektronischer Vertriebswege für Banken wird die zweite Definition der Wirtschaftlichkeit von Dellmann gewählt [vgl. Dellmann 87, S. 372 f.; vgl. Horváth 88, S. 2 f.], da die Wirtschaftlichkeit eines geplanten elektronischen Vertriebsweges auf der Basis von Planzahlen der Kosten- und Leistungsrechnung für die Zukunft ermittelt wird und daher keine vergangenheitsorientierten Zahlen aus dem Rechnungswesen zugrunde gelegt werden können. Als Bezugsgröße wird zum einen der neue elektronische Vertriebsweg und zum anderen als Periode ein Kalenderjahr oder der Betrachtungszeitraum der szenariogestützten Wirtschaftlichkeitsanalyse gewählt.

$$\text{Wirtschaftlichkeit} = \frac{\text{Erlöse auf Basis von Planzahlen}}{\text{Kosten auf Basis von Planzahlen}} \begin{cases} >=1 & \text{wirtschaftlich} \\ <1 & \text{unwirtschaftlich} \end{cases}$$

Wird als Maß der Wirtschaftlichkeit eine Zahl größer gleich 1 ermittelt, so ist der neue elektronische Vertriebsweg für Bankleistungen wirtschaftlich, ist das Maß kleiner 1, so ist der elektronische Vertriebsweg unwirtschaftlich. Für Teilbereiche des elektronischen Vertriebsweges werden keine Teilwirtschaftlichkeiten berechnet, da der neue elektronische Vertriebsweg nur in seiner Gesamtheit in bezug auf seine Wirtschaftlichkeit bewertet werden kann [vgl. Schmitt 93, S. 183 f.].
Zusätzlich zu der Betrachtung für die gesamte Periode können auch auf der Basis von Jahreszahlen Aussagen über die Wirtschaftlichkeit des neuen elektronischen Vertriebsweges gemacht werden.

$$\text{Wirtschaftlichkeit Jahr m} = \frac{\text{Erlöse Jahr m auf Basis von Planzahlen}}{\text{Kosten Jahr m auf Basis von Planzahlen}} \begin{cases} >=1 & \text{wirtschaftlich} \\ <1 & \text{unwirtschaftlich} \end{cases}$$

Im Rahmen des Vorgehensmodells zur szenariogestützten Wirtschaftlichkeitsanalyse wird die Wirtschaftlichkeit eines jeden Jahres des Betrachtungszeitraumes ermittelt.
Zusätzlich zu der einperiodigen Wirtschaftlichkeit wird ergänzend für den gesamten Betrachtungszeitraum mit Hilfe des dynamischen Investitionsrechnungsverfahrens der Kapitalwertmethode der Kapitalwert als Vorteilhaftigkeitszahl berechnet. Der aus dem Kapitalwert der drei Szenarien ermittelten Größen Erwartungswert und Standardabweichung werden zur Vorteilhaftigkeitsbestimmung mehrerer Investiti-

onsalternativen verwendet. Der Kapitalwert ist die Summe der auf den Investitionszeitpunkt t_0 diskontierten investitionsbedingten Ein- und Auszahlungen des Investitionszeitraumes. In der Literatur werden über die Vorteilhaftigkeit einer Investition anhand des Kapitalwertes folgende Aussagen getroffen [vgl. Kruschwitz 93, S. 66 ff.; vgl. Wöhe 96, S. 757]:

- Kapitalwert < 0 - absolut unvorteilhaft
- Kapitalwert = 0 - indifferent
- Kapitalwert > 0 - absolut vorteilhaft

Im Rahmen des Vorgehensmodells wird der Kapitalwert sowie die in Verbindung mit den Szenarien daraus ermittelten Statistikkennzahlen des Erwartungswertes und der Standardabweichung zum Vergleich mehrerer Investitionsalternativen genutzt.

2.1.2 Definition elektronischer Vertriebsweg für Bankleistungen

Im folgenden soll der Untersuchungsgegenstand des elektronischen Vertriebsweges für Bankleistungen charakterisiert werden.
Kreuzer definiert den elektronischen Vertriebsweg wie folgt [Kreuzer 96, S. 17]: „Ein elektronischer Vertriebsweg als Kommunikationskanal zwischen Bank und Kunde ist durch die Abwicklung der Kommunikation über Kommunikationsendgeräte auf Seiten des Kunden und Kommunikationsendgeräte oder Datenverarbeitungsanlagen auf Seiten der Bank gekennzeichnet."[18] Diese Kommunikationsendgeräte können z.B. Multifunktionsterminals, das Telefon oder der Personal Computer des Bankkunden sein. Abb. 2.2 zeigt schematisch die drei notwendigen Bestandteile eines elektronischen Vertriebsweges. Dies sind Kommunikationsendgeräte beim Kunden, Telekommunikationsnetze und -dienste, die den Kommunikationskanal bereitstellen und entsprechende Kommunikationsendgeräte oder Datenverarbeitungsanlagen auf Seiten der Bank.
Elektronische Vertriebswege für Bankleistungen können im wesentlichen folgendermaßen charakterisiert werden [vgl. Kreuzer 96, S. 13 ff.]:

- unpersönlich
- technikunterstützt
- Kunde übernimmt teilweise/vollständig den Leistungserstellungsprozeß

[18] Auch das Telefon-Banking wird in den beiden möglichen Ausprägungen der Mensch-Mensch- und Mensch-Maschine-Kommunikation in dieser Arbeit als elektronischer Vertriebsweg verstanden [vgl. Kreuzer 96, S. 17 f.].

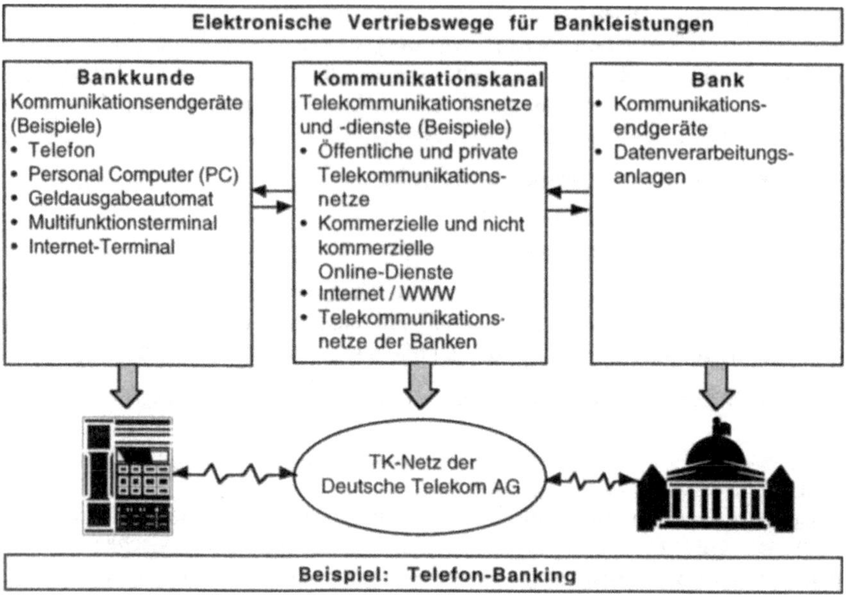

Abb. 2.2: Charakterisierung elektronischer Vertriebswege für Bankleistungen [in Anlehnung an Kreuzer 96, S. 18]

2.1.3 Definition des in der Arbeit verwendeten erweiterten Begriffs des elektronischen Vertriebsweges für Bankleistungen

Der in Kapitel 2.1.2 definierte allgemeine Begriff des elektronischen Vertriebsweges wird für die Betrachtungen im Rahmen dieser Arbeit im folgenden erweitert. Die Bestandteile des elektronischen Vertriebsweges sind die folgenden:

(1) Elektronischer Vertriebsweg i.e.S. [nach Kapitel 2.1.2] mit der für die Bereitstellung und den Betrieb notwendigen technischen, organisatorischen und personellen Infrastruktur

(2) Bankleistungen, die der Kunde über den elektronischen Vertriebsweg in Anspruch nehmen kann, und die für deren Produktion und Vertrieb notwendige bankleistungsspezifische technische, organisatorische und personelle Infrastruktur.

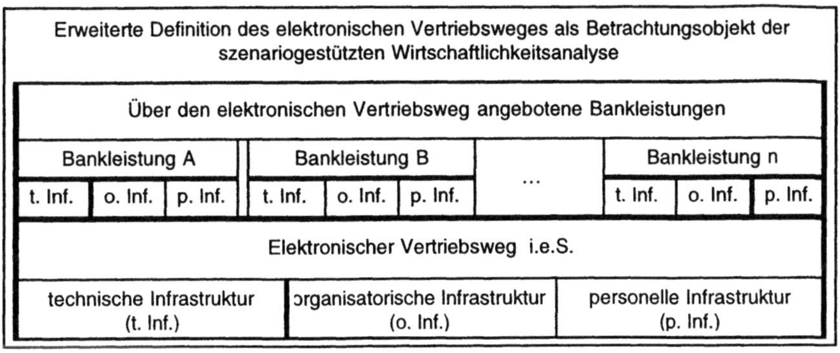

Abb. 2.3: Die im Rahmen der Arbeit erweiterte Definition des elektronischen Vertriebsweges

Die szenariogestützte Wirtschaftlichkeitsanalyse eines neuen elektronischen Vertriebsweges erfaßt demnach alle Kosten und Nutzeffekte auf Seiten der Bank, die mit der Bereitstellung und dem Betrieb eines neuen elektronischen Vertriebsweges sowie der Erstellung und dem Vertrieb von Bankleistungen über diesen neuen elektronischen Vertriebsweg zusammenhängen [vgl. Abb. 2.3]. Dabei wird auf der Ebene der Bankleistung der Prozeß der Erstellung und des Vertriebes erfaßt und nicht die erstellte Bankleistung.

2.1.4 Weitere begriffliche Grundlagen

Universalbanken

Gemäß des angebotenen Leistungsumfangs einer Bank unterscheidet man Universal- und Spezialbanken. Als Universalbanken bezeichnet man diejenigen Banken, die sowohl das Einlagen- und Kreditgeschäft, als auch das gesamte Wertpapiergeschäft betreiben [vgl. Eilenberger 96, S. 30; vgl. Eilenberger 96, S. 119; vgl. Büschgen 93, S. 42 ff.]. Das deutsche Bankensystem ist von den Universalbanken geprägt[19] [vgl. Obst/Hintner 93, S. 217 ff.].

Spezialbanken

Spezialbanken bieten gegenüber den Universalbanken ihren Kunden nur einen eingeschränkten Leistungsumfang an. So haben sich einige Kreditinstitute auf die Vergabe von Realkrediten, Verwaltung von Investmentanteilen oder auf die Wahrnehmung von Sonderaufgaben durch Bund und Länder spezialisiert [vgl. Obst/Hintner 93, S. 218 ff.; vgl. Obst/Hintner 93, S. 241 ff.; vgl. Eilenberger 96, S. 28; vgl. Büschgen 93, S. 42 ff.].

Direkt- und Filialbanken

Direktbanken sind alle Kreditinstitute, die ihren Kunden zur Inanspruchnahme von Bankleistungen ausschließlich elektronische Vertriebswege anbieten und die insbe-

[19] Im Gegensatz hierzu steht das Trennsystem der angelsächsischen Länder, die zwischen „commercial banks" für das Einlagen- und Kreditgeschäft und den „investment banks" für das Wertpapiergeschäft unterscheiden [vgl. Eilenberger 96, S. 30].

sondere über kein eigenes Filialnetz verfügen. Im Gegensatz hierzu stehen die Filialbanken, die in erster Linie über ein kundennahes Filialnetz den Absatz von Bankleistungen betreiben.

Telebanking

Straub definiert das Telebanking wie folgt: „Telebanking umfaßt alle Möglichkeiten und Techniken, die dem Kunden ermöglichen, von seinem Standort aus, unter Benutzung telematischer Systeme, direkt Bankgeschäfte zu tätigen." [Straub 90, S. 132; vgl. Kreuzer 96, S. 17].

Electronic Banking

Electronic Banking ist die Gesamtheit der EDV-unterstützten Dienstleistungen, die im Verkehr zwischen Bankkunde und Bank angeboten werden [vgl. Straub 90, S. 33 ff.]. Hierunter fallen sowohl das Telebanking, als auch das POS-Banking. Der Begriff wird sowohl im elektronischen Firmen- als auch im elektronischen Privatkundengeschäft genutzt.

2.2 Charakteristika von Bankleistungen und deren Auswirkung auf die Wirtschaftlichkeitsanalyse

Als Bankleistung werden im folgenden alle absatzfähigen Ergebnisse bankbetrieblicher Tätigkeit verstanden [vgl. Obst/Hintner 93, S. 357 f.; vgl. Süchting 92, S. 95; Eilenberger 96, S. 188 ff.]. Abb. 2.4 gibt einen Überblick über die Entstehung und die Bestandteile einer Bankleistung.

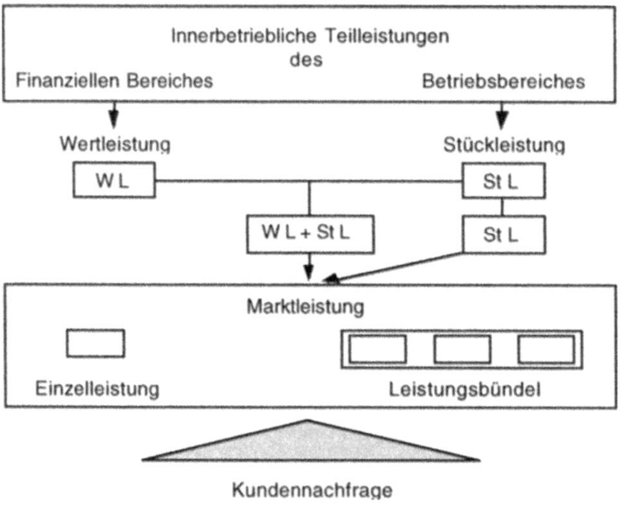

Abb. 2.4: Definition der Bankleistung [Süchting 92, S. 95]

Das Angebot verschiedenartiger, für die Universalbanken charakteristischer Leistungen läßt sich zu den folgenden drei Gruppen formieren:

(1) Die **banktypischen Kernleistungen**. Sie ergeben sich aus den wesentlichen Funktionen der Kreditinstitute in der Volkswirtschaft. Diese Gruppe umfaßt die Finanzierungsleistungen sowie die Geld- und Kapitalanlageleistungen als typische Transformationsleistungen und die Zahlungsverkehrsleistungen.

(2) Die **bankmäßigen Nebenleistungen**, die eine Ergänzung der Kernleistungen darstellen, wie beispielsweise das Depotgeschäft, die Vermögensverwaltung und der Edelmetallhandel.

(3) Die **bankneutralen Leistungen**, wie etwa die Vermittlung von Versicherungen, Bausparverträgen, Reisen und Immobilien, die Unternehmungs- und Haushaltsberatung und die Lohndatenverarbeitung. Sie wurden aufgrund des zunehmenden Wettbewerbs im traditionellen Bankgeschäft in das Angebot der Kreditinstitute aufgenommen, um neue Ertragsquellen zu erschließen bzw. um die vorhandenen Kapazitäten besser auszulasten. Bankmäßige Nebenleistungen und die bankneutralen Leistungen werden auch unter dem Begriff «Zusatzleistungen» zusammengefaßt.

Die Bankleistung kann im wesentlichen mit Hilfe von drei herausgestellten Merkmalen charakterisiert werden. Dies sind «Unstofflichkeit», «Verflochtenheit» und «Dualismus» [vgl. Obst/Hintner 93, S. 357; vgl. Büschgen 93, S. 311 f.]. Aus der **Unstofflichkeit** ergeben sich Eigenschaften, die zu anderen Beschaffungs-, Produktions- und Absatzbedingungen als in den Sachgüterbranchen führen [Obst/Hintner 93, S. 357 f.].

(1) **Bankleistungen sind nicht speicherbar.** Die fehlende Speicherbarkeit macht eine Vorratsproduktion unmöglich. Damit müssen die Banken jederzeit Kapazitäten bereithalten, wenn sie bei sich bietenden Absatzchancen leistungsfähig sein wollen. Daraus ergibt sich eine hohe Fixkostenbelastung und eine geringe Elastizität, insbesondere im technisch-organisatorischen Bereich.

(2) **Bankleistungen sind abstrakt.** Der immaterielle und unanschauliche Charakter der Bankleistung macht diese in hohem Maße erklärungsbedürftig. Die Produktgestaltung erfolgt in erster Linie auf Basis eines Vertrages und ist insofern wenig anschaulich. Besonders bei intensivem Kunde-Bank-Kontakt ist die gute Beratung ein wesentliches Kriterium für den Markterfolg.

(3) **Bankleistungen sind nicht patentfähig.** Das Patentrecht kennt bis jetzt keinen Schutz der Dienstleistungen. Lediglich Dienstleistungsmarken können geschützt werden. Da Bankleistungen i.d.R. leicht und schnell von den Konkurrenten nachgeahmt werden können, hat sich - insbesondere im Mengengeschäft der Kreditinstitute - eine weitgehend gleichartige Angebotspalette herausgebildet.

(4) **Tagfertigkeitsprinzip** [vgl. Schmitt 93, S. 73]. Das Tagfertigkeitsprinzip erfordert eine ausreichende Kapazitätsbemessung, damit eine rasche

Abwicklung von Kundenaufträgen auch unter Spitzenbelastungen sichergestellt ist.

Die **Verflochtenheit** der Bankleistungen ergibt sich sowohl aus notwendigen Leistungsverbindungen, die aus dem bankwirtschaftlichen Produktionszusammenhang folgen, als auch aus bewußt im Absatzinteresse von den Banken herbeigeführten Leistungskombinationen. So sind Zahlungsverkehrsleistungen notwendig, um Finanzierungsleistungen überhaupt nutzen zu können, und eine bewußte Leistungsverbindung ist beispielsweise gegeben, wenn auf einem Sparkonto angesammelte Guthaben jeweils bei einer bestimmten Höhe automatisch in Wertpapieren angelegt werden. Neben diesen generellen Verflechtungen gibt es auch kundenbestimmte Verflechtungen, die durch die Kombination verschiedener Bankleistungen entstehen [vgl. Obst/Hintner 93, S. 358].

Der **Dualismus** besteht in einer Zusammensetzung der Bankleistung aus einer Wert- und einer Betriebs- oder Stückleistung [vgl. Obst/Hintner 93, S. 358 f.; vgl. Süchting 92, S. 95; vgl. Süchting/Krumnow 89, S. 224 f.]. Die Wertleistung bildet die Annahme, Schaffung und Weitergabe von geldlichen Verfügungsmöglichkeiten. Die Betriebs- und Stückleistung ist dagegen das Ergebnis einer Kombination von personalen, informationellen und sachlichen Produktionsfaktoren. Während die Wertleistung vom jeweiligen Betrag abhängt, sind die Kosten für die Betriebs- oder Stückleistung nur abhängig von der jeweiligen Geschäftsart, z.B. Überweisungen [vgl. Obst/Hintner 93, S. 359; vgl. Flechsig 82, S. 49 ff.]. Der Wertebereich kann mit Hilfe der Marktzinsmethode[20] genauer aufgegliedert und in seinen Ergebnisbestandteilen den einzelnen Verantwortungsbereichen der Bank zugeordnet werden [vgl. Eilenberger 96, S. 422; vgl. Süchting 92, S. 124 ff.; vgl. Schierenbeck 94, S. 69 ff.]. Tab. 2.1 zeigt exemplarisch die Erfolgsbestandteile der Bankleistung für den Werte- und Betriebsbereich.

Erfolgsbestandteile der Bankleistung aus Banksicht	Erlöse	Kosten
Wertleistungen Kredite Einlagen	**Werterlöse** Zinsen und zinsähnliche Erlöse	**Wertkosten** Zinsen und zinsähnliche Kosten
Betriebsleistungen absatzfähige Dienstleistungen innerbetriebliche Teilleistungen	**Betriebserlöse** wertabhängige Provisionen Stückgebühren	**Betriebskosten** Personalkosten Sachkosten Sachabschreibungen

Tab. 2.1: Erfolgselemente der Bankleistung aus Banksicht [Obst/Hintner 93, S. 797]

In Abb. 2.5 werden die Kostenbestandteile und in Abb. 2.6 die Erlösbestandteile der Bankleistung im Überblick dargestellt.

[20] Eine ausführliche Darstellung und beispielhafte Anwendung der Marktzinsmethode findet sich bei [Schierenbeck 94, S. 69 ff.].

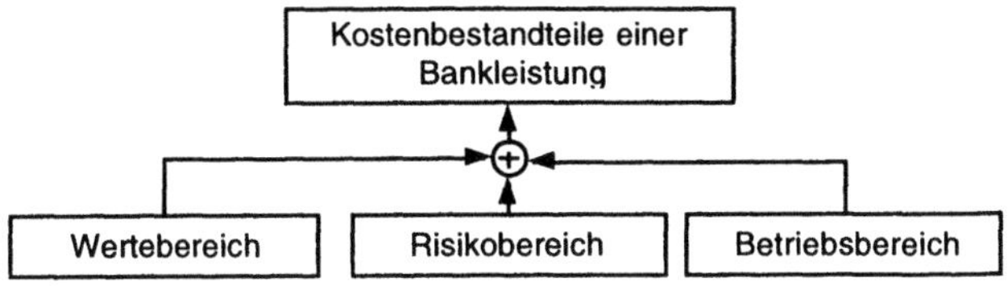

Abb. 2.5: Bestandteile der Kosten einer Bankleistung [vgl. Obst/Hintner 93, S. 929]

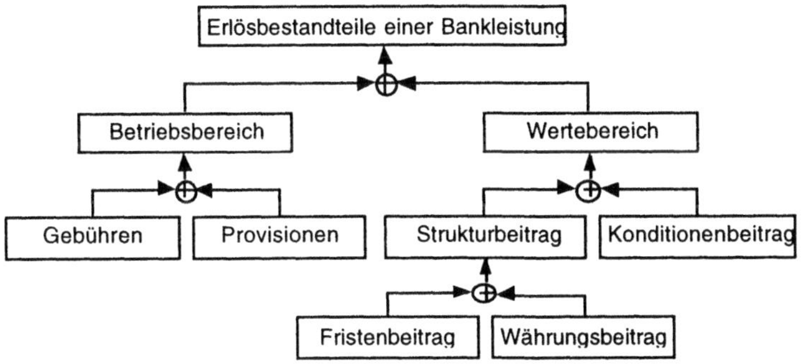

Abb. 2.6: Bestandteile der Erlöse einer Bankleistung unter Verwendung der Marktzinsmethode [in Anlehnung an Süchting 92, S. 126 ff.]

Die beiden Bestandteile Struktur- und Konditionenbeitrag des Wertebereiches werden im folgenden kurz erläutert und ergeben als Summe das Ergebnis des Wertebereiches der einzelnen Bankleistung [vgl. Süchting 92, S. 126 f.; vgl. Schierenbeck 94, S. 69 ff.; vgl. Hölscher 95, S. 248 ff.]:

Strukturbeitrag: Der Strukturbeitrag entsteht durch die unterschiedliche Fristigkeit zwischen Kunden- und Refinanzierungsgeschäft. Dies könnte z.B. die Refinanzierung eines 1-Jahres Kredites an einen Kunden mit 3-Monatsgeldern am Geld- und Kapitalmarkt sein. Die Zinsdifferenz zwischen beiden Geschäften wird als Strukturbeitrag bezeichnet. Im Falle einer normalen Zinsstrukturkurve werden längerfristige Aktiv- und Passivgeschäfte höher verzinst als kurzfristige. Bei einer inversen Zinsstrukturkurve werden kurzfristige Aktiv- und Passivgeschäfte höher verzinst als längerfristige. Der Strukturbeitrag kann daher sowohl positiv, als auch negativ sein. Der Strukturbeitrag kann auch in die beiden Komponenten Währungstransformations- und Fristentransformationsbeitrag aufgespalten werden, um eine höhere Transparenz zu erreichen [vgl. Schierenbeck 94, S. 80]. Wird die Marktzinsmethode nur auf Inlandsgeschäfte angewendet, so entspricht der Struktur- dem Fristentransformationsbeitrag [vgl. Schierenbeck 94, S. 81].

Konditionenbeitrag: Der Konditionenbeitrag gibt die Differenz eines gleichen Geschäftes zwischen einem Kunden- und einem Geld- und Kapitalmarktgeschäft wieder. Die Bank ist meistens in der Lage, am Geld- und Kapitalmarkt Gelder teuerer anzulegen bzw. günstiger aufzunehmen und kann daher gegenüber der Kundenkondition einen Konditionenbeitrag erwirtschaften.

Die Ermittlung des Struktur- und Konditionenbeitrages auf der Aktiv- und Passivseite der Bankbilanz wird in der Abb. 2.7 dargestellt.

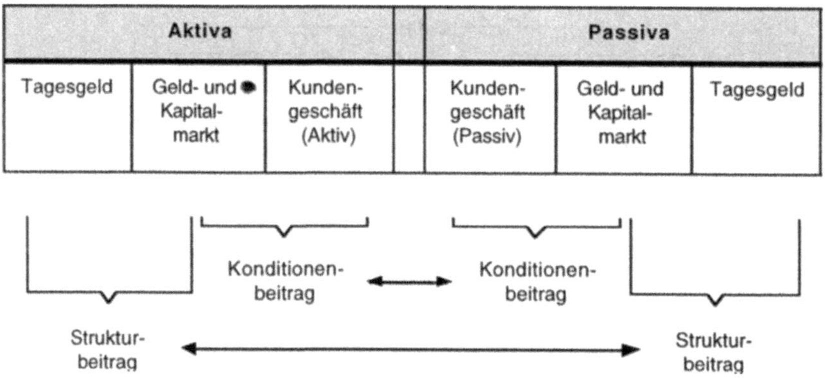

Abb. 2.7: Berechnung des Struktur- und Konditionenbeitrages bei Aktiv- und Passivgeschäften unter Verwendung der Marktzinsmethode [vgl. Schierenbeck 94, S. 69 ff.]

Bei der Berechnung des Struktur- und Konditionenbeitrages sowie der jeweiligen Bestandteile müssen auf der Passivseite die Mindestreserverichtlinien der Bundesbank berücksichtigt werden [vgl. Schierenbeck 94, S. 85 ff.]. Auf diesen Sachverhalt soll an dieser Stelle nur hingewiesen werden, da er für die weiteren Betrachtungen keine Auswirkungen zeigt.

Auswirkungen der einzelnen Charakteristika der Bankleistung auf die Wirtschaftlichkeitsanalyse

Auswirkungen der Unstofflichkeit der Bankleistung auf die Wirtschaftlichkeitsanalyse:

Bankleistungen sind nicht speicherbar:

- Die Kapazität eines neuen elektronischen Bankvertriebsweges muß immer an der maximalen Nachfrage ausgerichtet sein.
- Die Effektivität der für die Maximalanforderungen vorgehaltenen Kapazitäten ist sehr niedrig.

- Schwankungen in der Nachfrage haben direkten Einfluß auf die Kapazitätsplanung.

Bankleistungen sind abstrakt:

- Die Qualität einer Bankleistung wird z.B. anhand der Merkmale Beratung, attraktive Konditionen oder gutem und schnellem Service gemessen. Die Kosten zur Erreichung dieser Merkmale müssen im Rahmen der szenariogestützten Wirtschaftlichkeitsanalyse berücksichtigt werden.

Bankleistungen sind nicht patentfähig:

- Bankleistungen sind durch die Konkurrenz leicht imitierbar und führen schnell zu Me-Too Produkten, die einen Teil des Marktpotentials bei der Konkurrenz bindet.

Auswirkungen der Verflochtenheit der Bankleistung auf die Wirtschaftlichkeitsanalyse:

- Die notwendigen Leistungsverbindungen zwischen einzelnen Bankleistungen müssen im Rahmen der Wirtschaftlichkeitsanalyse berücksichtigt werden. Hierzu muß eine Matrix mit den Folgewirkungen einzelner Bankleistungen aufgestellt werden. Diese Folgewirkungen müssen in zwei getrennte Bereiche aufgeteilt werden. Zum einen sind dies bankseitig vorgegebene Leistungsverbindungen, die durch die Kombination verschiedener Bankleistungen miteinander entstehen. Zum anderen sind dies kundenseitig vorgegebene Kombinationen von Bankleistungen, die anhand von Erfahrungswerten im Rahmen der Wirtschaftlichkeitsanalyse berücksichtigt werden müssen.

Auswirkungen des Dualismus der Bankleistung auf die Wirtschaftlichkeitsanalyse:

- Sowohl der Wertebereich als auch der Betriebsbereich müssen durch die Wirtschaftlichkeitsanalyse erfaßt werden, und in beiden Bereichen kann es durch die Einführung neuer elektronischer Vertriebswege zu einer Erhöhung bzw. Verringerung von Kosten und Erlösen kommen [vgl. Süchting/Krumnow 89, S. 214 f.]. Die folgende Abb. 2.8 zeigt die beiden möglichen Fälle einer auf dem neuen elektronischen Vertriebsweg angebotenen Bankleistung. Entweder die Bankleistung wird exklusiv auf dem neuen elektronischen oder ergänzend zu den bestehenden Vertriebswegen angeboten. In beiden Fällen wird nur der objektiv erfaßbare Betriebsbereich erfaßt und in die Ermittlung der Wirtschaftlichkeit einbezogen.

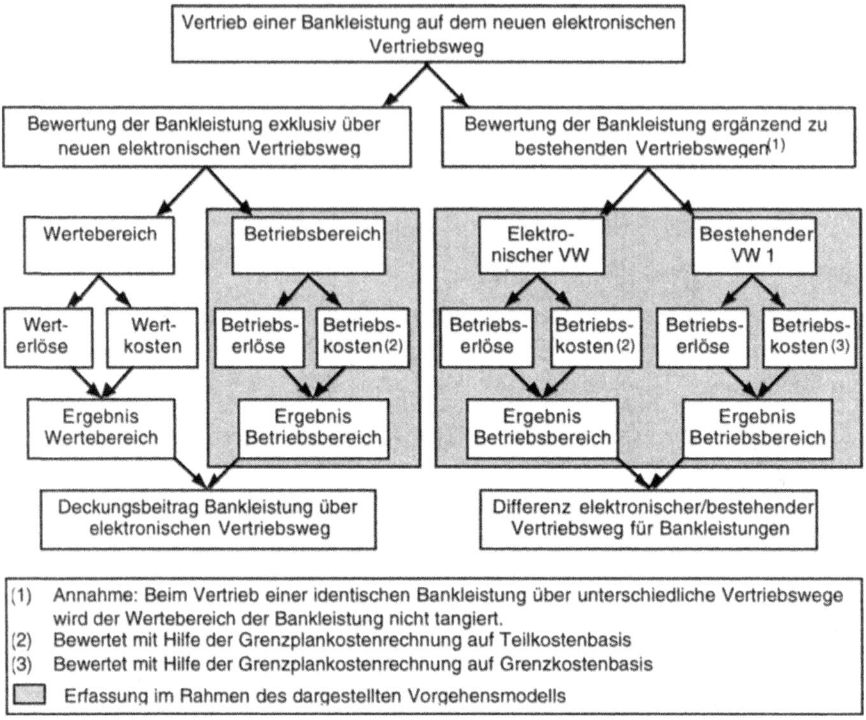

Abb. 2.8: Ermittlungsschema der Deckungsbeiträge der auf dem elektronischen Vertriebsweg angebotenen Bankleistungen

2.3 Ziel und Einsatz von Wirtschaftlichkeitsverfahren

Ziel von Wirtschaftlichkeitsverfahren

Eine Bank hat grundsätzlich mehrere Möglichkeiten, Investitionen zu tätigen. Bei der begrenzten Verfügbarkeit von Ressourcen stehen die Investitionsalternativen im direkten Wettbewerb untereinander. Um die möglichen Investitionsalternativen für die Entscheidungsträger vergleichbar zu machen, wird eine einheitliche Bezugsgröße benötigt auf deren Basis ein Vergleich möglich ist. Die Wirtschaftlichkeitsrechnung sollte daher alle von der Investition ausgehenden monetären und nicht monetären Wirkungen berücksichtigen und zu einer vergleichbaren Zahl verdichten. Einen wesentlichen Einfluß auf die Wirtschaftlichkeitsbetrachtungen haben folgende Faktoren [vgl. Schüller 92, S. 40]:

- Die Kosten- und Erlösveränderungen in der Wirtschaftlichkeitsrechnung müssen im Controlling nachvollziehbar sein. Die Kosteneinsparungen müssen über Ressourceneinsparungen realisiert werden.

- Die Einzelinvestitionen müssen mit dem strategischen Investitionsportfolio der Bank abgestimmt sein.
- Der verwendete Kalkulationszinsfuß[21] muß in das gesamte Steuerungsmodell integrierbar sein und sich am entsprechenden Marktzinssatz orientieren.

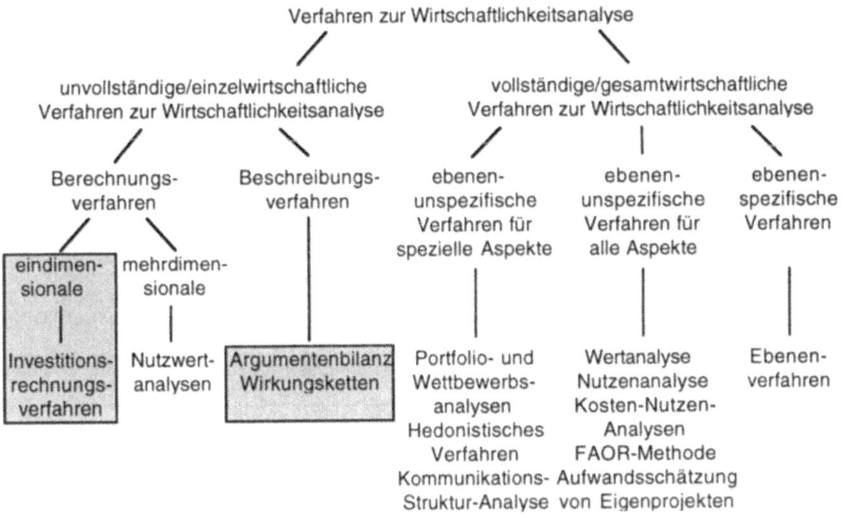

Abb. 2.9: Gliederung der Verfahren zur Wirtschaftlichkeitsanalyse [in Anlehnung an Antweiler 95, S. 57]

Zunächst sollen die in der Literatur diskutierten Wirtschaftlichkeitsverfahren in einer Gliederung dargestellt werden. Abb. 2.9 gibt einen Überblick über die bekannten Verfahrensarten und einzelne Verfahren.
Die im Rahmen der Wirtschaftlichkeitsanalyse betrachteten Projekte zur Einführung neuer elektronischer Vertriebswege müssen in direktem Zusammenhang zur strategischen Ausrichtung des Unternehmens stehen[22] [vgl. Bürstner 95, S. 147 ff.]. Infrastrukturprojekte, die keinen direkten Nutzen haben, werden unter diesen Gesichtspunkten durchgeführt, da andere Projekte erst auf dieser Grundlage aufbauen können [vgl. Schüller 92, S. 41].
Für die im Rahmen der Arbeit untersuchte Wirtschaftlichkeit neuer elektronischer Vertriebswege können die einzelwirtschaftlichen Verfahren der Wirtschaftlichkeitsanalyse verwendet werden, da es sich bei einer Bank um ein Einzelunternehmen handelt [vgl. Antweiler 95, S. 57]. Im Rahmen des Vorgehensmodells sollen sowohl die monetären, als auch die nicht monetären Auswirkungen erfaßt werden.

---

21 Zur Bestimmung eines unternehmensspezifischen Kalkulationszinsfußes für die Wirtschaftlichkeitsrechnung sei verwiesen auf [Drukarczyk 96, S. 179 ff.; Drukarczyk/Richter 95; Drukarczyk 93, S. 119 ff.]

22 Zur Darstellung der strategischen Bankplanung verweise ich auf [Krümmel/Rudolph 83].

Die Berechnungsverfahren der Investitionsrechnung und die Beschreibungsverfahren in Form von Argumentenbilanzen und Wirkungsketten können die Anforderungen erfüllen. Im folgenden sollen beide Verfahrenstypen kurz dargestellt werden.

Investitionsrechnung: Die Investitionsrechnung stellt hierzu einige Verfahren zur Verfügung, die man grundsätzlich in zwei Gruppen unterteilen kann. Dies sind zum einen statische Verfahren ohne Zeitbezug und zum anderen dynamische Verfahren mit Berücksichtigung des Zeitbezugs. Die folgende Tab. 2.2 zeigt die einzelnen statischen und dynamischen Verfahren der Investitionsrechnung im Überblick.

Verfahren	Beschreibung
Statische Verfahren der Investitionsrechnung:	
Gewinnvergleichsrechnung	Die Gewinnvergleichsrechnung betrachtet die durchschnittlichen Einzahlungsüberschüsse einer Investition vermindert um kalkulatorische Abschreibungen und um die kalkulatorische Kapitalverzinsung.
Kostenvergleichsrechnung	Die Kostenvergleichsrechnung berücksichtigt ausschließlich durchschnittliche Auszahlungen bzw. Kosten zuzüglich der kalkulatorischen Abschreibung einer Investition und der kalkulatorischen Verzinsung des investierten Kapitals. D.h. im Gegensatz zur Gewinnvergleichsrechnung bleiben Erlöse bzw. Einzahlungen unberücksichtigt.
Rentabilitätsrechnung	Rentabilitätsrechnungen betrachten die Rendite, d.h. den Gewinn im Verhältnis zum eingesetzten Kapital.
Amortisationsrechnung	Amortisationsrechnungen verstehen sich als „Break-even Methoden". Die Fragestellung wird auf den Zeitraum zur Deckung (durchschnittliche Einzahlungen vermindert um durchschnittliche Auszahlungen) der Anschaffungsauszahlungen bezogen. Das Auswahlkriterium ist somit die Payback-Periode, die Amortisationsdauer einer Investition.
Dynamische Verfahren der Investitionsrechnung:	
Kapitalwertmethode	Der Kapitalwert gibt den auf den Planungszeitpunkt bezogenen abgezinsten Einzahlungsüberschuß der Investitionsdauer wieder. Es ist diejenige Investitionsalternative auszuwählen, die zum höchsten Kapitalwert führt.
Annuitätenmethode	Die Annuität einer Investition gibt den mit dem Wiedergewinnungsfaktor multiplizierten Kapitalwert wieder. Sie ist demnach die durchschnittliche Ein- und Auszahlung, die zum gleichen Kapitalwert führt, wie die ursprüngliche Zahlungsreihe. Bei gegebenem Zins und gegebener Laufzeit ist der Wiedergewinnungsfaktor eine positive Konstante, so daß sich die Annuität einer Investition immer proportional zum Kapitalwert verhält.
Methode des internen Zinsfußes	Der interne Zinssatz spiegelt die Verzinsung oder Rentabilität des investierten Kapitals wieder. Der interne Zinssatz ist derjenige Zinssatz, der bei einer gegebenen Zahlungsreihe zu einem Kapitalwert von Null führt. Beim Vergleich alternativer Investitionsvorhaben ist unter sonst gleichen Bedingungen dasjenige das relativ vorteilhafteste, für welches der höchste interne Zinsfuß berechnet wird.

Tab. 2.2: Methoden der traditionellen Investitionsrechnung [vgl. Wöhe 96, S. 748 ff.; vgl. Pfeiffer/Weiß/Strubl 94, S. 25]

Auf die Vor- und Nachteile der einzelnen Methoden der Investitionsrechnung soll in diesem Zusammenhang nicht weiter eingegangen werden [siehe hierzu Wöhe 96, S. 748 ff.; Schneider 92, S. 75 ff.; Kruschwitz 93, S. 27 ff.; Blohm/Lüder 95, S. 49 ff.; vgl. Seicht 92, S. 31 ff.].

Schwachpunkt aller oben angeführten Methoden ist die reine Fokussierung auf eine monetäre Betrachtung der Kosten und Erlöse oder Ein- und Auszahlungen. Nicht

berücksichtigt werden zum einen die qualitativen Nutzeffekte und zum anderen die Auswirkungen der Investitionen auf andere Bereiche des Unternehmens. Bei den statischen Verfahren wird außerdem der Zeitbezug der anfallenden Kosten und Erlöse bzw. Ein- und Auszahlungen nicht berücksichtigt. Weiterhin werden Veränderungen der Umweltbedingungen im Zeitablauf des Betrachtungszeitraumes nicht Rechnung getragen, d.h. alle Werte werden als konstant angesehen. In der heute extrem dynamischen Umwelt des Bankenmarktes in Deutschland ist die Annahme dieser Prämisse nicht möglich [vgl. Wiebe 96].
Wirkungsketten: Die quantitativen Effekte, die durch die Einführung des neuen elektronischen Vertriebsweges entstehen, können durch die Investitionsrechnungsverfahren erfaßt werden. Daneben entstehen auch qualitative Nutzeffekte, die im Rahmen des Vorgehensmodells der szenariogestützten Wirtschaftlichkeitsanalyse berücksichtigt werden müssen [Klümper 96, S. 63 f]. Hierzu werden die qualitativen Nutzeffekte ermittelt, die sich daraus ableitenden Nutzenpotentiale identifiziert und die daran anknüpfenden Wirkungsketten analysiert und erstellt. Mit Hilfe der Nutzenpotentiale und Wirkungsketten gewinnt man eine detaillierte Sicht auf die nicht monetären Wirkungen, die durch Bereitstellung, Betrieb und Nutzung eines neuen elektronischen Vertriebsweges entstehen [vgl. Blohm/Lüder 95, S. 50].

Einsatz von Wirtschaftlichkeitsverfahren

Die Wahl des Wirtschaftlichkeitsverfahrens soll an die Bedürfnisse der jeweiligen Entscheidung angepaßt sein. Sollen im Rahmen der Wirtschaftlichkeitsrechnung nur monetäre Einflüsse erfaßt werden, so sind die Verfahren der Investitionsrechnung ausreichend. Bei einperiodischen Investitionen sind die statischen Verfahren der Investitionsrechnung ohne Berücksichtigung eines Zeitbezuges ausreichend. Bei mehrperiodischen Investitionen sollten aufgrund des Zeitbezugs die Verfahren der dynamischen Investitionsrechnung angewendet werden.
Im Rahmen des Vorgehensmodells der szenariogestützten Wirtschaftlichkeitsanalyse sollen sowohl monetäre, als auch nicht monetäre Wirkungen berücksichtigt werden. Dies ist nur durch eine geeignete Kombination der vorgestellten Verfahren der Wirtschaftlichkeitsanalyse sinnvoll machbar.
Hieraus leitet sich die Notwendigkeit eines neuen Vorgehensmodells zur szenariogestützten Wirtschaftlichkeitsanalyse unter Berücksichtigung aller von der Investition ausgehenden monetären und nicht monetären Wirkungen ab. Als Grundlage des Vorgehensmodells dienen im Bereich der monetären Verfahren die oben dargestellten Verfahren der Gewinnvergleichsrechnung und der Kapitalwertmethode. Im Bereich der nicht monetären Verfahren dienen die Nutzenpotential- und Wirkungskettenanalyse als Grundlage.

2.4 Prozesse und prozeßorientierte Kostenrechnungsverfahren

In diesem Kapitel sollen der für die Arbeit wesentliche Begriff des Prozesses und die Kostenrechnungsverfahren der prozeßorientierten Standardeinzel- und Prozeßkostenrechnung dargestellt werden. Die beiden Kostenrechnungsverfahren werden bei der Aufstellung der Anforderungen an ein Wirtschaftlichkeitsverfahren in Kapitel 2.5 sowie bei der Beschreibung des Vorgehensmodells in Kapitel 3 benötigt und werden daher an dieser Stelle der Arbeit im Überblick dargestellt.

2.4.1 Definition Prozeß

Banken sind Dienstleistungsbetriebe [Wöhe 96, S. 16], deren Leistungserstellung sich durch die Merkmale Immaterialität, Unmöglichkeit der Vorrats- oder Lagerhaltung und des unmittelbaren Kontaktes zwischen Anbieter und Nachfrager charakterisieren läßt [vgl. Schmitt 93, S. 10 f.]. Dies bedeutet, daß zum Zeitpunkt der Nachfrage einer Dienstleistung durch den Kunden diese kostenstellen- und abteilungsübergreifend erstellt und vertrieben werden muß. Die notwendige Folge von Aktivitäten, die einen entsprechenden Ressourceneinsatz benötigen und eine Leistung erbringen, kann mit Hilfe von Prozessen dargestellt werden [vgl. Horváth 96, S. 99 f.]. Holst definiert einen Prozeß als „eine logische, aufeinanderfolgende Reihe wiederkehrender Tätigkeiten mit meßbarem Input, quantifizierbarer Wertschöpfung und bewertbarem Output" [Holst 92, S. 261; vgl. Horváth/Mayer 89, S. 16]. Die Aneinanderreihung der Aktivitäten ist dabei nicht zwangsläufig sequentiell, sondern kann Verzweigungen und Zyklen enthalten, wobei einzelne Aktivitäten auch mehrfach durchlaufen werden können [vgl. Harrington 87, S. 137; vgl. Haist/Fromm 89, S. 93]. Die Betrachtung der Leistungserstellung und des Vertriebs von Bankleistungen anhand von Prozessen ist ein zentraler Ausgangspunkt des Vorgehensmodells der szenariogestützten Wirtschaftlichkeitsanalyse.
Horváth erweitert die von Holst gegebene Definition des Prozesses um die folgenden Merkmale [vgl. Horváth 96, S. 100]:

- Es besteht eine Kunden-Lieferanten-Beziehung.
- Es sind mehrere Stellen beteiligt.
- Der Prozeß wird von mindestens einer Stelle verantwortet.

Jede innerhalb der Bank erstellte Leistung läßt sich als eine Abfolge von Teilprozessen und Ergebnis von Prozessen darstellen [vgl. Brühl/Frischmuth 95, S. 551]. Die folgende Abb. 2.10 zeigt den allgemeinen Aufbau einer solchen Prozeßkette.

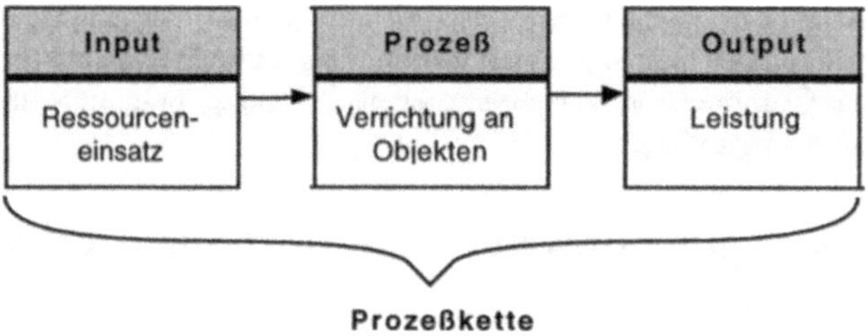

Abb. 2.10: Allgemeiner Aufbau einer Prozeßkette (Input - Prozeß - Output) [Brühl/Frischmuth 95, S. 551]

Die Befriedigung der Kundenwünsche stellt für jeden Prozeß die Basis des Erfolges dar: Der Kunde will die bestellte Bankleistung zu einem bestimmten Zeitpunkt, zu einem festgelegten Preis und mit festgelegten Eigenschaften beziehen [vgl. Österle 95, S. 109]. Weiterhin hat jeder Kunde unterschiedliche und wechselnde Anforderungen an die Leistungserstellung [vgl. Yoshikawa/Innes/Falconer 95, S. 194 ff.]. Hieraus resultieren die allgemein gültigen Erfolgsfaktoren für Prozesse [Österle 95, S. 109 f.]:

- **Zeit:**
  Die Prozeßleistung wird schnell erstellt; zugesagte Termine werden eingehalten.
- **Qualität:**
  Die Leistung erfüllt die Kundenbedürfnisse im Vergleich zur Konkurrenz.
- **Kosten:**
  Die Leistung wird effizient und damit zu einem wettbewerbsfähigen Preis erbracht.
- **Flexibilität:**
  Die Leistungen decken die variierenden Anforderungen der Kunden ab.

Abb. 2.11 zeigt die oben genannten vier Erfolgsfaktoren und verschiedene Prozeßeigenschaften, die zur Erreichung der einzelnen Erfolgsfaktoren beitragen. Die Erreichung der einzelnen Erfolgsfaktoren ist wiederum untereinander gekoppelt.

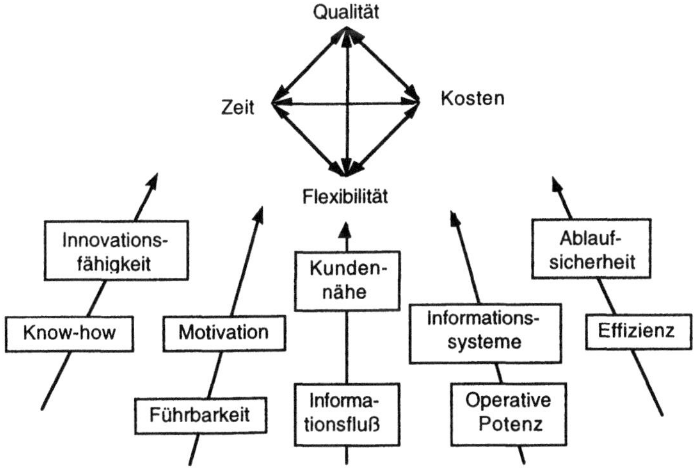

Abb. 2.11: Allgemein gültige Erfolgsfaktoren für Prozesse sowie dazu beitragende Prozeßeigenschaften [vgl. Österle 95, S. 110]

Die in einem Unternehmen ablaufenden Prozesse lassen sich grundsätzlich einer der Gruppen Führungs-, Leistungs- oder Unterstützungsprozesse zuordnen. Im Rahmen dieser Arbeit werden insbesondere die Leistungsprozesse und hier wiederum die Prozesse für die Erstellung und den Vertrieb von Bankleistungen untersucht.

Die Führungs- und die Unterstützungsprozesse haben für den Vertrieb von Bankleistungen über elektronische Medien nur eine geringe Bedeutung und werden daher im weiteren nicht betrachtet. In der Abb. 2.12 werden die einzelnen Prozeßtypen und dafür beispielhaft Bereiche im Unternehmen zur Anwendung dieser Prozeßtypologie aufgezeigt.

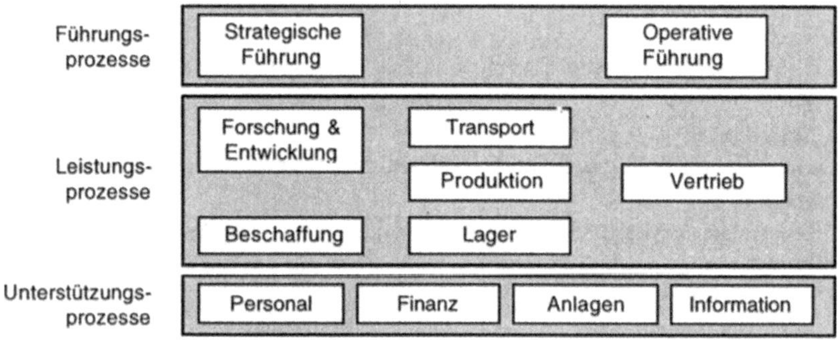

Abb. 2.12: Prozeßtypologie [Österle 95, S. 131]

Die durch die Unternehmensleitung festgelegten Prozesse müssen durch die Prozeßführung mittels verschiedener Führungsgrößen zwecks Zielvorgabe und Zielerreichung überwacht werden. Diese Führungsgrößen sind exemplarisch für einige Erfolgsfaktoren in der Abb. 2.13 dargestellt. Die Prozeßführung muß anhand der Zielerreichung in den einzelnen Prozeßgrößen den Erfolg innerhalb der Prozeßbearbeitung messen [vgl. Hess/Brecht 96, S. 103].

Abb. 2.13: Repräsentation beispielhafter Erfolgsfaktoren des Bankbetriebes durch Führungsgrößen [vgl. Österle 95, S. 117]

Das gesamte Unternehmen läßt sich als System von Prozessen darstellen, das vielfältige Beziehungen zu internen und externen Lieferanten und Kunden enthält. Die einzelnen Prozesse sind vertikal wiederum in Subsysteme, z.B. Sub- bzw. Teilprozesse, und Elemente, z.B. Aktivitäten oder Ressourcen, unterteilbar, woraus sich eine Hierarchie mit unterschiedlichem Detaillierungsgrad ergibt [vgl. Haist/Fromm 89, S. 94 ff.; vgl. Fromm 92, S. 7 f.]
Zur Bereitstellung eines neuen elektronischen Vertriebsweges müssen vielfach innerhalb der Bank neue Prozesse entworfen und etabliert werden. Im folgenden sollen einige Kriterien für das Prozeßdesign vorgestellt werden.

Prozeßdesign

Das Prozeßdesign ermöglicht die bereichsübergreifende Optimierung der betrieblichen Aufgabenabwicklung unter Berücksichtigung der systemtheoretischen Gesamtzusammenhänge. Die neu gestalteten Prozesse müssen die folgenden Kriterien erfüllen [vgl. Haist/Fromm 89, S. 106]:

- Effektivität
- Effizienz
- Steuerbarkeit
- Kontrollierbarkeit
- Anpassungsfähigkeit

Ausgangspunkt für ein aktives, simultanes Prozeßdesign ist eine Prozeßanalyse in Form eines deskriptiven bottom-up-Ansatzes. Neben Aktivitäten, Objekten, Leistungsmerkmalen und Beziehungen zwischen den einzelnen Systemelementen sind z.B. auch Kundenerwartungen, Qualitäts-, Zeit- und Kostenkriterien zu erfassen. Im Rahmen der Analyse werden die Prozeßgrenzen beschrieben und durch die Definition von Teilprozessen und externen Schnittstellen die Prozeßstruktur und der Arbeitsfluß erfaßt [vgl. Harrington 87, S. 152]. Eine graphische Visualisierung der Prozesse und ihrer Beziehungen sowie der relevanten Attribute unterstützt die nachfolgenden Phasen.
Das Prozeßdesign erfolgt in der Regel top-down. Die Entwicklung erster Visionen für den Prozeß sollten sich konsequent an den Markt- und Kundenanforderungen orientieren, um durch marktgerechte Leistungen und bereichsübergreifend optimierte Aufgabenabläufe die Wettbewerbsfähigkeit zu erhöhen. Ob ein Interner oder Externer Abnehmer des Prozeßoutputs ist, ist unerheblich. Prozeß- und Produktbenchmarking gegen Mitbewerber unterstützen die Entwicklung erster Ideen und deren Konkretisierung [vgl. Davenport 93, S. 125]. Zur Vereinheitlichung des Prozeßdesigns haben Becker, Rosemann und Schütte die Grundsätze ordnungsmäßiger Modellierung von Prozessen entwickelt[23] [vgl. Becker/Rosemann/Schütte 95, S. 437].
Die Definition des Prozesses dient als Grundlage für die im folgenden dargestellten Kostenrechnungsverfahren der prozeßorientierten Standardeinzel- und Prozeßkostenrechnung.

[23] Eine detaillierte Darstellung des Prozeßdesigns und der Prozeßoptimierung findet sich z.B. bei [Österle 95; Österle et al. 95; Becker/Rosemann/Schütte 95; Davenport 93].

2.4.2 Prozeßorientierte Standardeinzelkostenrechnung

Die prozeßorientierte Standardeinzelkostenrechnung stellt ein entscheidungsorientiertes Teilkostenrechnungssystem für Banken dar [vgl. Schierenbeck 94, S. 267]. Einer einzelnen Bankleistung werden nur die Kosten zugerechnet, die von dieser Bankleistung zusätzlich verursacht werden (Grenzprinzip) und die dieser Bankleistung direkt zugerechnet werden können (Einzelkostenprinzip) [vgl. Schierenbeck 94, S. 267; vgl. Schmitt 93, S. 53 ff.]. Die Standardeinzelkostenrechnung kann folgendermaßen charakterisiert werden [vgl. Schierenbeck 94, S. 268 ff.; vgl. Schmitt 93, S. 53 ff.]:

(1) **Prozeßorientierung:**

Kostenrechnerische Erfassung und Bewertung sämtlicher bankbetrieblicher Prozesse, die - verstanden als kostenstellenübergreifende Aktivitätsbündel - zur Erstellung und/oder zum Vertrieb von Bankleistungen durchgeführt werden. Unter einer einzelnen Aktivität soll dabei die logisch zusammengehörende, meist geordnete Folge von Arbeitshandlungen innerhalb eines Prozesses verstanden werden.

(2) **Orientierung an den prozeßabhängigen Einzelkosten:**

Prinzip der Einzelkostenzurechnung und normierten Leistungsinanspruchnahme. Mit Hilfe der Durchführung von Arbeits- und Zeitablaufstudien sind auch die fixen Kosten im Sinne des Prinzips der Einzelkostenzurechnung und normierten Leistungsinanspruchnahme direkt den Kostenträgern zurechenbar.

(3) **Kalkulation der Kostensätze auf der Basis von Standardarbeitsabläufen, Standardbearbeitungszeiten bzw. Standardverbrauchsmengen sowie Orientierung dieser Größen an einer definierten Standardauslastung:**

Normierte Zeit- und Mengenverbräuche bewertet mit Planpreisen bilden die Basis für die Bestimmung der Standardkosten für die einzelnen Bankleistungen. Auf Basis der Standardkosten lassen sich so jene Kostengrößen je Kostenträger ermitteln, die bei wirtschaftlichem Einsatz der Ressourcen anfallen würden. Die Standardkosten werden dabei bestimmt durch:

- Zeit- und Ressourcenstandards als Normgrößen für die in der Bank anfallenden Leistungserstellungsprozesse,
- Ist-Mengen (Anzahl der Vorfälle bzw. Inanspruchnahmen der Bankleistungen) für die Aktivitäten in der Abrechnungsperiode,
- Preise je Zeiteinheit/Ressourcenstandard der die Leistungen erbringenden Organisationseinheiten respektive Mitarbeiter.

Für die Preisbestimmung werden die geplanten Personal- und Arbeitsplatzkosten herangezogen. Man entkoppelt damit die Auslastungsschwankungen unterliegende Kostenstelle von der Weiterverrechnung der Kosten. Dem Kostenträger werden lediglich Nutzkostenanteile zugeordnet. Dadurch werden die Beschäftigungsschwankungen, unwirtschaftliche Abläufe und die Unterschreitung von Leistungsnormen von der Kostenstelle selbst verantwortet und nicht weiterverrechnet.

(4) **Relativierung der Einzel-/Gemeinkosten-Betrachtung und Zuordnung der Arbeitsprozesse zur tiefstmöglichen Bezugsgröße in den Dimensionen Produkt, Kunde und Geschäftsstelle:**

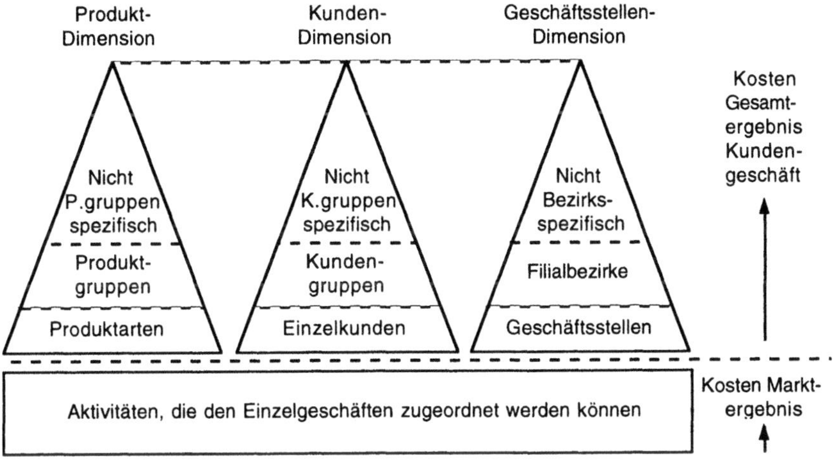

Abb. 2.14: Hierarchische Kostenzuordnung im Rahmen der prozeßorientierten Standardeinzelkostenrechnung [Schierenbeck 94, S. 270]

Die Abb. 2.14 zeigt den Gedanken der hierarchischen Zuordnung der Arbeitsprozesse. Für die in dieser Arbeit durchgeführte szenariogestützte Wirtschaftlichkeitsanalyse eines neuen elektronischen Vertriebsweges ist die in der Abbildung dargestellte Produktdimension zugrunde zu legen.

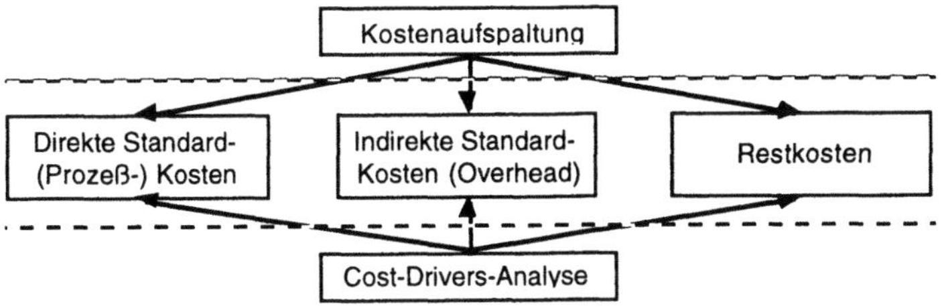

Abb. 2.15: Kostenverursachungsanalyse in Banken [vgl. Schierenbeck 94, S. 271]

Als Anwendungsvoraussetzung für die Standardeinzelkostenrechnung gilt die Kostenverursachungsanalyse, damit die für die PSEK charakteristische Fokussierung auf die direkten und leistungsbezogenen Kosten durchgeführt werden kann.

Damit stehen zwei Fragestellungen im Vordergrund [vgl. Schierenbeck 94, S. 271]:

(1) Welche Kategorien von Kosten können im Bankbereich unterschieden werden?

(2) Aus welchen Gründen entstehen im einzelnen die Kosten?

Die Abb. 2.15 zeigt die in zwei Teilbereiche differenzierte Kostenverursachungsanalyse. Unterscheidet man die Kosten im Bankbereich im Hinblick auf ihren Leistungsbezug, so lassen sich drei Kostenarten unterscheiden [vgl. Abb. 2.15]:

Direkte Standardprozeßkosten [vgl. Schierenbeck 94, S. 272 f.]:

Diese Kosten entstehen im Zusammenhang mit operativen, sich prinzipiell wiederholenden Geschäftsvorgängen und lassen sich als direkte Kosten einwandfrei entsprechenden Ablaufprozessen zuordnen. Die direkten Standardprozeßkosten nehmen mit 50% - 70% den größten Anteil des betrieblichen Gesamtkostenblockes ein. Die ablaufenden Prozesse bewegen sich immer im Spannungsfeld zwischen eingesetzter Technologie, etablierten Organisationsabläufen und den alles umspannenden rechtlichen Vorschriften.

Indirekte Standardkosten (Overhead) [vgl. Schierenbeck 94, S. 273 f.]:

Der geschätzte Anteil der Overheadkosten an den Gesamtkosten beträgt zwischen 5% - 15%. Primär handelt es sich bei dieser Kostenart um Kosten der Führungssysteme einer Bank, in denen keine standardisierbaren Leistungen erstellt werden. Durch die Ausnutzung von Organisationsmacht durch die Geschäftsleitung bleibt eine Anwendung der PSEK auf diese Kostenkategorie nur bedingt möglich. Trotzdem können auch für diese Stellen/Aktivitätskomplexe globale Tätigkeits- und Zeitanalysen durchgeführt werden. Diese können im wesentlichen zwei Ergebnisse hervorbringen:

(1) Konstruktive Untersuchungen über den Nutzenbeitrag dieser Stellen, um diesen Kostenblock zu verringern.

(2) Multiplikation mit den Plankostenstandards je Zeiteinheit und ihre Gegenüberstellung mit den Ist-Kosten der Kostenstelle, um einen Teil der Restkosten auch dieser Einheiten differenziert auszuweisen.

Restkosten [vgl. Schierenbeck 94, S. 274 f.]:

Schierenbeck nennt vier Gründe für die Entstehung der Restkosten:

(1) **Unterauslastung der Mitarbeiter:**

Durch fehlende Aufträge von Kunden, können die Mitarbeiter nicht produktiv arbeiten.

(2) **Ineffizienz bei der Leistungserstellung:**

Ökonomisch ineffizientes Arbeiten der Mitarbeiter führt zur regelmäßigen Überschreitung von Standardbearbeitungszeiten für bestimmte Vorgänge.

(3) **Mangelnde Abschlußorientierung:**

Die Bankmitarbeiter sind nicht in der Lage, eine dem Kunden gegenüber erbrachte Beratungsleistung in einen Produktverkauf umzusetzen. Damit entfällt die direkte Beziehung zwischen dem Input bei der Leistungserstellung (in diesem Falle der Beratungsleistung) und dem Output (in diesem Falle dem Verkauf einer Bankleistung). Somit müssen die Kosten für das Beratungsgespräch den Restkosten zugeordnet werden.

(4) **Überhöhter bzw. überteuerter Einkauf von Personal - respektive Sachmitteln:**

Abweichung von denen im Rahmen der Standardkostenermittlung herangezogenen und wirtschaftlich gerechtfertigten Plankostenwerten.

Die Standardeinzelkostenrechnung ist das geeignete Verfahren, um die möglichen Kosteneinsparungen durch die Substitution einer Bankleistung auf den bestehenden Vertriebswegen einer Bank zu ermitteln, da aufgrund des Grenz- und Einzelkostenprinzips der PSEK nur die direkt durch die Bankleistung verursachten Kosten ermittelt werden. Die Abb. 2.16 zeigt die möglichen Einsatzgebiete der Standardeinzelkostenrechnung.

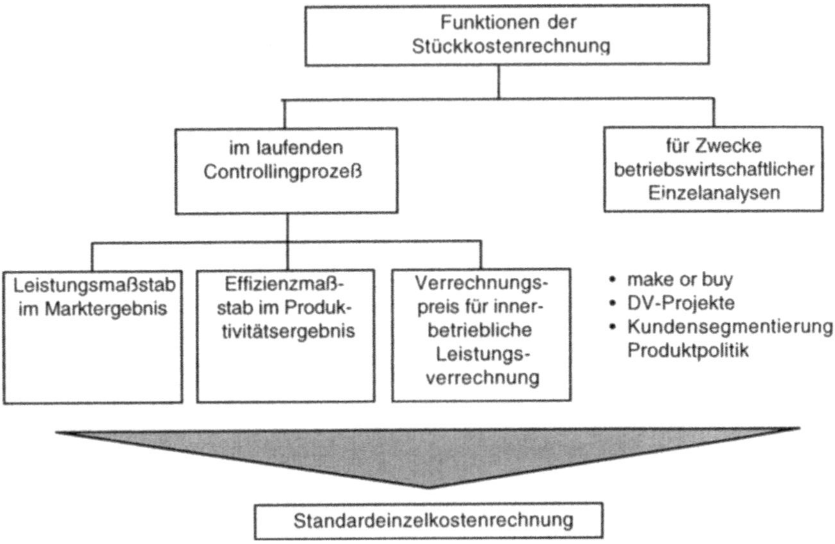

Abb. 2.16: Einsatzgebiete der Standardeinzelkostenrechnung [Schüller 95, S. 359]

Die Anwendung der Standardeinzelkostenrechnung bietet im wesentlichen zwei Vorteile, die in der Abb. 2.17 dargestellt werden [vgl. Schüller 95, S. 360 ff.]:

(1) Eine verursachungsgerechte Kostenzurechnung durch eine prozeßorientierte Ermittlung von Standardressourcenverbräuchen je Bankleistung. Die einzelne

Bankleistung wird dabei über den gesamten Prozeß (Hauptprozeß) untersucht, in einzelne Arbeitsschritte (Teilprozesse) zerlegt und dafür die Soll-Inanspruchnahme von Produktionsfaktoren ermittelt. Der Produktionsprozeß der Bankleistung wird daher mittels aktivitätenorientierter Standardarbeitsabläufe und -ressourcenverzehre abgebildet.

(2) Durch die Zurechnung der leistungsmengenabhängigen Kosten (insbesondere Personalkosten) findet eine unvermeidbare Fixkostenproportionalisierung statt. Diese „Variabilisierung" der Fixkosten wird jedoch in ihren Auswirkungen dadurch kontrolliert, daß durch die Zugrundelegung einer Maximal- bzw. Normalauslastung nur die Nutzkosten an die Leistungsempfänger der Bankleistung verrechnet werden. Evtl. entstehende Leerkosten verbleiben jedoch beim Leistungsersteller, d.h. in der jeweiligen Kostenstelle.

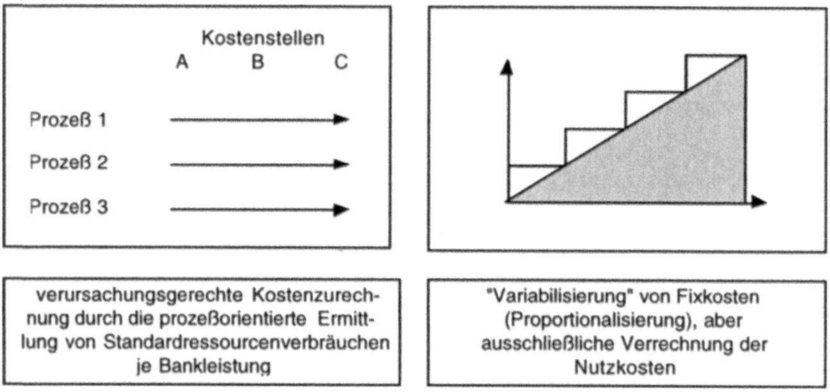

Abb. 2.17: Merkmale der Standardeinzelkostenrechnung [Schüller 95, S. 361]

Weiterhin wird durch die Standardeinzelkostenrechnung eine Preisuntergrenze für den Kundenbetreuer bzw. die Produktivitätsergebnisse von mengenorientierten Kostenstellen ermittelt [vgl. Schüller 92, S. 44]. Im folgenden sollen die Grundlagen für die Ermittlung der Standardeinzelkosten für Bankleistungen dargestellt werden. In der Literatur werden verschiedene Verfahren zur Ermittlung der Standardeinzelkosten diskutiert.

Schierenbeck beschreibt zur Ermittlung der prozeßorientierten Standardeinzelkosten für Bankleistungen fünf Schritte[24] [vgl. Schierenbeck 94, S. 275 ff.]:

[24] Weitere in der Literatur diskutierte Vorgehensweisen sind das von Schüller 1992 dargestellte vierstufige [vgl. Schüller 92, S. 48] und das 1995 veröffentlichte fünfstufige Vorgehen [vgl. Schüller 95, S. 362 f.]. Meyer schlägt ein vierstufiges Vorgehen zur Ermittlung der Standardeinzelkosten vor [vgl. Meyer zu Selhausen 95, S. 388]. Brühl und Frischmuth schlagen ebenfalls ein vierstufiges Vorgehen vor [vgl. Brühl/Frischmuth 96, S. 373 ff.].

(1) Systematisierung des Produktkataloges, differenziert nach Zins- und Provisionsprodukten

(2) Identifizierung von kostenstellenübergreifenden Aktivitätsbündeln und Feststellung von Standardverbräuchen

(3) Festlegung der durchschnittlichen Ressourceninanspruchnahme bzw. Arbeitsleistung

(4) Bewertung der in Schritt drei ermittelten Standardbearbeitungszeiten und Standardverbräuche

(5) Bewertung der Einzelaktivitäten und Ermittlung der Standardeinzelkosten für jede Bankleistung durch Addition der betroffenen Einzelaktivitäten

Für die im Rahmen der szenariogestützten Wirtschaftlichkeitsanalyse zu ermittelnden Standardeinzelkosten für den neuen elektronischen und die bestehenden Vertriebswege der Bank dienen die von Schierenbeck vorgeschlagenen fünf Schritte als Grundlage, da die Vorgehensweise sich bereits in der praktischen Anwendung bewährt hat. Weiterhin bilden die Vorgehen von Schüller und Meyer eine Teilmenge der fünf von Schierenbeck dargestellten Schritte.

Vorgehen zur Ermittlung der prozeßorientierten Standardeinzelkosten [vgl. Schierenbeck 94, S. 267 ff.]

Zur Ermittlung der Standardeinzelkosten für einzelne Bankleistungen definiert Schierenbeck ein Vorgehen in fünf Schritten, das im folgenden detailliert dargestellt wird [vgl. Schierenbeck 94, S. 275 ff.]:

Schritt 1: Systematisierung des Produktkataloges, den die Bank ihren Kunden am Markt anbietet. Nach der Ertragsherkunft lassen sich die Produkte differenzieren nach Zins- und Provisionsprodukten. Bei der Erstellung und dem Vertrieb von Zinsprodukten handelt es sich immer um eine Kombination aus Wert- und Betriebsleistung. Provisionsprodukte hingegen bestehen lediglich aus einer vom Wertgeschäft losgelösten reinen Betriebsleistung [vgl. Schierenbeck 94, S. 275].

Schritt 2: Auf der Basis von Arbeitsablaufstudien müssen für jede Bankleistung die damit verbundenen kostenstellenübergreifenden Aktivitätsbündel (= Prozesse) identifiziert werden. Damit sind die für Erstellung und Vertrieb notwendigen Aktivitäten für jede Bankleistung bekannt. Für jede Aktivität muß dann ein Standardverbrauch, also z.B. bei durchschnittlicher Arbeitsbelastung notwendige Zeitinanspruchnahme eines Mitarbeiters, definiert werden. Bei der Ermittlung der Standardzeiten sollte bei häufigen Tätigkeiten eine höhere Genauigkeit der Erfassung der Daten zugrunde gelegt werden, als bei Tätigkeiten, die sehr selten vorkommen [vgl. Schüller 92, S. 44]. Die Erhebung sollte sich daher im wesentlichen an den häufigen Tätigkeiten orientieren.

Schritt 3: Festlegung der durchschnittlichen Ressourceninanspruchnahme bzw. Arbeitsleistung:

- Verbrauch von Sachmitteln, z.B. Formulare
- Verbrauch von EDV-Kapazitäten, z.B. CPU-Zeit
- Der durchschnittliche Arbeitszeitverbrauch für die Erstellung und den Vertrieb einer Bankleistung muß mit Hilfe von Zeitmeßverfahren ermittelt werden. Grundsätzlich unterscheidet man zwischen den konventionellen und den analytischen Zeitmeßverfahren. Die konventionellen Verfahren orientieren sich dabei an direkten Zeitbestimmungen, Zeitschätzungen und Mitarbeiterzeitaufschreibungen. Zu den analytischen Verfahren zählen das REFA-Zeitmeßverfahren, das Multimoment-Verfahren und das Master-Clerical-Data-Verfahren[25]. Für stark standardisierte Abläufe, wie z.B. im Retailgeschäft, können die analytischen Verfahren angewendet werden.
- Für nicht standardisierbare Abläufe, wie z.B. im Individual- oder Wholesale-Geschäft der Banken, wird auf das Fachwissen von Experten zurückgegriffen, und man arbeitet hier mit Zeitschätzungen resp. Zeitverteilungen. Durch eine ausreichende statistische Breite der Erhebungen lassen sich Normgrößen auch für diese Aktivitäten erheben [vgl. Kastner/Bohnenkamp 93, S. 51 ff.]

Ergebnis des dritten Schrittes sind Standardbearbeitungszeiten der Einsatzfaktoren Personal und EDV sowie Standardverbräuche für die sonstigen Sachmittel für die Erstellung und den Vertrieb der jeweiligen Bankleistung.

Schritt 4: Im vierten Schritt erfolgt nun die Bewertung der in Schritt 3 ermittelten Standardbearbeitungszeiten für Personal und EDV sowie der Standardverbräuche der sonstigen Sachmittel. Für die Bestimmung der Einzelkostenfaktoren sind zwei Verfahren möglich.

(1) Auf der Basis von Plankosten aus der Kostenstellen- und -artenrechnung läßt sich in Verbindung mit der Anzahl der Mitarbeiter und der Mitarbeiter pro Periode die Kostenstellenkapazität berechnen. Durch die Division der Plankosten durch die Kostenstellenkapazität lassen sich z.B. einmal jährlich Preisfaktoren je Zeiteinheit ermitteln, die mit den Zeitgrößen aus Schritt 3 zu Einzelkostenfaktoren der Prozesse führen. Damit der Preis ortsunabhängig ist, arbeitet man meist mit Kostenstellentypen (z.B. ein Preis für Anlageteams).

(2) Das zweite Verfahren ordnet jeder Aktivität eines Aktivitätenbündels einen mit der notwendigen Qualifikation ausgestatteten Mitarbeiter zu. Auf Basis der Gehaltsentwicklung bzw. abgeschlossener Tarifverträge und einer durchschnittlichen Anwe-

[25] Einen Überblick über die wesentlichen Methoden der Zeitmeßverfahren liefert [Wagner 89, S. 134 ff.].

senheit des Mitarbeiters lassen sich Standardpreise je Zeiteinheit und damit je Aktivität/Prozeß berechnen. Nach der gleichen Art und Weise sind auch die Arbeitsplatzkosten für den Mitarbeiter zu ermitteln.

Für die EDV erfolgt die Berechnung analog. Nach der Festlegung der Standardbetriebszeit der Rechner innerhalb der Periode sind dann die direkten EDV-Kosten und die Nebenkosten zu ermitteln. Durch Division der Gesamtkosten durch die definierte Standard-Betriebszeit erhält man den Einzelkostenfaktor, mit dessen Hilfe man die EDV-Kosten pro Transaktion berechnen kann.

Schritt 5: Nach der Bestimmung der Einzelkostenfaktoren für Personal und EDV sowie Stückkosten für die sonstigen Sachmittel kann nun die Bewertung des Zeit- und Mengengerüstes durchgeführt werden. Das Ergebnis sind dann Einzelkosten pro innerbetrieblicher Aktivität, die dann durch Addition in die Standardeinzelkosten einer jeden Bankleistung überführt werden.

Die fünf Schritte des Vorgehens zur Ermittlung der prozeßorientierten Standardeinzelkosten für Erstellung und Vertrieb einer Bankleistung werden im Überblick in Abb. 2.18 dargestellt.

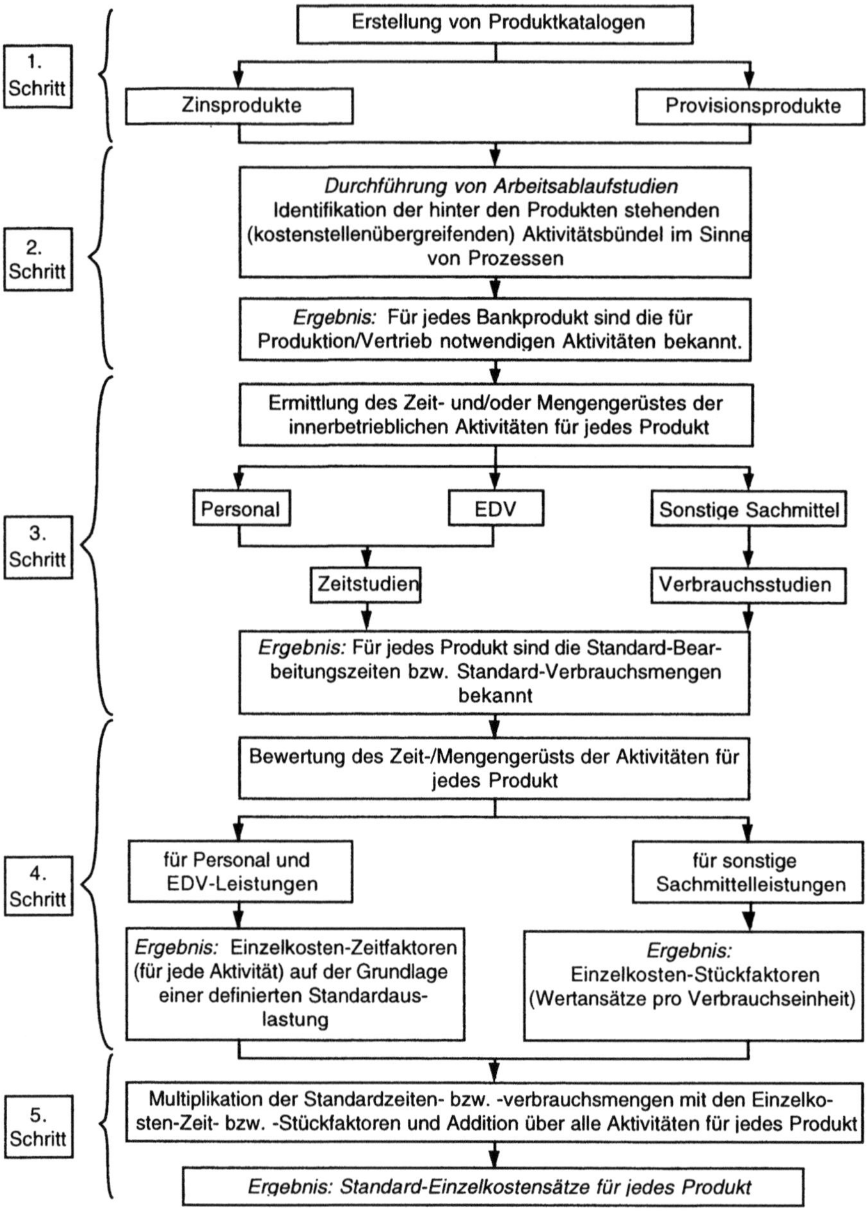

Abb. 2.18: Aufbau der prozeßorientierten Standardeinzelkostenrechnung für Bankleistungen [Schierenbeck 94, S. 276]

2.4.3 Prozeßkostenrechnung

Im Mittelpunkt der Prozeßkostenrechnung steht der Prozeßbegriff [vgl. Kapitel 2.4.1]. Auf Grundlage dieser Prozeßbetrachtung ermöglicht die Prozeßkostenrechnung eine verursachungsgerechte Verteilung der Gemeinkosten[26] auf die erstellten Güter und Leistungen [vgl. Horváth 96, S. 529 ff.; vgl. Kloock 92a; vgl. Mayer 90, S. 307]. Insbesondere in den Dienstleistungsunternehmen wird die PKR besondere Bedeutung erlangen [vgl. Horváth 96, S. 529], dies liegt an der gegenüber Produktionsbetrieben schwächeren Durchdringung der Banken und Versicherungen mit den Verfahren der Plankostenrechnung. Einige Banken und Versicherungen haben mit der Einführung der Prozeßkostenrechnung bereits eine Vorreiterrolle übernommen [vgl. Horváth/Mayer 91, S. 542].

Charakterisierung der wesentlichen Merkmale der Prozeßkostenrechnung:

- **Vollkostencharakter der Prozeßkostenrechnung:**
  Die Prozeßkostenrechnung verteilt alle innerhalb einer Kostenstelle anfallenden Kosten auf die innerhalb der Kostenstelle erstellten Güter und Leistungen [vgl. Horváth/Mayer 89, S. 218]. Damit werden Prozeßkosten für die einzelnen geplanten Prozesse auf Basis von Vollkosten ermittelt [vgl. Weber 94, S. 207]. Die Konzeption der Prozeßkostenrechnung als Vollkostenrechnung setzt daher die langfristige Variabilität der gesamten im Bankbetrieb anfallenden Kosten voraus [vgl. Gerke 95, S. 397]. Daher können alle Kosten verursachungsgerecht auf die einzelnen Produkte oder Bankleistungen übertragen und langfristige Produkt-/Vertriebswegeentscheidungen begründet werden [vgl. Gerke 95, S. 397]. Probleme damit entstehen bei der Umlage produktferner Gemeinkosten, wie z.B. Vorstand, Stabsabteilungen usw., die zu einer fehlerhaften Berechnung der Stückkosten der einzelnen Bankleistungen führt. Gerke schlägt daher eine teilkostenorientierte Prozeßkostenrechnung im Kreditgewerbe vor [vgl. Gerke 95, S. 406].
- **Konzentration auf die Gemeinkostenbereiche** [Horváth et al. 93, S. 611]:
  Die Prozeßkostenrechnung ist als eine auf die Gemeinkostenbereiche konzentrierte, an den speziellen Problemstellungen und Gegebenheiten des deutschen Rechnungswesens ansetzende, aktivitätsorientierte Rechnung zu verstehen. Eine unternehmensweite Implementierung der Prozeßkostenrechnung ist weder vorgesehen noch möglich [vgl. Götzelmann 93, S. 37].
- **Steuerung der Faktoren Kosten, Qualität und Zeit:**
  Horváth et al. beschreiben die Leistung der Prozeßkostenrechnung dadurch, daß sie „Prozeßabläufe kostenstellenübergreifend sichtbar, planbar und steuerbar - und das nicht nur unter dem Gesichtspunkt der Kosten, sondern auch dem von

---

26 Eine von Miller und Vollmann für die amerikanische Industrie durchgeführte Untersuchung hat ergeben, daß Gemeinkosten über 75% der Nettowertschöpfung und Fertigungslohnkosten weniger als 25% ausmachen und sich dieses Verhältnis durch die weitere Automatisierung der Industrie weiter in Richtung Gemeinkosten verschieben wird [vgl. Miller/Vollmann 85]. Daher erhält die verursachungsgerechte Verrechnung der Gemeinkosten heute und in Zukunft eine immer größere Bedeutung [vgl. Reichling/Köberle 92, S. 22 ff.].

Qualität und Zeit" machen [Horváth et al. 93, S. 617 f.; vgl. Freundorfer-Musli/Scholz 96, S. 18 f.].

- **Aktivitätsorientierte Verrechnung der Kosten:**
  Verrechnung der Gemeinkosten auf die Produkte/Leistungen nicht auf der Grundlage volumenorientierter Umlagen, sondern auf der Basis von Messungen der erstellten Aktivitäten [vgl. Cooper 90b, S. 210 ff.].
- **Unterstützung langfristiger, strategischer Entscheidungen:**
  Die Prozeßkostenrechnung eignet sich nicht für kurzfristige Entscheidungsprobleme, sondern für mittel- bis langfristige Entscheidungen [vgl. Küting/Lorson 91, S. 1427]. Die Prozeßkostenrechnung kann strategische Entscheidungen wesentlich mitbeeinflussen [vgl. Horváth 90, S. 175 ff.; vgl. Coenenberg/Fischer 91; vgl. Biel 91, S. 86; vgl. Küpper 91, S. 390].

Lohmann charakterisiert die Prozeßkostenrechnung wie folgt: „Im Prinzip ist die PKR eine Gemeinkostenwertanalyse, die dann aber nicht einmalig, sondern jährlich durchgeführt oder unterstützt wird" [Lohmann 91, S. 270].
Im folgenden soll auf den Anwendungsbereich der Prozeßkostenrechnung eingegangen werden.

Anwendungsbereich der Prozeßkostenrechnung

Die Prozeßkostenrechnung sollte dort eingesetzt werden, wo repetitive Aufgaben leistungsmengeninduzierte Kosten verursachen. Dort können mit Hilfe der Prozeßkostenrechnung die richtigen Kosten des Gemeinkostenbereiches für die jeweiligen Prozesse ermittelt werden.

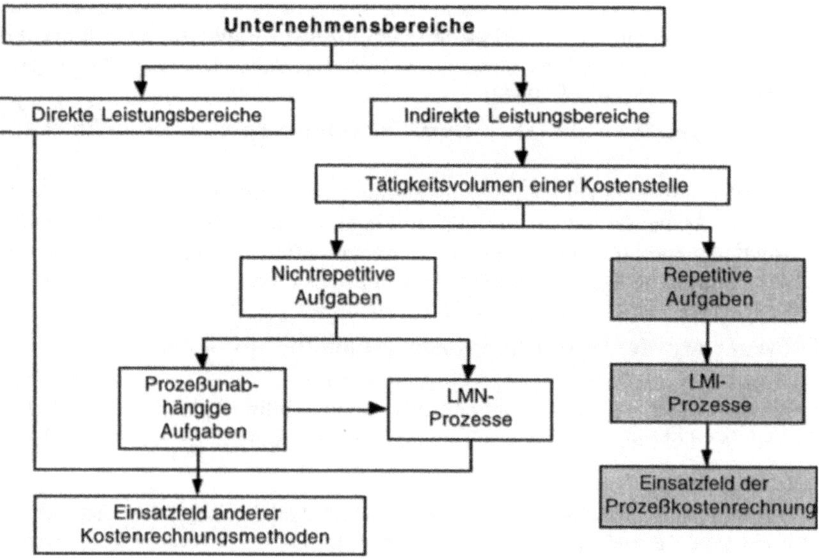

Abb. 2.19: Einsatzfeld und Tätigkeitskategorien der Prozeßkostenrechnung bei Industrie- und Dienstleistungsunternehmen [vgl. Küting/Lorson 95, S. 93; vgl. Küting 93b, S. 369]

Die Anwendung der Prozeßkostenrechnung beschränkt sich auf die indirekten Leistungsbereiche des Unternehmens und dort auf die repetitiven Aufgaben. Abb. 2.19 zeigt den Anwendungsbereich der Prozeßkostenrechnung innerhalb der Leistungsbereiche. Anwendungsbereich der Prozeßkostenrechnung sind repetitive Tätigkeiten ohne großen Entscheidungsspielraum, die direkt quantifiziert werden können [vgl. Horváth/Mayer 95, S. 61 f.; vgl. Abb. 2.20]. Bei Kreditinstituten sind jedoch viele Tätigkeiten im Rahmen der Erbringung von Bankleistungen, wie z.B. Strategieentwicklung in der Vermögensberatung, Arbeiten im Verwaltungsbereich usw. nicht oder nur schwer standardisierbar. Daher können hier keine Bezugsgrößen für die Prozeßkostenrechnung gefunden werden. Dies bedeutet, daß die Kosten mit Hilfe von Umlageschlüsseln proportional zu den leistungsmengeninduzierten Kosten verrechnet werden. Nehmen diese proportional umgelegten Kosten einen großen Anteil ein, nähert sich die Prozeßkostenrechnung sehr stark der Zuschlagskalkulation [vgl. Gerke 95, S. 404; vgl. Fischer 96, S. 94]. Über neue elektronische Bankvertriebswege werden jedoch bereits heute und vor allem in der Zukunft hauptsächlich standardisierbare Bankleistungen vertrieben [vgl. Kreuzer 96, S. 126], so daß die Prozeßkostenrechnung anwendbar ist [vgl. Horváth/Mayer 95, S. 61 f.].

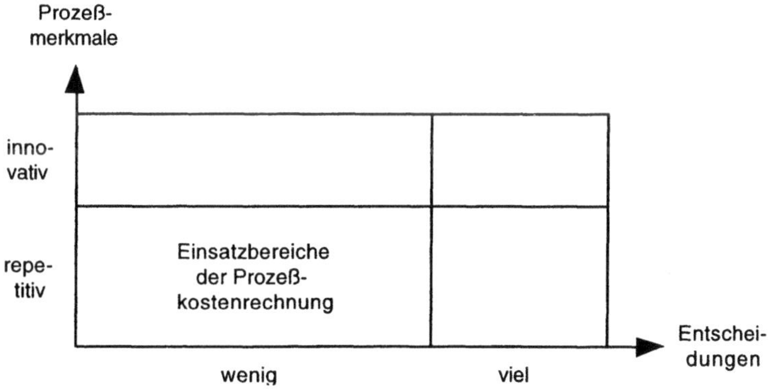

Abb. 2.20: Einsatzbereiche der Prozeßkostenrechnung im Unternehmen [Coenenberg/Fischer 91, S. 25]

Die Anwendung der Prozeßkostenrechnung ermöglicht die jährliche Kontrolle der Istprozeßmenge mit den entstandenen Istkosten, wodurch Unterauslastungen sichtbar werden. Diese evtl. festgestellten Unterauslastungen lassen sich in der Planungsphase der Gemeinkosten für das nächste Geschäftsjahr berücksichtigen. Hierdurch ist eine zeitnahe Steuerung und Anpassung der Prozeßkostenrechnung an aktuelle Veränderungen möglich [vgl. Horváth/Mayer 91, S. 540].
In der Literatur werden verschiedene Ziele der Prozeßkostenrechnung diskutiert. Im folgenden werden die wesentlichen Ziele der Prozeßkostenrechnung dargestellt.

Ziele der Prozeßkostenrechnung [vgl. Horváth et al. 93, S. 612 f.; vgl. Biel 91, S. 87; vgl. Pfohl/Stölzle 91, S. 1286]:

(1) **Transparenz der Gemeinkostenbereiche** hinsichtlich der bestehenden Aktivitäten und ihrer Ressourceninanspruchnahme [vgl. Pfohl/Stölzle 91, S. 1286; vgl. Biel 91, S. 87]. Die Prozeßkostenrechnung ermittelt und dokumentiert Art, Häufigkeit und Zusammenhang von Abläufen. Die Zuordnung von Kosten zeigt die aufwandsbezogene Bedeutung der Prozesse und liefert im Sinne einer ABC-Gewichtung Ansatzpunkte für wirkungsvolle Verbesserungsmaßnahmen [vgl. Mayer 91, S. 86 f.].

(2) **Optimierung der Prozesse** hinsichtlich Qualität, Zeit und Effizienz. Immer häufiger werden beim Aufbau einer Prozeßkostenrechnung neben den Kosten zusätzliche Prozeßmerkmale erfaßt, z.B. Qualität und Zeit. Damit wird eine Steuerung und Optimierung der Gemeinkostenbereiche durch nicht-finanzielle Kenngrößen möglich. So betreibt IBM seit Jahren ein sehr erfolgreiches Prozeßmanagement, ohne daß zunächst überhaupt Kosten ermittelt wurden. Erhöhungen der Prozeßqualität haben insgesamt zu bedeutenden Kosteneinsparungen und zur Verbesserung der Wettbewerbsparameter geführt [vgl. Holst 91, S. 271 ff.].

(3) **Permanentes Gemeinkostenmanagement** zur gezielten Kostenbeeinflussung der Gemeinkostenbereiche [vgl. Pfohl/Stölzle 91, S. 1286]. Die Prozeßkostenrechnung ermöglicht im Unterschied zu projektorientierten Gemeinkostensenkungsverfahren eine permanente Verfolgung und Gestaltung der Kosten. Sie dokumentiert die Kosten- und Kapazitätswirkung veränderter Ablaufstrukturen, veränderter Prozeßvolumina (d.h. der Anzahl der Prozeßdurchführungen) und rationellerer Prozeßdurchführung. Natürlich handelt es sich im Gemeinkostenbereich vorwiegend um Fixkosten, die sich nicht automatisch mit Prozeßstrukturen oder Volumina verändern. Die Kostensenkungspotentiale können nur durch Managemententscheidungen auf Basis der Erkenntnisse der Prozeßkostenrechnung realisiert werden. In wachsenden Unternehmen ist die Umsetzung vergleichsweise einfach. Effizienzgewinne werden für ein Wachstum ohne bzw. mit unterproportionalen Kapazitätszuwächsen genutzt. In stagnierenden oder schrumpfenden Unternehmen können viele Effekte nur durch Kapazitätsanpassungen erreicht werden.

(4) **Prozeßorientierte Kalkulationen** zur Entscheidungsunterstützung. Die Zurechnung von Gemeinkosten auf Produkte, Kunden, Regionen, etc. zeigt die tatsächliche Ressourceninanspruchnahme der Kalkulationsobjekte [vgl. Biel 91, S. 87; vgl. Pfohl/Stölzle 91, S. 1286; vgl. Franz 91, S. 538]. Daraus entstehen auch Impulse für strategische Maßnahmen, z.B. zur Sortimentsbereinigung.

(5) **Strategische Kalkulationen** in der Frühphase der Produktentwicklung [vgl. Biel 91, S. 87]. Informationen in der Entwicklungsphase eines Produktes über die Folgen alternativer Designvarianten auf die Gemeinkostenressourcen können die zukünftigen Produktkosten und damit die Wettbewerbsfähigkeit entscheidend beeinflussen [vgl. Biel 91, S. 87; vgl.

Mayer/Glaser 91, S. 298]. Hier ist die Verbindung zum Target Costing[27] zu sehen.

Neben den Zielen können auch strategieorientierte Effekte durch den Einsatz der Prozeßkostenrechnung verfolgt werden. Im folgenden werden diese strategieorientierten Effekte im Überblick dargestellt.

Vier strategieorientierte Effekte der prozeßorientierten Kostenrechnung [vgl. Biel 90, S. 258; vgl. Biel 91, S. 87; vgl. Fröhling 92, S. 734 f.; vgl. Rogalski 96, S. 95; vgl. Reichling/Köberle 92, S. 23]:

- **Allokationseffekt:** Die Zuordnung der Gemeinkosten erfolgt auf der Basis nachvollziehbarer Inanspruchnahme betrieblicher Ressourcen.
- **Komplexitätseffekt:** Die prozeßorientierte Kostenrechnung bzw. Kalkulation sichert eine aufwandsgerechte Kostenverrechnung. So werden Standardprodukte (mit geringerer Wertschöpfung) im Vergleich zur Zuschlagskalkulation geringer belastet und in den Selbstkosten billiger. Spezialprodukte, Sonderausführungen etc. (mit höherer Wertschöpfung) werden dagegen teurer. Die herkömmliche Kostenrechnung hat eine nivellierende und die Prozeßkostenrechnung hingegen eine differenzierende Wirkung.
- **Degressionseffekt:** Stückkosten für die interne Abwicklung von z.B. Bestellungen, Fertigungsaufträgen oder Kundenaufträgen etc. verringern sich mit steigenden Stückzahlen. Bei einer reinen Zuschlagskalkulation bleiben die Gemeinkosten je Stück bei steigenden Stückzahlen gleich.
- **Steuerungseffekt:** Die durch die prozeßorientierte Rechnung erreichbare erhöhte Transparenz der Kosten und Leistungen führt zu einer Optimierung der betrieblichen Ressourcen. Die Prozeßkostenrechnung prägt ein feineres Kosten- und Leistungsbewußtsein und übt damit eine gewisse Verhaltenssteuerung aus.

Im folgenden soll die allgemeine Vorgehensweise der Prozeßkostenrechnung dargestellt werden. In der Literatur werden hierzu verschiedene Vorgehensweisen diskutiert, deren Darstellung jedoch den Rahmen dieser Arbeit sprengen würden. Die Darstellung konzentriert sich daher auf das von Horváth und Mayer vorgeschlagene Verfahren. Dieses ist am stärksten differenziert und wurde bereits mehrmals in der Praxis erfolgreich umgesetzt [vgl. Horváth et al. 93, S. 626].

Vorgehensweise Prozeßkostenrechnung:

Horváth und Mayer nennen die folgenden fünf Schritte[28] zur Durchführung einer Prozeßanalyse und Prozeßkostenermittlung [Horváth/Mayer 95, S. 70 ff.]:

---

[27] Eine detaillierte Darstellung des Target Costing findet sich in [Reich 95, S. 92 ff.; Weigert 95, S. 134 ff.; Schweitzer/Küpper 95, S. 662 ff.]. Im Kontext mit dem Bankbetrieb sei verwiesen auf [Hoffjan/Liske 95, S. 683 f.]

[28] Weitere in der Literatur diskutierte Vorgehensweisen sind das von Glaser dargestellte dreistufige [vgl. Glaser 92, S. 277 ff.] und das von Götzelmann erläuterte fünfstufige Vorgehen [vgl. Götzelmann 93, S. 37 f.].

(1) Definition des Untersuchungsergebnisses und Festlegung der Zielsetzungen

(2) Hypothesen über Hauptprozesse und Cost Driver

(3) Tätigkeitsanalyse zur Teilprozeßermittlung

(4) Kapazitäts- und Kostenzuordnung

(5) Hauptprozeßverdichtung

Im Rahmen des Vorgehensmodells der szenariogestützten Wirtschaftlichkeitsanalyse wird das von Horváth und Mayer vorgeschlagene fünfstufige Vorgehen als Grundlage für die Prozeßkostenermittlung des Gemeinkostenbereiches verwendet [vgl. Horváth/Mayer 95, S. 70 ff.].
Neben den in Kapitel 2.4.1 definierten allgemeinen Charakteristika des Prozesses sind für die Verwendung innerhalb der Prozeßkostenrechnung zwei weitere Merkmale notwendig [vgl. Horváth/Mayer 95, S. 61]:

- ein Kosteneinflußfaktor (Cost Driver), der zugleich als Meßgröße für die Anzahl der Prozeßdurchführungen gilt sowie
- analysierbare Durchlauf- bzw. Bearbeitungszeiten, außer bei sogenannten „Betreuungsprozessen"

Diese Definition gilt für alle unternehmerischen Leistungsprozesse unabhängig vom Unternehmensbereich [vgl. Horváth/Mayer 95, S. 61]. Die im Rahmen der Prozeßkostenrechnung zu analysierenden und zu bewertenden Prozesse lassen sich folgendermaßen einteilen [Horváth/Mayer 95, S. 62 ff.]:

- Hauptprozesse
- Teilprozesse

Man versucht innerhalb der Prozeßkostenrechnung mit möglichst wenigen Hauptprozessen einen Großteil der Gemeinkosten zu beschreiben [vgl. Kloock 92a]. Hauptprozesse zeichnen sich durch ihren kostenstellenübergreifenden Charakter aus. Sie setzen sich aus verschiedenen Teilprozessen zusammen, die innerhalb der einzelnen abgegrenzten Kostenstellen erbracht werden [vgl. Brühl/Frischmuth 95, S. 551].
So besteht z.B. der Hauptprozeß „Standardkredit bearbeiten" aus den Teilprozessen der Kostenstellen Zweigstelle, Kreditsekretariat und EDV-Abteilung. Die Prozeßmenge (= Anzahl der Haupt- und Teilprozesse) gilt in der Prozeßkostenrechnung als Kosteneinflußgröße, die über Cost Driver und Maßgrößen gemessen wird [vgl. Brühl/Frischmuth 95, S. 552]. In Tab. 2.3 werden die beiden Prozeßtypen charakterisiert.

Prozeßtypen	Charakteristikum	gemessen durch
Hauptprozeß	kostenstellenübergreifend	Cost Driver
Teilprozeß	in der Kostenstelle	Maßgröße

Tab. 2.3: Charakterisierung der beiden Prozeßtypen Haupt- und Teilprozeß [Brühl/Frischmuth 95, S. 552]

Beispiel für einen Cost Driver ist: „Anzahl der Hypothekenkredite", für den Hauptprozeß: „Vergabe Hypothekenkredit". Ein Beispiel für eine Maßgröße ist: „Anzahl Sicherheitenprüfungen", für den Teilprozeß: „Prüfung der Sicherheiten bei der Vergabe eines Hypothekenkredites".

Hauptprozeß

Prozesse sind meist abteilungs- und kostenstellenübergreifende Vorgänge. Ein Hauptprozeß stellt eine Kette homogener Aktivitäten dar, die demselben Kosteneinflußfaktor unterliegen und für die Prozeßkosten ermittelt werden sollen [vgl. Horváth/Mayer 95, S. 62; vgl. Horváth/Mayer 89, S. 16]. Homogenität bedeutet dabei, daß nur solche Aktivitätsbündel in einem Hauptprozeß zusammengefaßt werden, die sich in Struktur, Ablauf, Arbeitsaufwand und der damit verbundenen Ressourceninanspruchnahme nicht grundsätzlich unterscheiden [vgl. Horváth/Mayer 95, S. 62].

Teilprozeß

Ein Teilprozeß ist eine Kette homogener Aktivitäten einer Kostenstelle, die einem oder mehreren Hauptprozessen zugeordnet werden kann und für die Prozeßkosten ermittelt werden sollen [vgl. Horváth/Mayer 95, S. 63].
Abb. 2.21 zeigt die Relation zwischen den Teilprozessen in einzelnen Kostenstellen und deren kostenstellenübergreifende Zusammenfassung zu Hauptprozessen.

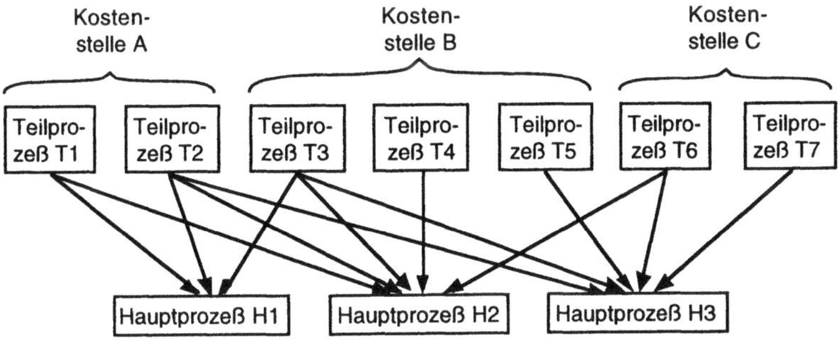

Abb. 2.21: Relation zwischen Teil- und Hauptprozessen [vgl. Horváth 96, S. 533; vgl. Küting 93a, S. 339]

Horváth und Mayer definieren die Relationen zwischen Teil- und Hauptprozessen wie folgt [vgl. Horváth/Mayer 95, S. 63]:

- Ein Hauptprozeß ist rechentechnisch nichts anderes als die Zusammenfassung verschiedener Teilprozesse einer oder mehrerer Kostenstellen.
- Ein Teilprozeß kann einem Hauptprozeß voll oder nur teilweise zugeordnet werden. Man geht z.B. von der Aufteilung zwischen den Hauptprozessen „Kundenauftrag Inland abwickeln" und „Kundenauftrag Ausland abwickeln" aus. In der Kostenstelle „Vertriebsinnendienst" wäre dann der Teilprozeß „Auftragserfassung", der für beide Hauptprozesse gleichermaßen anfällt, den beiden Hauptprozessen in der jeweiligen Menge zuzuordnen.

- Mehrere Teilprozesse einer Kostenstelle können einem Hauptprozeß zugeordnet werden. Meist werden alle Aktivitäten, die in einer Kostenstelle für einen Hauptprozeß erbracht werden, als Teilprozeß zusammengefaßt. Ausnahmen davon sind denkbar, um nicht wertschöpfungserhöhende Aktivitäten getrennt als Teilprozeß darstellen zu können. In dem Hauptprozeß „Serienmaterialbeschaffung" gehen z.B. aus den Kostenstellen „Wareneingang" die Teilprozesse „Warenannahme" und „Umpacken" ein. Durch das getrennte Erfassen der Umpackkosten wird in diesem Beispiel der nicht wertschöpfungserhöhende Prozeßkostenanteil deutlich. Auch jede andere Kategorisierung von Aktivitäten innerhalb eines Prozesses (Abwicklungsaktivitäten - koordinierende Aktivitäten, qualitätsplanende - fehlerbehebende Aktivitäten etc.) macht ein Splitten dieser Aktivitätsbündel in Teilprozesse notwendig.

Bezüglich der beiden Dimensionen Abhängigkeitsbeziehungen und Kostenträgerzuordnung können die Prozesse in drei Kategorien eingeteilt werden [Horváth/Mayer 95, S. 63 f.]:

- Vorleistungsprozesse
- Abwicklungsprozesse
- Betreuungsprozesse

Im Rahmen des Vorgehensmodells der szenariogestützten Wirtschaftlichkeitsanalyse werden hauptsächlich Abwicklungsprozesse bei neuen elektronischen Vertriebswegen analysiert.

Darstellung der Durchführung der Prozeßanalyse und Prozeßkostenermittlung

Dem Vorgehensmodell liegen die von Horváth und Mayer vorgeschlagenen fünf Schritte zur Durchführung einer Prozeßanalyse und Prozeßkostenermittlung zugrunde, die im folgenden detailliert dargestellt werden [vgl. Horváth/Mayer 95, S. 70 ff.]:

(1) Definition des Untersuchungsergebnisses und Festlegung der Zielsetzungen

Exakte Definition der einzubeziehenden Funktionsbereiche des Unternehmens. Die Zielsetzungen des Projektes sind genau zu spezifizieren.

(2) Hypothesen über Hauptprozesse und Cost Driver

Erstellung von Hypothesen über Hauptprozesse und Cost Driver, die gegenüber den Verantwortlichen im Rahmen einer Diskussion überprüft werden. Die definierten Hauptprozesse können im wesentlichen über folgende Kontrollfragen hinterfragt werden [vgl. Horváth/Mayer 95, S. 71]:

(1) Sind die Cost Driver der Hauptprozesse aus dem DV-System ableitbar? Jeder Hauptprozeß, der im Ist nicht mengenmäßig erfaßbar ist, wird aussagelos und ist ungeeignet.

(2) Sind die Hauptprozesse in der konzipierten Form für Kalkulationen bzw. Ergebnisrechnungen weiterverwendbar (sofern dies gewünscht wird)?

Cooper schlägt für die Auswahl der Kostentreiber die Berücksichtigung der folgenden drei Faktoren vor [Cooper 90b, S. 277; vgl. Fischer 96, S. 99]:

- Die Leichtigkeit, mit der die notwendigen Daten erfaßt werden können (Kosten der Erfassung)
- Korrelation zwischen Kostentreiber und Aktivitätsmengen (Grad der Korrelation)
- Effekte des Kostentreibers auf das Verhalten der Mitarbeiter (Verhaltenseffekte)

Cooper schlägt die folgenden Kriterien für die Festlegung der Anzahl der Kostentreiber vor [Cooper 90b, S. 278 f.]:

- geforderte Genauigkeit der Produktkosten (je höher die Genauigkeit, desto mehr Kostentreiber werden benötigt)
- Grad der Produktunterschiedlichkeit (je größer die Unterschiedlichkeit zwischen den Produkten, desto mehr Kostentreiber sind notwendig)
- relative Kosten der Aktivitäten (je größer die Anzahl an bedeutenden Aktivitäten, desto größer die Anzahl der benötigten Kostentreiber)
- Unterschiedlichkeit der Produktmengen (je unterschiedlicher die Losgröße der Produkte, desto mehr Kostentreiber sind notwendig)
- Ungenauigkeit der Kostentreiber (je ungenauer die Kostentreiber, um so stärker müssen diese untergliedert werden)

Kenntnisse über die Kosten der Hauptprozesse erlauben eine verursachungsgerechte Verrechnung. Werden hieraus Erkenntnisse für das Produktions- und Vertriebsprogramm gewonnen, so spricht man von einer strategischen Kalkulation [vgl. Cervellini 91, S. 196]. Die Genauigkeit der Prozeßkosten nimmt mit der Anzahl der Cost Driver zu [vgl. Mabberley 92, S. 58; vgl. Mabberley 92, S. 61].
Die Cost Driver/Prozeßgrößen sollten als Maßgrößen zur Quantifizierung des Outputs eines Prozesses die folgenden drei Anforderungen erfüllen [vgl. Cooper 89a, S. 42]:

- einfache Ableitbarkeit aus den verfügbaren Informationsquellen
- Proportionalität zur Beanspruchung der Ressourcen
- Durchschaubarkeit und Verständlichkeit

Die Prozeßgrößen können nach verschiedenen Bezugskriterien systematisiert und zusammengefaßt werden:

(1) Mengen- (= Anzahl) und wertabhängige (= DM) Prozeßgrößen können unterschieden werden. Bei den mengenabhängigen Prozeßgrößen besteht ein direkter Zusammenhang zwischen dem Prozeßoutput und den beschäftigungsabhängigen Kosten des Prozesses. Bei wertabhängigen Prozeßgrößen sind z.B. für den Prozeß „Vorräte verzinsen" Bestandswerte die relevanten Bezugsgrößen für eine verursachungsgerechte Zuordnung der Prozeßkosten [vgl. Siemens 85, S. 19 f.].

(2) Cooper unterscheidet die volumenbezogenen und die volumenneutralen Prozeßgrößen. Die volumenbezogenen Prozeßgrößen ändern sich mit der Höhe der Ausbringungsmenge, d.h. Arbeits- oder Maschinenstunden ändern sich proportional mit der Höhe der produzierten Stückzahlen. Bei volumenneutralen Prozeßgrößen existiert kein direkter Bezug zwischen dem Ressourcenverbrauch zur Erstellung des Outputs und dem Output selbst [vgl. Cooper 89b, S. 38].

(3) Foster und Gupta unterscheiden drei unterschiedliche Kategorien von Prozeßgrößen [vgl. Foster/Gupta 90, S. 310 f.]:
Volumenabhängige Prozeßgrößen beziehen sich unmittelbar auf die Abwicklung verschiedener Ausbringungsmengen. In Abhängigkeit der Größe des Produktspektrums treten komplexitätsabhängige Prozeßgrößen, z.B. Bauplanpositionen, Prüfpositionen und Lieferpositionen auf. Als letztes sind die effizienzabhängigen Prozeßgrößen zu nennen. Diese bestimmen zum einen die Durchlaufzeit der Produkte und zum anderen den Anteil nicht direkt wertschöpfungsbezogener Prozesse.

Die Auswahl und Kategorisierung der Prozeßgrößen ist stark vom jeweiligen Anwendungsfall abhängig und hat auf die erfolgreiche Ein- und Durchführung der Prozeßkostenrechnung einen wesentlichen Einfluß [vgl. Coenenberg/Fischer 91, S. 28]. Der Bankbetrieb wird durch einen hohen Anteil an Dienstleistungen mit Gemeinkostencharakter bestimmt. Somit ist die Definition von Kostentreibern, die die Kostenverursachungszusammenhänge korrekt ausdrücken, mit einem erheblichen Zeit- und Kostenaufwand verbunden. Werden zur Umgehung dieses Problems nur die bedeutendsten Kostenstellen innerhalb des Bankbetriebes erfaßt, so ist eine verursachungsgerechte Verrechnung der entstehenden Kosten nicht mehr gewährleistet [vgl. Gerke 95, S. 405].
Die im Rahmen der szenariogestützten Wirtschaftlichkeitsanalyse verwendeten Prozeßgrößen werden nach dem Kriterium volumenbezogen und volumenneutral unterschieden. Die folgende Tab. 2.4 zeigt einige Beispiele zu Teilprozessen und der daraus abgeleiteten Cost Driver bzw. Prozeßgrößen.

Prozesse	Cost Driver
Erstellung von Vertragsangeboten →	Anzahl abgegebener Angebote
Neukundengewinnung →	Anzahl Neukundenbesuche
Kundenbetreuung →	Anzahl Kunden
Vertragsbearbeitung →	Anzahl Bestandsverträge
- Erstbearbeitung →	Anzahl Antragsprüfungen
- Folgebearbeitung →	Anzahl Vertragsänderungen
- Schlußbearbeitung →	Anzahl Vertragsstornierungen
- Provisionsabrechnung →	Anzahl Provisionsnoten
Schadensbearbeitung →	Anzahl bearbeiteter Schäden
Durchführung gerichtlicher Prozesse →	Anzahl geführter Prozesse
Bearbeitung des Mahnverfahrens →	Anzahl abgewickelter Fälle

Tab. 2.4: Beispiele für Teilprozesse und die identifizierten Cost Driver/Prozeßgrößen [Fischer 96, S. 96]

(3) Tätigkeitsanalyse zur Teilprozeßermittlung

Eine Tätigkeitsanalyse der einzelnen Kostenstellen kann grundsätzlich auf drei verschiedene Weisen erfolgen:

(1) Befragung

(2) Dokumentenanalyse

(3) Rückgriff auf vorliegende Analyseergebnisse

Nach der Identifizierung aller Prozesse einer Kostenstelle müssen diese daraufhin untersucht werden, ob sie in Abhängigkeit von dem in der Kostenstelle zu erbringenden Leistungsvolumen mengenvariabel (leistungsmengeninduziert) oder davon unabhängig mengenfix und generell anfallen (leistungsmengenneutral). Für alle leistungsmengeninduzierten Prozesse sind nun geeignete Maßgrößen zu finden, mit deren Hilfe die Prozesse mengenmäßig quantifizierbar sind. Für leistungsmengenneutrale Prozesse werden keine Maßgrößen benötigt [vgl. Horváth/Mayer 89, S. 216 f.].
Man verdichtet die analysierten Einzeltätigkeiten zu Teilprozessen.

- Leistungsmengeninduzierte Tätigkeiten sind sämtliche Tätigkeiten, die sich zum Leistungsvolumen mengenvariabel verhalten.
- Leistungsmengenneutrale Tätigkeiten sind sämtliche Tätigkeiten, die sich auf die allgemeine Leitungsfunktion der jeweiligen Kostenstelle beziehen und somit unabhängig vom Leistungsvolumen der jeweiligen Kostenstelle sind. Dies sind prozeßunabhängige Aufgaben (pua), z.B. Bereichsleitung.

In Tab. 2.5 werden einige Beispielprozesse und deren Zuordnung zu den leistungsmengeninduzierten und -neutralen Prozessen dargestellt.

Prozesse	Maßgrößen	Art des Prozesses
Beratung (Vorgespräch)	Anzahl der Beratungen	lmi
Antrag bearbeiten	Anzahl der bearbeiteten Anträge	lmi
Kreditakte anlegen	Anzahl der angelegten Akten	lmi
Abteilung leiten	- keine -	lmn

Tab. 2.5: Beispielprozesse der Kostenstelle Kreditabwicklung [Brühl/Frischmuth 95, S. 553]

Die Implementierung der Prozeßkostenrechnung setzt eine exakte Erfassung der Prozesse und der damit verbundenen Tätigkeiten voraus. Diese detaillierte Erfassung der Einzeltätigkeiten dürften bei den Mitarbeitern und dem Betriebsrat in Banken auf Ablehnung stoßen. Werden die Tätigkeiten und deren Zeitaufwand durch Befragung oder Beobachtung erhoben, unterliegen die Werte immer einem subjektiven Einfluß. Daher sollte eine exakte Zeiterhebung, wie sie in der Standardeinzelkostenrechnung bzw. der Grenzplankostenrechnung vorgesehen ist, durchgeführt werden [vgl. Fröhling 92, S. 727 ff.; vgl. Pfohl/Stölzle 91, S. 1290 f.].

(4) Kapazitäts- und Kostenzuordnung

Für die Bestimmung der Planprozeßkosten müssen für die identifizierten Maßgrößen Planwerte für die Planungsperiode festgelegt werden, so z.B. im obigen Beispiel die Anzahl der zu bearbeitenden Kreditanträge für eine festgelegte Periode. In der Prozeßkostenrechnung können diese Mengen mit Hilfe der Engpaß- und Kapazitätsplanung bestimmt werden [vgl. Horváth/Mayer 89, S. 217]. Fehlen die am Markt absetzbaren Prozeßmengen, so wird die Planung auf Basis der Kapazitäten durchgeführt.
Für jeden Prozeß müssen die Input-Output-Betrachtungen durchgeführt werden. Zur Vereinfachung der umfangreichen analytischen Planung wird folgende Vorgehensweise vorgeschlagen:
Überwiegen die Personalkosten, werden nur diese analytisch geplant. „Bei den Raum-, Strom-, Büromaterialkosten usw. wird man von Normalkosten der Kostenstelle ausgehen und diese proportional zu den Personalkosten auf die Prozesse verteilen" [Horváth/Mayer 89, S. 217].
Horváth und Mayer empfehlen für die Zuordnung von Prozeßmengen und Prozeßkosten das folgende Verfahren: „Aus einem bereits vorhandenen Kostenbudget wird die Gesamtsumme einer Kostenstelle mit Hilfe des Schlüssels Mitarbeiterzeiten gemessen in Mitarbeiterjahren auf die Prozesse verteilt. Nach einer Aufteilung der gesamten Prozeßkosten auf die Prozeßarten in einer Kostenstelle kann die Kalkulation einzelner Prozesse erfolgen" [Horváth/Mayer 93, S. 22; vgl. Mayer 91, S. 90].
Für verschiedene Rechenzwecke kann es sinnvoll sein, die leistungsmengenneutralen Kosten (z.B. „Abteilung leiten") auf die leistungsmengeninduzierten Prozesse zu verrechnen. Die lmn-Umlage erfolgt dabei proportional zur Kostenhöhe der lmi-Prozesse. Diese Umlage der lmn-Kosten wird häufig als unzulässig kritisiert [vgl. Fröhling 92, S. 727 f.; Glaser 92, S. 287 f.], sollte jedoch in der praktischen Anwendung und aufgrund des normalerweise geringen Umfangs der lmn-Kosten (zirka 5%) praktiziert werden. Der so ermittelte Prozeßkostensatz aus lmi- und proportionalen lmn-Kosten stellt die durchschnittlichen Kosten für die einmalige Durchführung eines Prozesses dar [vgl. Horváth/Mayer 95, S. 74]. Wird die Proportionalisierung der leistungsmengenneutralen Kosten auf der Basis der leistungsmengeninduzierten Prozesse nicht vorgenommen, so sind diese in einem Kostenpool zu sammeln und dann bei der Kalkulation der jeweiligen Bankleistung zu berücksichtigen [vgl. Gerke 95, S. 401 f.; vgl. Schüller 95, S. 361 f.; vgl. Horváth/Mayer 89, S. 217]. Dies führt zu einer Proportionalisierung nicht mehr auf Kostenstellenebene, sondern auf einer höheren Aggregationsstufe und damit zu einer ungenaueren Verrechnung der leistungsmengenneutralen Kosten. Im Rahmen des Vorgehensmodells sollen daher die leistungsmengenneutralen Kosten innerhalb der Kostenstelle proportionalisiert werden.
Zur Ermittlung der Zeiten für bestimmte Prozeßschritte werden in der Praxis hauptsächlich die folgenden Verfahren verwendet [vgl. Mabberley 92, S. 45 ff.; vgl. Wagner 89, S. 134 ff.]:

- **Selbstbeobachtung und Aufschreibung:** Die Mitarbeiter notieren eigenständig am Ende eines zu definierenden Zeitrasters von 5 bis 15 Minuten ihre aktuelle Aktivität. Der Arbeitstag wird dadurch unterteilt in ein Zeitraster und die Aufzeichnungen lassen die wesentlichen bearbeiteten Prozeßschritte und deren Zeitinanspruchnahme erkennen. Die Selbstbeobachtung sollte über mehrere Wochen durchgeführt werden, damit man zu validen Aussagen kommen kann. Ein wesentlicher Nachteil liegt in der Subjektivität der Aufzeichnungen und darin, daß jeder Aufzeichner die von ihm angefertigte Arbeit möglichst positiv darstellen möchte.

- **Historischer Durchschnitt:** Dieses Verfahren kann angewendet werden, wenn die Prozeßausbringung homogen ist und keinen großen Schwankungen unterliegt. Man ermittelt den Durchschnitt durch Division der erbrachten Ausbringungsmenge durch die geleisteten Arbeitsstunden unter Berücksichtigung von Urlaub, Krankheit, Weiterbildung usw.
- **Relative Werte:** Dieses Verfahren ermöglicht die Gewichtung der Prozeßausbringungen gegeneinander. Der Prozeßschritt mit dem geringsten Zeitbedarf bekommt den mit 1,0 kleinsten Wert. Alle anderen Prozeßschritte werden relativ zu diesem Referenzprozeßschritt mit einem vielfachen von 1,0 versehen. Ein Prozeßschritt, der die dreifache Zeit beansprucht, wird mit dem Wert 3,0 versehen. Der große Vorteil dieser Methode liegt in der schnellen Realisierung und der geringen Arbeitsstörung der normalen Tätigkeit. Ein wesentlicher Nachteil liegt in der Stützung der folgenden Schritte auf diese Schätzungen.
- **Aktivitäts-Mix:** Diese Methode beruht auf direkter Beobachtung und auf einem Zufallsverfahren, nach dem die Prozeßschritte ausgesucht werden, von denen dann die Bearbeitungszeiten ermittelt werden. Die Untersuchung sollte über einen Zeitraum von acht bis zehn Wochen durchgeführt werden. Wesentlicher Vorteil liegt in den detaillierten Ergebnissen und der Erhebungsweise, welche die Arbeit nicht stört.
- **Stoppuhr:** Mit dieser Methode werden Prozeßschritte mit der Stoppuhr erhoben. Diese Methode kann nur zur Erhebung von Standardzeiten und damit Standardkosten verwendet werden.

(5) Hauptprozeßverdichtung

Die lmi-Prozesse aus allen Kostenstellen des Untersuchungsbereiches sind nun zu wenigen Hauptprozessen zu verdichten. Hierbei können auch Teilprozesse in verschiedene Hauptprozesse nur anteilig eingehen [vgl. Abb. 2.21]. Dies ermöglicht die Differenzierung der Kosten einer Kostenstelle nach den innerhalb der Kostenstelle erbrachten Prozessen [vgl. Horváth/Mayer 95, S. 74].
Die folgende Abb. 2.22 zeigt im Überblick den schematischen Aufbau, Ablauf und die Ergebnisse der Prozeßkostenrechnung.
Einen Überblick über die Erfolgsfaktoren bei der Einführung der Prozeßkostenrechnung[29] geben Schuurmans und Thalmann [Schuurmans/Thalmann 96].
Im folgenden soll im Überblick auf die Stärken und Schwächen der Prozeßkostenrechnung eingegangen werden[30].

---

[29] Vergleiche auch hierzu Ansätze zur Geschäftsprozeßmodellierung als mögliche Vorstufe zur Prozeßkostenrechnung [vgl. Kueng/Bichler/Schrefl 96].

[30] Für eine detaillierte Darstellung der Stärken und Schwächen der Prozeßkostenrechnung sei auszugsweise auf die folgende Literatur verwiesen [Horváth et al. 93; Horváth/Mayer 89; Horváth 90; Fröhling 92; Glaser 91; Gerke 95; Coenenberg/Fischer 91; Cervellini 91].

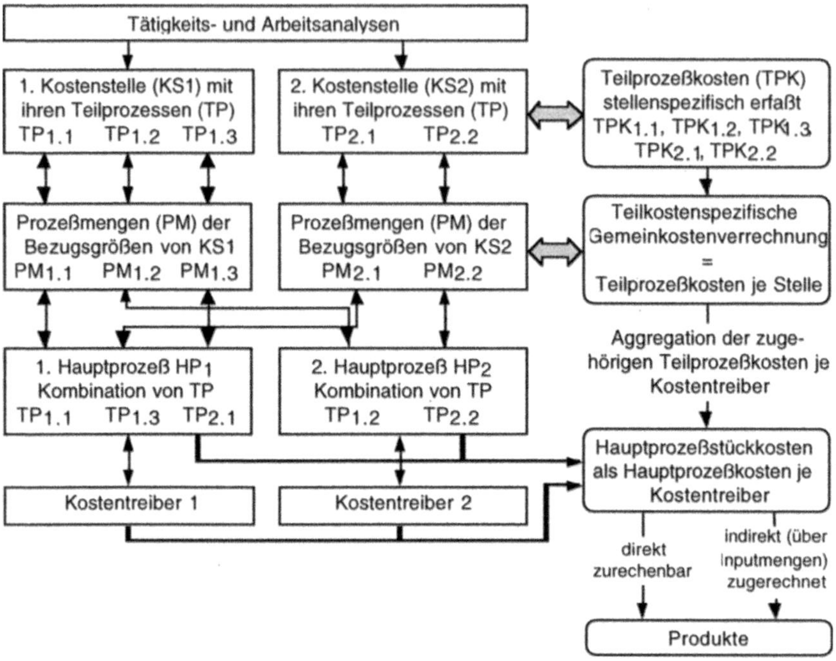

Abb. 2.22: Aufbau der Prozeßkostenrechnung [Kloock 92a, S. 189]

Stärken der Prozeßkostenrechnung

Durch den Einsatz der Prozeßkostenrechnung sollen die folgenden Ziele erreicht werden [vgl. Cervellini 91, S. 194; Horváth et al. 93]:
Die Steuerung indirekter Kosten als besondere Ausprägung des Gemeinkostenmanagements:

- Erhöhung der Kostentransparenz in ausgewählten Overhead-Bereichen zum Zwecke der Kostenplanung und -kontrolle [vgl. Schwan 95, S. 103].
- Aufzeigen von Rationalisierungspotentialen
- Ergänzung der bisherigen flexiblen Plankostenrechnung um eine vorgangsorientierte Kapazitäts- und Gemeinkostenplanung und damit Erreichung einer Transparenz in bezug auf das vorhandene und mögliche Leistungsniveau.
- Einführung eines permanenten und nicht nur punktuell greifenden Gemeinkostenmanagements durch den dauernden Einsatz der Prozeßkostenrechnung
- Budgetierung der Kostenstellen
- Wirtschaftlichkeitskontrolle der Gemeinkostenbereiche
- Kalkulation von innerbetrieblichen Verwaltungsleistungen
- Kalkulation von Leistungen im Dispositions- und Operationsbereich
- Wirtschaftlichkeitskontrolle auf Kostenstellen oder kostenstellenübergreifend bezogen auf Prozesse [vgl. Franz 90a, S. 201 f.]

Verbesserte Produktkalkulation [vgl. Cervellini 91, S. 195; vgl. Schwan 95, S. 103]:

- Verursachungsgerechtere Verrechnung der Gemeinkosten als dies mit traditionellen pauschalen Kalkulationsverfahren möglich ist.
- Vermeidung der prozentualen Zuschlagssätze; statt dessen Verrechnung über spezifische Prozeßkostensätze, die wiederum in Abhängigkeit von der jeweiligen individuellen Inanspruchnahme interner Leistungen gebildet werden

Erkenntnisse über weitere Rationalisierungspotentiale [vgl. Cervellini 91, S. 195]:

- Bereitstellung genauerer Produktkosteninformationen an den Vertrieb, um bessere Entscheidungen im Rahmen der Produktpolitik fällen zu können [vgl. Schwan 95, S. 103]
- Durch Identifizierung der abteilungsübergreifenden Cost Driver oder Hauptkosteneinflußgrößen sollen wirkungsvolle Anregungen für Rationalisierungsmaßnahmen mit teilweise strategischer Bedeutung entstehen.
- Zwischenzeitliche oder zwischen verschiedenen Werken eines Betriebs erfolgende Vergleiche von Prozeßkostensätzen (Benchmarking) [vgl. Franz 90a, S. 201 f.].

Die Prozeßkostenrechnung sollte nicht zur Fundierung kurzfristiger Entscheidungen, z.B. zur Bestimmung einer kurzfristigen Preisuntergrenze, herangezogen, sondern in der Unterstützung strategischer Fragestellungen mit langfristigem Horizont eingesetzt werden.

Schwächen der Prozeßkostenrechnung

(a) Schlüsselung bzw. Proportionalisierung:

Im Extremfall erfolgt eine fünffache Schlüsselung bzw. Proportionalisierung kurzfristig nicht veränderbarer Kosten [vgl. Glaser 92, S. 287 f.; vgl. Franz 92, S. 610]:

(1) Personalkosten werden den einzelnen Aktivitäten auf Kostenstellen entsprechend dem geschätzten Zeitaufwand zugerechnet.

(2) Sonstige Gemeinkosten der Kostenstellen werden im Verhältnis zu den Aktivitätspersonalkosten verteilt.

(3) Eventuell erfolgt eine Umlage der Kosten leistungsmengenneutraler Aktivitäten entsprechend den Kosten leistungsmengeninduzierter Aktivitäten.

(4) Die Plan-Prozeßkosten werden bei der Bildung von Prozeßkostensätzen durch die Umlage auf eine Prozeßmengeneinheit proportionalisiert.

(5) Die Prozeßkosten je Prozeßmengeneinheit werden auf einzelne Produkteinheiten geschlüsselt.

(b) Evtl. nicht lineare Abhängigkeiten der einzelnen Kostenarten zum Cost Driver:

Die Prozeßkostenrechnung unterstellt generell eine lineare Abhängigkeit der Prozeßkosten von der Prozeßmenge [vgl. Eisele 94, S. 112; vgl. Kloock 92b]. Der Prozeßkostensatz entspricht der Steigung der Kostenfunktion. In der Praxis treten jedoch häufig auch andere funktionale Beziehungen auf. Aus diesem Grund ist eine Beschränkung auf lineare Abhängigkeiten in diesem Modell nicht vorgesehen, sondern es ist die Möglichkeit geplant, auch nicht lineare Kostenfunktionen einzubinden.
In der Realität verändern sich die einzelnen Kostenarten innerhalb eines Prozesses unter Umständen nicht alle proportional mit dem gewählten Kostentreiber. Z.B. bei Personalkosten treten typische sprungfixe Kosten auf, während z.B. bei EDV-Kosten in der Regel ein hoher Fixkostenanteil und nur ein geringer Anteil an leistungsabhängigen Kosten auftreten.

Problematisch ist z.B. der Einsatz von eingespartem Personalaufwand in anderen Abteilungen und Stellen. Berücksichtigt werden muß hier die Freisetzung von Stundenanteilen, die evtl. nicht realisiert werden können, z.B. in einer Bankfiliale, in der die permanente Anwesenheit eines Bankmitarbeiters notwendig ist.

Im folgenden soll die Prozeßkostenrechnung gegenüber den in der Literatur diskutierten Kostenrechnungsverfahren des Activity-Based Costing und der Grenzplankostenrechnung abgegrenzt werden. Dies trägt zum Verständnis der wesentlichen Unterschiede und zur gegenseitigen Abgrenzung der drei Kostenrechnungsverfahren bei. Die Abb. 2.23 zeigt die Anwendungsbereiche der „deutschen" Prozeß- und Grenzplankostenrechnung sowie des „amerikanischen" Activity-Based Costing [Horváth/Mayer 95, S. 60; vgl. Cooper 90a; vgl. Cooper 90b; vgl. Cooper/Kaplan 91].

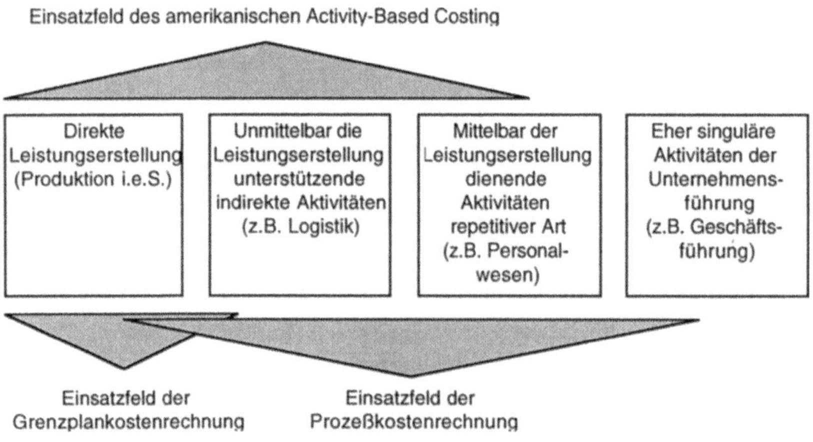

Abb. 2.23: Anwendungsbereiche verschiedener Kostenrechnungskonzeptionen [Horváth/Mayer 95, S. 60; vgl. Horngren 92, S. 289 ff.]

Abgrenzung der Prozeßkostenrechnung von der Grenzplankostenrechnung [vgl. Küting/Lorson 91, S. 1425 f.; vgl. Riebel 90, S. 597 ff.]:

Die folgende Tab. 2.6 stellt eine Abgrenzung der Grenzplankosten- von der Prozeßkostenrechnung anhand ausgewählter wichtiger Kriterien dar. Jedoch hat bereits Franz nachgewiesen, daß die Unterschiede zwischen der Grenzplankosten- und Prozeßkostenrechnung eher gradueller Art sind [vgl. Franz 90b, S. 131]. Küting und Lorson kommen daher zum Schluß, „Die Prozeßkostenrechnung kann die Grenzplankostenrechnung nicht in Frage stellen und erst recht nicht ersetzen" [Küting/Lorson 91, S. 1433]. Dabei übersehen die Autoren, daß beide Kostenrechnungsverfahren einen disjunkten Anwendungsbereich besitzen. Abb. 2.23 stellt die weiteren wesentlichen Unterschiede der beiden Kostenrechnungsverfahren dar:

- Grenzplankostenrechnung anwendbar auf den Einzelkostenbereich
- Prozeßkostenrechnung anwendbar auf den Gemeinkostenbereich

Kostenrechnungssystem Kriterien	Grenzplankostenrechnung	Prozeßkostenrechnung
Kostenrechnungscharakter	Teilkostenrechnung	Vollkostenrechnung
Messer des Produktionsfaktorverbrauches gegliedert nach	Kostenarten	Tätigkeiten, Aktivitäten bzw. Teilprozessen
Gemeinkostenverrechnung über	Kostenstellen	Prozesse bzw. Hauptprozesse
Kostentrennung in	variable und fixe Kosten	leistungsmengeninduziert (lmi) und -neutral (lmn) (= Einzel- und Gemeinkosten)
Kostentrennungskriterium	Beschäftigungsabhängigkeit (= zeitliche Veränderbarkeit)	Veränderbarkeit des Arbeitsvolumens
Maßgrößen der Kostenverursachung	Bezugsgrößen	Kostentreiber
Kostenkontrolle	Dominanz des Fertigungsbereiches	Dominanz der indirekten Leistungsbereiche
Schaffung eines Kostenbewußtseins durch	individuelle Bereichsverantwortung (Kostenstellenleiter)	kollektive Bereichsverantwortung (process owner)
Wahl der Kalkulationsbezugsgrößen	direkte und indirekte Verrechnungsbezugsgrößen wegen durchgängiger Fokussierung der Erzeugnisarteneinheit	direkte Bezugsgrößen wegen durchgängiger Fokussierung der jeweiligen Kostentreiber[31]
Implizierte Organisationsform	Vertikale Organisation durch funktionsorientierte Sicht	Horizontale bzw. Matrixorganisation durch prozessuale Sicht
Unmittelbare Entscheidungsrelevanz für	kurzfristige Entscheidungen (operative Planung)	kurz- und langfristige Entscheidungen (operative und strategische Planung)

Tab. 2.6: Begriffs- und Konzeptgegenüberstellung der Grenzplankosten- und der Prozeßkostenrechnung [Küting/Lorson 91, S. 1425; vgl. Lorson 92, S. 9]

[31] Im Rahmen der vorliegenden Arbeit werden die Begriffe Kostentreiber, cost driver und Prozeßgrößen synonym verwendet.

Abgrenzung Prozeßkostenrechnung gegenüber Activity-Based Costing [Horváth et al. 93, S. 611]:

Im folgenden wird die „deutsche" Prozeßkostenrechnung gegenüber dem „amerikanischen" Activity-Based Costing abgegrenzt:

- Activity-Based Costing und Prozeßkostenrechnung bezeichnen zwei unterschiedliche Varianten der gleichen Grundidee.
- Prozeßkostenrechnung ist auf den indirekten Gemeinkostenbereich konzentriert, Activity-Based Costing wurde im Hinblick auf den Produktions- und damit den Einzelkostenbereich konzipiert [vgl. Berkau 95, S. 37 f.].
- Prozeßkostenrechnung ist eine an den Gegebenheiten des deutschen Rechnungswesens ansetzende aktivitätsorientierte Kostenrechnung.

In Tab. 2.7 werden anhand von drei Kriterien die wesentlichen Merkmale zwischen der Prozeßkostenrechnung und dem Activity-Based Costing aufgezeigt. Der wesentliche Unterschied besteht darin, daß die Prozeßkostenrechnung für den Gemeinkostenbereich und das Activity-Based Costing für den Einzelkostenbereich entwickelt wurden [vgl. Horváth/Mayer 95, S. 60; vgl. Kloock 92a, S. 184 ff.].

Kostenrechnungsverf.	Prozeßkostenrechnung nach Horváth/Mayer		Activity-Based Costing nach Cooper/Kaplan
Kriterium	Prozeßkosten(stellen)-rechnung	Prozeßkostenkalkulation	
Aufgabenbereich	Wirtschaftlichkeitskontrolle (steuerungsorientiertes Kostenmanagement)	Programmorientiertes Kostenmanagement	Programmorientiertes Kostenmanagement
Gestaltungsobjekt	Kosten des indirekten Leistungsbereiches	Kosten des indirekten Leistungsbereiches	Unternehmungskosten
Gestaltungsparameter	Hauptkosteneinflußgrößen des indirekten Leistungsbereiches	Programmorientierte Kosteneinflußgrößen des indirekten Leistungsbereiches	Programmorientierte Kosteneinflußgrößen

Tab. 2.7: Rechnungsziele verschiedener Ansätze der Prozeßkostenrechnung und des Activity-Based Costing [Friedl 95, S. 106]

2.5 Anforderungen an ein Wirtschaftlichkeitsverfahren für neue elektronische Vertriebswege

Kapitel 2.5 definiert die Anforderungen an ein Vorgehensmodell zur Ermittlung der Wirtschaftlichkeit neuer elektronischer Vertriebswege für Bankleistungen. In Kapitel 2.5.1 werden allgemeine Anforderungen an ein solches Vorgehensmodell definiert. Kapitel 2.5.2 bestimmt die Anforderungen für die Berücksichtigung aller neuen elektronischen Vertriebswege für Bankleistungen. Kapitel 2.5.3 erläutert den notwendigen Einsatz der prozeßorientierten Standardeinzelkostenrechnung zur Ermittlung der Standardeinzelkosten. Kapitel 2.5.4 zeigt die Erfordernis des Einsatzes der Prozeßkostenrechnung zur Bestimmung der Prozeßkosten. In Kapitel 2.5.5 wird die Notwendigkeit zur Erfassung aller quantitativen und qualitativen Nutzeffekte dargestellt. Kapitel 2.5.6 belegt die erforderliche Erfassung von Nutzen- und Risikopotentialen neuer elektronischer Vertriebswege. In Kapitel 2.5.7 wird die Notwendigkeit der Erfassung zeitlicher Veränderungen im Betrachtungszeitraum erläutert, und Kapitel 2.5.8 belegt die notwendige Einbeziehung von Umwelt- und Nutzungsszenarien.

2.5.1 Allgemeine Anforderungen an ein Vorgehensmodell für die Ermittlung der Wirtschaftlichkeit neuer elektronischer Vertriebswege

Im folgenden sollen die allgemeinen Anforderungen an ein neues Vorgehensmodell zur Durchführung einer Wirtschaftlichkeitsanalyse neuer elektronischer Vertriebswege aufgestellt werden. Dabei werden insbesondere der in Kapitel 2.1.1 definierte Begriff der Wirtschaftlichkeit, die in Kapitel 2.2 aufgezeigten besonderen Charakteristika der Bankleistung und die in Kapitel 2.3 dargestellten existierenden Formen der Investitionsrechnung und deren Mängel bezüglich der Beurteilung neuer elektronischer Bankvertriebswege berücksichtigt. Weiterhin dienen die in Kapitel 2.4 dargestellten prozeßorientierten Kostenrechnungsverfahren der Standardeinzel- und der Prozeßkostenrechnung als Grundlage.
Aus den oben genannten Grundlagen läßt sich der folgende Anforderungskatalog für ein Vorgehensmodell einer szenariogestützten Wirtschaftlichkeitsanalyse ableiten. Die Anforderungen wurden in die folgenden vier Teilbereiche aufgeteilt: Allgemeine Anforderungen, Elektronische Vertriebswege und Charakteristika der Bankleistung, Ermittlung der Kosten sowie Ermittlung der Nutzeffekte:

(1) Allgemeine Anforderungen:

- (a) Berücksichtigung des unternehmensbezogenen einzelwirtschaftlichen Wirtschaftlichkeitsprinzips [vgl. Wöhe 96, S. 5 ff.; vgl. Gutenberg 83, S. 477; vgl. Gablers Wirtschafts-Lexikon 88, S. 2733]
- (b) Erfassung der Umwelt- und Branchendynamik für den Betrachtungszeitraum im Rahmen des Wirtschaftlichkeitsverfahrens

(2) Anforderungen durch elektronischen Vertriebsweg und die besonderen Charakteristika der Bankleistung

- (a) Qualität ist ein wesentliches Differenzierungsmerkmal einer Bankleistung und muß daher technisch unterstützt und im Rahmen des Vorgehensmodells erfaßt werden.
- (b) Bankleistungen sind durch die Konkurrenz leicht imitierbar und führen schnell zu Me-Too-Produkten, die zu einem späteren Zeitpunkt einen Teil des Marktpotentials bei der Konkurrenz bindet.
- (c) Die notwendigen Leistungsverbindungen zwischen einzelnen Bankleistungen müssen im Rahmen der Wirtschaftlichkeitsanalyse berücksichtigt werden. Hierzu muß eine Matrix mit den Folgewirkungen einzelner Bankleistungen aufgestellt werden. Diese Folgewirkungen müssen in zwei getrennte Bereiche aufgeteilt werden. Zum einen sind dies

bankseitig vorgegebene Leistungsverbindungen, die durch die Kombination verschiedener Bankleistungen miteinander entstehen. Zum anderen sind dies kundenseitig vorgegebene Kombinationen von Bankleistungen, die anhand von Erfahrungswerten im Rahmen der Wirtschaftlichkeitsanalyse berücksichtigt werden müssen.

(d) Sowohl der Wertebereich, als auch der Betriebsbereich müssen durch die Wirtschaftlichkeitsanalyse erfaßt werden, und in beiden Bereichen kann es durch die Einführung neuer elektronischer Vertriebswege zu einer Erhöhung bzw. Verringerung von Kosten und Erlösen kommen [vgl. Männel 96, S. 150].

(3) Ermittlung der Kosten

(a) Die Kapazität eines neuen elektronischen Bankvertriebsweges muß immer an der maximalen prognostizierten Nachfrage ausgerichtet sein.

(b) Die Effektivität der für die Maximalanforderungen vorgehaltenen Kapazitäten ist sehr niedrig. Schwankungen in der Auslastung neuer elektronischer Vertriebswege müssen berücksichtigt werden.

(c) Der Grad der Qualität einer Bankleistung kann anhand verschiedener Merkmale, z.B. der persönlichen Beratung, attraktiven Konditionen oder gutem und schnellem Service, gemessen werden. Die Kosten zur Erreichung dieser Merkmale müssen im Rahmen der szenariogestützten Wirtschaftlichkeitsanalyse berücksichtigt werden.

(d) Vollständige Erfassung der Einflußgrößen auf die Kosten

(e) Erfassung der direkten und indirekten Wirkungszusammenhänge zwischen den Bereichen Technik, Organisation und Personal. Dabei steht im technischen Bereich die Beurteilung der Software im Vordergrund [vgl. Horváth 88, S. 8].

(f) Schwankungen in der Nachfrage haben direkten Einfluß auf die Kapazitätsplanung.

(4) Ermittlung der Nutzeffekte

(a) Vollständige Erfassung der Einflußgrößen auf die Leistungs-/Nutzenseite

(b) Unterteilung in quantitativen und qualitativen Nutzen durch den Einsatz neuer elektronischer Vertriebswege

(c) Der qualitative Nutzen soll nicht quantifiziert werden, sondern es sollen dafür Größenordnungen angeben und Zusammenhänge klar aufzeigt werden [vgl. Helfrich 87, S. 200]. Aus diesem Grunde können Wirtschaftlichkeitsbetrachtungen für neue Technologien und Vertriebswege für den Bereich qualitativer Nutzeffekte immer nur eine Näherungslösung darstellen.

(d) Die Wirtschaftlichkeitsanalyse darf sich nicht nur auf Kostensenkung oder Einnahmenerhöhung konzentrieren, sondern muß andere Komponenten in die Bewertung mit einbeziehen. Mehrdimensionale Zielsetzungen müssen abgebildet werden.

Diese allgemeinen Anforderungen werden in den Kapiteln 2.5.2 bis 2.5.8 durch weitergreifende Anforderungen ergänzt.

2.5.2 Erfassung aller möglichen Formen neuer elektronischer Vertriebswege für Bankleistungen

Das Vorgehensmodell zur Berechnung der Wirtschaftlichkeit neuer elektronischer Vertriebswege für Bankleistungen sollte alle möglichen und denkbaren neuen elektronischen Vertriebswege berücksichtigen[32]. Dabei können grundsätzlich zwei Arten von Vertriebswegen unterschieden werden [vgl. Kuhn 95, S. 159; vgl. Priewasser 94, S. 109 ff.; vgl. Heitmüller 91, S. 195; vgl. Oehler 90, S. 6; vgl. Kreuzer 96, S. 12 ff.].

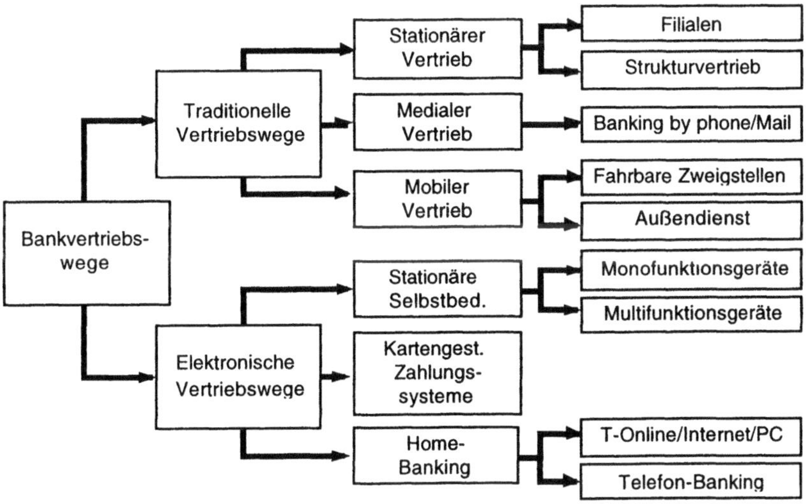

Abb. 2.24: Vertriebswegesystematik für Bankleistungen [in Anlehnung an Oehler 90, S. 6; Priewasser 94, S. 109 ff.; Heitmüller 91, S. 195]

Dies sind zum einen traditionelle Vertriebswege und zum anderen technische bzw. elektronische Vertriebswege. Die Abb. 2.24 zeigt mögliche Formen traditioneller und elektronischer Vertriebswege für Bankleistungen. Das Vorgehensmodell sollte auf die Einführung aller möglichen neuen elektronischen Vertriebswege für Bankleistungen anwendbar sein. Gleichzeitig muß das Vorgehensmodell die Substitutions- bzw. Kannibalisierungswirkungen des neuen elektronischen Vertriebsweges auf bereits bestehende Vertriebswege erfassen und bewerten.

---

[32] Zur Definition der elektronischen Vertriebswege für Bankleistungen siehe Kapitel 2.1.2 und Kapitel 2.1.3

Durch das Vorgehensmodell zur Wirtschaftlichkeitsanalyse müssen zwei Anforderungen erfüllt werden:

(1) Bewertung jedes möglichen neuen elektronischen Vertriebsweges für Bankleistungen

(2) Bewertung der Substitutions- und Kannibalisierungseffekte des neuen elektronischen Vertriebsweges mit den bestehenden Vertriebswegen

2.5.3 Notwendigkeit des Einsatzes der prozeßorientierten Standardeinzelkostenrechnung zur Ermittlung der Standardeinzelkosten

Im Bereich der Kosten muß generell differenziert werden zwischen den Einzelkosten, die direkt der Erstellung und dem Vertrieb einer Bankleistung zugerechnet werden können und den Gemeinkosten, die nicht direkt dem Leistungserstellungs- und Vertriebsprozeß zugerechnet werden können.
Zur Ermittlung der Einzelkosten einer Bankleistung hat sich in der Praxis das Verfahren der prozeßorientierten Standardeinzelkostenrechnung durchgesetzt [vgl. Schmitt 93; vgl. Schierenbeck 94, S. 267 ff.; vgl. Brunold/Pfatteicher 95, S. 185 f.]. Besonderes Merkmal der PSEK ist das Einzelkostenprinzip, nach dem nur die direkt zuordenbaren Kosten erfaßt werden, sowie das Grenzkostenprinzip, welches nur die durch die jeweilige Bankleistung zusätzlich verursachten Kosten berücksichtigt. Die PSEK eignet sich daher zur Ermittlung der möglichen Kosteneinsparungen, die bei der Substitution bestehender Vertriebswege durch den neuen elektronischen Vertriebsweg entstehen. Mit Hilfe dieses Verfahrens werden anhand von standardisierten Prozessen die Standardeinzelkosten für den Erstellungs- und Vertriebsprozeß einer Bankleistung ermittelt. Dabei werden neben den Personal- auch die EDV- und Sachmittelkosten anhand des standardisierten Prozesses erfaßt und in die Ermittlung der Standardeinzelkosten einbezogen [vgl. Schierenbeck 94, S. 267 ff.; vgl. Brunold/Pfatteicher 95, S. 186 ff.]. Kapitel 2.4.2 stellt detailliert die prozeßorientierte Standardeinzelkostenrechnung dar.

2.5.4 Erfordernis der Ermittlung der Prozeßkosten auf Basis der Prozeßkostenrechnung

Die Ermittlung von Prozeßkosten des Gemeinkostenbereiches neuer elektronischer Bankvertriebswege kann mit Hilfe der Prozeßkostenrechnung durchgeführt werden [vgl. Schweitzer/Küpper 95, S. 321 ff; vgl. Brunold/Pfatteicher 95, S. 184.; vgl. Horváth 96, S. 529 ff.]. Die Prozeßkostenrechnung eignet sich insbesondere für die Analyse von Prozeßveränderungen und deren Auswirkung auf die Prozeßkosten [vgl. Rieg 95, S. 238]. Bei Konzeption, Einführung und Betrieb eines neuen elektronischen Vertriebsweges sollen die Kosten der Prozesse des Gemeinkostenbereiches ermittelt werden, die mit dem neuen elektronischen Vertriebsweg in Verbindung stehen. Die Prozeßkostenrechnung ist ein für Banken als Dienstleistungsbetriebe und für die oben beschriebene Aufgabenstellung das geeignete Kostenrechnungsverfahren [vgl. Horváth 96, S. 529 ff]. In Kapitel 2.4.3 wird die Prozeßkostenrechnung detailliert dargestellt.

2.5.5 Erfassung der quantitativen und qualitativen Nutzeffekte

Im Zusammenhang mit der Einführung und dem Betrieb neuer elektronischer Vertriebswege für Bankleistungen entstehen zum einen quantitative und zum anderen qualitative Nutzeffekte. Ein Vorgehensmodell zur Ermittlung der Wirtschaftlichkeit neuer elektronischer Vertriebswege muß beide Arten entstehender Nutzeffekte erfassen und bewerten.

2.5.5.1 Erfassung und Bewertung quantitativer Nutzeffekte

Im folgenden werden einige der möglichen quantitativen Nutzeffekte beispielhaft aufgeführt. Die Bewertung dieser zu erfassenden Nutzeffekte muß im Rahmen des Vorgehensmodells erfolgen:

Nutzen aus Kosteneinsparungen

Die durch das Angebot eines neuen elektronischen Vertriebsweges eventuell anfallenden Kosteneinsparungen müssen vollständig erfaßt und quantifiziert werden. Dies können z.B. sein:

- Einsparung von Erfassungsaufwand in der Filiale durch Direkteingabe des Kunden in das EDV-System der Bank
- Einsparung der Dokumentenarchivierung durch elektronische Speicherung der Kundeneingaben
- Einsparung von Bearbeitungszeiten und Telefonkosten für die Service-Nr. durch Entlastung des Telefon-Banking-Systems
- Einsparung des Versandes von Informationsmaterial durch multimediale Bereitstellung der gewünschten Informationen und Broschüren

Die entstehenden Nutzeffekte müssen systematisch im Rahmen des Vorgehensmodells erfaßt und bewertet werden.

Nutzen aus Effizienzsteigerungen/Produktivitätszunahme/Faktorkostensenkung

Prozesse können durch den Einsatz von elektronischen Hilfsmitteln schneller erledigt werden. Dadurch steigt die Effizienz des einzelnen Mitarbeiters und damit sinken die Standardeinzelkosten der erbrachten Bankleistung. Effizienzsteigerungen können z.B. die automatische maschinelle Ansage von Umsätzen gegenüber der menschlichen Ansage sein. Weiterhin kann der Prozeß der Kreditvergabe durch die Unterstützung des Kreditscoring mit Hilfe eines Informationssystems effizienter gestaltet werden.
Alle Prozesse, die durch die Einführung des neuen elektronischen Vertriebsweges „schlanker" werden, müssen auf mögliche Effizienzsteigerungen und Faktorkostensenkungen hin untersucht werden. Falls Effizienzsteigerungen oder Faktorkostensenkungen zu verzeichnen sind, so sind diese im Rahmen der Wirtschaftlichkeitsanalyse zu berücksichtigen.

Reinvestition der gewonnenen Zeit in andere/neue Tätigkeiten (zielgerichtete Umwandlung der Zeitersparnis in neue Tätigkeiten) [vgl. Kattler 91, S. 251]

Mit der Einführung neuer elektronischer Vertriebswege für Bankleistungen sind immer Rationalisierungsbemühungen verbunden. Man versucht, die bestehenden

Prozesse und Abläufe effizienter zu gestalten, um so Arbeitszeit bei den Mitarbeitern der bestehenden Vertriebswege oder im Backoffice-Bereich freizusetzen. Bestes Beispiel dafür ist die Aufstellung der Kontoauszugsdrucker in den Filialen oder die multimediale Bereitstellung von Produktinformationen an Multifunktionsterminals und in kommerziellen Online-Diensten. Die freigewordene Arbeitszeit der Bankmitarbeiter kann in der Folge mit anderen Tätigkeiten gefüllt werden, die eine höhere Wertschöpfung beinhalten, z.B. Beratungsgespräche mit dem Kunden zum Produktverkauf oder Außendienstbesuche der Mitarbeiter während oder nach der Arbeitszeit beim Kunden [vgl. Rodewald 96].
Die freigesetzte Arbeitszeit muß im Rahmen der prozeßorientierten Standardeinzelkostenrechnung ermittelt werden und dann mit neuen wertschöpfenden Tätigkeiten für den Kunden ausgefüllt werden. Diese „neuen" wertschöpfenden Tätigkeiten müssen im Rahmen des Vorgehensmodells erfaßt und quantifiziert werden.

2.5.5.2 Erfassung und Bewertung qualitativer Nutzeffekte

Mit der Einführung eines neuen elektronischen Bankvertriebsweges sind auch vielfach qualitative Nutzeffekte verbunden, die im Rahmen der in der Literatur diskutierten Investitionsrechnungs- und Wirtschaftlichkeitsverfahren nicht oder nur teilweise berücksichtigt werden [vgl. Deiss/Heymann 88, S. 1073 ff.]. Für die Beurteilung eines neuen elektronischen Vertriebsweges sind jedoch diese qualitativen Nutzeffekte ebenso wichtig und sollten daher im Vorgehensmodell erfaßt und bewertet werden.

Wettbewerbsvorteile

Nach Porter gibt es grundsätzlich zwei Möglichkeiten, Wettbewerbsvorteile zu erzielen, dies sind die Kosten- und die Differenzierungsstrategie [vgl. Porter 96, S. 31 ff.; vgl. Abb. 2.25]. Die Kostenstrategie wird durch das Angebot von niedrigeren Gebühren und Provisionen oder im Vergleich zu den Wettbewerbern besseren Konditionen für gleiche Bankleistungen umgesetzt. Die Differenzierungsstrategie sieht eine Differenzierung gegenüber den Wettbewerbern durch das Angebot von exklusiven Bankleistungen vor [vgl. Porter 96, S. 31 ff.].

		Wettbewerbsvorteile	
		niedrigere Kosten	Differenzierung
Wettbewerbsfeld	weites Ziel	1. Kostenführerschaft	2. Differenzierung
	enges Ziel	3a. Kostenschwerpunkt	3b. Differenzierungsschwerpunkt

Abb. 2.25: Drei Wettbewerbsstrategien [Porter 96, S. 32]

Neue elektronische Vertriebswege ermöglichen die Umsetzung beider Strategien. Zum einen können die Kostenvorteile des neuen elektronischen Vertriebsweges in Form von günstigen Gebühren und Konditionen an die Kunden weitergegeben werden [vgl. Bartmann/Wörner 96]. Zum anderen kann durch die Nutzung der elektronischen Medien für den Kunden ein Zusatznutzen generiert werden, mit dem sich die Bank gegenüber den Wettbewerbern durch das Angebot von neuartigen Bankleistungen und Vertriebskonzepten[33] differenzieren[34] kann [vgl. Kreuzer 96, S. 19 f.; vgl. Stockmann 96, S. 104 ff.].

Mitarbeitermotivation (Abnahme von Streß und einseitigen Tätigkeiten)

Durch die Entlastung der Mitarbeiter von Routinetätigkeiten und Verlagerung der Arbeitszeit auf Verkaufstätigkeiten und Kundeninformation steigt die Motivation der Bankmitarbeiter. Dies wird zusätzlich gefördert durch den Abbau von Spitzenbelastungen in Zeiten mit hohem Kundenkontakt, da diese sich durch die Einführung eines neuen elektronischen Vertriebsweges auf eine größere Anzahl von Vertriebswegen verteilt. Durch den Wegfall von Routinetätigkeiten und der Intensivierung der Beratungsgespräche sind die Mitarbeiter im Rahmen von Fortbildungsmaßnahmen auf die neuen Tätigkeitsgebiete vorzubereiten.

Sonstiger Nutzen

- Imagegewinn
- Erhöhung des Akquisitionspotentials für Neukunden [vgl. Mendonca/Nakache 96, S. 145 f.]
- Verringerung der bereitzuhaltenden Kapazitäten durch die Abfederung von Spitzenlasten über die neuen elektronischen Vertriebswege
- Aufwertung der Zugriffsmöglichkeiten des Kunden auf seine Stamm- und Bewegungsdaten durch das Angebot eines neuen elektronischen Vertriebsweges
- Neue Marketingmöglichkeiten durch die zunehmende Technisierung der Vertriebswege und die Erfassung der elektronischen Spuren des Kunden. Aufbau eines kundengerechten Marketing (one-to-one-future) [vgl. Bartmann/Kreuzer 96b].
- Effizientere Abwicklung der Kommunikation mit dem Kunden durch die Unterstützung neuer elektronischer Kommunikationsmittel, wie z.B. eMail oder Short Message Service (SMS)

2.5.6 Erfassung der Risikopotentiale

Risikopotentiale

Die Einführung eines neuen elektronischen Vertriebsweges durch die Bank ist auch mit Risiken für die Bank verbunden. Dies können z.B. sein [vgl. Deiss/Heymann 88, S. 1076 ff.]:

---

[33] Zur detaillierten Differenzierung zwischen Vertriebswegen und Vertriebskonzepten sei verwiesen auf [Kreuzer 96, S. 11 ff.].

[34] In diesem Zusammenhang soll beispielsweise auf die Konzepte der „elektronischen Bankfiliale" und der „virtuellen Bank" verwiesen werden [vgl. Stockmann 96, S. 104 ff.].

- Allgemeines Investitionsrisiko durch die Auswahl einer Investitionsalternative gegenüber den restlichen möglichen Alternativen
- Technologische Risiken der schnellen Überalterung der gewählten Systeme
- Verdrängung durch einen Mitwettbewerber durch Kostenführerschaft
- Der neue elektronische Vertriebsweg wird von den Kunden nicht akzeptiert.
- Kapazität für den neuen elektronischen Vertriebsweg wurde zu klein dimensioniert und muß während des Betriebes angepaßt werden.
- Sicherheitsrisiken zwingen zur Einstellung des neuen elektronischen Vertriebsweges.

Innovationsfeindliche Strukturen: 20% - 50% der Nutzenpotentiale neuer Technologien können nur umgesetzt werden [vgl. Eisfelder 88, S. 60]

In Banken herrschen meistens innovationsfeindliche Strukturen. Die Mitarbeiter verhindern teilweise durch destruktives Verhalten die erfolgreiche Einführung und Gestaltung neuer Technologien. Die folgenden Merkmale fördern diese innovationsfeindlichen Strukturen:

- Vorrang kurzfristigen Denkens
- zu knappe personelle Ressourcen
- Kästchendenken und fehlende Kommunikation
- Vorrang von Kostensenkungen vor Erlöserhöhungen
- fehlende Zielgewichtungen

2.5.7 Erfassung zeitlicher Veränderungen

Das Vorgehensmodell sollte im Rahmen des Betrachtungszeitraumes die Veränderung einzelner Werte, die in die Wirtschaftlichkeitsanalyse eingehen, berücksichtigen. Dazu zählen z.B. die folgende Werte:

- Veränderung jeglicher Art von Kosten, z.B. Personalkosten, Telefonkosten, Raumkosten, Kommunikationskosten usw.
- Kosten einzelner interner oder externer Banktransaktionen
- Veränderung von Deckungsbeiträgen einzelner Bankleistungen
- Veränderung der Zinsmargen im Aktiv- und Passivgeschäft

Die Veränderung dieser Werte hat einen wesentlichen Einfluß auf die Eingangsvariablen für die Wirtschaftlichkeitsanalyse, und daher sollten in der Zukunft anstehende Veränderungen dieser Werte bereits zum Zeitpunkt der Wirtschaftlichkeitsanalyse antizipiert werden.

2.5.8 Erfassung unterschiedlicher Umwelt- und Nutzungsszenarien

Die Veränderung der Umwelt und der Nutzung des neuen elektronischen Vertriebsweges läßt sich nicht mit Sicherheit voraussagen. Daher ist es notwendig, daß man die Wirtschaftlichkeitsanalyse anhand verschiedener Umweltzustände und Nutzungsintensitäten durchführt. In der Szenariotechnik hat sich die Anzahl von drei

Szenarien als sinnvoll erwiesen und sollte daher auch im Rahmen der Wirtschaftlichkeitsanalyse neuer elektronischer Vertriebswege für Bankleistungen angewendet werden [vgl. Horváth/Mayer 88].
Man identifiziert hierzu die wesentlichen Haupteinflußparameter, die auf die Umwelt und die Nutzung des neuen elektronischen Vertriebsweges Einfluß nehmen [Mißler-Behr 93, S. 13 ff.]. Für diese Haupteinflußparameter wählt man dann, ausgehend von dem Wert des «wahrscheinlichen» Szenarios, den Wert für ein «pessimistisches» Szenario und den Wert für ein «optimistisches» Szenario. Mit diesen drei Szenarien führt man dann jeweils getrennt die Wirtschaftlichkeitsanalyse durch und erhält Ergebnisse für eine normale, negative und positive Entwicklung der Umwelt und der Nutzung des neuen elektronischen Vertriebsweges aus Sicht der Bank.

2.6 Eignungsanalyse bestehender Wirtschaftlichkeitsverfahren

Das folgende Kapitel führt eine kritische Bewertung ausgewählter bestehender Wirtschaftlichkeitsverfahren durch. Grundlage ist der in Kapitel 2.6.1 dargestellte Kriterienkatalog, der aus den in Kapitel 2.5 definierten Anforderungen abgeleitet wird. Kapitel 2.6.2 gibt einen Überblick über die in der Literatur diskutierten problemadäquaten Wirtschaftlichkeitsverfahren und bewertet vier ausgewählte Wirtschaftlichkeitsverfahren anhand des Kriterienkatalogs.

2.6.1 Kriterienkatalog zum Vergleich der Wirtschaftlichkeitsverfahren

Für den Vergleich der bereits bestehenden Wirtschaftlichkeitsverfahren und deren Eignung für die Wirtschaftlichkeitsanalyse neuer elektronischer Bankvertriebswege wird im folgenden ein Kriterienkatalog vorgestellt. Dieser Kriterienkatalog leitet sich aus den in Kapitel 2.5 für die Bewertung von neuen elektronischen Bankvertriebswegen aufgestellten Anforderungen ab.

Kriterium	Erklärung
Allgemeine Kriterien:	
Wirtschaftlichkeitsprinzip	Berücksichtigung des einzelwirtschaftlichen Wirtschaftlichkeitsprinzips in seinen Ausprägungen Minimal- und Maximalprinzip
Umweltdynamik	Erfassung von Umwelt- und Nutzungsveränderungen der bestehenden Vertriebswege und des neuen elektronischen Vertriebsweges im Betrachtungszeitraum. Die Veränderungen können alle Bereiche der internen und externen Stellen für Erstellung und Vertrieb der Bankleistungen beeinflussen.
Szenarien	Antizipation von Umwelt- und Nutzungsveränderungen durch Bildung von drei Szenarien, die eine Bandbreite der möglichen wirtschaftlichen Auswirkungen des Einsatzes eines neuen elektronischen Vertriebsweges ausweisen.
Kosten/Erlöse als Basis der Wirtschaftlichkeitsanalyse	Berechnung der Wirtschaftlichkeit des elektronischen Vertriebsweges für Bankleistungen auf der Basis von Plankosten und -erlösen. Keine Verwendung von Daten aus dem vergangenheitsorientierten Rechnungswesen und keine Zahlen der Liquiditätsplanung für die dynamischen Verfahren der Investitionsrechnung.

Kriterium	Erklärung
Kriterien für den Bereich elektronische Vertriebswege für Bankleistungen:	
vertriebswegeunabhängig	Bewertung neuer elektronischer Vertriebswege für Bankleistungen aus dem Bereich möglicher elektronischer Vertriebswege [vgl. Kapitel 2.1.2]
Branchendynamik/Me-too	Reaktion der Konkurrenz auf neue elektronische Vertriebswege und neue Bankleistungen, da diese nicht patentfähig sind. Marktanteile werden im Betrachtungszeitraum durch die Wettbewerber bedroht. Neue Bankleistungen/Vertriebswege sind mit Hilfe der EDV schnell zu realisieren.
Charakteristika Bankleistung	**Verflochtenheit:** Abhängigkeit der einzelnen Bankleistungen aufgrund des Absatzinteresses der Bank oder kundenbestimmt untereinander **Dualismus:** Berücksichtigung des Werte- und Betriebsbereiches bei Erstellung und Vertrieb von Bankleistungen **Immaterialität:** Bankleistungen sind aufgrund ihrer Immaterialität nicht speicherbar und müssen im Zeitpunkt der Nachfrage durch den Kunden erstellt und vertrieben werden.
Risikopotentiale	Erhebung und Berücksichtigung der Risikopotentiale, die durch das Angebot des neuen elektronischen Vertriebsweges für Bankleistungen entstehen.
Kriterien für den Bereich Kosten:	
Prozeßorientierung	Berechnung der Standardeinzel- und Prozeßkosten für die Bankleistungen des neuen elektronischen Vertriebsweges unter Zuhilfenahme der Prozeßbetrachtung. Nur mit Hilfe einer Prozeßsicht können kostenstellenübergreifende Prozesse dargestellt und deren Kosten in Form von Teil- und Hauptprozessen erfaßt werden. Ermittlung der Standardeinzelkosten auf Teilkostenbasis für die bestehenden Vertriebswege.
Effektivität/Nachfrageelastizität	Berücksichtigung der geringen Auslastung der Vertriebswege durch die Kapazitätsbereitstellung für Spitzenbelastungen. Berücksichtigung von Nachfrageschwankungen bei der Berechnung von Standardeinzelkosten der Bankleistungen.
Einmalige/laufende Kosten	Erhebung und Berücksichtigung der einmaligen und laufenden nutzungsunabhängigen Kosten für die Bereitstellung und den Betrieb des neuen elektronischen Vertriebsweges für Bankleistungen auf der Bankseite
Kriterien für den Bereich Nutzeffekte:	
Erfassung quantitativer Nutzeffekte	Erhebung aller quantitativen Nutzeffekte, die durch den neuen elektronischen Vertriebsweg verursacht werden
Erfassung qualitativer Nutzeffekte	Erhebung aller qualitativen Nutzeffekte, die durch den neuen elektronischen Vertriebsweg verursacht werden
Einmalige/laufende Nutzeffekte	Ermittlung und Berücksichtigung der einmaligen und laufenden Nutzeffekte, die durch die Bereitstellung und den Betrieb des neuen elektronischen Vertriebsweges entstehen

Tab. 2.8: Kriterienkatalog zur vergleichenden Bewertung von Wirtschaftlichkeitsverfahren für die Bereitstellung und den Betrieb elektronischer Vertriebswege

Der in Tab. 2.8 dargestellte Kriterienkatalog dient im folgenden für die vergleichende Bewertung ausgewählter problemadäquater Wirtschaftlichkeitsverfahren.

2.6.2 Bewertender Vergleich bestehender problemadäquater Wirtschaftlichkeitsverfahren

Die in der Literatur diskutierten Wirtschaftlichkeitsverfahren sollen anhand des in Tab. 2.9 dargestellten Kriterienkataloges ausgewählt und anhand des in Kapitel 2.6.1 aufgestellten Kriterienkataloges bewertet werden. In Abb. 2.26 wird eine Klassifikation der Wirtschaftlichkeitsverfahren dargestellt. In Kapitel 2.3 wurden als Grundlage des Vorgehensmodells der szenariogestützten Wirtschaftlichkeitsanalyse die einzelwirtschaftlichen Wirtschaftlichkeitsverfahren der Gewinnvergleichsrechnung, der Kapitalwertmethode und der Nutzenpotential- und Wirkungskettenanalyse dargestellt. Die zu untersuchenden Wirtschaftlichkeitsverfahren müssen sowohl monetäre als auch nicht monetäre Wirkungen erfassen und zu einer allgemeinen Vergleichsgröße zusammenfassen. Die Wirtschaftlichkeitsverfahren müssen daher die in Abb. 2.26 grau dargestellten Verfahrensbereiche abdecken.

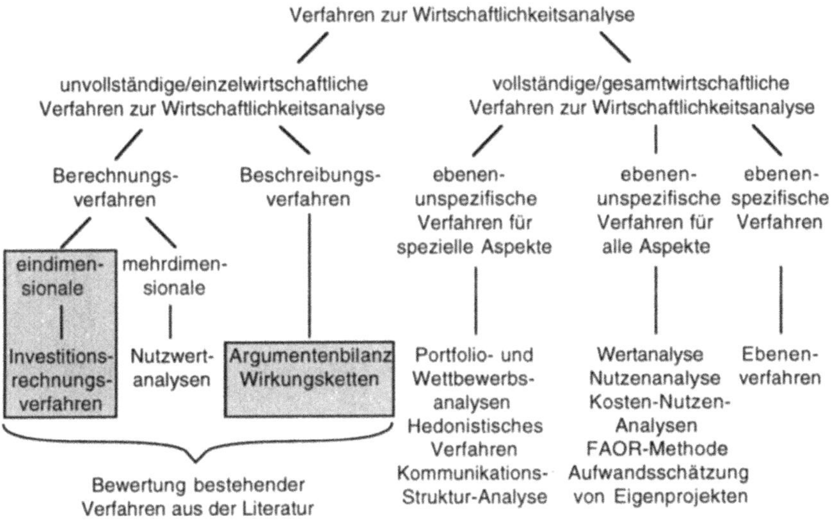

Abb. 2.26: Gliederung der Verfahren zur Wirtschaftlichkeitsanalyse [in Anlehnung an Antweiler 95, S. 57]

Die in den Kapiteln 2.6.2.1 bis 2.6.2.4 dargestellten, diskutierten und anhand des Kriterienkataloges bewerteten Wirtschaftlichkeitsverfahren sind alle dem Bereich der einzelwirtschaftlichen Wirtschaftlichkeitsverfahren zuzuordnen und wurden nach den folgenden in Tab. 2.9 dargestellten Kriterien ausgewählt.

Kriterium	Beschreibung
Anzahl der Merkmale	Wieviele Merkmale werden durch das Wirtschaftlichkeitsverfahren abgedeckt bzw. erfaßt? Werden z.B. die Besonderheiten der Bankleistung im Rahmen des Wirtschaftlichkeitsverfahrens untersucht oder die verschiedenen Kosten- und Nutzenstrukturen durch die Bereitstellung und den Betrieb des neuen elektronischen Vertriebsweges?

Kriterium	Beschreibung
Wertigkeit	Das Wirtschaftlichkeitsverfahren muß den Vergleich von mehreren neuen elektronischen Vertriebswegen ermöglichen. Die im Rahmen der Anwendung des Wirtschaftlichkeitsverfahrens ermittelten Ergebnisse müssen miteinander vergleichbar sein. Gleichzeitig muß die Entscheidung im Rahmen einer komplexen Entscheidungssituation unterstützt werden.
Wirkungsvielfalt	Wie sind die Wirkungen, die durch das Wirtschaftlichkeitsverfahren erfaßt werden müssen? Werden nur wenige gleichartige Wirkungen oder auch zahlreiche unterschiedliche Wirkungen durch das Wirtschaftlichkeitsverfahren abgedeckt?
Wirkungsreichweite	Werden nur die internen oder auch die externen Effekte, die durch die Investitionsmaßnahme induziert werden, abgebildet?
Wirkungsdauer	Welcher Zeitraum wird durch das Wirtschaftlichkeitsverfahren abgedeckt? Werden nur die kurzfristigen[35] oder auch die mittel- bis langfristigen Wirkungen durch das Wirtschaftlichkeitsverfahren erfaßt?
Eignung	Eine Anwendung des Wirtschaftlichkeitsverfahrens auf den Einsatz neuer elektronischer Vertriebswege für Bankleistungen ist darstellbar. Das zu bewertende Wirtschaftlichkeitsverfahren ermöglicht die umfassende Analyse und Bewertung.

Tab. 2.9: Kriterienkatalog zur Auswahl der zu untersuchenden Wirtschaftlichkeitsverfahren [vgl. Mühlenkamp 94, S. 11]

Anhand des in Tab. 2.9 dargestellten Kriterienkataloges wurden die vier folgenden Wirtschaftlichkeitsverfahren für eine detaillierte Analyse und Bewertung ausgewählt:

- Wirtschaftlichkeitsverfahren von Horváth und Mayer
- Vierstufiges Wirtschaftlichkeitsmodell von Picot und Reichwald
- Wirtschaftlichkeitsverfahren von Gaßner
- Wirtschaftlichkeitsverfahren Systemwirtschaftlichkeit von Pfeiffer, Weiß und Strubl

Die vier oben aufgezählten Wirtschaftlichkeitsverfahren werden im folgenden kurz im Überblick dargestellt, diskutiert und anhand des in Kapitel 2.6.1 vorgestellten Kriterienkataloges bewertet.
Für eine detaillierte Darstellung der oben aufgeführten und im folgenden bewerteten Wirtschaftlichkeitsverfahren wird auf die jeweils zu den einzelnen Verfahren angegebene Literatur verwiesen.

2.6.2.1 Wirtschaftlichkeitsverfahren von Horváth und Mayer

Horváth und Mayer gehen in ihrem Modell davon aus, daß sich jede Nutzenerwartung in einer Investition letztendlich in Umsatzsteigerungen bzw. Kostensenkungen niederschlägt [vgl. Horváth/Mayer 88, S. 53]. Ein wirtschaftlich positives Ergebnis entsteht, falls die Summe dieser beiden Größen die Summe der Mehraufwendungen durch die Investition übersteigt. Es werden jeweils nur die

[35] Die Begriffe kurz, mittel- und langfristig sind in der Literatur meist wie folgt definiert: kurzfristig ist bis ein, mittelfristig ein bis fünf und langfristig über fünf Jahre [Gablers Wirtschafts-Lexikon 88, S. 1919 f.].

Differenz zwischen zwei Alternativen betrachtet. Als erstes Ergebnis werden die Mehraufwendungen den Kosteneinsparungen und Umsatzsteigerungen gegenübergestellt [vgl. Horváth/Mayer 88, S. 52].

Prinzipiell unterscheiden die Autoren vier Kategorien:

0 Jährlicher Mehraufwand
1 Eindeutig zuordenbare Kosteneinsparung
2 Kosteneinsparung im Umfeld der Investition
3 Erhöhung des Deckungsbeitrages

Im zweiten Schritt wird jede Kategorie mit ihren Einflußfaktoren nochmals verfeinert.

0 Jährlicher Mehraufwand

  0.1 höhere Investitionssumme
  0.2 höhere Planungskosten
  0.3 kalkulatorische Zinsen

1 Eindeutig zuordenbare Kosteneinsparung

  1.1 Personalkosten
  1.2 Raumkosten

2 Kosteneinsparung im Umfeld der Investition

  2.1 Kapitalbindungskosten
  2.2 Qualitätskosten

3 Erhöhung des Deckungsbeitrages

  3.1 Umsatzsteigerung

Die dargestellte Liste ist so lange zu vervollständigen und zu verfeinern, bis alle für die Wirtschaftlichkeit relevanten Einflußgrößen der Investition erfaßt sind. Im dritten und letzten Teil werden die Einflußfaktoren in Geldeinheiten bewertet, wobei drei verschiedene Szenarien unterschieden werden. Ergebnisse werden für eine pessimistische, wahrscheinliche und optimistische Variante berechnet [vgl. Horváth/Mayer 88, S. 52 f.].

pessimistische Variante: (große Wahrscheinlichkeit)	Mehraufwendungen werden mit dem größten Wert innerhalb einer Spanne angesetzt. Die Kosteneinsparungen bzw. Umsatzsteigerungen werden mit dem „worst case" Wert angesetzt.
wahrscheinliche Variante: (mittlere Wahrscheinlichkeit)	Sowohl für die Mehraufwendungen, als auch für Kosteneinsparungen und Umsatzsteigerungen werden die mittleren Erwartungswerte angesetzt.

optimistische Variante: (geringe Wahrscheinlichkeit)	Geringer Mehraufwand, höhere Kosteneinsparungen bzw. Umsatzsteigerungen können realisiert werden.

Kritik an dem Wirtschaftlichkeitsverfahren von Horváth und Mayer:

Im folgenden sollen die wesentlichen Kritikpunkte an dem Wirtschaftlichkeitsverfahren von Horváth und Mayer dargestellt werden:

- Die Quantifizierbarkeit der entscheidungsrelevanten Faktoren nimmt von Kategorie zu Kategorie ständig ab. Trotzdem wird auch auf der letzten Ebene das Ziel verfolgt, jeden Nutzeffekt in Geldeinheiten zu bewerten. Die Autoren geben keine ausreichenden Hinweise, wie z.B. die Quantifizierung von Wettbewerbsvorteilen vorgenommen werden könnte.
- Die mit der unbedingten Quantifizierung eingegangene Unsicherheit in den Ergebnissen versucht man durch die Aufstellung und Bewertung von drei Szenarien zu kompensieren.
- Für die möglichen Ergebnisse des Wirtschaftlichkeitsverfahrens werden keine vollständigen Entscheidungsregeln angegeben.

Die folgende Tab. 2.10 zeigt die Bewertung des Wirtschaftlichkeitsverfahrens anhand des in Kapitel 2.6.1 aufgestellten Kriterienkataloges:

Kriterium	erfüllt	Wirtschaftlichkeitsverfahren von Horváth und Mayer
Allgemeine Kriterien:		
Wirtschaftlichkeitsprinzip	●	Das Wirtschaftlichkeitsprinzip liegt auch dem Wirtschaftlichkeitsverfahren von Horváth und Mayer zugrunde.
Umweltdynamik	○	Die Umweltdynamik in Form einer sich ändernden Wettbewerbssituation und sich ändernden Kundenverhaltens im Betrachtungszeitraum wird nicht erfaßt. Es werden nur die internen Effekte der Investition erfaßt.
Szenarien	●	Im Rahmen des Wirtschaftlichkeitsverfahrens werden drei Szenarien analysiert. Das wahrscheinliche, pessimistische und optimistische Szenario.
Wirtschaftlichkeitsanalyse auf Kosten/Erlösen	●	Die Wirtschaftlichkeitsanalyse wird auf der Basis von Plankosten und -erlösen durchgeführt.
Kriterien für den Bereich elektronische Vertriebswege für Bankleistungen:		
vertriebswege-unabhängig	●	Das Wirtschaftlichkeitsverfahren kann für alle möglichen Formen von neuen elektronischen Vertriebswegen eingesetzt werden.
Branchendynamik/ Me-too	○	Die Besonderheiten der Bankbranche durch die starke Dynamik im Bereich der Non- und Near-Banks und Direktbanken sowie die hohe Homogenität der angebotenen Bankleistungen wird nicht berücksichtigt.
Charakteristika Bankleistung	○	Die in Kapitel 2.2 dargestellten besonderen Charakteristika der Bankleistung werden im Rahmen des Wirtschaftlichkeitsverfahrens nicht berücksichtigt.
Risikopotentiale	○	Die mit der Einführung verbundenen Risikopotentiale eines neuen elektronischen Vertriebsweges werden nicht erhoben und im Rahmen des Wirtschaftlichkeitsverfahrens nicht berücksichtigt.

Kriterium	erfüllt	Wirtschaftlichkeitsverfahren von Horváth und Mayer
Kriterien für den Bereich Kosten:		
Prozeßorientierung	●	Die ermittelten Kosten für den Einzel- und Gemeinkostenbereich werden durch eine Prozeßorientierung des Wirtschaftlichkeitsverfahrens ganzheitlich erfaßt.
Effektivität/ Nachfrageelastizität	◑	Die Effektivität und Nachfrageelastizität wird im Rahmen der Kapazitätsauslegung für den neuen elektronischen und die bestehenden Vertriebswege zum Teil berücksichtigt.
Einmalige/ laufende Kosten	●	Die nutzungsunabhängigen einmaligen Kosten für die Einführung und die laufenden Kosten für die Bereitstellung des neuen elektronischen Vertriebsweges werden erfaßt.
Kriterien für den Bereich Nutzeffekte:		
Erfassung quantitativer Nutzeffekte	●	Die quantitativen Nutzeffekte werden anhand von Kosteneinsparungen auf den verschiedenen Detaillierungsebenen erfaßt. Die Autoren gehen davon aus, daß sich jegliche Nutzeffekte in monetären Größen niederschlagen.
Erfassung qualitativer Nutzeffekte	◑	Qualitative Nutzeffekte und die daraus ableitbaren Nutzenpotentiale und Wirkungsketten werden im Rahmen des Wirtschaftlichkeitsverfahrens nicht betrachtet. Die Autoren gehen davon aus, daß sich jede Nutzenerwartung letztlich in Umsatzsteigerungen und/oder Kostensenkungen niederschlägt.
Einmalige/ laufende Nutzeffekte	◑	Eine Differenzierung zwischen einmaligen und laufenden quantitativen und qualitativen Nutzeffekten wird im Rahmen des Wirtschaftlichkeitsverfahrens teilweise vorgenommen.

Legende:

○	Kriterium wird durch das vorliegende Wirtschaftlichkeitsverfahren nicht erfüllt.
◑	Kriterium wird durch das vorliegende Wirtschaftlichkeitsverfahren teilweise erfüllt.
●	Kriterium wird durch das vorliegende Wirtschaftlichkeitsverfahren erfüllt.

Tab. 2.10: Bewertung des Wirtschaftlichkeitsverfahrens von Horváth und Mayer

2.6.2.2 Vierstufiges Wirtschaftlichkeitsmodell von Picot und Reichwald

Picot und Reichwald berücksichtigen in ihrem Ansatz, daß man die Wirtschaftlichkeit einer neuen Technologie nicht isoliert betrachten kann [Picot/Reichwald 87]: „Die Wirtschaftlichkeitsbeurteilung soll alle direkten und indirekten Kosten- und Leistungskonsequenzen erfassen, die sich in kürzerer oder längerer Frist durch den Einsatz neuer Kommunikationstechnik am Arbeitsplatz, im Arbeitsverbund und im Organisationsumfeld zeigen“ [Picot/Reichwald 87, S. 106].
Um das oben genannte Ziel zu erreichen, unterscheiden Picot und Reichwald vier Wirtschaftlichkeitsstufen [vgl. Picot/Reichwald 87, S. 106 f.]:

1. Ebene: isolierte technikbezogene Wirtschaftlichkeit
2. Ebene: subsystembezogene Wirtschaftlichkeit
3. Ebene: gesamtorganisatorische Wirtschaftlichkeit
4. Ebene: gesellschaftliche Wirtschaftlichkeit

Tab. 2.11 zeigt das vierstufige Wirtschaftlichkeitsmodell und zu jeder Stufe mögliche Indikatoren zur Ermittlung der Wirtschaftlichkeit des Einsatzes der Bürokommunikation.

Wirtschaftlichkeitsstufen	Indikatoren (Grobdarstellung) Kosten	Leistungen
isolierte technikbezogene	Personal- und Sachkosten, insbesondere Anlagenkosten und anfallende Gebühren	Menge, Schnelligkeit, Qualität und Zuverlässigkeit der Informationsübertragung
subsystembezogene	interne Transportkosten, Überwälzungskosten, Opportunitätskosten	Gesamtdurchlaufzeiten, Beschleunigung und qualitative Verbesserung von Verfahrensabläufen, Tätigkeitsverschiebungen zwischen den Betroffenen
gesamtorganisatorische	Kosten zur Aufrechterhaltung der Anpassungsfähigkeit und Funktionsstabilität, kostenrelevante Humanaspekte	Verbesserung der Anpassungsfähigkeit und der Funktionsstabilität der Organisation, Verbesserung der Humansituation
gesellschaftliche	negative Wirkungen **bezüglich** Arbeitsmarkt, Gesundheits- und Sozialsystem, Ökologie, nationalen und internationalen Konkurrenzbedingungen, Kommunikationspartnern anderer Organisationen	positive Wirkungen

Tab. 2.11: Vierstufiges Wirtschaftlichkeitsmodell und mögliche Indikatoren für Kosten und Leistungen [Picot/Reichwald 87, S. 107]

„Durch das gedankliche Modell einer Mehrebenenbetrachtung wird eine möglichst vollständige und systematische Erfassung aller relevanten Kosten- und Leistungswirkungen angestrebt“ [Picot/Reichwald 87, S. 106]. Picot und Reichwald erfassen die Kosten- und Leistungsinformationen nur relativ zu den jeweils betrachteten Investitionsalternativen und beurteilen diese jeweils auf einer ordinalen Skala. So werden im dargestellten Fallbeispiel Aussagen über die fixen Kosten mit „vernachlässigbar“, „hoch“ und „wahrscheinlich mittel“ getroffen [vgl. Picot/Reichwald 87, S. 111]. Die Einzelergebnisse der vier Stufen werden dann in einer Zusammenschau auf einer Skala von „+++“ = sehr positiv bis „-“ = negativ bewertet, und für die Stufen eins bis drei (unternehmensbezogen) und vier (gesellschaftsbezogen) werden Summen gebildet [vgl. Picot/Reichwald 87, S. 115]. Eine quantitative Bewertung auf Basis von Plankosten und Planerlösen durch Bereitstellung, Betrieb und Nutzung einer neuen Kommunikationstechnologie wird nicht durchgeführt.

Kritik an dem Wirtschaftlichkeitsverfahren von Picot und Reichwald:

Im folgenden sollen die wesentlichen Kritikpunkte an dem Wirtschaftlichkeitsverfahren von Picot und Reichwald dargestellt werden:

- Bei der Beurteilung der Wirtschaftlichkeit eines neuen elektronischen Vertriebsweges für Bankleistung sind allein die einzelwirtschaftlichen Wirkungen auf die Bank zu untersuchen. Die gesellschaftliche Wirtschaftlichkeit (Stufe 4) ist in dem untersuchten Zusammenhang nicht relevant.

- Das Wirtschaftlichkeitsmodell weist keine stufenbezogenen monetären Wirtschaftlichkeiten aus. Bei Unternehmen, die nach dem Wirtschaftlichkeitsprinzip geführt werden, ist die monetäre die entscheidende Größe einer Wirtschaftlichkeitsbetrachtung.
- Ein möglicher Zusammenhang der vier Wirtschaftlichkeitsstufen untereinander wird nicht dargestellt. Weiterhin wird eine Bewertung und Einordnung der Ergebnisse der einzelnen Wirtschaftlichkeitsstufen nicht vorgenommen.
- Die Autoren geben keinerlei Hinweise, mit welchen möglichen Erhebungsverfahren oder -methoden die für das Wirtschaftlichkeitsverfahren notwendigen Daten ermittelt werden können.

Die folgende Tab. 2.12 zeigt die Bewertung des Wirtschaftlichkeitsverfahrens anhand des in Kapitel 2.6.1 aufgestellten Kriterienkataloges:

Kriterium	erfüllt	Vierstufiges Wirtschaftlichkeitsverfahren von Picot und Reichwald
Allgemeine Kriterien:		
Wirtschaftlichkeitsprinzip	●	Das einzelwirtschaftliche Wirtschaftlichkeitsprinzip liegt auch diesem Wirtschaftlichkeitsverfahren zugrunde.
Umweltdynamik	○	Die Umweltdynamik in Form einer sich ändernden Wettbewerbssituation und sich ändernden Kundenverhaltens im Betrachtungszeitraum wird nicht erfaßt.
Szenarien	○	Im Rahmen des Wirtschaftlichkeitsmodells werden für die ermittelten Kosten und Leistungen keine getrennten Szenarien analysiert. Die Unsicherheit der Investitionsentscheidung wird nicht antizipiert.
Wirtschaftlichkeitsanalyse anhand Kosten/ Erlösen	○	Die Wirtschaftlichkeitsanalyse wird auf Basis von qualitativen Aussagen auf den vier betrachteten Ebenen durchgeführt. Eine Erfassung der Plankosten und -erlöse wird nicht durchgeführt.
Kriterien für den Bereich elektronische Vertriebswege für Bankleistungen:		
vertriebswege-unabhängig	●	Das vierstufige Wirtschaftlichkeitsmodell kann grundsätzlich für alle möglichen Formen neuer elektronischer Vertriebswege eingesetzt werden.
Branchendynamik/Metoo	○	Die Besonderheiten der Bankbranche durch die starke Dynamik im Bereich der Non- und Near-Banks und Direktbanken sowie die hohe Homogenität der angebotenen Bankleistungen wird nicht berücksichtigt.
Charakteristika Bankleistung	○	Die vier in Kapitel 2.2 dargestellten besonderen Charakteristika der Bankleistung werden im Rahmen des vierstufigen Wirtschaftlichkeitsmodells nicht berücksichtigt.
Risikopotentiale	◑	Mit der Einführung verbundene Risikopotentiale eines neuen elektronischen Vertriebsweges oder der Kommunikationstechnik werden teilweise erhoben.
Kriterien für den Bereich Kosten:		
Prozeßorientierung	○	Eine Prozeßbetrachtung und die damit verbundene prozeßorientierte Erfassung von Kosten und Erlösen wird nicht durchgeführt.
Effektivität/ Nachfrageelastizität	○	Die Effektivität und Nachfrageelastizität wird im Rahmen der Kapazitätsauslegung für den neuen elektronischen und die bestehenden Vertriebswege nicht berücksichtigt.
Einmalige/ laufende Kosten	○	Die nutzungsunabhängigen einmaligen Kosten für die Einführung und die laufenden Kosten für die Bereitstellung des neuen elektronischen Vertriebsweges werden nur qualitativ erfaßt.

Kriterium	er-füllt	Vierstufiges Wirtschaftlichkeitsverfahren von Picot und Reichwald
Kriterien für den Bereich Nutzeffekte:		
Erfassung quantitativer Nutzeffekte	◑	Die quantitativen Nutzeffekte werden auf einer ordinalen Skala von „+++" bis „-" im Rahmen des Wirtschaftlichkeitsverfahren erfaßt. Eine Ermittlung von Planerlösen wird nicht durchgeführt.
Erfassung qualitativer Nutzeffekte	●	Qualitative Nutzeffekte und die daraus ableitbaren Nutzenpotentiale und Wirkungsketten werden im Rahmen des Wirtschaftlichkeitsverfahrens ermittelt und bewertet.
Einmalige/ laufende Nutzeffekte	○	Eine Differenzierung zwischen einmaligen und laufenden qualitativen und quantitativen Nutzeffekten wird nicht vorgenommen.

Tab. 2.12: Bewertung des Wirtschaftlichkeitsverfahrens von Picot und Reichwald

2.6.2.3 Wirtschaftlichkeitsverfahren von Gaßner

In dem Wirtschaftlichkeitsverfahren von Gaßner werden die Einflußfaktoren auf die Wirtschaftlichkeit in drei Bereiche unterteilt [vgl. Gaßner 94, S. 77]:

- Personale Wirtschaftlichkeit
- Organisatorische Wirtschaftlichkeit
- Technische Wirtschaftlichkeit

In allen drei Bereichen werden sowohl quantitative als auch qualitative Größen ermittelt. Wirtschaftlichkeitsaspekte, wie z.B. Kundennähe, Termintreue und Kundenzufriedenheit, lassen sich in Geldeinheiten nicht ausdrücken und werden daher qualitativ erfaßt. Es entsteht somit eine dualistische Mehrebenenbetrachtung, die im Rahmen des Wirtschaftlichkeitsverfahrens durchgeführt wird. Die Aufteilung der wirtschaftlichen Einflußfaktoren auf die drei Ebenen (Personal, Organisation und Technik) mit je zwei Bereichen führt zu sechs Feldern [vgl. Tab. 2.13]. Für jedes Feld wird eine eigene Wirtschaftlichkeitsanalyse durchgeführt [vgl. Gaßner 94, S. 78].

	Einflußgrößen der Wirtschaftlichkeit			
	quantitativ		qualitativ	
	Kosten	Leistungen	Vorteile	Nachteile
Personal	Feld 1		Feld 2	
Organisation	Feld 3		Feld 4	
Technik	Feld 5		Feld 6	

Tab. 2.13: Felder der Wirtschaftlichkeitsberechnung [Gaßner 94, S. 78]

Im folgenden soll ein Überblick über die drei in die Wirtschaftlichkeitsbetrachtung eingehenden Größen gegeben werden [vgl. Gaßner 94, S. 80 ff.].

Personale Wirtschaftlichkeit:

Kostenerhöhungen durch Einsatz neuer Technologien:

- Löhne und Gehälter der gebundenen Mitarbeiter
- Kosten für externe Beratungsdienste
- Reisekosten und Spesen für die Mitarbeiter
- Akquisition/Einstellung neuer Mitarbeiter mit benötigtem Know-how

Kosteneinsparungen/Umsatzsteigerungen:

- Entfall von Mehrfacherfassungen
- Verringerung von Kontroll- und Routineaufgaben
- Senkung der Personalkosten durch Reduzierung der gebundenen Personalressourcen

Qualitative Aspekte der personalen Wirtschaftlichkeit.

- Steigerung der Mitarbeitermotivation

Organisatorische Wirtschaftlichkeit:

- Kosten für die Anpassung der Aufbau- und Ablauforganisation
- Bewertung der Anpassungsarbeiten in Form von Arbeitsstunden oder Mannjahren. Multipliziert mit den Erfahrungswerten können monetäre Geldeinheiten ermittelt werden.
- Die Bewertung der Leistungseffekte muß mit Hilfe der Nutzwertanalyse durchgeführt werden, da sie überwiegend strategischen Charakter besitzen [vgl. Horváth 88, S. 9].

Technische Wirtschaftlichkeit:

- Materialeinsparung durch elektronische Verarbeitung der Kundenaufträge
- Kosten für Hard- und Software
- Kosten für Installation, Anpassung, Wartung und Betrieb

Kritik an dem Wirtschaftlichkeitsverfahren von Gaßner:

Im folgenden sollen die wesentlichen Kritikpunkte an dem Wirtschaftlichkeitsverfahren von Gaßner dargestellt werden:

- Gaßner beschreibt in seiner dualistischen Mehrebenenbetrachtung sechs Felder, für die getrennt die Wirtschaftlichkeit ermittelt werden soll. Die Wirtschaftlichkeitsverfahren, deren Anwendung in den einzelnen Feldern der 3x2-Matrix möglich wäre, werden nicht benannt.
- Die Zusammenführung der sechs Ergebnisse der verschiedenen Wirtschaftlichkeitsverfahren aus der dualistischen Mehrebenenbetrachtung zu einer Größe wird nicht erläutert. Die sechs Ergebnisse bleiben für sich stehen und werden nicht zueinander in Beziehung gesetzt.
- Für die jeweils möglichen Ergebnisse des Wirtschaftlichkeitsverfahrens aus den sechs Feldern der Matrix werden keine vollständigen Entscheidungsregeln genannt.

Die folgende Tab. 2.14 zeigt die Bewertung des Wirtschaftlichkeitsverfahrens von Gaßner anhand des in Kapitel 2.6.1 aufgestellten Kriterienkataloges:

Kriterium	erfüllt	Wirtschaftlichkeitsverfahren von Gaßner
Allgemeine Kriterien:		
Wirtschaftlichkeitsprinzip	●	Das Wirtschaftlichkeitsprinzip liegt auch dem Wirtschaftlichkeitsverfahren von Gaßner zugrunde.
Umweltdynamik	◐	Die Umweltdynamik in Form einer sich ändernden Wettbewerbssituation und sich ändernden Kundenverhaltens im Betrachtungszeitraum wird teilweise erfaßt.
Szenarien	○	Im Rahmen der Wirtschaftlichkeitsanalyse werden keine unterschiedlichen Umwelt- und Nutzungszustände definiert.
Wirtschaftlichkeitsanalyse anhand Kosten/ Erlösen	●	Die Wirtschaftlichkeitsanalyse wird auf der Basis von Plankosten und -erlösen durchgeführt.
Kriterien für den Bereich elektronische Vertriebswege für Bankleistungen:		
vertriebswege-unabhängig	●	Das Wirtschaftlichkeitsverfahren kann für alle mögliche Formen von neuen elektronischen Vertriebswegen eingesetzt werden.
Branchendynamik/Me-too	○	Die Besonderheiten der Bankbranche aufgrund der starken Dynamik im Bereich der Non- und Near-Banks und Direktbanken sowie die hohe Homogenität der angebotenen Bankleistungen wird nicht berücksichtigt.
Charakteristika Bankleistung	○	Die vier in Kapitel 2.2 dargestellten besonderen Charakteristika der Bankleistung werden im Rahmen des Wirtschaftlichkeitsverfahrens nicht berücksichtigt.
Risikopotentiale	○	Die mit der Einführung eines neuen elektronischen Vertriebsweges verbundenen Risikopotentiale werden nicht erhoben.
Kriterien für den Bereich Kosten:		
Prozeßorientierung	○	Die Kosten werden auf der Basis von Kostenträgern und Kostenstellen ermittelt. Eine Prozeßbetrachtung auf Basis der personellen, technischen oder organisatorischen Sicht wird nicht durchgeführt.
Effektivität/ Nachfrageelastizität	●	Die Effektivität und Nachfrageelastizität wird im Rahmen der Kapazitätsauslegung für den neuen elektronischen und die bestehenden Vertriebswege berücksichtigt.
Einmalige/ laufende Kosten	●	Die nutzungsunabhängigen einmaligen Kosten für die Einführung und laufenden Kosten für die Bereitstellung des neuen elektronischen Vertriebsweges werden erfaßt.
Kriterien für den Bereich Nutzeffekte:		
Erfassung quantitativer Nutzeffekte	●	Die quantitativen Nutzeffekte werden jeweils auf den drei Ebenen Personal, Technik und Organisation erfaßt. Das Wirtschaftlichkeitsverfahren, mit dem die Nutzeffekte erfaßt werden, ist dem jeweiligen Anwendungsfall anzupassen.
Erfassung qualitativer Nutzeffekte	●	Eine Differenzierung zwischen den quantitativen und qualitativen Nutzeffekten und der daraus ableitbaren Nutzenpotentiale und Wirkungsketten wird durchgeführt. Die qualitativen Nutzeffekte werden jeweils auf den drei Ebenen Personal, Technik und Organisation ermittelt.
Einmalige/ laufende Nutzeffekte	◐	Eine Differenzierung zwischen einmaligen und laufenden Nutzeffekten quantitativer und qualitativer Art wird im Rahmen des Wirtschaftlichkeitsverfahrens nur teilweise durchgeführt.

Tab. 2.14: Bewertung des Wirtschaftlichkeitsverfahrens von Gaßner

2.6.2.4 Wirtschaftlichkeitsverfahren Systemwirtschaftlichkeit von Pfeiffer, Weiß und Strubl

Pfeiffer, Weiß und Strubl charakterisieren die Systemwirtschaftlichkeit wie folgt: „Systemwirtschaftlichkeit stellt den ökonomisch bewertenden Vergleich mehrerer, zu einem Entscheidungspunkt gegebener Alternativen dar. Die Systemwirtschaftlichkeitsbetrachtung integriert gleichrangig die sachlichen und wertmäßigen Kosten- und Nutzenwirkungen einer Alternative im direkt und indirekt betroffenen Bereich in den Alternativenbewertungsprozeß und erweitert somit die punktuellen, meist kurzfristig orientierten Bewertungsmechanismen des „konventionellen" Wirtschaftlichkeitsinstrumentariums zu einer ganzheitlichen, tendenziell langfristig orientierten Bewertung des komplexen Konsequenzenzusammenhangs" [Pfeiffer/Weiß/Strubl 94, S. 56].
Dadurch werden nicht nur punktuell in den betroffenen Bereichen die Wirkungen erfaßt, sondern der gesamte Voraussetzungs- und Konsequenzenzusammenhang erhoben. Die Systemwirtschaftlichkeit erzwingt damit folgendes [vgl. Pfeiffer/Weiß/Strubl 94, S. 41 ff.]:

- ... eine Integration von Sach- und Formalzielen:
  Die Konzeption der Systemwirtschaftlichkeit betrachtet die Sach- und Formalziele in Optimierungsprozessen gleichrangig. Hierdurch wird der im Zielsystem der Unternehmung permanenten Wechselwirkung zwischen Sach- und Formalzielen Rechnung getragen.
- ... eine Ausdehnung des sachlichen Betrachtungshorizontes:
  Der Betrachtungshorizont wird ausgehend von der Stellen- und Abteilungsperspektive in Richtung einer ganzheitlichen, problemorientierten und unternehmerischen Sichtweise erweitert. Damit werden neben den negativen Wirkungen einer Maßnahme auch die evtl. auftretenden positiven Wirkungen in einem anderen Bereich des Unternehmens erfaßt. Die ganzheitliche Betrachtungsweise erfordert damit ein Ressortgrenzen überwindendes, prozeßorientiertes Denken in Wirkungszusammenhängen, die interne und externe Systemkonsequenzen einer Maßnahme vollständig erfaßt.
- ... eine Ausdehnung des zeitlichen Betrachtungshorizontes:
  Die zeitliche Betrachtung wird auf der Basis einer integrierten Lebenszyklusbetrachtung ausgeweitet. Damit werden z.B. kurzfristig effiziente, jedoch langfristig ineffiziente Investitionsalternativen erkannt. Gerade innovative technologische Alternativen werden mit den traditionellen Wirtschaftlichkeitsverfahren tendenziell schlechter bewertet.
- ... eine eindeutige Fixierung eines Referenzsystems:
  Die Systemwirtschaftlichkeit wird immer relativ zu einem in der Zukunft definierten Referenzsystem gemessen. Das Referenzsystem stellt eine in der sachlichen und zeitlichen Dimension fixierte Einheit dar. Das Referenzsystem muß so gewählt werden, daß Kosten- und Erlösseite gleichrangig in die Beurteilung einbezogen werden können. Anhand des in der Zukunft liegenden Referenzsystems kann die Wirtschaftlichkeit der Investitionsalternativen bestimmt werden.

Pfeiffer, Weiß und Strubl schreiben: „Zusammenfassend betrachtet die Konzeption der Systemwirtschaftlichkeit gleichermaßen das gesamte Wertschöpfungsnetzwerk wie einzelne Abteilungen oder Stellen und besitzt sowohl einen langfristigen, mittelfristigen und kurzfristigen Entscheidungshorizont. Die Optimierung der Systemwirtschaftlichkeit erfolgt entsprechend dem Managementmodell unter verschiedenen Problemperspektiven der Sach- und Wertebene. Hieraus werden dann operationale Sach- und Formalzielhierarchien abgeleitet, die sowohl zur Alternativengewinnung wie zur Alternativenbewertung und -auswahl beitragen" [Pfeiffer/Weiß/Strubl 94, S. 54].
Die Konzeption der Systemwirtschaftlichkeit ist damit den Verfahren der traditionellen Investitionsrechnung überlegen [vgl. Pfeiffer/Weiß/Strubl 94, S. 56]. Das traditionelle Wirtschaftlichkeitskalkül weist vor allem methodische Mängel hinsichtlich der systematischen und ganzheitlichen Ermittlung der relevanten Einflußgrößen auf und ist demnach nicht in der Lage, innovationsorientierte Entscheidungen adäquat zu unterstützen[36] [vgl. Pfeiffer/Weiß/Strubl 94, S. 7].
In der folgenden Tab. 2.15 werden die Denkprinzipien der für die Systemwirtschaftlichkeit grundlegenden Aktivitäten-Netz-Analyse dargestellt. Diese Denkprinzipien bilden die wesentlichen Grundlagen für die Ermittlung der Systemwirtschaftlichkeit einer Investition oder einer Unternehmensentscheidung.

Prinzip	Aussagen
Prozeß- und Kundenorientierung	• Im Mittelpunkt des Untersuchungsinteresses stehen Prozesse und nicht Strukturen • Bewußte Einbeziehung von Pre- und Postprocessingbereichen in die Betrachtung und Analyse • Pointiert formuliert: „die nächste Aktivität als Kunde betrachten"
Ganzheitlich Integriert Interdisziplinär	• Das Untersuchungsinteresse reicht über die Unternehmensgrenzen hinaus und bezieht das ganze Aktivitätennetz mit ein. • Abteilungs- bzw. Unternehmensgrenzen werden sichtbar und überwindbar. • Denken in Wirkungszusammenhängen bei der Analyse und Diagnose von Schwachstellen, bei der Entwicklung von Lösungsalternativen und bei der Bewertung und Beurteilung der Alternativen • Überwindung von Einseitigkeit und Spezialistentum i.S. einer interdisziplinären Betrachtungsweise
Zeitorientierung	• Die Methodik setzt in allen Phasen eines „Lebenszyklus" an. • Die Methodik verbindet die zeitlichen Aspekte. • Permanenz, d.h. es wird ein permanenter Verbesserungsprozeß („Continuous Improvement", KAIZEN) in Gang gesetzt, der eine maßgebliche Erfolgsdeterminante der lernenden Organisation darstellt. • Vorsteuerung i.S. einer Frühzeitigkeit bzw. Rechtzeitigkeit der Maßnahmen • Beschleunigung bei der Durchführung dieser Prozesse bzw. als Ziel der Gestaltungsmaßnahmen
Systematisch Pragmatisch	• Die Methodik orientiert sich an einem prinzipiellen und systematischen Schema zur schrittweisen Spezifikation bei der Analyse und Diagnose des Einzelfalles. • Sie läßt sich an inhaltlich unterschiedliche Problemstellungen bzgl. Art und Detaillierungsgrad anpassen.

[36] Für eine detaillierte Darstellung der verschiedenen traditionellen Investitionsrechnungsverfahren wird auf die folgende Literatur verwiesen: [vgl. Pfeiffer/Weiß/Strubl 94, S. 25 ff.; vgl. Wöhe 96, S. 748 ff.; vgl. Schneider 92, S. 75 ff.].

Prinzip	Aussagen
Vermeiden von Verschwendung	• Zielkriterium ist die Systemwirtschaftlichkeit. • Ziel ist primär das prinzipielle Vermeiden von Verschwendung und erst in zweiter Linie deren Verminderung.

Tab. 2.15: Denkprinzipien der Aktivitäten-Netz-Analyse [Pfeiffer/Weiß/Strubl 94, S. 70]

Kritik an dem Wirtschaftlichkeitsverfahren von Pfeiffer, Weiß und Strubl:

Im folgenden sollen die wesentlichen Kritikpunkte an dem Wirtschaftlichkeitsverfahren von Pfeiffer, Weiß und Strubl dargestellt werden:

- Die Autoren unterlegen ihrer Systemwirtschaftlichkeit eine lebenszyklusorientierte Betrachtungsweise. Der Lebenszyklus einer Investition ist vielfach zum Investitionszeitpunkt nicht absehbar und unterliegt daher Unsicherheiten, die im Modell jedoch nicht berücksichtigt werden.
- Die Bewertung der Systemwirtschaftlichkeit setzt das Vorhandensein eines Referenzsystems voraus. Anhand des Referenzsystems werden die möglichen Investitionsalternativen bewertet. Sowohl das Referenzsystem als auch die Investitionsalternativen unterliegen bezüglich der Zukunft einer Unsicherheit, die sich beim Vergleich der Alternativen gegenüber dem Referenzsystem addieren oder ausgleichen kann. Weiterhin stellt sich die Frage, warum das Referenzsystem nicht realisiert wird.
- Die Autoren erweitern den Betrachtungshorizont der Systemwirtschaftlichkeit über die Grenzen des Unternehmens hinaus. Für die Ermittlung der Wirtschaftlichkeit eines neuen elektronischen Vertriebsweges für Bankleistungen sind lediglich die innerhalb der Grenzen des eigenen Unternehmens anfallenden Kosten und Nutzeffekte zu erheben.

Die folgende Tab. 2.16 zeigt die Bewertung des Wirtschaftlichkeitsverfahrens von Pfeiffer, Weiß und Strubl anhand des in Kapitel 2.6.1 aufgestellten Kriterienkataloges:

Kriterium	erfüllt	Wirtschaftlichkeitsverfahren Systemwirtschaftlichkeit von Pfeiffer, Weiß und Strubl
Allgemeine Kriterien:		
Wirtschaftlichkeitsprinzip	●	Oberstes Ziel des Wirtschaftlichkeitsverfahrens ist die Ermittlung der Systemwirtschaftlichkeit.
Umweltdynamik	◑	Die Umweltdynamik in Form einer sich ändernden Wettbewerbssituation und sich ändernden Kundenverhaltens im Betrachtungszeitraum wird teilweise erfaßt.
Szenarien	○	Im Rahmen der Systemwirtschaftlichkeit werden keine unterschiedlichen Umwelt- und/oder Nutzungszustände betrachtet.
Wirtschaftlichkeitsanalyse anhand Kosten/ Erlöse	●	Die Wirtschaftlichkeitsanalyse wird auf der Basis von Plankosten und -erlösen durchgeführt.

Kriterium	erfüllt	Wirtschaftlichkeitsverfahren Systemwirtschaftlichkeit von Pfeiffer, Weiß und Strubl
Kriterien für den Bereich elektronische Vertriebswege für Bankleistungen:		
vertriebswege-unabhängig	●	Das Wirtschaftlichkeitsverfahren kann für alle möglichen Formen von neuen elektronischen Vertriebswegen eingesetzt werden.
Branchen-dynamik/Me-too	○	Die Besonderheiten der Bankbranche durch die starke Dynamik im Bereich der Non- und Near-Banks und Direktbanken sowie die hohe Homogenität der angebotenen Bankleistungen wird nicht berücksichtigt.
Charakteristika Bankleistung	○	Die vier in Kapitel 2.2 dargestellten besonderen Charakteristika der Bankleistung werden im Rahmen des Wirtschaftlichkeitsverfahrens nicht berücksichtigt.
Risikopotentiale	◑	Mit der Einführung verbundene Risikopotentiale eines neuen elektronischen Vertriebsweges werden nicht erhoben und im Rahmen des Verfahrens nicht berücksichtigt. Sie werden jedoch aufgrund der umfassenden Betrachtung der Systemwirtschaftlichkeit indirekt in die Bewertung einbezogen.
Kriterien für den Bereich Kosten:		
Prozeßorientierung	●	Die ermittelten Kosten für den Einzel- und Gemeinkostenbereich werden mit Hilfe der Prozeßorientierung (auf Basis von verketteten Aktivitäten bzw. Aktivitäten-Netzwerk-Analyse) ganzheitlich erfaßt.
Effektivität/ Nachfrage-elastizität	●	Die Effektivität und Nachfrageelastizität wird im Rahmen der Kapazitätsauslegung für den neuen elektronischen und die bestehenden Vertriebswege berücksichtigt.
Einmalige/ laufende Kosten	●	Die nutzungsunabhängigen einmaligen Kosten für die Einführung und die laufenden Kosten für die Bereitstellung des neuen elektronischen Vertriebsweges werden erfaßt.
Kriterien für den Bereich Nutzeffekte:		
Erfassung quantitativer Nutzeffekte	●	Die quantitativen Nutzeffekte werden im Rahmen der Aktivitäten-Netzwerk-Analyse umfassend erfaßt.
Erfassung qualitativer Nutzeffekte	●	Neben den quantitativen Nutzeffekten werden im Rahmen der Systemwirtschaftlichkeit auch die qualitativen Nutzeffekte ermittelt und im Rahmen der Systemwirtschaftlichkeit betrachtet. Die qualitativen Nutzeffekte werden bewertend dargestellt.
Einmalige/ laufende Nutzeffekte	●	Auf der Basis der lebenszyklusorientierten Betrachtungsweise werden alle anfallenden einmaligen und laufenden Nutzeffekte erfaßt.

Tab. 2.16: Bewertung des Wirtschaftlichkeitsverfahrens von Pfeiffer, Weiß und Strubl

2.6.2.5 Zusammenfassende Darstellung der Ergebnisse

Im folgenden werden die Ergebnisse der Analyse der vier Wirtschaftlichkeitsverfahren von Horváth und Mayer [vgl. Kapitel 2.6.2.1], Picot und Reichwald [vgl. Kapitel 2.6.2.2], Gaßner [vgl. Kapitel 2.6.2.3] sowie Pfeiffer, Weiß und Strubl [vgl. Kapitel 2.6.2.4] zusammenfassend dargestellt. Die Ergebnisse in Tab. 2.17 zeigen, daß keines der untersuchten Wirtschaftlichkeitsverfahren den im Rahmen des Kapitels 2.6.1 definierten Kriterienkatalog vollständig erfüllt.

Anforderungs-kriterien	**Wirtschaftlichkeitsverfahren von Horváth und Mayer**	**Wirtschaftlichkeitsverfahren von Picot und Reichwald**	**Wirtschaftlichkeitsverfahren von Gaßner**	**Wirtschaftlichkeitsverfahren von Pfeiffer, Weiß und Strubl**
Allgemeine Kriterien:				
Wirtschaftlichkeits-prinzip	●	●	●	●
Umweltdynamik	○	○	◑	◑
Szenarien	●	○	○	○
Wirtschaftlichkeits-analyse durch Kosten/Erlöse	●	○	●	●
Kriterien für den Bereich elektronische Vertriebswege für Bankleistungen:				
vertriebswegeunab-hängig	●	●	●	●
Branchendynamik/Me-too	○	○	○	○
Charakteristika Bank-leistung	○	○	○	○
Risikopotentiale	○	◑	○	◑
Kriterien für den Bereich Kosten:				
Prozeßorientierung	●	○	○	●
Effektivität/Nach-frageelastizität	◑	○	●	●
Einmalige/laufende Kosten	●	○	●	●
Kriterien für den Bereich Nutzeffekte:				
Erfassung quantita-tiver Nutzeffekte	●	◑	●	●
Erfassung qualitativer Nutzeffekte	◑	●	●	●
Einmalige/laufende Nutzeffekte	◑	○	◑	●

Tab. 2.17: Zusammenfassende Darstellung der Ergebnisse der vier anhand des Kriterienkataloges bewerteten Wirtschaftlichkeitsverfahren

Aus der obigen zusammenfassenden Darstellung der Ergebnisse leitet sich die Notwendigkeit zur Entwicklung eines eigenständigen Vorgehensmodells zur Durchführung der szenariogestützten Wirtschaftlichkeitsanalyse neuer elektronischer Bankvertriebswege ab. Eine Adaption eines der vorgestellten Wirtschaftlichkeitsverfahren wurde aus den folgenden Gründen verworfen:

- Keines der untersuchten Wirtschaftlichkeitsverfahren berücksichtigt die besonderen Charakteristika der Bankleistung.
- Die Adaption eines bestehenden Wirtschaftlichkeitsverfahrens in Richtung eines allgemeinen Vorgehensmodells zur Ermittlung der Wirtschaftlichkeit neuer elektronischer Vertriebswege wäre aufgrund der in der Literatur unzu-

reichend detaillierten Beschreibung nicht möglich gewesen. Die zugrundeliegenden Überlegungen des jeweiligen Wirtschaftlichkeitsverfahrens werden von den Autoren in der Literatur nicht ausreichend dargelegt. Ohne diese Informationen ist es unmöglich, bei tiefgreifenden Änderungen des Wirtschaftlichkeitsverfahrens die Konsistenz des neu entstehenden Verfahrens sicherzustellen.

- Keines der untersuchten Wirtschaftlichkeitsverfahren schließt explizit die bei Banken in der letzten Zeit ansteigende Umwelt- und Branchendynamik in die Betrachtung mit ein.

In Teil B dieser Arbeit wird das im Rahmen dieser Arbeit zu definierende Vorgehensmodell zuerst im Überblick und dann im Detail dargestellt. Teil C zeigt dann anhand eines Fallbeispiels die praktische Anwendung des Vorgehensmodells und die Ergebnisse der szenariogestützten Wirtschaftlichkeitsanalyse.

Teil B - Vorgehensmodell für die szenariogestützte Wirtschaftlichkeitsanalyse neuer elektronischer Bankvertriebswege

3 Die vier Schritte des Vorgehensmodells

Das Vorgehensmodell zur Durchführung der szenariogestützten Wirtschaftlichkeitsanalyse besteht aus vier Schritten. Kapitel 3.1 gibt einen Überblick über die vier Schritte des Vorgehensmodells. Die vier Schritte werden im Detail in den Kapiteln 3.2 bis 3.5 dargestellt. In Kapitel 3.2 wird Schritt 1: Grundlagen für die Schritte 2 bis 4 definiert. Kapitel 3.3 beschreibt Schritt 2, die Ermittlung der Kosten beim Vertrieb der Bankleistung über die bestehenden und den neuen elektronischen Vertriebsweg. In Kapitel 3.4 wird Schritt 3 dargestellt, bei dem die quantitativen und qualitativen Nutzeffekte des neuen elektronischen und der bestehenden Vertriebswege ermittelt werden. Kapitel 3.5 beschreibt Schritt 4, der die Grundlagen aus Schritt 1 und die Ergebnisse aus Schritt 2 und 3 zu einer szenariogestützten Wirtschaftlichkeitsanalyse zusammenführt. Resultat dieser szenariogestützten Wirtschaftlichkeitsanalyse sind die Ergebnisse der drei Szenarien «wahrscheinlich», «pessimistisch» und «optimistisch». In Kapitel 3.6 wird die Erfüllung der allgemeinen und der in Kapitel 2.5 aufgestellten speziellen Anforderungen an eine Wirtschaftlichkeitsanalyse für neue elektronische Bankvertriebswege überprüft und gezeigt, daß diese Anforderungen durch das vorliegende Vorgehensmodell zur Durchführung einer szenariogestützten Wirtschaftlichkeitsanalyse erfüllt werden.

3.1 Überblick über die Schritte des Vorgehensmodells

Aus den in Kapitel 2.5 aufgestellten Anforderungen für ein Wirtschaftlichkeitsverfahren für neue elektronische Bankvertriebswege und dem in Kapitel 2.6 durchgeführten Vergleich bereits existierender Wirtschaftlichkeitsverfahren wurde die Notwendigkeit für ein neues den Anforderungen angepaßtes Vorgehensmodell zur Durchführung einer szenariogestützten Wirtschaftlichkeitsanalyse abgeleitet. Dieses hier entwickelte Vorgehensmodell besteht aus vier Hauptschritten, die jeweils aus drei Teilschritten bestehen. Das Vorgehensmodell wird umschlossen von einer Prüfung, ob die wesentlichen Annahmen der szenariogestützten Wirtschaftlichkeitsanalyse noch gültig sind. Falls sich eine Änderung seit der letzten Durchführung der szenariogestützten Wirtschaftlichkeitsanalyse ergeben hat, sollte diese auf der Basis der geänderten Daten erneut durchgeführt werden. Hierzu sind alle vier Schritte erneut zu durchlaufen, da die einzelnen Schritte untereinander starke Interdependenzen aufweisen. Der Ablauf der szenariogestützten Wirtschaftlichkeitsanalyse und die vier Hauptschritte des Vorgehensmodells sind in der Abb. 3.1 dargestellt.

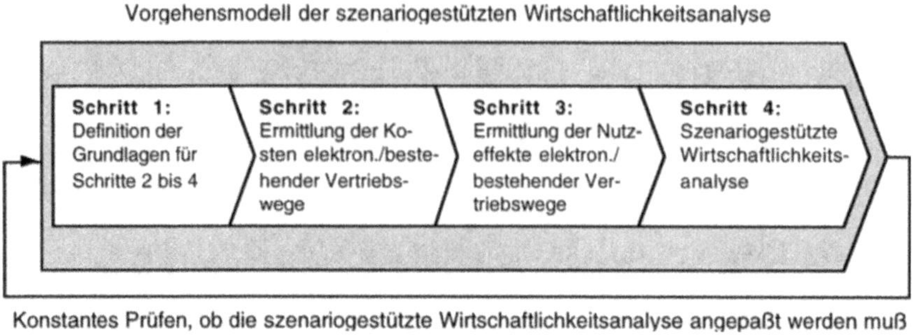

Abb. 3.1: Gesamtablauf des Vorgehensmodells zur Durchführung der szenariogestützten Wirtschaftlichkeitsanalyse neuer elektronischer Vertriebswege

Schritt 1: Im ersten Schritt werden die Grundlagen für die Schritte 2 bis 4 des Vorgehensmodells definiert. Dies besteht insbesondere in der Definition des neuen elektronischen Vertriebsweges, der darüber angebotenen Bankleistungen und deren Nutzung durch die Kunden. Weiterhin dient er der Aufstellung einer Nutzungs-, Verflochtenheits-, Mehrnutzungs-, Gesamtinanspruchnahme- und Substitutionsmatrix der angebotenen Bankleistungen, der Identifikation von Haupteinflußparametern und darauf aufbauend der Definition von drei Umwelt- und Nutzungsszenarien des neuen elektronischen Vertriebsweges. Alle folgenden Schritte nutzen die Ergebnisse aus Schritt 1 als Grundlage für das weitere Vorgehen.

Schritt 2: Im zweiten Schritt werden die Standardeinzel- und Prozeßkosten für die Erstellung und den Vertrieb der Bankleistungen über den neuen elektronischen Vertriebsweg und die Standardeinzelkosten für die bestehenden Vertriebswege ermittelt. Die Ermittlung der Standardeinzelkosten wird mit Hilfe der prozeßorientierten Standardeinzelkostenrechnung, die der Prozeßkosten mit Hilfe der Prozeßkostenrechnung durchgeführt. Dabei werden Standardeinzel- und Prozeßkosten auf Basis von Planzahlen ermittelt. Der Ermittlung werden dabei Teilkosteninformationen zugrunde gelegt [vgl. Schmitt 93, S. 184]. Es werden Werte der Kosten- und Leistungsrechnung und nicht die aus dem Rechnungswesen der Bank zur Ermittlung der Kosten und Nutzeffekte verwendet. Die durch das Rechnungswesen bereitgestellten Werte für Aufwand und Ertrag sind vergangenheitsorientiert und daher nicht verwendbar. Kosten und Erlöse auf Basis der Plankostenrechnung antizipieren zukünftige Entwicklungen und sind daher für die Wirtschaftlichkeitsanalyse zukünftiger Investitionsalternativen geeignet..

Schritt 3: Im dritten Schritt werden die quantitativen Nutzeffekte des neuen elektronischen Bankvertriebsweges und der bestehenden Vertriebswege der Bank ermittelt. Die quantitativen Nutzeffekte werden in Geldeinheiten bewertet und in die Ermittlung der szenariogestützten

Wirtschaftlichkeit einbezogen. Die ermittelten qualitativen Nutzeffekte und die daraus abgeleiteten Nutzenpotentiale und Wirkungsketten dienen dem besseren Verständnis der Auswirkungen des neuen elektronischen Vertriebsweges für Bankleistungen.

Schritt 4: Der vierte Schritt dient der Ermittlung der einmaligen und laufenden nutzungsunabhängigen Kosten für Bereitstellung und Betrieb des neuen elektronischen Vertriebsweges. Weiterhin werden die einmaligen und laufenden kundenspezifischen, nutzungsunabhängigen Kosten erfaßt, denn ein Vertriebsweg für Bankleistungen kann langfristig nur erfolgreich sein, wenn alle mit ihm in Zusammenhang stehenden Kosten gedeckt werden [vgl. Schmitt 93, S. 183 f.; Schildbach 93, S. 354 ff.]. Entscheidungen über Preispolitik, Produktinnovation, -variation, -elimination und Absatzstruktur, die zu den wichtigsten Entscheidungen der Unternehmensführung gehören, sind langfristiger Natur und müssen daher auf der Basis von Vollkosten getroffen werden [vgl. Schmitt 93, S. 184; vgl. Kilhey 87, S. 110 f.]. Weiterhin werden die im Schritt 1 für alle Schritte festgelegten Grundlagen und die Ergebnisse der Schritte 2 und 3 zu einer szenariogestützten Wirtschaftlichkeitsanalyse zusammengeführt.

Die im Rahmen der vier Schritte des Vorgehensmodells ermittelten Ergebnisse, deren Abhängigkeit untereinander und deren Verwendung in weiteren Schritten des Vorgehensmodells werden in Abb. 3.2 dargestellt.

Die szenariogestützte Wirtschaftlichkeitsanalyse bietet als Ergebnis eine Aussage über den wirtschaftlichen Einsatz eines neuen elektronischen Bankvertriebsweges unter Berücksichtigung von drei Umwelt- und Nutzungsszenarien. Berücksichtigt wird dabei insbesondere die Substitutionswirkung bzw. der Kannibalisierungseffekt des neuen elektronischen Vertriebsweges auf bereits bestehende Vertriebswege.

Mit Hilfe dieses Vorgehensmodells können somit alternative, neue elektronische Vertriebswege, wie z.B. Online-Banking über Internet/WWW, AOL oder Microsoft Network, unter Berücksichtigung von Umwelt- und Nutzungsszenarien auf ihre Wirtschaftlichkeit hin untersucht werden. Somit können strategische Investitionsentscheidungen für den Vertriebswegemix durch detaillierte Informationen über deren wirtschaftlichen Einsatz unterstützt bzw. innerhalb einer vorhandenen Liste von Investitionsalternativen priorisiert werden. Das Vorgehensmodell sollte daher bei jeder Investitionsentscheidung in neue elektronische Bankvertriebswege angewendet werden, um die wirtschaftlichen Auswirkungen im Rahmen einer szenariogestützten Variationsbreite beurteilen zu können.

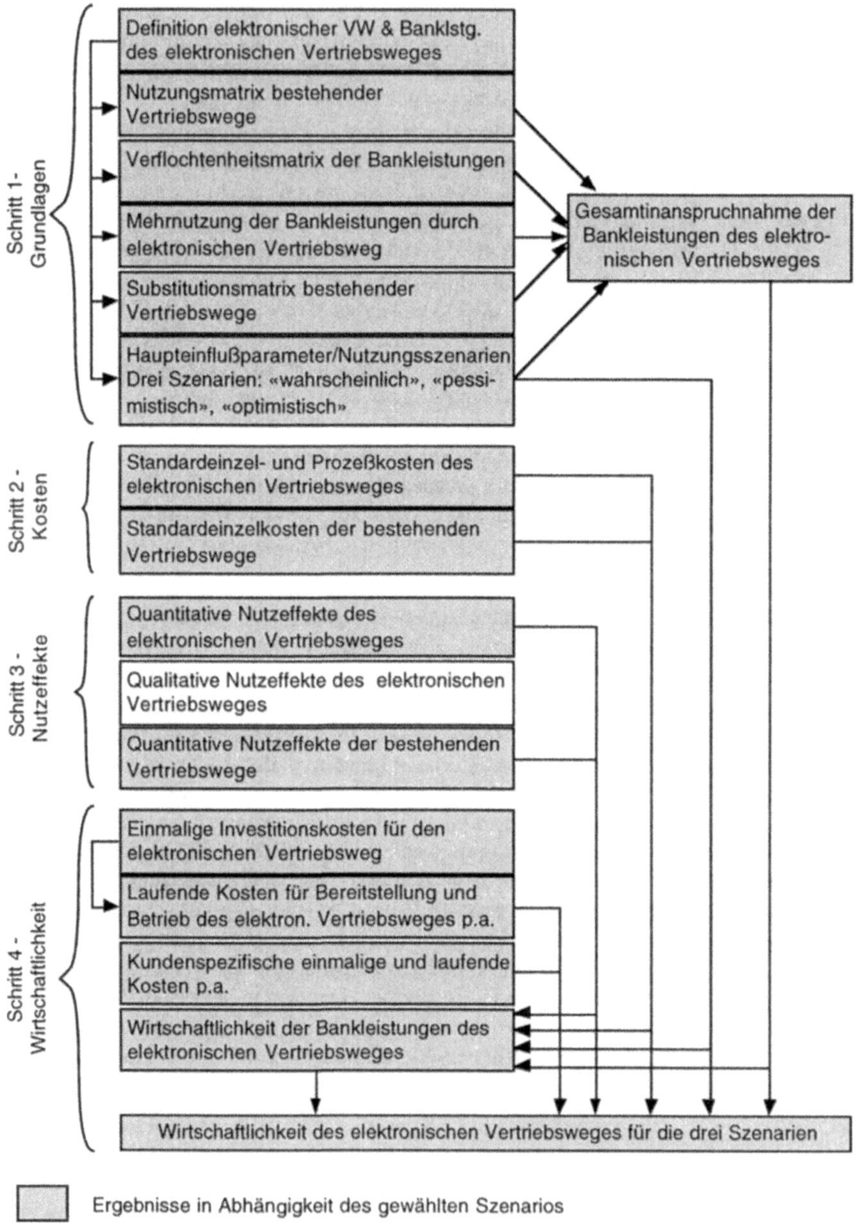

Abb. 3.2: Ablaufschema und Abhängigkeiten des Vorgehensmodells zur Ermittlung der szenariogestützten Wirtschaftlichkeit elektronischer Vertriebswege

Die folgende Abb. 3.3 zeigt die vier Hauptschritte des Vorgehensmodells und die zu den jeweiligen Hauptschritten zugehörigen drei Teilschritte im Überblick.

Schritt 1: Definition der Grundlagen für Schritte 2 bis 4	Schritt 2: Ermittlung der Kosten elektron./bestehender Vertriebswege	Schritt 3: Ermittlung der Nutzeffekte elektron./ bestehender Vertriebswege	Schritt 4: Szenariogestützte Wirtschaftlichkeitsanalyse
Schritt 1-1: Definition des neuen elektronischen Vertriebsweges mit den angebotenen Bankleistungen und dessen Nutzung durch die Kunden	**Schritt 2-1:** Ermittlung der prozeßorientierten Standardeinzel- und Prozeßkosten der Bankleistungen auf dem neuen elektronischen Vertriebsweg	**Schritt 3-1:** Ermittlung der qualitativen und quantitativen Nutzeffekte, Nutzenpotentiale und Wirkungsketten des neuen elektron. Vertriebsweges	**Schritt 4-1:** Berechnung der einmaligen und laufenden Kosten des neuen elektr. Vertriebsweges und der kundenspezifischen nutzungsunabh. einmaligen und laufenden Kosten
Schritt 1-2: Aufstellung Nutzungs-, Verflochtenheits-, Mehrnutzungs-, Gesamtinanspruchnahme- und Substitutionsmatrix	**Schritt 2-2:** Ermittlung der prozeßorientierten Standardeinzelkosten der substituierten Bankleistungen auf den bestehenden Vertriebswegen	**Schritt 3-2:** Ermittlung der quantitativen Nutzeffekte der bestehenden Vertriebswege	**Schritt 4-2:** Berechnung Wirtschaftlichkeit pro Vertriebsweg, Bankleistung und Szenario
Schritt 1-3: Identifikation der wesentlichen Haupteinflußparameter und Definition von drei Nutzungs- und Umweltszenarien	**Schritt 2-3:** Berechnung des Kostendeltas für Bankleistungen auf dem neuen elektronischen zu den bestehenden Vertriebswegen	**Schritt 3-3:** Berechnung des Nutzendeltas für Bankleistungen auf dem neuen elektronischen zu den bestehenden Vertriebswegen	**Schritt 4-3:** Berechnung der szenariogestützten Wirtschaftlichkeit für den neuen elektronischen Vertriebsweg

Abb. 3.3: Gesamtablauf und Teilschritte des Vorgehensmodells zur Durchführung der szenariogestützten Wirtschaftlichkeitsanalyse von neuen elektronischen Vertriebswegen

3.2 Schritt 1: Definition der Grundlagen für die Schritte 2 bis 4

Der erste Schritt legt die Grundlagen für die Durchführung der szenariogestützten Wirtschaftlichkeitsanalyse des neuen elektronischen Vertriebsweges. Dabei wird in Schritt 1-1 der neue elektronische Vertriebsweg mit den darüber angebotenen Bankleistungen definiert. In Schritt 1-2 wird für den neuen elektronischen Vertriebsweg eine Nutzungs-, Verflochtenheits-, Mehrnutzungs-, Gesamtinanspruchnahme- und Substitutionsmatrix aufgestellt. Im Schritt 1-3 werden dann für den neuen elektronischen Vertriebsweg und die Bank drei Nutzungs- und Umweltszenarien definiert. Schritt 1-1, 1-2 und 1-3 werden in den weiteren Schritten der szenariogestützten Wirtschaftlichkeitsanalyse als Grundlagen herangezogen. In Abb. 3.4 sind die drei Teilschritte von Schritt 1 in einer Übersicht dargestellt.

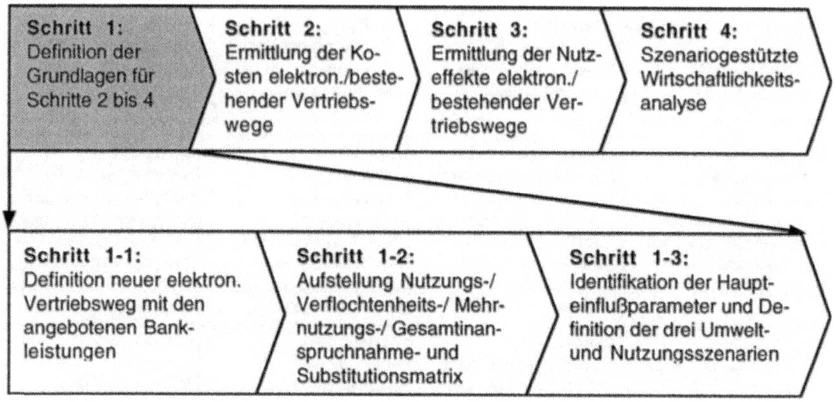

Abb. 3.4: Schritt 1 des Vorgehensmodells: Definition der Grundlagen für Schritte 2 bis 4

3.2.1 Schritt 1-1: Definition des neuen Vertriebsweges und der darüber angebotenen Bankleistungen

In einem ersten Schritt muß der neue elektronische Vertriebsweg für Bankleistungen definiert werden. Darauf aufbauend müssen die über den neuen Vertriebsweg zu vertreibenden Bankleistungen festgelegt werden.
Diese Definition beinhaltet die folgenden Bestandteile:

- Definition des neuen elektronischen Vertriebsweges mit seinen charakteristischen Merkmalen [vgl. Kreuzer 96, S. 22 ff.]:
    - Vollständige Aufzählung und Beschreibung der von der Bank über diesen neuen elektronischen Vertriebsweg angebotenen Bankleistungen, die im Rahmen des Vorgehensmodells der szenariogestützten Wirtschaftlichkeitsanalyse einbezogen werden sollen. Die folgende Tab. 3.1 zeigt beispielhaft eine solche Aufstellung der angebotenen Bankleistungen.
    - Art des Vertriebs (Vertrieb über kommerziellen Online-Dienst, Internet/WWW, SB-Automaten, Telefon usw.)
    - Eingesetzte organisatorische, personelle und technische Mittel zur Bereitstellung des neuen elektronischen Vertriebsweges
    - Benötigte organisatorische, personelle und technische Mittel zum Betrieb des neuen elektronischen Vertriebsweges
    - Beschreibung der einzelnen Prozesse, die für die Bereitstellung und Abwicklung der über diesen neuen elektronischen Vertriebsweg angebotenen Bankleistungen notwendig sind
    - Welche Vertriebskonzepte sollen über den angebotenen neuen elektronischen Vertriebsweg eingesetzt werden? [vgl. Kreuzer 96, S. 19 ff.]. Der Einsatz elektronischer Vertriebswege ist grundsätzlich mit drei Vertriebskonzepten möglich [vgl. Kreuzer 96, S. 19 f.]:

- **Kundenselbstbedienung** - Der Kunde initiiert, steuert und schließt eine Bankleistung durch technische Hilfsmittel ohne Mitwirkung eines Bankmitarbeiters ab [vgl. Rodewald 95, S. 539].
- **passiver semipersönlicher Vertrieb** - Der Kunde hat die Möglichkeit neben der reinen Datenübertragung auf Basis der technischen Hilfsmittel direkt mit einem Bankmitarbeiter zu kommunizieren [vgl. Kreuzer 96, S. 20].
- **elektronisches Direktmarketing** - Direkte Ansprache des Kunden unter Zuhilfenahme elektronischer Vertriebswege [vgl. Kreuzer 96, S. 20 f.].

- Festlegung des Betrachtungszeitraumes, für den die szenariogestützte Wirtschaftlichkeitsanalyse des neuen elektronischen Vertriebsweges durchgeführt werden soll. Werden mehrere mögliche neue elektronische Vertriebswege auf deren Wirtschaftlichkeit gleichzeitig untersucht, so muß jeweils der gleiche Betrachtungszeitraum, der gleiche Investitionszeitpunkt und der gleiche Kalkulationszinsfuß unterstellt werden.

Vertriebsweg: SB-Automat

Bankleistungs-kategorie	Bankleistung	Beschreibung
Kontokorrent	Überweisung aufgeben	• Autorisierung des Kunden durch die ec-Karte und die Eingabe der vierstelligen PIN-Nummer • Eingabe der Überweisungsdaten und Freigabe der Überweisung am SB-Automaten durch den Kunden. • Elektronische Weiterleitung der Überweisung an die betreffende Clearingstelle zum Austausch der Überweisungsdaten und Ausgleich der Buchsalden
Kontokorrent	Bestellung ec-Schecks	• Autorisierung des Kunden durch die ec-Karte und die Eingabe der vierstelligen PIN-Nummer • Bestellung der ec-Schecks zur Versendung an die bei der Bank gespeicherten Adresse des Kunden • Erstellung eines Protokolls der bestellten ec-Scheck Formulare und Bearbeitung in der zentralen Kontoverwaltung • Versand der ec-Schecks an den Kunden
...	...	...

Tab. 3.1: Beschreibung der über den Vertriebsweg SB-Automat angebotenen Bankleistungen

Diese Aufstellung dient als Grundlage für die Schritte 2 und 3 des Vorgehensmodells zur Ermittlung der Standardeinzel- und Prozeßkosten sowie der Nutzeffekte für den neuen elektronischen und die bestehenden Vertriebswege.

Die Übersicht in Tab. 3.2 zeigt die auf dem neuen elektronischen Vertriebsweg angebotenen Bankleistungen und deren Vertrieb über die bereits bestehenden Vertriebswege der Bank. Die exklusiv angebotenen Bankleistungen werden beginnend mit A und die ergänzend zu bestehenden Vertriebswegen angebotenen Bankleistungen beginnend mit A* durchbuchstabiert. Die Anzahl der exklusiv angebotenen Bankleistungen ist n und die der ergänzend angebotenen Bankleistungen n*. Die

Gesamtzahl der auf dem neuen elektronischen Vertriebsweg angebotenen Bankleistungen ergibt sich als Summe von n und n*.

Bankleistung / Vertriebsweg	exklusiv auf dem neuen elektronischen Vertriebsweg angebotene Bankleistungen			ergänzend zu bestehenden Vertriebswegen auf dem neuen elektronischen Vertriebsweg angebotene Bankleistungen		
	Bankleistung A	...	Bankleistung n	Bankleistung A*	...	Bankleistung n*
Elektronischer VW	JA	...	JA	JA	...	JA
Bestehender VW 1	NEIN	...	NEIN	JA	...	JA
Bestehender VW 2	NEIN	...	NEIN	JA	...	NEIN
:	:	...	:	:	...	:
Bestehender VW v	NEIN	...	NEIN	NEIN	...	JA

Tab. 3.2: Übersicht über die Bankleistung/Vertriebswegekombination der auf dem neuen elektronischen Vertriebsweg angebotenen Bankleistungen

3.2.2 Schritt 1-2: Definition der Nutzung und der Auswirkungen des neuen elektronischen Vertriebsweges auf bestehende Vertriebswege

Die durchschnittliche Anzahl der Kunden, die den neuen elektronischen Vertriebsweg nutzen werden, hat einen wesentlichen Einfluß auf dessen Wirtschaftlichkeit. Zur Ermittlung der möglichen Nutzerzahlen muß daher die Verfügbarkeit der technischen Voraussetzungen zur Nutzung des neuen elektronischen Vertriebsweges im Privatbereich oder im Lebens- und Erlebnisumfeld des Kunden untersucht werden. Ein weiterer wesentlicher Einflußfaktor auf die Nutzung sind die mit der Nutzung des neuen elektronischen Vertriebsweges für den Kunden anfallenden einmaligen und laufenden Kosten. Gleichzeitig müssen technische und organisatorische Beschränkungen in die Betrachtung mit einbezogen werden. So wird die Erreichbarkeit eines SB-Automaten entscheidend vom gewählten Standort bestimmt. Wird er an einer hochfrequentierten Stelle in der Stadtmitte aufgestellt, so können damit viele Bankkunden angesprochen werden. Wird er hingegen in einer Filiale aufgestellt, so ist die Erreichbarkeit stark eingeschränkt[37].

Szenario / Jahr des Betrachtungszeitraumes	«wahrscheinliches» Szenario [Nutzer]	«pessimistisches» Szenario [Nutzer]	«optimistisches» Szenario [Nutzer]
Jahr 1	KDE(1,w)	KDE(1,p)	KDE(1,o)
Jahr 2	KDE(2,w)	KDE(2,p)	KDE(2,o)
:	:	:	:
Jahr m	KDE(m,w)	KDE(m,p)	KDE(m,o)

[37] Nach einer Prognose werden im Jahr 2006 30% - 50% der Geldausgabeautomaten außerhalb der Bankfiliale aufgestellt sein [vgl. Kreuzer 96, S. 104].

Legende:	
KDE(m,w)	Durchschnittliche Anzahl der Nutzer des neuen elektronischen Vertriebsweges für das Jahr m des Betrachtungszeitraumes unter Berücksichtigung des w=«wahrscheinlichen» Szenarios

Tab. 3.3: Durchschnittliche Anzahl der Nutzer des neuen elektronischen Vertriebsweges pro Jahr des Betrachtungszeitraumes

Beim Vertriebsweg Internet/WWW hingegen ist z.B. die Durchdringung der deutschen Haushalte mit onlinefähigen PCs und Anschlüssen zum Internet bzw. zu kommerziellen Online-Diensten entscheidend.

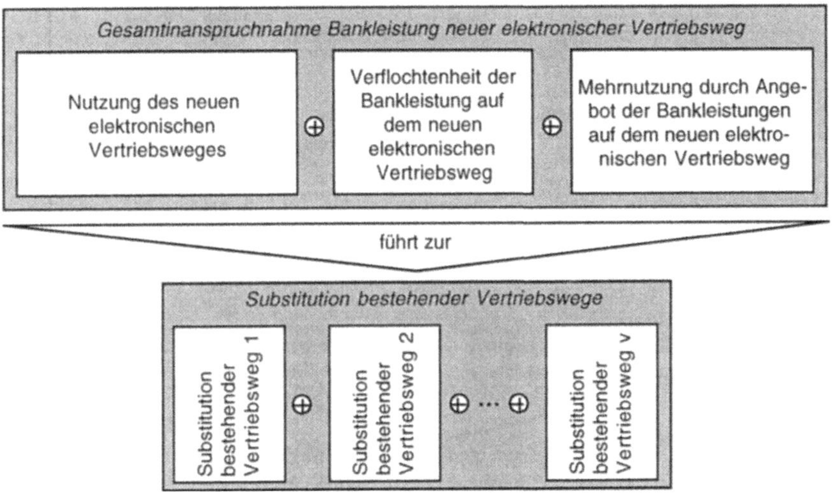

Abb. 3.5: Zusammensetzung der Gesamtinanspruchnahme einer Bankleistung auf dem neuen elektronischen Vertriebsweg und deren Substitutionswirkung

Tab. 3.3 zeigt die durchschnittliche Anzahl der Bankkunden, die den neuen elektronischen Vertriebsweg im jeweiligen Jahr des Betrachtungszeitraumes unter Berücksichtigung des Szenarios nutzen werden. In der Legende zur Tabelle wird jeweils die Bedeutung der neu eingeführten Variablen erklärt. Der Anfang der Arbeit enthält eine zusammenfassende Darstellung der verwendeten Variablen.

Im Rahmen der Betrachtung der Nutzung und Auswirkungen sind grundsätzlich zwei Fälle zu unterscheiden. Im einen Fall werden die Bankleistungen exklusiv über den neuen elektronischen Vertriebsweg angeboten und im anderen Fall werden sie zusätzlich zu den bereits bestehenden Vertriebswegen auf dem neuen elektronischen Vertriebsweg angeboten. Für beide Fälle sind eine Nutzungs-, Mehrnutzungs- und Verflochtenheitsmatrix und eine Matrix mit der Gesamtinanspruchnahme (GI) zu erstellen. Bei der Aufstellung der Matrizen sollten für die Inanspruchnahme Durchschnittswerte gleicher oder ähnlicher Bankleistungen über bestehende elektronische oder der mit dem neuen elektronischen Vertriebsweg angesprochenen Zielgruppe adäquate Vertriebswege verwendet werden. Im Falle des zusätzlichen Angebotes auf dem neuen elektronischen Vertriebsweg muß zusätzlich noch eine Mehrnutzungs- und Substitutionsmatrix erstellt werden. Die Abb. 3.5 stellt die Zusammensetzung der Gesamtinanspruchnahme des neuen elektronischen Vertriebsweges und dessen Substitutionswirkung auf die bestehenden Vertriebswege dar.

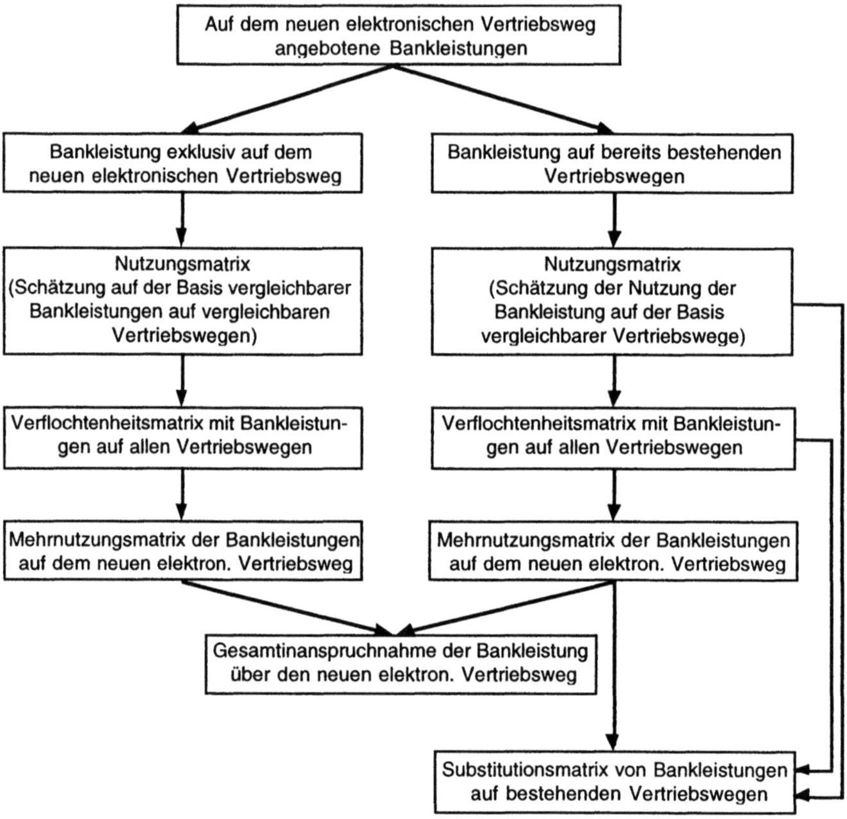

Abb. 3.6: Differenzierung der über den neuen elektronischen Vertriebsweg angebotenen Bankleistungen nach exklusiv und ergänzend

Die Abb. 3.6 zeigt die beiden Fälle des exklusiven bzw. ergänzenden Angebotes von Bankleistungen und die aufzustellenden Matrizen für die szenariogestützte Wirtschaftlichkeitsanalyse. Im ersten Schritt erfaßt die Nutzungsmatrix die Inanspruchnahme jeder Bankleistung über den neuen elektronischen Vertriebsweg. Dies erfolgt im einen Fall auf der Basis von Nutzungszahlen vergleichbarer Bankleistungen auf ähnlichen Vertriebswegen. Liegen hierzu keine Zahlen vor oder gibt es keine gleichwertigen Bankleistungen oder Vertriebswege, so müssen die Nutzungszahlen geschätzt werden.

In einem zweiten Schritt muß die Verflochtenheitsmatrix aufgestellt werden. Diese Matrix erfaßt die instituts- oder kundenbezogene Verflochtenheit unterschiedlicher Bankleistungen untereinander.
Im dritten Schritt wird die Mehrnutzungsmatrix erstellt, die die Mehrnutzung bestimmter Bankleistungen durch die Bereitstellung auf dem neuen elektronischen Vertriebsweg erfaßt. Dies können z.B. die Mehrnutzung durch die einfache Erreichbarkeit des neuen elektronischen Vertriebsweges sein. Z.B. verringerte sich durch die Aufstellung von Geldausgabeautomaten (GAA) der durchschnittliche Abhebungsbetrag von 1.000 DM bis 1.500 DM an der Kasse auf 350 DM bis 400 DM am GAA, da Geldautomaten nahezu überall und 24 Stunden verfügbar sind [vgl. Fotschki/Stockmann 94, S. 30]. Diese Effekte müssen innerhalb der Mehrnutzungsmatrix für jede Bankleistung und jedes Jahr des Betrachtungszeitraumes des neuen elektronischen Vertriebsweges erfaßt werden.
Durch die Zusammenführung dieser drei Matrizen kann dann in einem vierten Schritt die Gesamtinanspruchnahme der einzelnen Bankleistungen auf dem neuen elektronischen Vertriebsweg ermittelt werden. Die Gesamtinanspruchnahme der einzelnen in den folgenden beiden Matrizen definierten Bankleistungen ist von den im nächsten Schritt des Vorgehensmodells aufgestellten Szenarien unabhängig.
Die fünf oben genannten Matrizen müssen im Rahmen der Wirtschaftlichkeitsanalyse in diesem zweiten Teilschritt des ersten Hauptschrittes definiert werden. Zur Darstellung der ersten beiden oben genannten Auswirkungen muß die folgende in Tab. 3.4 dargestellte Matrix aufgestellt werden. Die Inanspruchnahme ergibt sich als Mittelwert der Nutzung aller Kunden, die über den neuen elektronischen Vertriebsweg Bankleistungen in Anspruch nehmen. Diese Matrix muß für *jedes Jahr* des Betrachtungszeitraumes der szenariogestützten Wirtschaftlichkeitsanalyse erstellt werden.

Nutzungsmatrix für exklusiv und bereits auf bestehenden Vertriebswegen angebotene Bankleistungen

Als erstes müssen die exklusiv und ergänzend zu bestehenden Vertriebswegen angebotenen Bankleistungen erfaßt werden. Dabei wird die Nutzung jeder Bankleistung für jedes Jahr des Betrachtungszeitraumes separat erfaßt. Auf der Basis der in Tab. 3.4 dargestellten Matrix sollten die benötigten Werte erfaßt werden.

Jahr des Betrachtungszeitraumes **Bankleistungen des neuen elektron. VW**	**Jahr 1** [Transaktionen]	**Jahr 2** [Transaktionen]	...	**Jahr m** [Transaktionen]
Exklusiv über den neuen elektronischen Vertriebsweg angebotene Bankleistungen:				
Bankleistung A	IN(A,1)	IN(A,2)	...	IN(A,m)
Bankleistung B	IN(B,1)	IN(B,2)	...	IN(B,m)
:	:	:	...	:
Bankleistung n	IN(n,1)	IN(n,2)	...	IN(n,m)
Ergänzend zu bestehenden Vertriebswegen angebotene Bankleistungen:				
Bankleistung A*	IN(A*,1)	IN(A*,2)	...	IN(A*,m)
:	:	:	...	:
Bankleistung n*	IN(n*,1)	IN(n*,2)	...	IN(n*,m)

Legende:	
IN(n,m) IN(n*,m)	Durchschnittliche Inanspruchnahme der exklusiv bzw. ergänzend zu den bestehenden Vertriebswegen auf dem neuen elektronischen Vertriebsweg angebotenen Bankleistung n bzw. n* für das Jahr m des Betrachtungszeitraumes pro Nutzer

Tab. 3.4: Nutzung von Bankleistungen, die exklusiv oder ergänzend auf dem neuen elektronischen Vertriebsweg angeboten werden

Die Genauigkeit der in dieser Matrix enthaltenen Werte hat durch ihre große Hebelwirkung einen wesentlichen Einfluß auf die später durchgeführten szenariogestützten Wirtschaftlichkeitsanalysen. Daher müssen für die Aufstellung der Matrix die jeweiligen Hauptverantwortlichen der analysierten Vertriebswege mit einbezogen werden, damit eine möglichst gute und konsistente Ermittlung bzw. Schätzung der Werte für die Nutzung der angebotenen Bankleistungen erreicht wird.
Die Inanspruchnahme der Bankleistungen nehmen unter Einbeziehung der Nutzerzahlen eines Vertriebsweges einen wesentlichen Einfluß auf die Kapazitäts- und Kostenberechnung des neuen elektronischen Vertriebsweges. Insbesondere die einmaligen Investitions- und die laufenden Bereitstellungskosten werden durch die Nutzung wesentlich beeinflußt.

Verflochtenheitsmatrix der Bankleistungen für den neuen elektronischen Vertriebsweg

Eine Hauptcharakteristik der Bankleistungen ist ihre Verflochtenheit untereinander [vgl. Obst/Hintner 93, S. 358; vgl. Kapitel 2.2]. Das bedeutet, daß sich der Nutzung einer Bankleistung teilweise die Nutzung einer anderen Bankleistung anschließt. Am Beispiel bedeutet dies, daß z.B. der Kauf eines Wertpapiers die Abfrage des Depotwertes nach sich zieht. Daher ist es notwendig, eine Matrix der Verflechtung einzelner Bankleistungen untereinander aufzustellen.

Verflochtene Bankleistung (neuer elektronischer Vertriebsweg) Initiale Inanspruchnahme der Bankleistungen (des neuen elektronischen Vertriebsweges)	Bankleistung A [Transakt.]	...	Bankleistung n [Transakt.]	Bankleistung A* [Transakt.]	...	Bankleistung n* [Transakt.]
Bankleistung A		...	VI(A,n)	VI(A,A*)	...	VI(A,n*)
Bankleistung B	VI(B,A)	...	VI(B,n)	VI(B,A*)	...	VI(B,n*)
:	:	...	:	:	...	:
Bankleistung n	VI(n,A)	...		VI(n,A*)	...	VI(n,n*)
Bankleistung A*	VI(A*,A)	...	VI(A*,n)		...	VI(A*,n*)
:	:	...	:	:	...	:
Bankleistung n*	VI(n*,A)	...	VI(n*,n)	VI(n*,A*)	...	

Verflochtene Bankleistung (neuer elektronischer Vertriebsweg) Initiale Inanspruchnahme der Bankleistungen (des neuen elektronischen Vertriebsweges)	Bankleistung A [Transakt.]	...	Bankleistung n [Transakt.]	Bankleistung A* [Transakt.]	...	Bankleistung n* [Transakt.]
Summe der Inanspruchnahme durch die Verflechtung	$VI(A) = \sum_{i=B}^{n} VI(i,A)$ [38] $+ \sum_{i=A^*}^{n^*} VI(i,A)$ [39]	...	$VI(n) = \sum_{i=A}^{n-1} VI(i,n) + \sum_{i=A^*}^{n^*} VI(i,n)$	$VI(A^*) = \sum_{i=A}^{n} VI(i,A^*) + \sum_{i=B^*}^{n^*} VI(i,A^*)$	...	$VI(n^*) = \sum_{i=A}^{n} VI(i,n^*) + \sum_{i=A^*}^{n^*-1} VI(i,n^*)$

Legende:	
VI(n,n*) VI(n*,n)	Durchschnittliche Inanspruchnahme der Bankleistung n* bzw. n aufgrund der Verflochtenheit und ausgelöst durch die initiale Inanspruchnahme der Bankleistung n bzw. n*
VI(n) VI(n*)	Aufgrund der Verflochtenheit durchschnittliche Inanspruchnahme der exklusiv bzw. ergänzend zu den bestehenden Vertriebswegen auf dem neuen elektronischen Vertriebsweg angebotenen Bankleistung n bzw. n*.

Tab. 3.5: Verflochtenheit der Bankleistung untereinander und deren Auswirkung auf die Nutzung durch die Bankkunden

Mehrnutzungsmatrix für exklusiv und ergänzend zu bestehenden Vertriebswegen angebotene Bankleistungen

In dieser Matrix müssen die Mehrnutzungen der exklusiv und ergänzend zu bestehenden Vertriebswegen angebotenen Bankleistungen erfaßt werden. Dabei wird die Mehrnutzung jeder Bankleistung für jedes Jahr des Betrachtungszeitraumes separat erfaßt. Die in Tab. 3.6 dargestellte Matrix sollte hierfür verwendet werden.

---

38 Für n >= 1 gilt $\sum_{i=1}^{n}$ VI(i,A); für n = 0 wird $\sum_{i=1}^{n}$ VI(i,A) ersetzt durch den Wert 0. Die Regel ist entsprechend bei den Bankleistungen A bis n und A* bis n* anzuwenden und in den weiteren Formeln dieser Arbeit zu beachten.

39 Für n* >= 1 gilt $\sum_{i=1}^{n^*}$ VI(i,A); für n* = 0 wird $\sum_{i=1}^{n^*}$ VI(i,A) ersetzt durch den Wert 0. Die Regel ist entsprechend bei den Bankleistungen A bis n und A* bis n* anzuwenden und in den weiteren Formeln dieser Arbeit zu beachten.

Jahr des Betrachtungszeitraumes Mehrnutzung Bankleistungen	Jahr 1 [Transaktionen]	Jahr 2 [Transaktionen]	...	Jahr m [Transaktionen]
Exklusiv über den neuen elektronischen Vertriebsweg angebotene Bankleistungen:				
Bankleistung A	MI(A,1)	MI(A,2)	...	MI(A,m)
Bankleistung B	MI(B,1)	MI(B,2)	...	MI(B,m)
:	:	:	...	:
Bankleistung n	MI(n,1)	MI(n,2)	...	MI(n,m)
Ergänzend zu bestehenden Vertriebswegen angebotene Bankleistungen:				
Bankleistung A*	MI(A*,1)	MI(A*,2)	...	MI(A*,m)
:	:	:	...	:
Bankleistung n*	MI(n*,1)	MI(n*,2)	...	MI(n*,m)

Legende:
MI(n,m)
MI(n*,m) Durchschnittliche Mehrinanspruchnahme der exklusiv bzw. ergänzend zu den bestehenden Vertriebswegen auf dem neuen elektronischen Vertriebsweg angebotenen Bankleistung n bzw. n* für das Jahr m des Betrachtungszeitraumes pro Nutzer

Tab. 3.6: Mehrnutzung der Bankleistungen, die durch die Verfügbarkeit auf dem neuen elektronischen Vertriebsweg induziert werden

Gesamtinanspruchnahmematrix der Bankleistungen des neuen elektronischen Vertriebsweges

Aus der im ersten Schritt erstellten Nutzungsmatrix, der im zweiten Schritt ermittelten Verflochtenheitsmatrix und der im dritten Schritt aufgestellten Mehrnutzungsmatrix kann jetzt durch Addition der drei Matrizen die Gesamtinanspruchnahme jeder einzelnen über den neuen elektronischen Vertriebsweg angebotenen Bankleistung ermittelt werden. Die Tab. 3.7 zeigt eine solche Matrix der Gesamtinanspruchnahme aller Bankleistungen des neuen elektronischen Vertriebsweges für die Jahre des Betrachtungszeitraumes.

Jahr des Betrachtungszeitraumes Gesamtinanspruchnahme Bankleistungen	Jahr 1 [Transaktionen]	Jahr 2 [Transaktionen]	...	Jahr m [Transaktionen]
Exklusiv über den neuen elektronischen Vertriebsweg angebotene Bankleistungen:				
Bankleistung A	GI(A,1)	GI(A,2)	...	GI(A,m)
Bankleistung B	GI(B,1)	GI(B,2)	...	GI(B,m)
:	:	:	...	:
Bankleistung n	GI(n,1)	GI(n,2)	...	GI(n,m)
Ergänzend zu bestehenden Vertriebswegen angebotene Bankleistungen:				
Bankleistung A*	GI(A*,1)	GI(A*,2)	...	GI(A*,m)
:	:	:	...	:
Bankleistung n*	GI(n*,1)	GI(n*,2)	...	GI(n*,m)

Legende:	
GI(n,m) GI(n*,m)	Durchschnittliche Gesamtinanspruchnahme der exklusiv bzw. ergänzend zu den bestehenden Vertriebswegen auf dem neuen elektronischen Vertriebsweg angebotenen Bankleistung n bzw. n* für das Jahr m des Betrachtungszeitraumes pro Nutzer

Tab. 3.7: Gesamtinanspruchnahme der über den neuen elektronischen Vertriebsweg angebotenen Bankleistungen

Die einzelnen Werte der Gesamtinanspruchnahme werden bei der Ermittlung der Substitutions- bzw. Kannibalisierungswirkung auf bereits bestehende Vertriebswege verwendet.

Substitutionsmatrix bestehender Vertriebswege:

Für den Fall, daß Bankleistungen ergänzend auf dem neuen elektronischen Vertriebsweg angeboten werden, muß eine Substitutionsmatrix zur Erfassung der Substitutionswirkungen des neuen elektronischen Vertriebsweges auf bereits bestehende Vertriebswege erstellt werden. Die Tab. 3.8 zeigt die Substitutionsmatrix der Bankleistungen über die bestehenden Vertriebswege der Bank.

Bankleistung **Elektron./Bestehende Vertriebswege**	**Bankleistung A***	**Bankleistung B***	...	**Bankleistung n***
Gesamtinanspruchnahme [Transaktionen]	GI(A*,m)	GI(B*,m)	...	GI(n*,m)
Substitution VW 1 [Anteil Transaktionen]	SB(1,A*,m) %	SB(1,B*,m) %	...	SB(1,n*,m) %
Substitution VW 2 [Anteil Transaktionen]	SB(2,A*,m) %		...	SB(2,n*,m) %
:	:	:	...	:
Substitution VW v [Anteil Transaktionen]	SB(v,A*,m) %	SB(v,B*,m) %	...	SB(v,n*,m) %
Summe Substitutionswirkung [Anteil Transaktionen]	SB(A*,m)= $\sum_{i=1}^{v} SB(i,A^*,m)$	SB(B*,m)= $\sum_{i=1}^{v} SB(i,B^*,m)$	...	SB(n*,m)= $\sum_{i=1}^{v} SB(i,n^*,m)$

Legende:	
SB(v,n*,m)	Anteil der durchschnittlichen Gesamtinanspruchnahme der Bankleistung n*, die durch den Betrieb des neuen elektronischen Vertriebsweges auf dem bestehenden Vertriebsweg v für das Jahr m des Betrachtungszeitraumes substituiert wird.
SB(n*,m)	Summe der Anteile der Substitutionswirkung des neuen elektronischen Vertriebsweges auf die bestehenden Vertriebswege für die Bankleistung n* und das Jahr m des Betrachtungszeitraumes
(graues Feld)	Bankleistung wird über den Vertriebsweg nicht angeboten

Tab. 3.8: Substitutionswirkung auf bestehende Vertriebswege durch die Bereitstellung und den Betrieb des neuen elektronischen Vertriebsweges

Diese Matrix dient im wesentlichen zur Ermittlung der Verursachung von Mehrkosten oder Kosteneinsparungen durch den neuen elektronischen Vertriebsweg. Die

Substitutions- bzw. Kannibalisierungswirkung des neuen elektronischen Vertriebsweges hat weitergehende Auswirkungen auf die bestehenden Vertriebswege, so z.B. durch die Entlastung der Mitarbeiter in der Filiale oder im Call-Center des Telefon-Banking durch die Bereitstellung der gleichen Bankleistungen z.B. im Online-Banking über Internet/WWW.

3.2.3 Schritt 1-3: Definition der drei Nutzungs- und Umweltszenarien für die szenariogestützte Wirtschaftlichkeitsanalyse

Im Rahmen der szenariogestützten Wirtschaftlichkeitsanalyse wird die Wirtschaftlichkeit eines neuen elektronischen Vertriebsweges unter Berücksichtigung von drei Umwelt- und Nutzungsszenarien betrachtet [vgl. Meyer-Schönherr 91, S. 63]. Dabei wird ein «wahrscheinliches», ein «pessimistisches» und ein «optimistisches» Szenario für die Veränderung der Umwelt und die Nutzung des neuen elektronischen Vertriebsweges entwickelt. Hierzu müssen in einem ersten Schritt die wesentlichen Haupteinflußparameter (HP) auf den wirtschaftlichen Einsatz von neuen elektronischen Vertriebswegen für Banken identifiziert werden[40]. Ein wesentlicher Haupteinflußparameter könnte zum Beispiel die Anzahl der Kunden, die den neuen elektronischen Vertriebsweg nutzen, sein. Ein weiterer wesentlicher Haupteinflußparameter könnte der Anteil der deutschen Haushalte mit Zugang zu einem Online-Dienst oder die monatliche Anzahl durchgeführter Transaktionen einer bestimmten Kontokategorie, z.B. Kontokorrent- oder Tagesgeldkonto, sein.
Die Anzahl der identifizierten Haupteinflußparameter sollte für eine gute Übersichtlichkeit zehn nicht überschreiten. Werden mehr als zehn Haupteinflußparameter identifiziert, so sind diese nach der Stärke ihres Einflusses zu priorisieren und die zehn wichtigsten Haupteinflußparameter auszuwählen [vgl. Mißler-Behr 93, S. 13 ff.].
Für jeden Haupteinflußparameter ist für jedes der drei Szenarien eine Ausprägung festzulegen. Die jeweiligen Werte sollten mit den zuständigen Fachabteilungen der Bank abgestimmt sein, so z.B. die Planzahlen für die Privatkundenentwicklung mit der Stabsstelle „Strategische Bankplanung“ oder „Controlling“ [vgl. Horváth 88, S. 11]. Die Ausprägung für das «wahrscheinliche» Szenario sollte aus der internen Geschäftsplanung vorliegenden Prognosen[41] oder Expertenmeinungen abgeleitet werden. Die Werte für das «pessimistische» und «optimistische» Szenario könnten z.B. im Rahmen einer Delphi-Expertenbefragung mit der unteren und oberen Quartilsspanne belegt werden [vgl. Kreuzer 96, S. 41 ff.]. Eine andere Möglichkeit ist die Abschwächung oder Verstärkung von im Zeitablauf fallenden oder steigenden Werten. Hierbei haben sich Ab- bzw. Zuschläge in Höhe von 15% - 25% des prozentualen positiven bzw. negativen Wachstums als sinnvoll

[40] Die Methoden zur Identifikation der Haupteinflußparameter beschreibt [Götze 93, S. 117 ff.].

[41] Hierbei kann auf allgemeine am Markt zugängliche Studien zurückgegriffen werden, die keinen direkten Bezug zur Bank aufweisen. Falls keine Studie mit aktuellen Zahlen zum Zeitpunkt der Wirtschaftlichkeitsanalyse vorliegt wäre auch die Durchführung einer Delphi-Expertenbefragung zur Gewinnung aktueller Zahlen denkbar.

erwiesen[42]. Die Ausprägung für das «wahrscheinliche» Szenario sollte dabei möglichst in der Mitte zwischen den Werten für das «pessimistische» und «optimistische» Szenario liegen. Somit ergibt sich eine Matrix mit den Haupteinflußparametern und den jeweiligen Ausprägungen für jedes Jahr des Betrachtungszeitraums und für die drei Szenarien wie sie in Tab. 3.9 dargestellt ist.

Jahr des Betrachtungszeitraumes Haupteinflußparameter/ Szenario		Jahr 1	Jahr 2	...	Jahr m
HP 1	«wahrscheinlich»	HP(1,1,w)	HP(1,2,w)	...	HP(1,m,w)
	«pessimistisch»	HP(1,1,p)	HP(1,2,p)	...	HP(1,m,p)
	«optimistisch»	HP(1,1,o)	HP(1,2,o)	...	HP(1,m,o)
HP 2	«wahrscheinlich»	HP(2,1,w)	HP(2,2,w)	...	HP(2,m,w)
	«pessimistisch»	HP(2,1,p)	HP(2,2,p)	...	HP(2,m,p)
	«optimistisch»	HP(2,1,o)	HP(2,2,o)	...	HP(2,m,o)
:	:	:	:	...	:
HP x	«wahrscheinlich»	HP(x,1,w)	HP(x,2,w)	...	HP(x,m,w)
	«pessimistisch»	HP(x,1,p)	HP(x,2,p)	...	HP(x,m,p)
	«optimistisch»	HP(x,1,o)	HP(x,2,o)	...	HP(x,m,o)

Legende:

HP(x,m,w) Wert des die Wirtschaftlichkeit des neuen elektronischen Vertriebsweges beeinflussenden Haupteinflußparameters x für das Jahr m des Betrachtungszeitraumes unter Berücksichtigung des w=«wahrscheinlichen» Szenarios

Tab. 3.9: Aufstellung der festgestellten Haupteinflußparameter und deren Ausprägung für jedes der drei zu untersuchenden Szenarien

Die Szenariotechnik ermöglicht die Simulation des Eintritts der als maßgeblich identifizierten Variablen. Diese Variablen können entweder miteinander korrelieren und können dann gemeinsam verändert werden, oder sie müssen getrennt verändert werden. Die Variation der Variablen eröffnet die Möglichkeit, die in der Zukunft möglichen Entwicklungen heute bereits vorwegzunehmen und deren Auswirkungen auf den Geschäftsverlauf und die Entwicklung der einzelnen Vertriebswege der Bank vorauszubestimmen.

Die Eintrittswahrscheinlichkeiten der drei betrachteten Szenarien werden mit jeweils 1/3 als gleich angenommen[43]. Das Vorgehensmodell kann auch mit einer abweichenden Wahrscheinlichkeitsverteilung zwischen den drei Szenarien durchgeführt werden.

Die folgende Tab. 3.10 enthält eine Aufstellung der Haupteinflußparameter und deren Abhängigkeit untereinander. Die Erfassung der Abhängigkeit der Haupteinflußparameter

[42] Die Auswertung der von Kreuzer durchgeführten Delphi-Expertenbefragung hat für das obere und untere Quartil Zu- und Abschläge i.H.v. 15% bis 25% bestätigt [vgl. Kreuzer 96].

[43] Horváth und Mayer betrachten in ihrem Wirtschaftlichkeitsverfahren ebenfalls drei Szenarien und geben dem pessimistischen Szenario große, dem wahrscheinlichen Szenario normale und dem optimistischen Szenario geringe Wahrscheinlichkeit [vgl. Horváth/Mayer 90, S. 404 f.], ohne Werte anzugeben.

flußparameter ist für die Variierung innerhalb der drei Szenarien wichtig. Bestehen lineare Abhängigkeiten zwischen zwei Haupteinflußparametern, so müssen beide ausgehend vom wahrscheinlichen Szenario für die beiden anderen Szenarien in die gleicher Weise angepaßt werden.

Haupteinflußparameter	Detaillierte Beschreibung Haupteinflußparameter	Abhängigkeit von anderen Haupteinflußparametern (korreliert linear, korreliert nicht linear, und nicht korreliert)
Haupteinflußparameter 1	Beschreibung HP 1	Abhängigkeit des HP 1 mit allen anderen HP 2 - HP x
Haupteinflußparameter 2	Beschreibung HP 2	Abhängigkeit des HP 2 mit allen anderen HP 1 und HP 3 - x
:	:	:
Haupteinflußparameter x	Beschreibung HP x	Abhängigkeit des HP x mit allen anderen HP 1 - HP (x-1)

Tab. 3.10: Darstellung aller im Rahmen der Aufstellung der drei Szenarien variierten Haupteinflußparameter

Für die mögliche Abhängigkeit der einzelnen HP untereinander gibt die folgende Tab. 3.11 eine Übersicht über die möglichen Varianten und deren Auswirkung bei der Definition der drei Szenarien «wahrscheinlich», «pessimistisch» und «optimistisch».

Abhängigkeit der HP	Beschreibung/Auswirkung auf die Bildung der drei Szenarien
korreliert	Die korrelierten Haupteinflußparameter stehen in Wechselbeziehung miteinander und verändern ihre Ausprägung gleichzeitig. Dies kann auf zwei Arten geschehen. Die Haupteinflußparameter reagieren beide gemeinsam positiv oder negativ oder gegensätzlich, d.h. der eine reagiert positiv, der andere reagiert negativ und umgekehrt.
korreliert - linear	Bei einem linearen Zusammenhang zwischen zwei oder mehreren HP werden alle betroffenen HP bei der Szenarienbildung in der gleichen Art und im gleichen Umfang angepaßt. Wird ein HP um 10% positiv oder negativ angepaßt, so müssen die anderen HP auch um 10% angepaßt werden.
korreliert - nicht linear	Bei einem nicht linearen Zusammenhang zwischen zwei oder mehreren HP werden alle betroffenen HP bei der Szenarienbildung in einer angepaßten Art und in angepaßtem Umfang variiert. Wird ein HP um 10% positiv oder negativ angepaßt, so müssen die anderen HP z.B. um 5% angepaßt werden.
nicht korreliert	Die Haupteinflußparameter stehen in keiner Wechselbeziehung miteinander.

Tab. 3.11: Mögliche Abhängigkeiten der Haupteinflußparameter untereinander und deren Auswirkung auf die Bildung der drei Szenarien

Im folgenden werden die Werte für die drei Szenarien «wahrscheinlich», «pessimistisch» und «optimistisch» festgelegt Diese Werte werden in den Schritten 2 bis 4 des Vorgehensmodells als Grundlage für die in den jeweiligen Schritten durchgeführten Berechnungen herangezogen.

Die drei Szenarien für die Nutzung der einzelnen Bankleistungen des neuen elektronischen Vertriebsweges können ausgehend von der Gesamtinanspruchnahme durch die Angabe von Prozentwerten pro Bankleistung pro Jahr definiert werden. Diese Angaben werden dann innerhalb der Definition der drei Szenarien in die Gesamtinanspruchnahme der Bankleistungen pro Jahr umgesetzt. Der Anteil zwischen initialer Nutzung und Verflochtenheit wird anteilig der Nutzungskorrektur angepaßt.

Jahr des Betrachtungszeitraumes **Bankleistung und deren Nutzung in % der Gesamtinanspruchnahme**		**Jahr 1** [Anteil Transaktionen]	**Jahr 2** [Anteil Transaktionen]	...	**Jahr m** [Anteil Transaktionen]
BL A	**«wahrscheinlich»**	NT(A,1,w) %	NT(A,2,w) %	...	NT(A,m,w) %
	«pessimistisch»	NT(A,1,p) %	NT(A,2,p) %	...	NT(A,m,p) %
	«optimistisch»	NT(A,1,o) %	NT(A,2,o) %	...	NT(A,m,o) %
:	**:**	:	:	...	:
BL n	**«wahrscheinlich»**	NT(n,1,w) %	NT(n,2,w) %	...	NT(n,m,w) %
	«pessimistisch»	NT(n,1,p) %	NT(n,2,p) %	...	NT(n,m,p) %
	«optimistisch»	NT(n,1,o) %	NT(n,2,o) %	...	NT(n,m,o) %
BL A*	**«wahrscheinlich»**	NT(A*,1,w) %	NT(A*,2,w) %	...	NT(A*,m,w) %
	«pessimistisch»	NT(A*,1,p) %	NT(A*,2,p) %	...	NT(A*,m,p) %
	«optimistisch»	NT(A*,1,o) %	NT(A*,2,o) %	...	NT(A*,m,o) %
:	**:**	:	:	...	:
BL n*	**«wahrscheinlich»**	NT(n*,1,w) %	NT(n*,2,w) %	...	NT(n*,m,w) %
	«pessimistisch»	NT(n*,1,p) %	NT(n*,2,p) %	...	NT(n*,m,p) %
	«optimistisch»	NT(n*,1,o) %	NT(n*,2,o) %	...	NT(n*,m,o) %

Legende:

NT(n,m,w)
NT(n*,m,w) — Prozentsatz der Gesamtinanspruchnahme der Bankleistung n (exklusiv) bzw. n* (ergänzend) für das Jahr m des Betrachtungszeitraumes unter Berücksichtigung des w=«wahrscheinlichen» Szenarios

Tab. 3.12: Definition der drei Nutzungsszenarien des neuen elektronischen Vertriebsweges innerhalb des Betrachtungszeitraumes

3.2.3.1 Definition des «wahrscheinlichen» Szenarios

Das «wahrscheinliche» Szenario beschreibt die Entwicklung der Haupteinflußparameter und des Nutzungsverhaltens über den Betrachtungszeitraum. Dies basiert auf der Fortschreibung heutiger Trends und Prognosen für die Jahre des Betrachtungszeitraums und vorliegender Nutzungsstatistiken verschiedener Nutzergruppen, die den neuen elektronischen Vertriebsweg nutzen werden. Diese Zielgruppenfokussierung wird durch die Zielgruppenausrichtung neuer elektronischer Vertriebswege notwendig. Zur Ermittlung dieser Werte können im wesentlichen die folgenden Quellen herangezogen werden:

- historische Werte auf Basis interner oder externer Statistiken

- Prognosen bekannter Institute und Experten zur Veränderung der Haupteinflußparameter
- Zukunftstrends und -forschung in Wirtschaft und Gesellschaft
- bereits heute vorhersehbare Veränderungen (z.B. Liberalisierung der Telekommunikation in Deutschland)
- Zielgruppenspezifische Nutzungsstatistiken bestehender Vertriebswege, die durch die Bereitstellung des neuen elektronischen Vertriebsweges angesprochen werden sollen.

Jahr des Betrachtungszeitraumes / Haupteinflußparameter	Jahr 1	Jahr 2	...	Jahr m
Haupteinflußparameter 1	HP(1,1,w)	HP(1,2,w)	...	HP(1,m,w)
Haupteinflußparameter 2	HP(2,1,w)	HP(2,2,w)	...	HP(2,m,w)
:	:	:	...	:
Haupteinflußparameter x	HP(x,1,w)	HP(x,2,w)	...	HP(x,m,w)

Tab. 3.13: Zusammenstellung der Haupteinflußparameter für das «wahrscheinliche» Szenario und die Jahre des Betrachtungszeitraumes

Weiterhin muß für die Gesamtinanspruchnahme der Bankleistungen des neuen elektronischen Vertriebsweges eine Matrix für das «wahrscheinliche» Szenario aufgestellt werden. Dabei muß für jede Bankleistung für die Jahre des Betrachtungszeitraumes eine Gesamtinanspruchnahme festgelegt werden. Die Tab. 3.14 zeigt eine solche Matrix.

Jahr des Betrachtungszeitraumes / Bankleistung	Jahr 1 [Transaktionen]	Jahr 2 [Transaktionen]	...	Jahr m [Transaktionen]
Bankleistung A	BL(A,1,w) = GI(A,1) * NT(A,1,w)	BL(A,2,w) = GI(A,2) * NT(A,2,w)	..	BL(A,m,w) = GI(A,m) * NT(A,m,w)
:	:	:	...	:
Bankleistung n	BL(n,1,w) = GI(n,1) * NT(n,1,w)	BL(n,2,w) = GI(n,2) * NT(n,2,w)	...	BL(n,m,w) = GI(n,m) * NT(n,m,w)
Bankleistung A*	BL(A*,1,w) = GI(A*,1) * NT(A*,1,w)	BL(A*,2,w) = GI(A*,2) * NT(A*,2,w)	...	BL(A*,m,w) = GI(A*,m) * NT(A*,m,w)
:	:	:	...	:
Bankleistung n*	BL(n*,1,w) = GI(n*,1) * NT(n*,1,w)	BL(n*,2,w) = GI(n*,2) * NT(n*,2,w)	...	BL(n*,m,w) = GI(n*,m) * NT(n*,m,w)

Legende:	
BL(n,m,w) BL(n*,m,w)	Gesamtinanspruchnahme der Bankleistung n (exklusiv) bzw. n* (ergänzend) für das Jahr m des Betrachtungszeitraumes unter Berücksichtigung des w=«wahrscheinlichen» Szenarios

Tab. 3.14: Gesamtinanspruchnahme der über den neuen elektronischen Vertriebsweg angebotenen Bankleistungen für das «wahrscheinliche» Szenario

3.2.3.2 Definition des «pessimistischen» Szenarios

Das «pessimistische» Szenario gibt ein wirtschaftlich schlechtes Szenario wieder. Dabei sollten die Werte der Haupteinflußparameter und der Nutzungszahlen der Bankleistungen entsprechend nach unten bzw. oben korrigiert werden. Dies kann z.B. durch eine Kappung des positiven oder negativen Wachstums im Zeitablauf des Betrachtungszeitraums um 15% - 25% geschehen. Bei Vorliegen einer Delphi-Expertenbefragung für die Haupteinflußparameter können z.B. die Werte des unteren und oberen Quartils für die Definition des Szenarios verwendet werden.
Im folgenden sind einige Beispiele für die Veränderung der Haupteinflußparameter im Sinne eines «pessimistischen» Szenarios angegeben:

- Verstärkung des Trends zu Kostensteigerungen im Personal- und/oder Technikbereich
- Schwächerer Anstieg der Nutzerzahlen ausgehend vom Stand zu Beginn des Betrachtungszeitraums
- Verlangsamung von technologischen Trends und deren Penetration bei den Kunden der Bank
- Entwicklung von technologischen Trends, die das Angebot von anderen Vertriebswegen erfordern und die Nutzung des geplanten neuen elektronischen Vertriebsweges unattraktiv machen.
- Die Konkurrenz bietet den gleichen elektronischen Vertriebsweg zu besseren Konditionen und kann somit Marktanteile gewinnen, die eine Verschlechterung der Wirtschaftlichkeit des Vertriebsweges herbeiführen.

Die folgende Tab. 3.15 zeigt die Haupteinflußparameter über den Betrachtungszeitraum für das «pessimistische» Szenario.

Jahr des Betrachtungszeitraumes Haupteinflußparameter	Jahr 1	Jahr 2	...	Jahr m
Haupteinflußparameter 1	HP(1,1,p)	HP(1,2,p)	...	HP(1,m,p)
Haupteinflußparameter 2	HP(2,1,p)	HP(2,2,p)	...	HP(2,m,p)
:	:	:	...	:
Haupteinflußparameter x	HP(x,1,p)	HP(x,2,p)	...	HP(x,m,p)

Tab. 3.15: Zusammenstellung der Haupteinflußparameter für das «pessimistische» Szenario für die Jahre des Betrachtungszeitraumes

Die folgende Tab. 3.16 zeigt die Gesamtinanspruchnahme der angebotenen Bankleistungen des neuen elektronischen Vertriebsweges über den Betrachtungszeitraum für das «pessimistische» Szenario.

Jahr des Betrachtungszeitraumes Bankleistung	Jahr 1 [Transaktionen]	Jahr 2 [Transaktionen]	...	Jahr m [Transaktionen]
Bankleistung A	BL(A,1,p) = GI(A,1) * NT(A,1,p)	BL(A,2,p) = GI(A,2) * NT(A,2,p)	...	BL(A,m,p) = GI(A,m) * NT(A,m,p)
:	:	:	...	:
Bankleistung n	BL(n,1,p) = GI(n,1) * NT(n,1,p)	BL(n,2,p) = GI(n,2) * NT(n,2,p)	...	BL(n,m,p) = GI(n,m) * NT(n,m,p)
Bankleistung A*	BL(A*,1,p) = GI(A*,1) * NT(A*,1,p)	BL(A*,2,p) = GI(A*,2) * NT(A*,2,p)	...	BL(A*,m,p) = GI(A*,m) * NT(A*,m,p)
:	:	:	...	:
Bankleistung n*	BL(n*,1,p) = GI(n*,1) * NT(n*,1,p)	BL(n*,2,p) = GI(n*,2) * NT(n*,2,p)	...	BL(n*,m,p) = GI(n*,m) * NT(n*,m,p)

Tab. 3.16: Gesamtinanspruchnahme der über den neuen elektronischen Vertriebsweg angebotenen Bankleistungen für das «pessimistische» Szenario

3.2.3.3 Definition des «optimistischen» Szenarios

Das «optimistische» Szenario gibt ein aus wirtschaftlicher Sicht besseres Szenario für die Einführung und den Betrieb des neuen elektronischen Vertriebsweges wieder. Dabei sollten die Werte der Haupteinflußparameter und der Nutzungszahlen der Bankleistungen entsprechend nach oben bzw. unten korrigiert werden. Dies kann z.B. durch eine Verstärkung des positiven oder negativen Wachstums im Zeitablauf des Betrachtungszeitraums um 15% - 25% sein. Bei Vorliegen einer Delphi-Expertenbefragung für die Haupteinflußparameter können z.B. die Werte des unteren und oberen Quartils für die Definition des Szenarios verwendet werden.
Im folgenden sind einige Beispiele für die Veränderung der Haupteinflußparameter im Sinne eines «optimistischen» Szenarios angegeben:

- Verlangsamung des Trends zu Kostensteigerungen im Personal- und/oder Technikbereich
- Stärkerer Anstieg der Nutzerzahlen ausgehend vom Stand zu Beginn des Betrachtungszeitraums
- Beschleunigung von technologischen Trends und deren Penetration bei den Kunden der Bank
- Verstärkte Nutzung des Vertriebsweges durch Generierung von Zusatznutzen und Anbieten von Mehrwertdienstleistungen, die über andere Vertriebswege nicht in Anspruch genommen werden können.

- Der neue elektronische Vertriebsweg ist ein Alleinstellungsmerkmal und erfährt daher verstärkten Zuspruch auch von Nichtkunden, die ihre Erstbankverbindung zur anbietenden Bank wechseln. Hierdurch entsteht eine starke Ausweitung der Nutzung des neuen elektronischen Vertriebsweges.

Die folgende Tab. 3.17 zeigt die Haupteinflußparameter über den Betrachtungszeitraum für das «optimistische» Szenario.

Jahr des Betrachtungszeitraumes / Haupteinflußparameter	Jahr 1	Jahr 2	...	Jahr m
Haupteinflußparameter 1	HP(1,1,o)	HP(1,2,o)	...	HP(1,m,o)
Haupteinflußparameter 2	HP(2,1,o)	HP(2,2,o)	...	HP(2,m,o)
:	:	:	...	:
Haupteinflußparameter x	HP(x,1,o)	HP(x,2,o)	...	HP(x,m,o)

Tab. 3.17: Zusammenstellung der Haupteinflußparameter für das «optimistische» Szenario für die Jahre des Betrachtungszeitraumes

Die folgende Tab. 3.18 zeigt die Gesamtinanspruchnahme der angebotenen Bankleistungen des neuen elektronischen Vertriebsweges über den Betrachtungszeitraum für das «optimistische» Szenario.

Jahr des Betrachtungszeitraumes / Bankleistung	Jahr 1 [Transaktionen]	Jahr 2 [Transaktionen]	...	Jahr m [Transaktionen]
Bankleistung A	BL(A,1,o) = GI(A,1) * NT(A,1,o)	BL(A,2,o) = GI(A,2) * NT(A,2,o)	...	BL(A,m,o) = GI(A,m) * NT(A,m,o)
:	:	:	...	:
Bankleistung n	BL(n,1,o) = GI(n,1) * NT(n,1,o)	BL(n,2,o) = GI(n,2) * NT(n,2,o)	...	BL(n,m,o) = GI(n,m) * NT(n,m,o)
Bankleistung A*	BL(A*,1,o) = GI(A*,1) * NT(A*,1,o)	BL(A*,2,o) = GI(A*,2) * NT(A*,2,o)	..	BL(A*,m,o) = GI(A*,m) * NT(A*,m,o)
:	:	:	...	:
Bankleistung n*	BL(n*,1,o) = GI(n*,1) * NT(n*,1,o)	BL(n*,2,o) = GI(n*,2) * NT(n*,2,o)	...	BL(n*,m,o) = GI(n*,m) * NT(n*,m,o)

Tab. 3.18: Gesamtinanspruchnahme der über den neuen elektronischen Vertriebsweg angebotenen Bankleistungen für das «optimistische» Szenario

3.3 Schritt 2: Ermittlung der bankleistungsspezifischen Kosten des neuen elektronischen und der bestehenden Vertriebswege

Durch die Nutzung unterschiedlicher Vertriebswege für die Erstellung und den Vertrieb einer Bankleistung entstehen unterschiedliche einmalige, laufende, nutzungsabhängige und nutzungsunabhängige Kosten. Die folgende Abb. 3.7 zeigt den Ablauf der drei Schritte zur Ermittlung der laufenden nutzungsabhängigen Kosten für jede Bankleistung auf dem neuen elektronischen Vertriebsweg und den bestehenden Vertriebswegen der Bank. Dabei werden paarweise der neue elektronische mit einem der bestehenden Vertriebswege jeweils in Abhängigkeit davon verglichen, ob die über den neuen elektronischen Vertriebsweg abgesetzte Bankleistung die über den bestehenden Vertriebsweg abgesetzte substituiert. Die einmaligen und laufenden nutzungsunabhängigen Kosten des neuen elektronischen Vertriebsweges und die kundenspezifischen nutzungsunabhängigen Kosten werden im Rahmen des Schrittes 4-1 ermittelt [vgl. Kapitel 3.5.1.2].

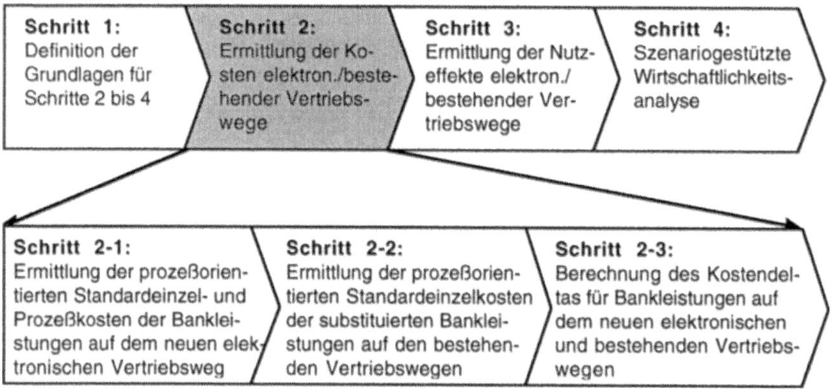

Abb. 3.7: Schritt 2 des Vorgehensmodells: Ermittlung der bankleistungsspezifischen Kosten des neuen elektronischen und der bestehenden Vertriebswege

Ergebnis des Schrittes 2 des Vorgehensmodells ist die Ermittlung der Kosteneinsparungen durch Vertriebswegesubstitution. Dazu werden die prozeßorientierten Standardeinzel- und Prozeßkosten für Bankleistungen des neuen elektronischen Vertriebsweges und die Standardeinzelkosten auf Teilkostenbasis für die bestehenden Vertriebswege berechnet. Weiterhin können die ermittelten Standardeinzel- und Prozeßkosten für die Kostenplanung, Produkt-, Kunden-, Filial- und Bankkalkulation und für detaillierte Wirtschaftlichkeitsbetrachtungen auf Ebene der Bankleistung herangezogen werden [vgl. Leichsenring 88; vgl. Schröder 95, S. 488 ff.; vgl. Schierenbeck 95, S. 8 ff.]. Die folgenden Kapitel beschreiben detailliert jeden einzelnen der drei Teilschritte des Schrittes 2.

Im folgenden sollen kurz die Kosten- und Erlöskomponenten einer Bankleistung und deren Erfassung im Rahmen des Vorgehensmodells dargestellt werden. Die Kosten einer Bankleistung setzen sich grundsätzlich aus drei Komponenten, die Erlöse einer Bankleistung aus zwei Komponenten zusammen [vgl. Obst/Hintner 93, S. 928 ff.; vgl. Büschgen 95, S. 529 f.; vgl. Abb. 3.8]:

(1) Kosten und Erlöse des Wertebereiches

(2) Kosten des Risikobereiches

(3) Kosten und Erlöse des Betriebsbereiches

Im Rahmen der Wirtschaftlichkeitsbetrachtung eines neuen elektronischen Vertriebsweges können grundsätzlich zwei Fälle auftreten. Im einen Fall wird die Bankleistung exklusiv über den neuen elektronischen Vertriebsweg angeboten und im anderen Fall wird die Bankleistung ergänzend zu bereits bestehenden Vertriebswegen angeboten. Im ersten Fall müssen alle drei Kosten- und zwei Erlöskomponenten betrachtet werden. Im zweiten Fall müssen nur die Kosten und Erlöse des Betriebsbereiches betrachtet werden, da der Werte- und Risikobereich vertriebswegeunabhängig sind.

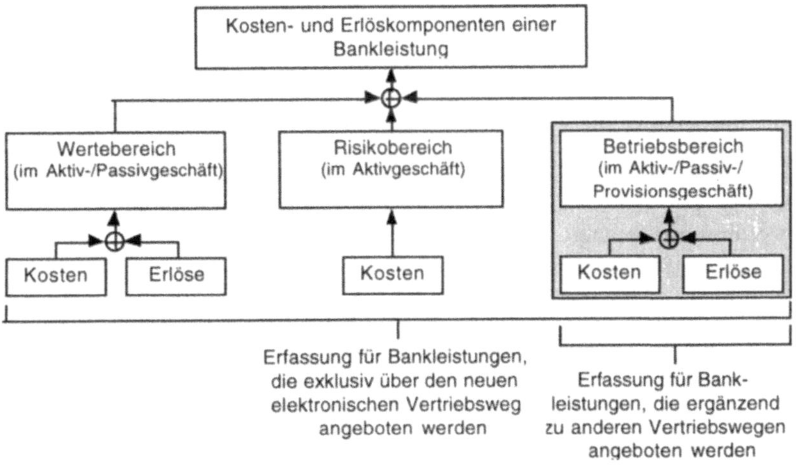

Abb. 3.8: Kosten- und Erlöskomponenten einer Bankleistung

Im Rahmen des Vorgehensmodells der szenariogestützten Wirtschaftlichkeitsanalyse wird jedoch nur der Betriebsbereich zur Ermittlung der Wirtschaftlichkeit herangezogen. Dies erfolgt im wesentlichen aus zwei Gründen:

(1) Objektive Aussagen über die zukünftige Entwicklung des Werte- und Risikobereiches im Betrachtungszeitraum sind aufgrund der Marktdynamik und wirtschaftlichen Veränderung in Deutschland nicht möglich.

(2) Neue elektronische Vertriebswege werden von den Banken zur Rationalisierung eingesetzt und substituieren damit bestehende Vertriebswege [vgl. Wiebe 96]. Für diese Bankleistungen [vgl. Abb. 3.8] ist nur eine Betrachtung des Betriebsbereiches notwendig.

Verfahren zur Ermittlung der Erlös- und Kostenkomponenten einer Bankleistung

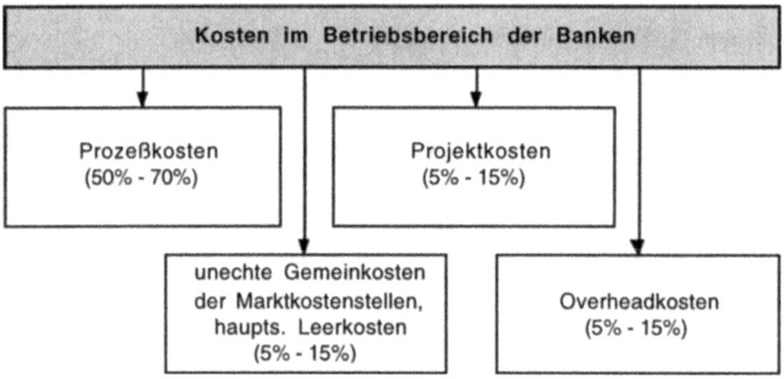

Abb. 3.9: Kostenzurechenbarkeit im Betriebsbereich von Banken [Schierenbeck 92, S. 6]

Bei der Ermittlung der Kosten des Betriebsbereiches für die Erstellung und den Vertrieb einzelner Bankleistungen über die verschiedenen Vertriebswege müssen sowohl Einzel-, als auch Gemeinkosten berücksichtigt werden. Die folgende Abb. 3.9 zeigt die Kostenzurechenbarkeit der Kosten des Betriebsbereiches auf verschiedene Kostenarten.
Die in Abb. 3.9 dargestellte Zurechenbarkeit der Kosten des Betriebsbereiches kann durch drei verschiedene Methoden der Kostenverrechnung abgebildet werden. Die Abb. 3.10 zeigt diese drei verschiedenen Methoden der Kostenverrechnung und deren Priorität bei der Ermittlung der Kosten einer Bankleistung.

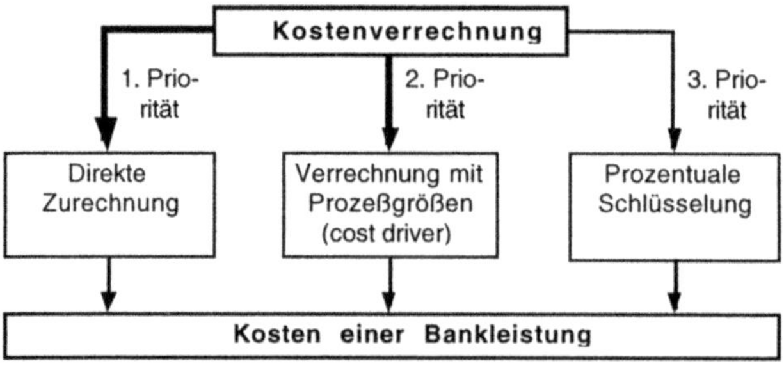

Abb. 3.10: Methoden der Kostenverrechnung [vgl. Ostrenga 90, S. 44]

Die höchste Priorität hat die direkte Zurechnung der Kosten auf die Einzelbankleistung mit Hilfe der Standardeinzelkosten [vgl. Kapitel 2.4.2], die nächst niedrigere Priorität hat die Verrechnung von Kosten auf Basis der ermittelten Prozeßkosten und als letzte Möglichkeit besteht die prozentuale Schlüsselung der Gemeinkosten und deren Zurechnung bei der Einzelbankleistung. Die Prozeßkostenrechnung stellt damit ein geeignetes Instrument zwischen direkter Zurechnung von Einzelkosten (die bereits durch die prozeßorientierte Standardeinzelkostenrechnung abgedeckt wird) und prozentualer Schlüsselung der Gemeinkosten dar [vgl. Kapitel 2.4.3]. Die Gemeinkosten werden durch die Betrachtung mit Hilfe der Prozeßkostenrechnung zu „Einzelkosten", die der einzelnen Bankleistung zugerechnet werden können.
Zur Ermittlung der Kosten des Betriebsbereiches werden die beiden ersten Prioritäten verwendet. Die direkte Zurechnung wird auf Basis der prozeßorientierten Standardeinzelkosten [vgl. Kapitel 2.4.2] vorgenommen. Die Verrechnung der Kosten des Gemeinkostenbereiches wird mit Hilfe der Prozeßgrößen auf der Grundlage von Prozeßkosten durchgeführt [vgl. Kapitel 2.4.3].

Kostenstruktur im Bankbetrieb

Die Personalkosten haben mit einem Anteil von oft mehr als 70% der Verwaltungskosten eine beherrschende Stellung und sollten daher mit besonderer Sorgfalt geplant werden [vgl. Vikas 88, S. 32; vgl. Obst/Hintner 93, S. 957]. Die Dominanz der Personalkosten beruht vor allem auf der Tatsache, daß sie in der Gesamtbank kurzfristig weitestgehend fix sind [vgl. Schmitt 93, S. 73].
Zur Durchführung der Kostenrechnung wurden in der Vergangenheit verschiedene Kostenrechnungsverfahren entwickelt, die in ihrer Entwicklung und ihrer Grundausrichtung in der folgenden Tab. 3.19 [vgl. Kilger 87, S. 54 ff.] und in Tab. 3.20 kurz dargestellt werden [vgl. Weber 91, S. 45].

Kostenrechnungsverfahren	Wesentliche Merkmale
Istkostenrechnung	• Kostenrechnung auf Basis tatsächlich anfallender Kosten • Hoher Aufwand zur Erfassung der erforderlichen Daten • Monatliche Revision der Daten auf Basis der aktuell erfaßten Daten
Normalkostenrechnung	• Einführung fester Verrechnungspreise für in die Produktion eingehende Güter
Plankostenrechnung auf Vollkostenbasis	• Probleme bei dispositiven Entscheidungen • Proportionalisierung der fixen Kosten auf Basis von Planzahlen
Plankostenrechnung auf Grenzkostenbasis[44]	• kein Einbezug fixer Kosten • Erfassung nur der nach dem Verursachungsprinzip zurechenbaren proportionalen Kosten

Tab. 3.19: Entwicklungsformen der Kostenrechnungsverfahren [vgl. Kilger 87, S. 54 ff.]

44 Synonym werden in der Literatur die folgenden Begriffe verwendet: Grenzplankostenrechnung, Proportionalkostenrechnung, Teilkostenrechnung oder Deckungsbeitragsrechnung. In den USA wird das Verfahren „Direct Costing" und in Großbritannien „Marginal Costing" genannt [vgl. Kilger 87, S. 64 f.; Kilger 93, S. 77 - 133].

Einbezug von Inflation und Kostensteigerungen

Bei einer mehrjährigen Betrachtung der Wirtschaftlichkeit von elektronischen Vertriebswegen müssen auch hier z.B. Erhöhungen der Personalkosten berücksichtigt werden. Diese angenommenen Kostensteigerungen werden durch die Abzinsungen ganz oder teilweise wieder aufgehoben. Die Gegenläufigkeit dieser beiden Effekte führt zu einer vernachlässigbaren Größenordnung. Insoweit genügt es, mit heutigen Stundensätzen bzw. Stückkosten zu kalkulieren [vgl. Schierenbeck/Marusev 90, S. 371 ff.].

Kostenplanung als Grundlage der Kostenstellenrechnung

Die Plankostenrechnung ist für die in die Zukunft ausgerichtete szenariogestützte Wirtschaftlichkeitsanalyse das einzige Verfahren [vgl. Tab. 3.20], mit dem akzeptable Ergebnisse ermittelt werden können [vgl. Kilger 93, S. 19 ff.; Kilger 87, S. 55 ff.][45].

Kostenrechnungssystem	Primärer Bezugspunkt der Verfahren	Ansatzpunkt zur Entwicklung der Verfahren
Vollkostenrechnung	Produkt	Preiskalkulation
Direct Costing	Unternehmenserfolg	Erfolgsneutralität von Lagerproduktion
Plankostenrechnung	Produktionsprozeß	Wirtschaftlichkeitserzielung und -kontrolle in den Produktionskostenstellen
Fixkostendeckungsrechnung	Produkt	Verbindung des Direct Costing mit deutscher Kostenrechnung (Kostenstellendifferenzierung)
Einzelkosten- und Deckungsbeitragsrechnung	Diverse Entscheidungen	Kostenzurechnungsphilosophie (Verbot der Gemeinkostenschlüsselung)

Tab. 3.20: Grundausrichtung der bekannten Kostenrechnungsverfahren [Weber 91, S. 45]

In der Literatur werden für die Feststellung der Planbezugsgrößen mehrere Verfahren vorgeschlagen und zwar die Kapazitäts-, die Absatz- und die Engpaßplanung [vgl. Kilger 87, S. 200]. Für das im Rahmen der Wirtschaftlichkeitsanalyse verfolgte Ziel muß die Planung der Kostenstellenkosten auf Basis der Absatzzahlen vorgenommen werden, denn nur die über einen Vertriebsweg abgesetzten Bankleistungen verursachen variable Kosten und führen zu variablen Erlösen.
Im folgenden werden die klassischen Teilbereiche der Kostenrechnung im Überblick dargestellt [vgl. Vikas 88, S. 5 f.; vgl. Götzinger/Michael 93, S. 55 ff.]:

Kostenartenrechnung zur Erfassung der Istkosten und deren Aufspaltung in Planbetrag und Preisabweichungen. Ausweis von Preisabweichungen für Materialeinsatz und Tarifabweichungen für die Personalkosten.

[45] Für eine detaillierte Beschreibung und intensive Diskussion der Entwicklungsformen der Kostenrechnungsverfahren sei verwiesen auf [Kilger 93, S. 19 ff.; Kilger 87, S. 54 ff.; Schweitzer/Küpper 95, S. 321 ff.].

Kostenstellenrechnung zur Verteilung der Gemeinkosten auf Kostenstellen und deren Kontrolle im monatlichen Gemeinkosten-Soll-Istvergleich sowie zur innerbetrieblichen Leistungsverrechnung und Betriebsleistungsrechnung. Ausweis von Verbrauchs- und Beschäftigungsabweichungen sowie der Preis- und Tarifabweichungen für Gemeinkosten je Kostenstelle.

Kostenträgerrechnung zur Sammlung der Kosten nach Aufträgen, Kostenträgern, Kostenträgergruppen oder Betriebsbereichen und deren Kontrolle in der monatlichen Nachkalkulation bzw. im Herstellkosten-Ist-Vergleich. Ausweis von Verfahrens- und Leistungs- sowie Materialmengen- und Ausschußabweichungen.

Erfolgsrechnung zur Ermittlung der Deckungsbeiträge der einzelnen Erzeugnisse und Leistungen und Kontrolle derselben im monatlichen Deckungsbeitrags-Plan-Istvergleich mit stufenweiser Fixkostendeckung. Ausweis von Verkaufspreis-, Mengen- und Produktmixabweichungen.

Im Rahmen der szenariogestützten Wirtschaftlichkeitsanalyse wird die Kostenträgerrechnung basierend auf der Kostenarten-, Kostenstellen- und Kostenträgerrechnung für die angebotenen Bankleistungen durchgeführt. Die Erfolgsrechnung wird auf einer breiteren Basis als szenariogestützte Wirtschaftlichkeitsanalyse durchgeführt.
Die Ermittlung der direkt zurechenbaren Kosten des Betriebsbereiches wird auf der Basis der prozeßorientierten Standardeinzelkostenrechnung durchgeführt [vgl. Kapitel 2.4.2]. Damit werden Einzelkosten für die Erstellung und den Vertrieb der Bankleistungen erfaßt. Die Gemeinkosten des neuen elektronischen Vertriebsweges werden mit Hilfe der Prozeßkostenrechnung erfaßt [vgl. Kapitel 2.4.3].
Die folgende Abb. 3.11 zeigt das Vorgehen zur Ermittlung der Kosten für Erstellung und Vertrieb einzelner Bankleistungen.

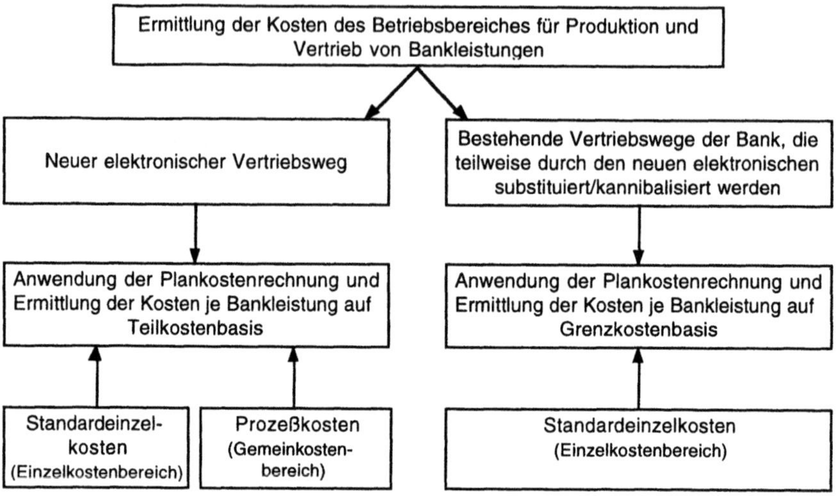

Abb. 3.11: Darstellung des Vorgehens und der eingesetzten Kostenrechnungsverfahren für den neuen elektronischen und die bestehenden Vertriebswege der Bank

Die Kosten für den neuen elektronischen Vertriebsweg werden auf Basis von Teilkosten ermittelt. Die Ermittlung auf Basis der Vollkosten ist nicht notwendig, da die fixen Kosten des elektronischen Vertriebsweges in Schritt 4-1 des Vorgehensmodells ermittelt und im Rahmen der Wirtschaftlichkeitsanalyse berücksichtigt werden.

Die Kosten für die bestehenden Vertriebswege der Bank werden auf der Basis von Teilkosten ermittelt. Die prozeßorientierten Standardeinzelkosten werden in Schritt 4-2 des Vorgehensmodells zur Ermittlung der Wirtschaftlichkeit der einzelnen substituierten Bankleistungen verwendet. Daher dürfen in die Kostenermittlung nur variable Kosten eingehen, die kurzfristig auf dem jeweiligen Vertriebsweg abbaubar sind. Der mit ca. 60% - 70% größte Kostenblock [vgl. Obst/Hintner 93, S. 957] der Personalkosten kann variabel angepaßt werden, da die Mitarbeiter verschiedene Tätigkeiten ausführen können. Zum anderen sind Versetzungen möglich und durch Einstellungsstop und Ausnutzung der Fluktuation kann die Personalkapazität verringert werden [vgl. Meyer zu Selhausen 95, S. 389].

Der aktivitätenorientierte Ansatz der Standardeinzel- und Prozeßkostenrechnung erlaubt eine genauere Ermittlung von Stückkosten für Bankleistungen als die herkömmlichen Verfahren der Divisionskalkulation [vgl. Zelle 92, S. 267]. Die fixen Kosten der bestehenden Vertriebswege, wie z.B. Büroräume, EDV-Infrastruktur usw., sind kurzfristig nicht abbaubar und dürfen daher in den durch den Einsatz des neuen elektronischen Vertriebsweges zu realisierenden Kosteneinsparungen nicht berücksichtigt werden.

3.3.1 Schritt 2-1: Ermittlung der bankleistungsspezifischen Standardeinzel- und Prozeßkosten für den neuen elektronischen Vertriebsweg

Die Inanspruchnahme einer Bankleistung löst in der Bank definierte Prozesse für deren Erstellung und Vertrieb aus. Diese Prozesse sind abhängig von dem jeweiligen Vertriebsweg, über den die Bankleistung in Anspruch genommen wird. Dies kann für den Vergleich von Vertriebswegen im Rahmen der Prozeßbetrachtung zu zwei extremen Fällen führen. Der eine Fall entsteht, wenn beim Vertrieb einer Bankleistung nur das Front-End für den Kunden an den Vertriebsweg angepaßt wurde, jedoch die innerhalb der Bank ablaufenden Prozesse nicht verändert wurden. Dies ist z.B. teilweise bei der Inanspruchnahme des Telebanking über T-Online oder über Internet/WWW der Fall. Der Kunde benutzt lediglich ein unterschiedliches Zugangsmedium zur Bank. Bei einer Vielzahl von Banken sind die intern ablaufenden Prozesse bei beiden Vertriebswegen absolut identisch. Der Vertriebsweg Internet/WWW nutzt dabei die bereits für T-Online bereitgestellten Prozesse und Schnittstellen.

Der andere Fall tritt bei technologisch unterschiedlichen Vertriebswegen ein. So führt z.B. die Abgabe einer beleghaften Überweisung in einer Filiale zur Auslösung einer komplett unterschiedlichen Prozeßkette innerhalb der Bank als die elektronische Aufgabe einer Überweisung über Telebanking in T-Online.

Im Rahmen des Schrittes 2-1 sollen daher die Standardeinzelkosten für den Einzelkostenbereich und die Prozeßkosten für den Gemeinkostenbereich ermittelt werden, die als Summe die Kosten des Betriebsbereiches für die Erstellung und den Vertrieb einer Bankleistung über den neuen elektronischen Vertriebsweg ergeben.

Kosten für Erstellung und Vertrieb der angebotenen Bankleistungen Bankleistungen des neuen elektronischen Vertriebsweges	Standardeinzelkosten des Einzelkostenbereiches [GE]	Prozeßkosten des Gemeinkostenbereiches [GE]	Summe der Kosten des Betriebsbereiches je Bankleistung [GE]
Bankleistung A	STT(A,m,w)	PK(A,m,w)	STT(A,m,w) + PK(A,m,w)
:	:	:	:
Bankleistung n	STT(n,m,w)	PK(n,m,w)	STT(n,m,w) + PK(n,m,w)
Bankleistung A*	STT(A*,m,w)	PK(A*,m,w)	STT(A*,m,w) + PK(A*,m,w)
:	:	:	:
Bankleistung n*	STT(n*,m,w)	PK(n*,m,w)	STT(n*,m,w) + PK(n*,m,w)

Legende:

STT(n,m,w) STT(n*,m,w)	Standardeinzelkosten des Einzelkostenbereiches für Erstellung und Vertrieb der Bankleistung n (exklusiv) bzw. n* (ergänzend) für das Jahr m des Betrachtungszeitraumes unter Berücksichtigung des w=«wahrscheinlichen» Szenarios.
PK(n,m,w) PK(n*,m,w)	Prozeßkosten des Gemeinkostenbereiches für Erstellung und Vertrieb der Bankleistung n (exklusiv) bzw. n* (ergänzend) für das Jahr m des Betrachtungszeitraumes unter Berücksichtigung des w=«wahrscheinlichen» Szenarios.

Tab. 3.21: Aufstellung Standardeinzel- und Prozeßkosten für Erstellung und Vertrieb der Bankleistungen über den neuen elektronischen Vertriebsweg für das Jahr m und das «wahrscheinliche» Szenario

In der Tab. 3.21 sind die im Betriebsbereich anfallenden Kosten für die Erstellung und den Vertrieb einer Bankleistung dargestellt. Die Kosten setzen sich zusammen aus den direkt einer Bankleistung zurechenbaren Standardeinzelkosten und den Prozeßkosten des Gemeinkostenbereiches, die durch die Ermittlung von Prozessen und deren Zuweisung zu Bankleistungen ermittelt werden. Die Kosten sind für jedes Jahr des Betrachtungszeitraumes und jedes der drei Szenarien getrennt zu ermitteln, da diese in die Ermittlung der Planzahlen für das jeweilige Jahr eingehen und daher von Jahr zu Jahr unterschiedlich sein können. Bei der Ermittlung der Standardeinzel- und Prozeßkosten wird auf die Kapitel 2.4.2 und 2.4.3 verwiesen, in denen beide Kostenrechnungsverfahren dargestellt werden.

Prozeßänderung und -definition in der Leistungserstellung von Bankleistungen

Die analysierten Prozesse zur Ermittlung der Standardeinzel- und Prozeßkosten unterliegen im Verlaufe des Betrachtungszeitraumes der Wirtschaftlichkeitsanalyse Änderungen. Diese Änderungen müssen bereits in der Wirtschaftlichkeitsanalyse antizipiert oder in ihren Auswirkungen als nicht wesentlich für die Wirtschaftlichkeit eingestuft werden. Die Implementierung integrierter Prozesse beeinflußt die betrieblichen Abläufe und damit auch unmittelbar die Prozesse bezüglich ihres Inputs, ihrer Durchführung und/oder ihres Outputs. Die Modifikation der Prozesse erfolgt im einzelnen durch [vgl. Schwan 95, S. 135]:

- die technische Funktionalität integrierter Systeme
- die Integration technischer Komponenten
- organisatorische Veränderungen und
- Veränderung auf der Ebene der Prozeßbeteiligten

Integrierte Systeme werden daher unmittelbar über eine Prozeßbewertung beurteilt, indem mehrere unterschiedliche Prozeßalternativen einander gegenübergestellt werden [vgl. Schumann 92, S. 156].

3.3.2 Schritt 2-2: Ermittlung der bankleistungsspezifischen Standardeinzelkosten für die bestehenden Vertriebswege

Die auf dem neuen elektronischen Vertriebsweg angebotenen Bankleistungen werden entweder exklusiv über den neuen elektronischen Vertriebsweg oder ergänzend zu bereits bestehenden Vertriebswegen angeboten. Für die ergänzend zu den bestehenden Vertriebswegen angebotenen Bankleistungen müssen für die jeweiligen bestehenden Vertriebswege die Standardeinzelkosten für Erstellung und Vertrieb ermittelt werden. Die Standardeinzelkosten werden auf Basis der Teilkosten ermittelt [vgl. Kapitel 2.4.2], da diese Kosten im Schritt 2-3 des Vorgehensmodells zur Berechnung der Kosteneinsparungen verwendet werden können [vgl. Schierenbeck 94, S. 267]. Die Anwendung des Verfahrens und die Ergebnisse dieser szenariogestützten Wirtschaftlichkeitsanalyse werden im Rahmen des Kapitels 5 anhand eines Fallbeispiels dargestellt. Das Fallbeispiel beruht auf einer am Institut für Bankinformatik durchgeführten Studie, in der die szenariogestützte Wirtschaftlichkeitsanalyse für den Vertriebsweg Internet/WWW angewendet wurde. In Tab. 3.22 werden die Standardeinzelkosten der bestehenden Vertriebswege für die im Rahmen der Wirtschaftlichkeitsanalyse betrachteten Bankleistungen, die ergänzend zu bestehenden Vertriebswegen angeboten werden, dargestellt. Nicht alle

Bankleistungen werden auf allen bestehenden Vertriebswegen angeboten, weswegen einige Felder grau hinterlegt werden.

Über die bestehenden Vertriebswege angebotene Bankleistungen / Bestehende Vertriebswege	Bankleistung A* [GE]	Bankleistung B* [GE]	...	Bankleistung n* [GE]
Bestehender Vertr.weg 1	STT(1,A*,m,w)	STT(1,B*,m,w)	...	STT(1,n*,m,w)
Bestehender Vertr.weg 2	STT(2,A*,m,w)		...	STT(2,n*,m,w)
:	:	:	...	:
Bestehender Vertr.weg v	STT(v,A*,m,w)	STT(v,B*,m,w)	...	STT(v,n*,m,w)

Legende:

STT(v,n*,m,w) Standardeinzelkosten des Einzelkostenbereiches für Erstellung und Vertrieb der Bankleistung n* (ergänzend) auf dem bestehenden Vertriebsweg v für das Jahr m des Betrachtungszeitraumes unter Berücksichtigung des w=«wahrscheinlichen» Szenarios.

Tab. 3.22: Standardeinzelkosten auf Teilkostenbasis der Bankleistungen für das Jahr m des Betrachtungszeitraumes, die ergänzend zu bestehenden Vertriebswegen angeboten werden, unter Berücksichtigung des «wahrscheinlichen» Szenarios

3.3.3 Schritt 2-3: Ermittlung des bankleistungsspezifischen Kostendeltas zwischen neuem elektronischen und bestehenden Vertriebswegen

Die in Schritt 2-1 und Schritt 2-2 ermittelten prozeßorientierten Standardeinzel- und Prozeßkosten für die über den neuen elektronischen und die bestehenden Vertriebswege angebotenen Bankleistungen können jetzt für die Ermittlung der Kosten bzw. des Kostendeltas für jede einzelne Bankleistung verwendet werden. Die Ermittlung der Kosten bzw. des Kostendeltas muß für jedes Jahr des Betrachtungszeitraumes und für jedes Szenario durchgeführt werden. Die Tab. 3.23 zeigt die Kosten für die exklusiv über den neuen elektronischen Vertriebsweg angebotenen Bankleistungen, für die kein Kostendelta zu einem bestehenden Vertriebsweg ermittelt werden kann. Die Kosten errechnen sich als Summe der Standardeinzel- und der Prozeßkosten:

KD(n,m,w)[46] = STT(n,m,w) + PK(n,m,w)

Bankleistung / Vertriebsweg	Bankleistung A [GE]	Bankleistung B [GE]	...	Bankleistung n [GE]
neuer elektronischer Vertriebsweg	KD(A,m,w)	KD(B,m,w)	...	KD(n,m,w)

46 Zur Vereinheitlichung der verwendeten Variablen werden die Kosten der exklusiv über den neuen elektronischen Vertriebsweg angebotenen Bankleistungen ebenfalls in der Variable KD(n,m,w) erfaßt und für die weitere Ermittlung der Wirtschaftlichkeit des neuen elektronischen Vertriebsweges verwendet.

Legende:	
KD(n,m,w)	Kosten für Erstellung und Vertrieb der exklusiv auf dem neuen elektronischen Vertriebsweg angebotenen Bankleistung n für das Jahr m des Betrachtungszeitraumes unter Berücksichtigung des w=«wahrscheinlichen» Szenarios.

Tab. 3.23: Ermittlung der Kosten der Bankleistungen, die exklusiv auf dem neuen elektronischen Vertriebsweg angeboten werden, für das Jahr m und das «wahrscheinliche» Szenario

In Tab. 3.24 werden die Kostendeltas zwischen dem neuen elektronischen und den bestehenden Vertriebswegen dargestellt.

$$KD(v,n,m,w) = STT(n,m,w) + PK(n,m,w) - STT(v,n,m,w)$$

Bankleistung / Bestehende Vertriebswege	Bankleistung A* [GE]	Bankleistung B* [GE]	...	Bankleistung n* [GE]
Bestehender VW 1	KD(1,A*,m,w)	KD(1,B*,m,w)	...	KD(1,n*,m,w)
Bestehender VW 2	KD(2,A*,m,w)		...	KD(2,n*,m,w)
:	:	:	...	:
Bestehender VW v	KD(v,A*,m,w)	KD(v,B*,m,w)	...	KD(v,n*,m,w)

Legende:	
KD(v,n*,m,w)	Kostendelta zwischen dem bestehenden Vertriebsweg v und dem neuen elektronischen Vertriebsweg für Erstellung und Vertrieb der angebotenen Bankleistung n* für das Jahr m des Betrachtungszeitraumes unter Berücksichtigung des w=«wahrscheinlichen» Szenarios.

Tab. 3.24: Ermittlung der Kostendeltas für jede Bankleistung des neuen elektronischen Vertriebsweges, die ergänzend zu bestehenden Vertriebswegen angeboten wird, für das Jahr m und das «wahrscheinliche» Szenario

Die Kosten bzw. Kostendeltas für die auf dem neuen elektronischen Vertriebsweg angebotenen Bankleistungen für jedes Jahr des Betrachtungszeitraumes werden in Schritt 4-3 zur Berechnung der Wirtschaftlichkeit des neuen elektronischen Vertriebsweges verwendet. Eine möglichst exakte Ermittlung der Prozesse für Erstellung und Vertrieb der einzelnen Bankleistungen und die Berechnung der prozeßorientierten Standardeinzel- und Prozeßkosten für jede Bankleistung auf der Basis von Plankosten und Planzahlen aus dem Schritt 1 hat wesentlichen Einfluß auf die Qualität der Ergebnisse der szenariogestützten Wirtschaftlichkeitsanalyse aus Schritt 4-3 des Vorgehensmodells.

3.4 Schritt 3: Ermittlung der Nutzeffekte des neuen elektronischen und der bestehenden Vertriebswege

Die Einführung von elektronischen Vertriebswegen soll im wesentlichen zwei Funktionen erfüllen. Zum einen ist dies eine Serviceverbesserung und bringt zum anderen quantitative und qualitative Nutzeffekte für die Bank mit sich. Die drei Schritte zur Ermittlung der quantitativen und qualitativen Nutzeffekte sind in der Abb. 3.12 dargestellt. Diese drei Teilschritte werden im weiteren Verlauf des Kapitels detailliert erläutert.

Nach der Ermittlung der Standardeinzel- und Prozeßkosten auf Teilkostenbasis für den neuen elektronischen Vertriebsweg und der Ermittlung der Standardeinzelkosten auf Teilkostenbasis der bestehenden Vertriebswege werden in Schritt 3 die quantitativen und qualitativen Nutzeffekte des neuen elektronischen und der bestehenden Vertriebswege ermittelt. Die Ermittlung der quantitativen und qualitativen Nutzeffekte muß so erfolgen, daß diese nach Abschluß der Einführung des neuen elektronischen Vertriebsweges meß- und realisierbar sind [vgl. Schüller 92, S. 42].
In Schritt 3-1 werden die quantitativen und qualitativen Nutzeffekte des neuen elektronischen Vertriebsweges ermittelt. Schritt 3-2 ermittelt die quantitativen Nutzeffekte der bestehenden Vertriebswege und in Schritt 3-3 wird das Nutzendelta zwischen dem neuen elektronischen und den bestehenden Vertriebswegen auf Basis der quantitativen Nutzeffekte für jede auf dem neuen elektronischen Vertriebsweg angebotene Bankleistung ermittelt.

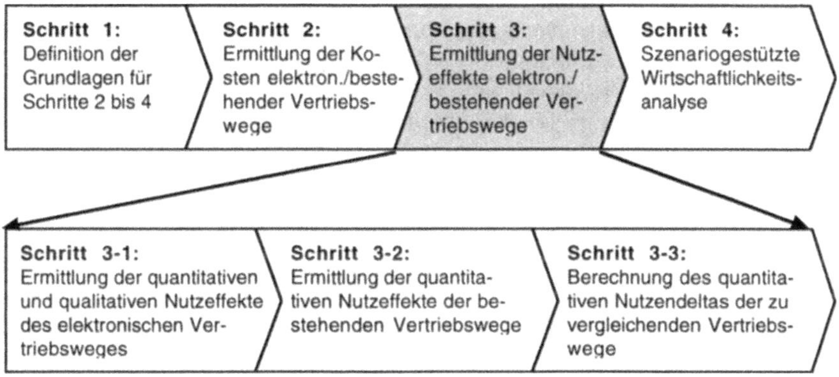

Abb. 3.12: Schritt 3 des Vorgehensmodells: Ermittlung der Nutzeffekte des neuen elektronischen und der bestehenden Vertriebswege

3.4.1 Nutzeffekte neuer elektronischer Vertriebswege

Im folgenden soll der Nutzen als betriebswirtschaftliches Oberziel dargestellt werden. „Der betriebswirtschaftliche Nutzen ermöglicht die Subsummierung aller betriebswirtschaftlichen Ziele ungeachtet ihrer Dimension und gestattet so die Handhabung der betriebswirtschaftlichen Zielpluralität“ [Schmidt-Sudhoff 76, S. 76]. Der betriebswirtschaftliche Nutzen ermöglicht die Berücksichtigung der unterschiedlichen Zielsetzungen im Unternehmen - auch konkurrierende Zielsetzungen - und gestattet deshalb die Handhabung der betriebswirtschaftlichen Interessenpluralität [vgl. Schmidt-Sudhoff 76, S. 133 ff.].
Der Nutzen gestattet die Berücksichtigung subjektiver Rationalität, die als vernünftiges ökonomisches Handeln unbestreitbar ist [vgl. Heinen 62, S. 41 f.]. Die betriebswirtschaftliche Nutzenkonzeption kann nicht nur für privatwirtschaftliche, sondern auch für öffentliche Betriebe einen Beitrag zur Zielbestimmung leisten.

Beide Betriebstypen maximieren ihren Nutzen, der allerdings von unterschiedlichen Zielen bestimmt wird [vgl. Heinen 62, S. 46].
Die durch den Einsatz neuer elektronischer Vertriebswege entstehenden Nutzeffekte verändern sich im Betrachtungszeitraum. Durch eine Veränderung des Nutzungsverhaltens der Bankkunden können sich die angestellten Nutzenbetrachtungen sowohl zum positiven als auch zum negativen verändern. Der betriebswirtschaftliche Nutzen umfaßt auch Unsicherheitspräferenzen. Der Einfluß der Marktdynamik ist daher sehr genau zu betrachten und in die Risikobetrachtungen mit einzubeziehen [vgl. Eisele 94, S. 133]. Entscheidungen bei mehrwertigen Erwartungen oder Risiko lassen sich so durch Entscheidungsmodelle stützen [vgl. Albach 59, S. 132 ff.]. Daher wird auch bei der Ermittlung der Nutzeffekte zwischen den drei Szenarien differenziert.

3.4.2 Schritt 3-1: Ermittlung der quantitativen und qualitativen Nutzeffekte des neuen elektronischen Vertriebsweges

In Schritt 3-1 werden die quantitativen und qualitativen Nutzeffekte, die durch die Bereitstellung des neuen elektronischen Vertriebsweges entstehen, ermittelt. Die quantitativen Nutzeffekte gehen dann in Schritt 3-3 in die Berechnung des Nutzendeltas und in Schritt 4 in die szenariogestützte Wirtschaftlichkeitsanalyse ein.

3.4.2.1 Ermittlung der quantitativen Nutzeffekte des neuen elektronischen Vertriebsweges

Im Rahmen der Erfassung der quantitativen Nutzeffekte des neuen elektronischen Vertriebsweges muß unterschieden werden zwischen bankleistungs- und kundenspezifischen Nutzeffekten. Im folgenden sollen beide Arten für die szenariogestützte Wirtschaftlichkeitsanalyse ermittelt werden.

Bankleistungsspezifische quantitative Nutzeffekte:

Grundsätzlich setzen sich die quantitativen Nutzeffekte einer Bankleistung aus dem Werte- und dem Betriebsbereich zusammen. Wird die Bankleistung ergänzend zu anderen Vertriebswegen auf dem elektronischen Vertriebsweg angeboten, so unterliegt der Wertebereich keiner Änderung[47]. Wird die Bankleistung exklusiv auf dem elektronischen Vertriebsweg angeboten, so wäre der Wertebereich zu untersuchen. Objektive Aussagen über die Erlöse des Wertbereiches von Bankleistungen bei wachsendem Wettbewerbsdruck durch Direktbanken[48], Non- und Near-Banks[49], ausländische Banken[50] und immer weiter sinkenden Zinsmargen sind für einen

---

[47] In verschiedenen Interviews mit Bankexperten wurde diese Auffassung bestätigt. Innerhalb einer Bank sind vertriebswegabhängige Konditionen für Aktiv- und Passivprodukte im Wertebereich nicht darstellbar.

[48] z.B. Bank24 AG - Tochter der Deutsche Bank AG; Advance Bank AG - Tochter der Vereinsbank AG; ComDirect AG - Tochter der Commerzbank AG; jede große deutsche Bank unterhält eine Direktbanktochter

[49] z.B. Quelle Bank AG, VAG Bank AG

[50] z.B. Santander Direkt Bank GmbH, American Express Bank GmbH, die hauptsächlich im Passivbereich ihren Kunden attraktive Konditionen bieten und damit in Konkurrenz zu Filialbanken stehen.

Betrachtungszeitraum von vier bis fünf Jahren nicht möglich [vgl. Kapitel 3.3]. Daher werden die Erlöse des Wertebereiches im Rahmen der szenariogestützten Wirtschaftlichkeitsanalyse nicht berücksichtigt.
Die quantitativen Nutzeffekte des neuen elektronischen Vertriebsweges beschränken sich daher auf die Erlöse des Betriebsbereiches. D.h. der Bankkunde zahlt für die Inanspruchnahme einer Bankleistung über den neuen elektronischen Vertriebsweg eine vereinbarte Gebühr oder Provision, oder die Inanspruchnahme ist für den Bankkunden kostenfrei, oder die Bank gibt dem Kunden durch Gebührengutschriften einen Anreiz zur Nutzung des elektronischen Vertriebsweges. Die drei genannten Varianten müssen für die Wirtschaftlichkeitsanalyse erfaßt werden. Die Tab. 3.25 zeigt die Erlöse des Betriebsbereiches für die Bankleistungen für das Jahr m des Betrachtungszeitraumes und das «wahrscheinliche» Szenario, die exklusiv über den neuen elektronischen Vertriebsweg angeboten werden. In Tab. 3.26 werden die ergänzend zu anderen Vertriebswegen angebotenen Bankleistungen dargestellt.

Bankleistungen des elektronischen Vertriebsweges	Bankleistung A [GE]	Bankleistung B [GE]	...	Bankleistung n [GE]
Erlöse des Betriebsbereiches	ER(A,m,w)	ER(B,m,w)	...	ER(n,m,w)

Legende:

ER(n,m,w) Erlöse des Betriebsbereiches der angebotenen Bankleistung n (exklusiv) für das Jahr m des Betrachtungszeitraumes unter Berücksichtigung des w=«wahrscheinlichen» Szenarios.

Tab. 3.25: Erlöse des Betriebsbereiches für Bankleistungen, die exklusiv über den neuen elektronischen Vertriebsweg angeboten werden, für das Jahr m und das «wahrscheinliche» Szenario

Bankleistungen des elektronischen Vertriebsweges	Bankleistung A* [GE]	Bankleistung B* [GE]	...	Bankleistung n* [GE]
Erlöse des Betriebsbereiches	ER(A*,m,w)	ER(B*,m,w)	...	ER(n*,m,w)

Tab. 3.26: Erlöse des Betriebsbereiches für Bankleistungen, die ergänzend zu den bestehenden Vertriebswegen angeboten werden, für das Jahr m und das «wahrscheinliche» Szenario

Kundenspezifische quantitative Nutzeffekte:

Die kundenspezifischen quantitativen Nutzeffekte sind alle Erlöse, die nutzungsunabhängig durch die Nutzungsmöglichkeit des neuen elektronischen Vertriebsweges durch den Kunden entstehen. Dies können z.B. monatliche oder jährliche Gebühren zur Nutzung des Telefon-Banking sein, oder etwa der Anteil einer Kontoführungspauschale auf Monats- oder Jahresbasis, der zur Deckung der Kosten eines neuen elektronischen Vertriebsweges vorgesehen ist. In der Tab. 3.27 werden die kundenspezifischen Erlöse nach Kundentypen, Jahr des Betrachtungszeitraumes und Szenario differenziert dargestellt.

Kundentypen, die den neuen elektronischen Vertriebsweg nutzen	**Anteil des Kundentyps an den Nutzern des neuen elektron. Vertriebsweges** [%]	**Erlöse pro Kunde des Kundentyps für das Jahr m und das «wahrscheinliche» Szenario** [GE]
Kundentyp 1	KA(1,m,w)	Lfd. Erlöse Kundentyp 1 = KER(1,m,w)
Kundentyp 2	KA(2,m,w)	Lfd. Erlöse Kundentyp 2 = KER(2,m,w)
:	:	:
Kundentyp t	KA(t,m,w)	Lfd. Erlöse Kundentyp t = KER(t,m,w)
	$\sum_{i=1}^{t} KA(i,m,w) = 100\%$	KER(m,w) = KDE(m,w) * $\sum_{i=1}^{t} KER(i,m,w) * KA(i,m,w)$

Legende:

KA(t,m,w)	Anteil des Kundentyps t an den Nutzern des neuen elektronischen Vertriebsweges für das Jahr m des Betrachtungszeitraumes unter Berücksichtigung des w=«wahrscheinlichen» Szenarios.
KER(t,m,w)	Nutzungsunabhängige laufende Erlöse des Betriebsbereiches durch die Nutzung des neuen elektronischen Vertriebsweges durch Kundentyp t für das Jahr m des Betrachtungszeitraumes unter Berücksichtigung des w=«wahrscheinlichen» Szenarios.
KER(m,w)	Summe der nutzungsunabhängigen laufenden Erlöse des Betriebsbereiches durch die Nutzung des neuen elektronischen Vertriebsweges für das Jahr m des Betrachtungszeitraumes unter Berücksichtigung des w=«wahrscheinlichen» Szenarios.

Tab. 3.27: Ermittlung der nutzungsunabhängigen laufenden Erlöse für den neuen elektronischen Vertriebsweg für das Jahr m und das «wahrscheinliche» Szenario

Nach der Ermittlung der laufenden Erlöse, die durch die Nutzung des neuen elektronischen Vertriebsweges entstehen, muß für die bestehenden Vertriebswege die Belastung durch den Wegfall der einmaligen und laufenden Kosten ebenfalls ermittelt werden.

Vertriebsweg	Kundentyp	Anteil Kundentyp, der den bestehenden Vertriebsweg nicht oder nicht mehr nutzt[51] [%]	Einmalige Erlöse pro Kunde durch die erstmalige Nutzung des bestehenden Vertriebsweges v [GE]	Laufende Erlöse pro Kunde für das Jahr m durch die Nutzung des bestehenden Vertriebsweges v [GE]
VW 1	1	KA(1,1,m,w)	ERE(1,1,m,w)	ERL(1,1,m,w)
	:	:	:	:
	t	KA(1,t,m,w)	ERE(1,t,m,w)	ERL(1,t,m,w)
			ERE(1,m,w) = $\sum_{i=1}^{t} ERE(1,i,m,w) * KA(1,i,m,w)$	ERL(1,m,w) = $\sum_{i=1}^{t} ERL(1,i,m,w) * KA(1,i,m,w)$
VW 2	1	KA(2,1,m,w)	ERE(2,1,m,w)	ERL(2,1,m,w)
	:	:	:	:
	t	KA(2,t,m,w)	ERE(2,t,m,w)	ERL(2,t,m,w)
			ERE(2,m,w) = $\sum_{i=1}^{t} ERE(2,i,m,w) * KA(2,i,m,w)$	ERL(2,m,w) = $\sum_{i=1}^{t} ERL(2,i,m,w) * KA(2,i,m,w)$
:	:	:	:	:
VW v	1	KA(v,1,m,w)	ERE(v,1,m,w)	ERL(v,1,m,w)
	:	:	:	:
	t	KA(v,t,m,w)	ERE(v,t,m,w)	ERL(v,t,m,w)
			ERE(v,m,w) = $\sum_{i=1}^{t} ERE(v,i,m,w) * KA(v,i,m,w)$	ERL(v,m,w) = $\sum_{i=1}^{t} ERL(v,i,m,w) * KA(v,i,m,w)$

[51] Als Basis für die Ermittlung des Anteils dient die Anzahl der Nutzer des neuen elektronischen Vertriebsweges in dem jeweiligen Jahr des Betrachtungszeitraumes unter Berücksichtigung des betrachteten Szenarios.

Legende:	
ERE(v,t,m,w)	Nutzungsunabhängige einmalige Erlöse des Betriebsbereiches durch die initiale Nutzung des bestehenden Vertriebsweges v durch Kundentyp t für das Jahr m des Betrachtungszeitraumes unter Berücksichtigung des w=«wahrscheinlichen» Szenarios.
ERE(v,m,w)	Summe der nutzungsunabhängigen einmaligen Erlöse des Betriebsbereiches durch die initiale Nutzung des bestehenden Vertriebsweges v für das Jahr m des Betrachtungszeitraumes unter Berücksichtigung des w=«wahrscheinlichen» Szenarios.
ERL(v,t,m,w)	Nutzungsunabhängige laufende Erlöse des Betriebsbereiches durch die laufende Nutzung des bestehenden Vertriebsweges v durch Kundentyp t für das Jahr m des Betrachtungszeitraumes unter Berücksichtigung des w=«wahrscheinlichen» Szenarios.
ERL(v,m,w)	Summe der nutzungsunabhängigen laufenden Erlöse des Betriebsbereiches durch die laufende Nutzung des bestehenden Vertriebsweges v für das Jahr m des Betrachtungszeitraumes unter Berücksichtigung des w=«wahrscheinlichen» Szenarios.

Tab. 3.28: Ermittlung der einmaligen und laufenden kundenspezifischen und nutzungsunabhängigen Erlöse pro Kunde und Jahr durch die Nutzung bestehender Vertriebswege für das Jahr m und das «wahrscheinliche» Szenario

Die Ermittlung der einmaligen und laufenden Erlöse für die bestehenden Vertriebswege ist in der Tab. 3.28 dargestellt.

3.4.2.2 Ermittlung der qualitativen Nutzeffekte des neuen elektronischen Vertriebsweges

Neben dem direkt quantifizierbaren Nutzen durch den Einsatz des neuen elektronischen Vertriebsweges lassen sich auch qualitative Nutzeffekte feststellen. Dieser qualitative Nutzen läßt sich unterteilen in die Bereiche direkter Nutzen, indirekter Nutzen und Folgewirkungen, die in den Kapiteln 3.4.2.2.1 bis 3.4.2.2.3 dargestellt werden. Bei indirektem Nutzen müssen Wirkungsketten aufgebaut werden, um eine Bewertung über die Beeinflussung anderer Nutzengrößen zu ermöglichen. Eine Quantifizierung des qualitativen Nutzens für die szenariogestützte Wirtschaftlichkeitsanalyse wird nicht durchgeführt, da dies nur bei Vorliegen von funktionalen Beziehungen zwischen Nutzen- und Kosten-/Erlösgrößen möglich ist [vgl. Eisele 90, S. 128 f.]. Eine objektive Quantifizierung ist daher nicht möglich und wird nicht durchgeführt. Kapitel 3.4.2.2.4 diskutiert eine mögliche Anwendung der Nutzwertanalyse auf die ermittelten qualitativen Nutzeffekte. In der Abb. 3.13 ist die Hierarchie der entstehenden Nutzeffekte für den neuen elektronischen Vertriebsweg dargestellt.

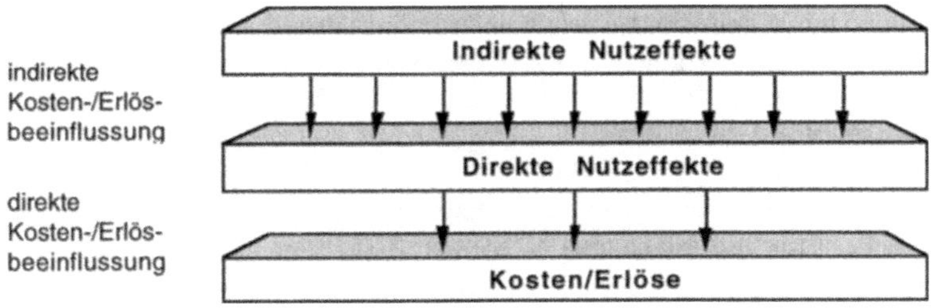

Abb. 3.13: Aufbau einer Nutzenhierarchie der entstehenden Nutzeffekte [vgl. Eisele 90, S. 129]

3.4.2.2.1 Direkter Nutzen

Bereitstellung eines größeren Serviceangebotes

Die Bank stellt durch die Bereitstellung von neuen elektronischen Vertriebswegen ihren Kunden ein größeres Serviceangebot zur Verfügung. Durch dieses vergrößerte Serviceangebot in Verbindung mit attraktiven Gebührenmodellen wird die Bank für einen größeren Kreis von Nichtkunden attraktiv[52] [vgl. FAZ 96a; vgl. Mendonca/Nakache 96, S. 143].

Erzielung von Wettbewerbsvorteilen

Durch die Bereitstellung elektronischer Vertriebswege für den Kunden differenziert sich die jeweilige Bank von den Mitwettbewerbern. Bereits 1996 haben zirka 5% der deutschen Haushalte Zugang zu einem kommerziellen Online-Dienst [vgl. Burda 96]. Nach einer Prognose sollen bis zum Jahre 2000 bereits 15% der deutschen Haushalte Zugang zu einem Online-Dienst haben [vgl. Kreuzer 96, S. 78]. Im Jahr 2000 werden zirka 30% und im Jahr 2006 zirka 63% der deutschen Haushalte über einen onlinefähigen PC verfügen [vgl. Kreuzer 96, S. 59]. Die Banken sollten auf der Grundlage der oben genannten Zahlen die Wirtschaftlichkeit elektronischer Vertriebswege prüfen und bereits heute in diese Technologien investieren und damit in der Zukunft Wettbewerbsvorteile auf Basis einer Kosten- oder Differenzierungsstrategie realisieren [vgl. Porter 96, S. 30 f.; vgl. Bartmann/Wörner 96].

Mehr Informationen

Durch die Nutzung elektronischer Vertriebswege können mehr Informationen über den Kunden, seine Gewohnheiten und die von ihm genutzten Bankleistungen ermittelt werden. Der elektronische Vertriebsweg mit der dahinter liegenden EDV-Infrastruktur macht eine genaue und detaillierte Erfassung der durch den Kunden getätigten Informations- und Bankleistungstransaktionen möglich [vgl. Bartmann/Kreuzer 96b]. So kann z.B. die Nutzung einer Modellrechnung für Bau-

[52] Durch die Bereitstellung des Internet-Banking durch die Bank24 AG in Verbindung mit einer kostenfreien Kontoführung inklusive ec- und Kreditkarte wird die Bank24 für viele Nichtkunden auch als Erstbankverbindung attraktiv [vgl. FAZ 96a].

sparkredite durch den Kunden erfaßt und für eine spätere Ansprache genutzt werden. Der Kundenberater ist auf das Beratungsgespräch besser vorbereitet und kann so besser und schneller konkrete Problemlösungen für den Kunden erarbeiten [vgl. Roemer/Buhl 96].
Das Profil des Kunden für die Bank wird durch die Nutzung der EDV schärfer und genauer. Am Institut für Bankinformatik wurde ein solches System unter dem Namen Relationship Management System (RMS) konzipiert[53]. Die in diesem System gespeicherten Informationen stehen den jeweiligen Bankmitarbeitern zur Verfügung und sind damit nicht mehr, wie in der Bankfiliale, direkt an eine Person oder eine Personengruppe gebunden [vgl. Bartmann/Kreuzer 96b].

Schnellere Informationen

Die im Rahmen der Nutzung elektronischer Vertriebswege durch den Kunden erfaßten Informationen sind für den Kundenbetreuer direkt online abrufbar. Damit kann er auf aktuelle Entwicklungen bei seinen Kunden schnell und direkt reagieren.

Genauere Informationen

Die im Rahmen des RMS gespeicherten Informationen über den Kunden sind genauer und für jeden Bankmitarbeiter nachvollziehbar. Diese Informationen können im Rahmen der Kundenbetreuung für eine gezieltere, detailliertere und bedürfnisgerechtere Beratung eingesetzt werden.

3.4.2.2.2 Indirekter Nutzen

Mögliche Reorganisation der bestehenden Vertriebswege und der Prozesse

Die Entlastung der bestehenden Vertriebswege durch die Einführung und den Betrieb elektronischer Vertriebswege bietet langfristig die Möglichkeit, die bestehenden Vertriebswege neu zu strukturieren und zu organisieren. So werden z.B. die deutschen Großbanken ihr Filialgeschäft weiterhin konzentrieren und langfristig in den Filialen nur noch beratungsintensive Bankleistungen anbieten [vgl. Wiebe 96]. Standardbankleistungen, die keine oder nur wenig Beratung erfordern, werden auf elektronische Vertriebswege ausgelagert. Für den Kunden wird durch günstigere Gebührenstrukturen die Nutzung der elektronischen Vertriebswege sehr attraktiv.
Im folgenden werden zwei Beispiele für solche günstigen Gebührenstrukturen bei elektronischen Vertriebswegen dargestellt:

- Die Bank24 AG bietet den Kunden bei Nutzung der Vertriebswege T-Online oder Internet/WWW eine kostenlose Führung eines Kontokorrentkontos inklusive ec-Karte und eine für ein Jahr gebührenfreie Kreditkarte an.
- Die Advance Bank AG bietet alle Transaktionen für Kontokorrent- und Anlagekonten über das Internet/WWW kostenfrei an. Die sonst üblichen Gebühren für ausgewählte Transaktionen entfallen.

[53] Zur weiteren Gestaltung eines Kundeninformationssystems für Banken im Privatkundengeschäft sei verwiesen auf [Meyer zu Selhausen 92, S. 859 ff.].

Damit werden für den Kunden die monetären Anreize zur Nutzung dieser elektronischen Vertriebswege immer stärker in den Vordergrund gestellt. Mit Hilfe der szenariogestützten Wirtschaftlichkeitsanalyse können solche möglichen verschiedenen „neuen" Gebührenstrukturen auf ihre Wirtschaftlichkeit hin untersucht werden.

Entlastung der bestehenden Vertriebswege von Routinetätigkeiten

Kreuzer führt aus, daß sich insbesondere Bankleistungen für den elektronischen Vertriebsweg eignen, die weder erklärungs- noch verhandlungsbedürftig sind [vgl. Kreuzer 96, S. 122 ff.]. Dies sind vor allem die Bankleistungen des Kontokorrentbereiches, wie z.B. Überweisungen, Daueraufträge oder Umsatzauskünfte oder auch einfache Bankleistungen des Passivbereiches, wie z.B. Sparbriefe oder Festgeldanlagen. Weiterhin eignen sich die Bereiche des Wertpapierhandels für Rationalisierungen durch den Einsatz elektronischer Vertriebswege. Die bestehenden traditionellen Vertriebswege der Bank werden dadurch von Routinetätigkeiten nachhaltig entlastet. Bei der Auswahl der Bankleistungen, die auf dem elektronischen Vertriebsweg angeboten werden sollen, bietet die szenariogestützte Wirtschaftlichkeitsanalyse Entscheidungsunterstützung.

3.4.2.2.3 Folgewirkungen

Verbesserung der betrieblichen Steuerung und Regelung

Durch die Entlastung der bestehenden Vertriebswege von den Routinetätigkeiten reduzieren sich die Spitzenbelastungen, so z.B. die Anrufe der Gehaltsempfänger an jedem 15. oder 30. eines jeden Monats, ob das Gehalt bereits eingegangen ist, oder die Aufgabe von Überweisungen, sobald das Gehalt auf dem Konto eingegangen ist. Solche Spitzenbelastungen können durch den verstärkten Einsatz elektronischer Vertriebswege vermindert werden. Hierdurch wird die betriebliche Steuerung und Regelung der Kapazität vereinfacht, da die großen Nachfrageschwankungen nicht mehr so stark auftreten. Der Einsatz elektronischer Vertriebswege trägt damit indirekt zum Abbau der für Spitzenbelastungen vorgehaltenen Kapazitäten auf den bestehenden Vertriebswegen bei und führt somit auch langfristig zu Kosteneinsparungen.

Erhöhung der betrieblichen Kapazität

Durch den Einsatz der elektronischen Vertriebswege kann die Kapazität zur Erbringung von Bankleistungen maßgeblich gesteigert werden. Die benötigte EDV-Infrastruktur zur Kapazitätserweiterung ist um ein vielfaches kostengünstiger als z.B. die Erweiterung einer Bankfiliale. Durch die Entlastung der Mitarbeiter von Routinetätigkeiten des Zahlungsverkehrs oder des Kontokorrentbereiches können die Mitarbeiter verstärkt im Bereich der deckungsbeitragsstarken Bankleistungen aktiv auf die Kunden zugehen und dort Abschlüsse erzielen.

Nutzenpotentiale und Wirkungsketten

Durch die Bereitstellung eines neuen elektronischen Vertriebsweges durch die Bank entstehen verschiedenartige Nutzenpotentiale. Mit Hilfe der Ermittlung der Nutzenpotentiale und daraus abgeleiteter Wirkungsketten kann die positive und nega-

tive Auswirkung eines neuen elektronischen Vertriebsweges auf die bestehenden Vertriebswege und die Bank im Ganzen besser abgeschätzt werden. Die Transparenz und Abhängigkeit der Wirkungen untereinander wird deutlich erhöht.
Eine Wirkungskette könnte z.B. folgendermaßen beschrieben werden:
Angebot eines umfassenden Online-Angebotes in einem kommerziellen Online-Dienst, daraus entsteht folgende Wirkungskette:

- ⇒ Erhöhung der Kundenzufriedenheit durch umfassendes Leistungsangebot
- ⇒ Erhöhung der Kundenbindung durch die Kundenzufriedenheit
- ⇒ Erhöhung der Dauer der Bankverbindung des Kunden
- ⇒ Erhöhung des life-time-value[54] des Kunden für die Bank

Die Wirkungen können nicht quantifiziert werden, führen jedoch zu einem besseren Verständnis der Auswirkungen, die durch die Einführung eines neuen elektronischen Vertriebsweges entstehen.

3.4.2.2.4 Bewertung der qualitativen Nutzeffekte auf Basis der Nutzwertanalyse

Die ermittelten qualitativen Nutzeffekte des neuen elektronischen Vertriebsweges könnten mit Hilfe der Nutzwertanalyse bewertet werden [vgl. Zangemeister 70]. Gegen eine solche Bewertung der qualitativen Nutzeffekte sprechen die folgenden Argumente:

- Die Nutzwertanalyse erfordert die Definition eines Zielsystems, anhand derer die jeweiligen Alternativen bewertet werden. Dabei stellt sich die Frage, welches Zielsystem abgebildet wird: ist es das des Vorstandes einer Bank oder der Aktionäre oder des Projektleiters. Die Zieldefinition hat einen wesentlichen Einfluß auf die Aussagen der Nutzwertanalyse [vgl. Zangemeister 70, S. 59 f.].
- Die Ergebnisse der Nutzwertanalyse unterliegen starken subjektiven Einflüssen [vgl. Zangemeister 70, S. 9; vgl. Zangemeister 70, S. 54]. Um die Ergebnisse verschiedener Investitionsalternativen miteinander vergleichen zu können, wäre es notwendig, daß die Nutzwertanalyse jeweils von der gleichen Person oder Personengruppe durchgeführt wird.
- Die Nutzwertanalyse erfordert die funktionale Darstellung der Restriktionen in Form von Gleichungen und Ungleichungen [vgl. Zangemeister 70, S. 43] und die Verdichtung der eingehenden Nutzwerte und Gewichtungen auf ein Ergebnis. Hierzu ist die Aufstellung eines für alle Investitionsalternativen gültigen Kriterienkataloges notwendig, der die Vergleichbarkeit der Ergebnisse gewährleistet. Ein solcher Kriterienkatalog müßte jeweils individuell für jede Investitionsentscheidung und die betreffenden Investitionsalternativen erstellt werden.
- Die Ergebnisse der Nutzwertanalyse und der in den Schritten 1 bis 4 des Vorgehensmodells ermittelten monetären Wirtschaftlichkeit lassen sich nicht allgemeingültig zu einem Ergebnis zusammenfassen. Die Definition einer ein-

[54] Das Verfahren des life-time-value wird z.B. von der Kreditkartengesellschaft American Express in Amerika eingesetzt, um den Wert des Kunden für die Dauer der Geschäftsverbindung für die Firma zu berechnen.

deutigen Entscheidungsregel zur Auswahl unter mehreren Alternativen wäre somit nicht möglich.

- Nach Horváth und Mayer schlagen sich langfristig alle qualitativen Nutzeffekte in quantitativen Nutzeffekten nieder [vgl. Horváth/Mayer 90].

Aus den oben genannten Gründen wurde auf die Anwendung der Nutzwertanalyse im Rahmen des Vorgehensmodells verzichtet. Eine Erfassung der qualitativen Nutzeffekte mit den Nutzenpotentialen und Wirkungsketten ist wichtig, da sie einen Überblick über die möglichen langfristigen und strategischen Wirkungen des neuen elektronischen Vertriebsweges gibt.

3.4.3 Schritt 3-2: Ermittlung der quantitativen Nutzeffekte der bestehenden Vertriebswege

Für die Bankleistungen des elektronischen Vertriebsweges, die bereits über bestehende Vertriebswege angeboten werden, müssen in diesem Schritt die bankleistungsspezifischen Erlöse des Betriebsbereiches ermittelt werden. Die folgende Tab. 3.29 zeigt die Erlöse aufgeschlüsselt nach Bankleistungen und bestehenden Vertriebswegen.

Bankleistungen des elektronischen Vertriebsweges / Bestehende Vertriebswege	Bankleistung A* [GE]	Bankleistung B* [GE]	...	Bankleistung n* [GE]
Bestehender Vertriebsweg 1	ER(1,A*,m,w)	ER(1,B*,m,w)	...	ER(1,n*,m,w)
Bestehender Vertriebsweg 2	ER(2,A*,m,w)		...	ER(2,n*,m,w)
:	:	:	...	:
Bestehender Vertriebsweg v	ER(v,A*,m,w)	ER(v,B*,m,w)	...	ER(v,n*,m,w)

Legende:
ER(v,n*,m,w) Nutzungsabhängige Erlöse des Betriebsbereiches durch die Inanspruchnahme der Bankleistung n* über den Vertriebsweg v im Jahr m des Betrachtungszeitraumes unter Berücksichtigung des w=«wahrscheinlichen» Szenarios.

Tab. 3.29: Erlöse des Betriebsbereiches für die Bankleistungen der bestehenden Vertriebswege für das Jahr m und das «wahrscheinliche» Szenario

Auf der Grundlage der Erlöse des Betriebsbereiches jeder Bankleistung für jeden bestehenden Vertriebsweg wird in Schritt 3-3 das Nutzendelta zwischen dem neuen elektronischen und den bestehenden Vertriebswegen ermittelt.

3.4.4 Schritt 3-3: Berechnung des quantitativen Nutzendeltas des neuen elektronischen zu den bestehenden Vertriebswegen

Schritt 3-3 führt die Ergebnisse aus Schritt 3-1 und Schritt 3-2 zusammen und ermittelt für jede Bankleistung des neuen elektronischen Vertriebsweges den quantitativen Nutzen oder das Nutzendelta gegenüber den bestehenden Vertriebswegen. In Tab. 3.30 werden die Nutzendeltas der exklusiv auf dem neuen elektronischen Vertriebsweg angebotenen Bankleistungen dargestellt. Die Tab. 3.31 zeigt die Nutzendeltas der einzelnen Bankleistungen für den neuen elektronischen Vertriebsweg gegenüber den bestehenden Vertriebswegen. Die Nutzendeltas werden für jedes Jahr des Betrachtungszeitraumes und für jedes der drei Szenarien separat ermittelt.

Bankleistungen des neuen elektronischen Vertriebsweges	Bankleistung A [GE]	Bankleistung B [GE]	...	Bankleistung n [GE]
Nutzendelta der Bankleistungen	ND[55](A,m,w) = ER(A,m,w)	ND(B,m,w) = ER(B,m,w)	...	ND(n,m,w) = ER(n,m,w)

Legende:
ND(n,m,w) Nutzendelta der exklusiv über den neuen elektronischen Vertriebsweg angebotenen Bankleistung n für das Jahr m des Betrachtungszeitraumes unter Berücksichtigung des w=«wahrscheinlichen» Szenarios.

Tab. 3.30: Ermittlung des Nutzendeltas des Betriebsbereiches für Bankleistungen, die exklusiv über den neuen elektronischen Vertriebsweg angeboten werden, für das Jahr m und das «wahrscheinliche» Szenario

Bankleistungen des neuen elektronischen Vertriebsweges / Bestehende Vertriebswege	Bankleistung A* [GE]	Bankleistung B* [GE]	...	Bankleistung n* [GE]
Bestehender Vertriebsweg 1	ND(1,A*,m,w) = ER(A*,m,w) - ER(1,A*,m,w)	ND(1,B*,m,w) = ER(B*,m,w) - ER(1,B*,m,w)	...	ND(1,n*,m,w) = ER(n*,m,w) - ER(1,n*,m,w)
Bestehender Vertriebsweg 2	ND(2,A*,m,w) = ER(A*,m,w) - ER(2,A*,m,w)		...	ND(2,n*,m,w) = ER(n*,m,w) - ER(2,n*,m,w)
:	:	:	...	:
Bestehender Vertriebsweg v	ND(v,A*,m,w) = ER(A*,m,w) - ER(v,A*,m,w)	ND(v,B*,m,w) = ER(B*,m,w) - ER(v,B*,m,w)	...	ND(v,n*,m,w) = ER(n*,m,w) - ER(v,n*,m,w)

Legende:
ND(v,n*,m,w) Nutzendelta zwischen dem neuen elektronischen Vertriebsweg und dem bestehenden Vertriebsweg v für die Bankleistung n* im Jahr m des Betrachtungszeitraumes unter Berücksichtigung des w=«wahrscheinlichen» Szenarios.

Tab. 3.31: Ermittlung des Nutzendeltas des Betriebsbereiches für Bankleistungen, die ergänzend zu bestehenden Vertriebswegen angeboten werden, für das Jahr m und das «wahrscheinliche» Szenario

Die in der Tab. 3.30 und Tab. 3.31 dargestellten Nutzendeltas gehen in Schritt 4-2 und 4-3 des Vorgehensmodells in die szenariogestützte Wirtschaftlichkeitsanalyse ein.

55 Zur Vereinheitlichung der verwendeten Variablen werden die Erlöse der exklusiv über den neuen elektronischen Vertriebsweg angebotenen Bankleistungen ebenfalls in der Variable ND(n,m,w) erfaßt und für die weitere Ermittlung der Wirtschaftlichkeit des neuen elektronischen Vertriebsweges verwendet.

3.5 Schritt 4: Ermittlung der szenariogestützten Wirtschaftlichkeit des neuen elektronischen Vertriebsweges

Im abschließenden vierten Schritt des Vorgehensmodells werden die Grundlagen aus Schritt 1 und die Ergebnisse aus Schritt 2 und Schritt 3 zusammengeführt zum Ergebnis der szenariogestützten Wirtschaftlichkeitsanalyse. Die Abb. 3.14 zeigt die drei Teilschritte des Schrittes 4 im Überblick.
Im Schritt 4-1 werden die einmaligen und laufenden Kosten des neuen elektronischen Vertriebsweges und die im Zusammenhang mit dem Einsatz und der Nutzung des neuen elektronischen Vertriebsweges durch die Kunden stehenden kundenspezifischen Kosten ermittelt. Schritt 4-2 dient der Ermittlung der Wirtschaftlichkeit der einzelnen Bankleistungen für jedes Jahr des Betrachtungszeitraumes und für jedes der drei definierten Szenarien. Der Schritt 4-3 führt dann abschließend die Ergebnisse aus Schritt 4-1 und 4-2 zur Ermittlung der szenariogestützten Wirtschaftlichkeit des neuen elektronischen Vertriebsweges für jedes Jahr des Betrachtungszeitraumes und für jedes der drei Szenarien zusammen.

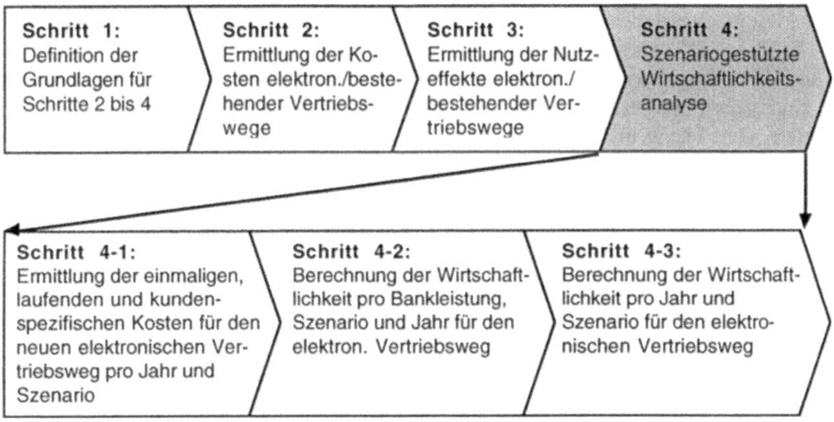

Abb. 3.14: Schritt 4 des Vorgehensmodells: Berechnung der Ergebnisse der szenariogestützten Wirtschaftlichkeitsanalyse

3.5.1 Schritt 4-1: Ermittlung der Investitionskosten sowie der laufenden und kundenspezifischen Kosten für Bereitstellung und Betrieb des neuen elektronischen Vertriebsweges

In Schritt 4-1 werden zum einen die einmaligen Investitionskosten und die laufenden Kosten zur Bereitstellung und Betrieb des neuen elektronischen Vertriebsweges ermittelt [vgl. Anselstetter 86, S. 15]. Diese Kosten sind nutzungsunabhängig und können daher im Rahmen der Ermittlung der Standardeinzelkosten auf Teilkostenbasis nicht berücksichtigt werden. Zum anderen sind dies kundenspezifische Kosten, die im Rahmen der Nutzung des neuen elektronischen Vertriebsweges durch Kunden anfallen. Diese Kosten sind ebenso nutzungsunabhängig und können

daher ebenfalls nicht im Rahmen der Ermittlung der Standardeinzelkosten berücksichtigt werden.
In Kapitel 3.5.1.1 wird die Ermittlung der einmaligen und laufenden Kosten zur Bereitstellung des elektronischen Vertriebsweges und in Kapitel 3.5.1.2 die Ermittlung der kundenspezifischen Kosten durch die Nutzung des neuen elektronischen Vertriebsweges dargestellt.

3.5.1.1 Ermittlung der einmaligen und laufenden Kosten zur Bereitstellung und zum Betrieb des neuen elektronischen Vertriebsweges

Bei der Einführung neuer elektronischer Vertriebswege wird entweder auf eine bestehende EDV-Infrastruktur zurückgegriffen oder eine neue aufgebaut, die möglicherweise in der Zukunft von weiteren elektronischen Vertriebswegen genutzt werden kann [vgl. Wicki 96, S. 97 ff.]. Im ersten Fall führt dies zu einer besseren Auslastung der bestehenden EDV-Infrastruktur und damit zu sinkenden Standardeinzelkosten auf Vollkostenbasis. Die sinkenden Standardeinzelkosten führen im Zuge der Weiterverrechnung zu einer wirtschaftlicheren Nutzung aller betroffenen elektronischen Vertriebswege.
Im zweiten Fall ist eine Nutzung der EDV-Infrastruktur durch im weiteren Verlauf einzuführende elektronische Vertriebswege nicht sicher. Aus diesem Grund wird im dargestellten Vorgehensmodell die für den analysierten elektronischen Vertriebsweg notwendige EDV-Infrastruktur zu 100% diesem auch zugerechnet. Sollte im Zeitablauf ein weiterer elektronischer Vertriebsweg die aufgebaute EDV-Infrastruktur nutzen, so können mit Hilfe des als zyklischen Prozeß definierten Vorgehensmodells die Annahmen geändert und die szenariogestützte Wirtschaftlichkeitsanalyse mit geänderten Daten erneut durchgeführt werden. Ebenso verhält es sich mit einer Veränderung der laufenden Kosten, die über eine erneute Durchführung der szenariogestützten Wirtschaftlichkeitsanalyse berücksichtigt werden.
Grundsätzlich müssen bei den einmaligen Investitionskosten und bei den laufenden Kosten eines neuen elektronischen Vertriebsweges die folgenden Kostenkategorien unterschieden werden. Die einmaligen Investitionskosten entstehen in Abhängigkeit des für den neuen elektronischen Vertriebsweg gewählten Szenarios. Die Tab. 3.32 führt exemplarisch die Kostenkategorien für die einmaligen Investitionskosten zur Bereitstellung eines neuen elektronischen Vertriebsweges auf.

Kostenkategorie	Beschreibung der Kostenkategorie
Projektkosten (Mitarbeiter, Organisation, usw.):	
Projektkosten Fachkonzeptphase	Innerhalb der Fachkonzeptphase für den neuen elektronischen Vertriebsweg anfallende interne und externe Kosten für Mitarbeiter, Seminare, Trainings, Ausbildung, Marktforschung, Beratungsleistung, Prototyperstellung, Reisekosten usw.
Projektkosten Realisierungsphase	Im Rahmen der Realisierungsphase anfallende interne und externe Kosten für Mitarbeiter, Erstellung der Informationssysteme, Anpassung/Änderung der Organisation und Organisationsabläufe, Formularerstellung, Erstellung der rechtlichen Rahmenbedingungen für den neuen elektronischen Vertriebsweg, technische Umsetzung der Vertriebswegeunterstützung, Schulungsmaßnahmen für Mitarbeiter im Front- und Back-Office, Reisekosten usw.

Kostenkategorie	Beschreibung der Kostenkategorie
Hardwarekosten:	
Hardware für Produktivsystem(e)	Kosten für die Hardware des Produktivsystems zur informationstechnischen Unterstützung des neuen elektronischen Vertriebsweges, z.B. Server-Systeme, Arbeitsplatzrechner im Front- und Back-Office, Bereitstellung von Netzverbindungen, Backup-Systeme usw.
Hardware für Testsystem(e)	Kosten für die Hardware des Testsystems für die Weiterentwicklung der Vertriebswegefunktionalität und deren Unterstützung durch Informationstechnologie
Hardware für Datenkommunikation zwischen Bank, evtl. Außenstellen und Netzbetreibern	Kosten für die Verbindung der Rechnersysteme zum Betrieb des neuen elektronischen Vertriebsweges mit den zentralen/dezentralen Systemen der Bank. Dies kann z.B. eine Standleitung zur Verbindung des extern untergebrachten Call-Centers zum Rechenzentrum der Bank sein oder die Verbindung der Rechnersysteme der Bank mit einem Internet Service Provider usw.
Softwarekosten:	
Software für Produktivsystem(e)	Die einmaligen Kosten für die Software des Produktivsystems setzt sich zusammen aus Standardsoftware, die extern von der Bank eingekauft wird, und der intern oder durch externe Dienstleister erstellten bankindividuellen Software. Standardsoftware sind z.B. Betriebssysteme für Arbeitsplatz- oder Server-Systeme, Datenbanksoftware, Netzwerksoftware usw. Bankindividuelle Software wird z.B. bei der Integration des neuen elektronischen Vertriebsweges in die EDV-Systeme der Bank benötigt, weiterhin bei der Bereitstellung der Businesslogik der neuen Bankleistungen des Vertriebsweges usw.
Software für Testsystem(e)	Die Software für das Testsystem muß in der gleichen Art und Weise ausgelegt sein wie das Produktivsystem. Hierbei fallen teilweise erneut die Kosten für Standardsoftware an. Die bankindividuelle Software kann normalerweise ohne zusätzliche Kosten auch auf den Testsystemen für den neuen elektronischen Vertriebsweg verwendet werden.
Marketingkosten:	
Marketingkosten	Kosten für Marketingmaßnahmen für die Einführung und den Betrieb des neuen elektronischen Vertriebsweges, z.B. durch Erstellung einer Informationsbroschüre, Schaltung von Anzeigen, Direct-Mailing Aktionen zur direkten Ansprache der Kunden auf den neuen elektronischen Vertriebsweg usw.
Sonstiges:	
Baukosten	Baukosten zur Erstellung eines neuen Gebäudes zur Bereitstellung des neuen elektronischen Vertriebsweges oder z.B. Umbaumaßnahmen zur Aufstellung eines Internet-Terminals bei Kooperationspartnern.
...	...

Tab. 3.32: Kostenkategorien für die szenarioabhängigen einmaligen Investitionskosten eines neuen elektronischen Vertriebsweges für Bankleistungen

Als Summe der einmaligen Kosten ergibt sich das Investitionsvolumen des neuen elektronischen Vertriebsweges. Das Investitionsvolumen erfaßt dabei alle zur Bereitstellung erforderlichen Kostenkategorien. Besonders wichtig in diesem Zusammenhang ist eine sorgfältige Planung der für die Projektrealisierung eingesetzten Personalressourcen.

$$EK(w) = \sum_{i=1}^{e} EK(i,w)$$

Einmalige Investitionskosten des neuen elektronischen Vertriebsweges unter Berücksichtigung des «wahrscheinlichen» Szenarios

Neben den einmaligen Kosten für die Einführung und Bereitstellung des neuen elektronischen Vertriebsweges entstehen durch den Betrieb nutzungsunabhängige laufende Kosten. Wesentlich ist die Erfassung der Folgekosten eines neuen elektronischen Vertriebsweges; dies sind aufgrund des Einsatzes von Software insbesondere die Wartungskosten [vgl. Schüller 92, S. 42]. Die nutzungs- bzw. mengenabhängigen Kosten auf Basis der Erstellung und des Vertriebes einzelner Bankleistungen werden im Rahmen der Prozeßbetrachtung und der Standardeinzelkostenermittlung in Schritt 2 des Vorgehensmodells erfaßt. Diese laufenden nutzungsunabhängigen Kosten sind in der Tab. 3.33 beispielhaft aufgeführt [vgl. Kuhn/Manthey 96, S. 133].

Kostenkategorie	Beschreibung der Kostenkategorie
Abschreibung	Verteilung der Investitionskosten auf den Abschreibungszeitraum, der möglichst identisch mit dem Betrachtungszeitraum der Wirtschaftlichkeitsanalyse sein sollte.
Zinsen[56]	Zinsen für die Investitionskosten der Investitionsgüter, die im Betrachtungszeitraum der Wirtschaftlichkeitsanalyse abgeschrieben werden.
Wartungskosten	Kosten für die Wartung von Hard- und Software. Die Wartungskosten für Software betragen im Normalfall 15% - 20% des Kaufpreises bei Standardsoftware oder des Vertragsvolumens bei Werkverträgen.
Kommunikationskosten	Kommunikationskosten für die Bereitstellung des neuen elektronischen Vertriebsweges, z.B. Kosten für eine Standleitung zwischen Internet-Terminal bei einem Kooperationspartner und der Bank oder Kosten für eine Standleitung zwischen der Bank und einem Internet Service Provider.
Personalkosten	Personalkosten für die Bereitstellung, Aufrechterhaltung und Pflege des neuen elektronischen Vertriebsweges, z.B. zur Aktualisierung von eingestellten Informationen, Anpassung an Softwareveränderungen oder Bereitstellung neuer Bankleistungen.
Reisekosten	Im Zusammenhang mit dem Betrieb des neuen elektronischen Vertriebsweges anfallende Reisekosten.
Marketingkosten	Kosten für die Marketingmaßnahmen für den neuen elektronischen Vertriebsweg während des laufenden Betriebes.
Organisationskosten	Organisationskosten für die Bereitstellung des neuen elektronischen Vertriebsweges.
Mietkosten	Mietkosten für Räume, Gebäude oder Flächen zur Bereitstellung des Vertriebsweges, z.B. Anmietung von Flächen in Warenhäusern oder Kosten für die öffentliche Aufstellung von Multifunktions- oder Internet-Terminals.
Sonstige Kosten	Kosten externer Dienstleister, z.B. Geldkassettenwechsel bei Geldausgabeautomaten an öffentlichen Plätzen. ...
...	...

Tab. 3.33: Kostenkategorien für die szenarioabhängigen laufenden Kosten eines neuen elektronischen Vertriebsweges

Als Summe der laufenden jährlichen Kosten ergeben sich die jährlichen nutzungsunabhängigen Kosten des neuen elektronischen Vertriebsweges. In den jährlichen nutzungsunabhängigen Kosten werden alle zur Bereitstellung und zum Betrieb erforderlichen Kostenkategorien erfaßt. Besonders wichtig in diesem Zusammen-

[56] Die kalkulatorischen Zinsen werden vom durch die Investition durchschnittlich gebundenen betriebsnotwendigen Kapital berechnet [vgl. Coenenberg 92, S. 62 ff.].

hang ist eine sorgfältige Ermittlung und Planung der für die Projektrealisierung und den Betrieb des Vertriebsweges eingesetzten Personal-, Hard- und Softwareressourcen.

$$LK(m,w) = \sum_{i=1}^{l} LK(i,m,w)$$

Jährliche nutzungsunabhängige Kosten des neuen elektronischen Vertriebsweges unter Berücksichtigung des «wahrscheinlichen» Szenarios

Die jährlichen nutzungsunabhängigen Kosten des neuen elektronischen Vertriebsweges gehen in die in Schritt 4-3 durchgeführte szenariogestützte Wirtschaftlichkeitsanalyse ein.
Eine mengen- oder zeitabhängige Verrechnung der nutzungsunabhängigen Kosten für die Bereitstellung und den Betrieb des neuen elektronischen Vertriebsweges führt zu einer Proportionalisierung der fixen Kosten. Eine Proportionalisierung würde die fixen Kosten auf die einzelnen über den neuen elektronischen Vertriebsweg abgesetzten Bankleistungen verrechnen. Dies entspricht einer Produktkalkulation auf Vollkostenbasis bei der neben den variablen auch die fixen Kosten direkt auf die einzelne Bankleistung umgerechnet werden. Interessanter in diesem Zusammenhang sind die zusätzlich durch jede Bankleistung entstehenden Kosten und damit eine Kostenermittlung auf Teilkostenbasis. Die laufenden nutzungsunabhängigen Kosten des neuen elektronischen Vertriebsweges werden als Gemeinkosten bzw. Vertriebswegekosten ohne Aufschlüsselung auf einzelne Prozesse oder Bankleistungen als Infrastrukturmaßnahme verrechnet.

3.5.1.2 Ermittlung der kundenspezifischen Kosten pro Jahr und Szenario

Die nutzungsabhängigen laufenden Kosten des neuen elektronischen Vertriebsweges setzen sich im wesentlichen aus zwei Kostenbestandteilen zusammen. Dies sind zum einen die bankleistungsspezifischen Kosten, die von der Anzahl der in Anspruch genommenen Bankleistungen abhängen, und zum anderen die kundenspezifischen Kosten, die von der Anzahl der zur Nutzung registrierten Kunden abhängen bzw. für jeden Kunden, der diesen neuen elektronischen Vertriebsweg nutzt, konstant sind [vgl. Männel 96, S. 150]. Die folgende Abb. 3.15 zeigt die Aufteilung der nutzungsabhängigen laufenden Kosten und die weitere Aufschlüsselung der bankleistungs- und kundenspezifischen Kosten.

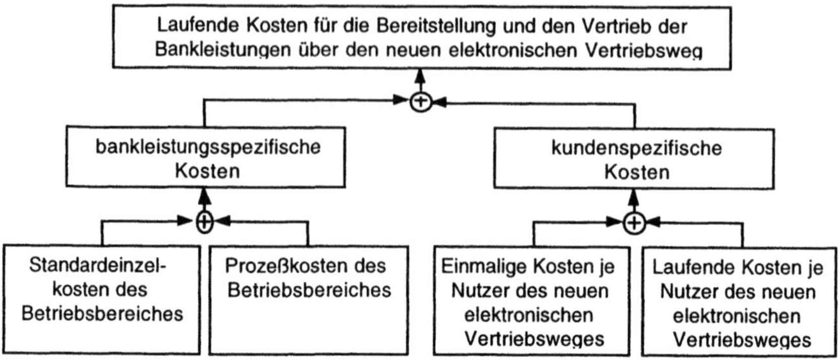

Abb. 3.15: Aufteilung der nutzungsabhängigen laufenden Kosten in bankleistungs- und kundenspezifische Kosten

Im folgenden soll auf die kundenspezifischen Kosten/Erlöse eingegangen werden. Die bankleistungsspezifischen Kosten wurden bereits im Schritt 2-1 (Kapitel 3.3.1) und Schritt 2-2 (Kapitel 3.3.2) ermittelt und werden daher im folgenden nicht mehr dargestellt. Die kundenspezifischen Kosten werden in Schritt 4-3 in die szenariogestützte Wirtschaftlichkeitsanalyse des neuen elektronischen Vertriebsweges eingehen.
Die kundenspezifischen Kosten ergeben sich durch die Nutzung des neuen elektronischen Vertriebsweges durch einen Kunden. Hierbei muß zwischen den einmaligen Kosten zur generellen Nutzung des Vertriebsweges und den laufenden (nutzungsunabhängigen) Kosten durch die fortlaufende Nutzung des Vertriebsweges durch den Kunden differenziert werden. Unter den kundenspezifischen Kosten werden nur solche Kosten erfaßt, die nicht einer Bankleistung direkt zugeordnet werden können, sondern im direkten Zusammenhang mit der Nutzung des Vertriebsweges durch einen Kunden stehen. Dies sind z.B. Kosten für die Bereitstellung von Bankkarten zur Nutzung von Geldautomaten, die Bereitstellung einer PC-Software zur Nutzung des Telebanking über T-Online oder die Bereitstellung einer Chipkarte inklusive Lesegerät zur Authentifizierung beim Telebanking über Internet/WWW. Alle diese Kosten werden durch die erstmalige Nutzung des neuen elektronischen Vertriebsweges verursacht und sind getrennt von den bankleistungsspezifischen Kosten zu betrachten.
Die kundenspezifischen Kosten müssen in die einmaligen und die laufenden Kosten pro Jahr unterteilt werden. Die kundenspezifischen einmaligen und laufenden Kosten werden entweder vollständig von der Bank übernommen, oder der Kunde übernimmt in Form von Gebühren einen Teil der Kosten. Die in diesem Schritt betrachteten Kosten verstehen sich abzüglich der durch den Kunden übernommenen Kosten. Die jeweiligen Kosten können dann nach Kundentyp unterschiedlich ausfallen, z.B. induziert durch die technische Ausstattung des Kunden. Die einmaligen Kosten entstehen dadurch, daß der Kunde den neuen elektronischen Vertriebsweg nutzen möchte und die Bank ihm die notwendigen Hilfsmittel zur Verfügung stellt, wie z.B. die Bereitstellung eines Chipkartenlesers oder einer speziellen Homebanking-Software. Die laufenden Kosten pro Kunde pro Jahr können z.B. die Kosten für die Bereitstellung einer neuen Chipkarte oder einer Ersatz-PIN sein. Die einma-

ligen, vom Kundentyp und dem jeweiligen Szenario abhängigen Kosten zur Nutzung des neuen elektronischen Vertriebsweges sind in Tab. 3.34 dargestellt. Die in Tab. 3.35 dargestellte Zusammenstellung zeigt die kundenspezifischen, nutzungsunabhängigen und laufenden Kosten pro Jahr und Szenario.

Kundentypen, die den neuen elektronischen Vertriebsweg nutzen	**Anteil des Kundentyps an der Gesamtzahl der Nutzer des neuen elektronischen Vertriebsweges** [%]	**Einmalige Kosten pro Kundentyp durch die Nutzung des neuen elektronischen Vertriebsweges** [GE]
Kundentyp 1	KA(1,m,w)	Einmalige Kosten Kundentyp 1= KEN(1,m,w)
Kundentyp 2	KA(2,m,w)	Einmalige Kosten Kundentyp 2= KEN(2,m,w)
:	:	:
Kundentyp t	KA(t,m,w)	Einmalige Kosten Kundentyp t= KEN(t,m,w)
Summe über alle Kundentypen pro Jahr pro Szenario	$\sum_{i=1}^{t} KA(i,m,w) = 100\%$	$KEN(m,w) = \sum_{i=1}^{t} KEN(i,m,w) * KA(i,m,w)$

Legende:

KEN(t,m,w) Nutzungsunabhängige einmalige Kosten des Betriebsbereiches durch die initiale Nutzung des neuen elektronischen Vertriebsweges durch Kundentyp t für das Jahr m des Betrachtungszeitraumes unter Berücksichtigung des w=«wahrscheinlichen» Szenarios.

KEN(m,w) Summe der nutzungsunabhängigen einmaligen Kosten des Betriebsbereiches durch die initiale Nutzung des neuen elektronischen Vertriebsweges für das Jahr m des Betrachtungszeitraumes unter Berücksichtigung des w=«wahrscheinlichen» Szenarios

Tab. 3.34: Ermittlung der einmaligen kundenspezifischen Kosten für den neuen elektronischen Vertriebsweg pro Jahr und Szenario

Kundentypen, die den neuen elektronischen Vertriebsweg nutzen	**Anteil des Kundentyps an der Gesamtzahl der Nutzer des neuen elektronischen Vertriebsweges** [%]	**Laufende Kosten pro Kundentyp für das Jahr m und das «wahrscheinliche» Szenario** [GE]
Kundentyp 1	KA(1,m,w)	Laufende Kosten Kundentyp 1= KLN(1,m,w)
Kundentyp 2	KA(2,m,w)	Laufende Kosten Kundentyp 2= KLN(2,m,w)
:	:	:
Kundentyp t	KA(t,m,w)	Laufende Kosten Kundentyp t= KLN(t,m,w)
Summe über alle Kundentypen pro Jahr pro Szenario	$\sum_{i=1}^{t} KA(i,m,w) = 100\%$	$KLN(m,w) = \sum_{i=1}^{t} KLN(i,m,w) * KA(i,m,w)$

Legende:	
KLN(t,m,w)	Nutzungsunabhängige laufende Kosten des Betriebsbereiches durch die laufende Nutzung des neuen elektronischen Vertriebsweges durch Kundentyp t für das Jahr m des Betrachtungszeitraumes unter Berücksichtigung des w=«wahrscheinlichen» Szenarios.
KLN(m,w)	Summe der nutzungsunabhängigen laufenden Kosten des Betriebsbereiches durch die laufende Nutzung des neuen elektronischen Vertriebsweges für das Jahr m des Betrachtungszeitraumes unter Berücksichtigung des w=«wahrscheinlichen» Szenarios.

Tab. 3.35: Ermittlung der laufenden kundenspezifischen Kosten für den neuen elektronischen Vertriebsweg pro Jahr und Szenario

Nach der Ermittlung der einmaligen und laufenden Kosten, die durch die Nutzung des neuen elektronischen Vertriebsweges entstehen, muß für die bestehenden Vertriebswege die Entlastung durch die Einsparung der einmaligen und laufenden Kosten ebenfalls ermittelt werden. Die Ermittlung der einmaligen und laufenden Kosten für die bestehenden Vertriebswege ist in Tab. 3.36 dargestellt.

Vertriebsweg	Kundentyp	Anteil Kundentyp, der den bestehenden Vertriebsweg nicht oder nicht mehr nutzt[57] [%]	Einmalige Kosten pro Kunde durch die erstmalige Nutzung des bestehenden Vertriebsweges v [GE]	Laufende Kosten pro Kunde für das Jahr m und das «wahrscheinliche» Szenario durch die Nutzung des bestehenden Vertriebsweges v [GE]
VW 1	1	KA(1,1,m,w)	KEB(1,1,m,w)	KLB(1,1,m,w)
	:	:	:	:
	t	KA(1,t,m,w)	KEB(1,t,m,w)	KLB(1,t,m,w)
			KEB(1,m,w) = $\sum_{i=1}^{t} KEB(1,i,m,w) * KA(1,i,m,w)$	KLB(1,m,w) = $\sum_{i=1}^{t} KLB(1,i,m,w) * KA(1,i,m,w)$
VW 2	1	KA(2,1,m,w)	KEB(2,1,m,w)	KLB(2,1,m,w)
	:	:	:	:
	t	KA(2,t,m,w)	KEB(2,t,m,w)	KLB(2,t,m,w)
			KEB(2,m,w) = $\sum_{i=1}^{t} KEB(2,i,m,w) * KA(2,i,m,w)$	KLB(2,m,w) = $\sum_{i=1}^{t} KLB(2,i,m,w) * KA(2,i,m,w)$
:	:	:	:	:

[57] Als Basis für die Ermittlung des Anteils dient die Anzahl der Nutzer des neuen elektronischen Vertriebsweges in dem jeweiligen Jahr des Betrachtungszeitraumes unter Berücksichtigung des betrachteten Szenarios.

Vertriebs weg	Kundentyp	Anteil Kundentyp, der den bestehenden Vertriebsweg nicht oder nicht mehr nutzt[57] [%]	Einmalige Kosten pro Kunde durch die erstmalige Nutzung des bestehenden Vertriebsweges v [GE]	Laufende Kosten pro Kunde für das Jahr m und das «wahrscheinliche» Szenario durch die Nutzung des bestehenden Vertriebsweges v [GE]
VW v	1	KA(v,1,m,w)	KEB(v,1,m,w)	KLB(v,1,m,w)
	:	:	:	:
	t	KA(v,t,m,w)	KEB(v,t,m,w)	KLB(v,t,m,w)
			KEB(v,m,w) = $\sum_{i=1}^{t} \text{KEB}(v,i,m,w) * \text{KA}(v,i,m,w)$	KLB(v,m,w) = $\sum_{i=1}^{t} \text{KLB}(v,i,m,w) * \text{KA}(v,i,m,w)$

Legende:

KEB(v,t,m,w)	Nutzungsunabhängige einmalige Kosten des Betriebsbereiches durch die initiale Nutzung des bestehenden Vertriebsweges v durch Kundentyp t für das Jahr m des Betrachtungszeitraumes unter Berücksichtigung des w=«wahrscheinlichen» Szenarios.
KEB(v,m,w)	Summe der nutzungsunabhängigen einmaligen Kosten des Betriebsbereiches durch die initiale Nutzung des bestehenden Vertriebsweges v für das Jahr m des Betrachtungszeitraumes unter Berücksichtigung des w=«wahrscheinlichen» Szenarios.
KLB(v,t,m,w)	Nutzungsunabhängige laufende Kosten des Betriebsbereiches durch die laufende Nutzung des bestehenden Vertriebsweges v durch Kundentyp t für das Jahr m des Betrachtungszeitraumes unter Berücksichtigung des w=«wahrscheinlichen» Szenarios.
KLB(v,m,w)	Summe der nutzungsunabhängigen laufenden Kosten des Betriebsbereiches durch die laufende Nutzung des bestehenden Vertriebsweges v für das Jahr m des Betrachtungszeitraumes unter Berücksichtigung des w=«wahrscheinlichen» Szenarios.

Tab. 3.36: Einmalige und laufende, kundenspezifische und nutzungsunabhängige Kosten pro Kunde zur Nutzung der bestehenden Vertriebswege

3.5.2 Schritt 4-2: Berechnung der Wirtschaftlichkeit je Bankleistung, Jahr und Szenario des neuen elektronischen Vertriebsweges

Auf Grundlage der Ergebnisse der Schritte 2 und 3 kann nun die Wirtschaftlichkeit jeder einzelnen Bankleistung ermittelt werden. Dabei müssen zwei Fälle unterschieden werden. Zum einen Bankleistungen, die exklusiv über den elektronischen Vertriebsweg und zum anderen Bankleistungen, die ergänzend zu bestehenden Vertriebswegen angeboten werden. Die Glg. 3.1 zeigt die Ermittlung für die exklusiv und die Glg. 3.2 für die ergänzend zu bestehenden Vertriebswegen angebotenen Bankleistungen.

WBL(n,m,w)	=	ND(n,m,w)	Nutzen durch Gebühren und Provisionen der Bankleistung n für das Jahr m unter Berücksichtigung des «wahrscheinlichen» Szenarios.
	+	KD(n,m,w)	Kosten für Erstellung und Vertrieb der Bankleistung n für das Jahr m unter Berücksichtigung des «wahrscheinlichen» Szenarios.

Glg. 3.1: Wirtschaftlichkeit einer exklusiv auf dem neuen elektronischen Vertriebsweg angebotenen Bankleistung n für das Jahr m und das «wahrscheinliche» Szenario

WBL(n*,v,m,w)	=	ND(v,n*,m,w)	Nutzendelta der Bankleistung n* für das Jahr m unter Berücksichtigung des «wahrscheinlichen» Szenarios auf dem bestehenden Vertriebsweg v.
	+	KD(v,n*,m,w)	Kostendelta der Bankleistung n* für das Jahr m unter Berücksichtigung des «wahrscheinlichen» Szenarios auf dem bestehenden Vertriebsweg v.

Glg. 3.2: Wirtschaftlichkeit einer auf dem bestehenden Vertriebsweg v durch den neuen elektronischen Vertriebsweg substituierten Bankleistung n* für das Jahr m und das «wahrscheinliche» Szenario

In Tab. 3.37 werden die ermittelten Wirtschaftlichkeiten der über den neuen elektronischen Vertriebsweg angebotenen Bankleistungen in Abhängigkeit des substituierten bestehenden Vertriebsweges dargestellt. Die Ergebnisse beziehen sich auf das Jahr m des Betrachtungszeitraumes unter Berücksichtigung des «wahrscheinlichen» Szenarios. Mit den Ergebnissen der drei Szenarien kann der in Kapitel 1.2 dargestellte Ergebniswürfel gefüllt werden.

<table>
<tr><th>Bestehende Vertriebswege
Bankleistungen</th><th>Bestehender Vertriebsweg 1 [GE]</th><th>Bestehender Vertriebsweg 2 [GE]</th><th>...</th><th>Bestehender Vertriebsweg v [GE]</th></tr>
<tr><td>Bankleistung A</td><td colspan="4">WBL(A,m,w)</td></tr>
<tr><td>Bankleistung B</td><td colspan="4">WBL(B,m,w)</td></tr>
<tr><td>:</td><td colspan="4">:</td></tr>
<tr><td>Bankleistung n</td><td colspan="4">WBL(n,m,w)</td></tr>
<tr><td>Bankleistung A*</td><td>WBL(A*,1,m,w)</td><td>WBL(A*,2,m,w)</td><td>...</td><td>WBL(A*,v,m,w)</td></tr>
<tr><td>Bankleistung B*</td><td>WBL(B*,1,m,w)</td><td></td><td>...</td><td>WBL(B*,v,m,w)</td></tr>
<tr><td>:</td><td>:</td><td>:</td><td>...</td><td>:</td></tr>
<tr><td>Bankleistung n*</td><td>WBL(n*,1,m,w)</td><td>WBL(n*,2,m,w)</td><td>...</td><td>WBL(n*,v,m,w)</td></tr>
</table>

Legende:

WBL(n,m,w)	Wirtschaftlichkeit der Bankleistung n des neuen elektronischen Vertriebsweges für das Jahr m des Betrachtungszeitraumes unter Berücksichtigung des w=«wahrscheinlichen» Szenarios.
WBL(n*,v,m,w)	Wirtschaftlichkeit der Bankleistung n* auf dem neuen elektronischen Vertriebsweg, die auf dem bestehenden Vertriebsweg v substituiert wird, für das Jahr m des Betrachtungszeitraumes unter Berücksichtigung des w=«wahrscheinlichen» Szenarios.

Tab. 3.37: Wirtschaftlichkeit der auf dem neuen elektronischen Vertriebsweg angebotenen Bankleistungen für das Jahr m und das «wahrscheinliche» Szenario

Neben der Wirtschaftlichkeit durch die 1:1 Substitution einer Bankleistung auf einem bestehenden Vertriebsweg durch den neuen elektronischen Vertriebsweg ist die gewichtete Wirtschaftlichkeit von größerem Interesse. Dabei geht in die Ermittlung der Wirtschaftlichkeit der jeweilige Vertriebsweg v nur mit dem in Schritt 1-2 ermittelten Substitutionsanteil ein. Für die Ermittlung der gewichteten Wirtschaftlichkeit sind zwei Verfahren zu unterscheiden. Das erste Verfahren dient zur Ermittlung der Wirtschaftlichkeit für exklusiv über den neuen elektronischen Vertriebsweg angebotene Bankleistungen und das zweite Verfahren für ergänzend zu bereits bestehenden Vertriebswegen angebotene Bankleistungen.
Das erste Verfahren zur Ermittlung der gewichteten Wirtschaftlichkeit exklusiv angebotener Bankleistungen ist in der Glg. 3.3 dargestellt, und in der Tab. 3.38 wird die Ermittlung der Wirtschaftlichkeit exemplarisch für verschiedene Bankleistungen aufgeführt.

WK(n,m,w)	=	BL(n,m,w)	Gesamtinanspruchnahme der Bankleistung n des neuen elektronischen Vertriebsweges für das Jahr m unter Berücksichtigung des «wahrscheinlichen» Szenarios.
	*	(ND(n,m,w)	Nutzendelta der Bankleistung n für das Jahr m unter Berücksichtigung des «wahrscheinlichen» Szenarios.
	-	KD(n,m,w))	Kostendelta der Bankleistung n für das Jahr m unter Berücksichtigung des «wahrscheinlichen» Szenarios.

Glg. 3.3: Berechnung der gewichteten Wirtschaftlichkeit für exklusiv auf dem neuen elektronischen Vertriebsweg angebotene Bankleistungen

Bankleistungen, die exklusiv auf dem neuen elektronischen Vertriebsweg angeboten werden	Wirtschaftlichkeit der Bankleistung n für das Jahr m und das «wahrscheinliche» Szenario [GE]
Bankleistung A	WK(A,m,w) = BL(A,m,w) * (ND(A,m,w) - KD(A,m,w))
Bankleistung B	WK(B,m,w) = BL(B,m,w) * (ND(B,m,w) - KD(B,m,w))
:	:
Bankleistung n	WK(n,m,w) = BL(n,m,w) * (ND(n,m,w) - KD(n,m,w))

Tab. 3.38: Gewichtete Wirtschaftlichkeit der exklusiv auf dem neuen elektronischen Vertriebsweg angebotenen Bankleistungen für das Jahr m und das «wahrscheinliche» Szenario

Die zweite Gleichung zur Ermittlung der gewichteten Wirtschaftlichkeit der einzelnen Bankleistungen im Jahr m des Betrachtungszeitraumes und unter Berücksichtigung des jeweiligen Szenarios wird in der Glg. 3.4 dargestellt.

WK(n*,m,w)	=	BL(n*,m,w)	Gesamtinanspruchnahme der Bankleistung n* des neuen elektronischen Vertriebsweges für das Jahr m unter Berücksichtigung des «wahrscheinlichen» Szenarios
	*	((((1 - SB(n*,m))	Inanspruchnahme der Bankleistung n* des neuen elektronischen Vertriebsweges, die nicht die Inanspruchnahme auf anderen bestehenden Vertriebswegen substituiert
	*	(ER(n*,m,w)	Nutzendelta der Bankleistung n* für das Jahr m unter Berücksichtigung des «wahrscheinlichen» Szenarios

-	STT(n*,m,w)	Standardeinzelkosten auf Teilkostenbasis für Erstellung und Vertrieb der Bankleistung n*
-	PK(n*,m,w)))	Prozeßkosten des Gemeinkostenbereiches für Erstellung und Vertrieb der Bankleistung n*
-	$\sum_{i=1}^{v}$(	Ermittlung der Summe über die bestehenden Vertriebswege, auf denen die Bankleistungen des neuen elektronischen Vertriebsweges angeboten werden. Ermittelt für das jeweilige Jahr m und unter Berücksichtigung des jeweiligen Szenarios
+	SB(i,n*,m)	Anteil an der Gesamtinanspruchnahme, die durch den neuen elektronischen Vertriebsweg auf dem bestehenden Vertriebsweg i substituiert wird
*	(ND(i,n*,m,w)	Nutzendelta der Bankleistung n* durch Substitution des bestehenden Vertriebsweges i durch den neuen elektronischen Vertriebsweg
-	KD(i,n*,m,w))))	Kostendelta der Bankleistung n* durch Substitution des bestehenden Vertriebsweges i durch den neuen elektronischen Vertriebsweg

Glg. 3.4: Berechnung der gewichteten Wirtschaftlichkeit für ergänzend zu bestehenden Vertriebswegen auf dem neuen elektronischen Vertriebsweg angebotene Bankleistungen

Die Tab. 3.39 zeigt die Ermittlung der Wirtschaftlichkeit der Bankleistungen, die ergänzend zu den bereits bestehenden Vertriebswegen auf dem neuen elektronischen Vertriebsweg angeboten werden, für das Jahr m des Betrachtungszeitraumes und für das «wahrscheinliche» Szenario.

Bankleistung, die ergänzend auf dem neuen elektronischen Vertriebsweg angeboten werden	Wirtschaftlichkeit der Bankleistung n* für das Jahr m und das «wahrscheinliche» Szenario [GE]
Bankleistung A*	WK(A*,m,w) = BL(A*,m,w) * ((((1 - SB(A*,m)) * (ER(A*,m,w) - STT(A*,m,w) - PK(A*,m,w))) - $\sum_{i=1}^{v}$(SB(i,A*,m) * (ND(i,A*,m,w) - KD(i,A*,m,w))))
Bankleistung B*	WK(B*,m,w) = BL(B*,m,w) * ((((1 - SB(B*,m)) * (ER(B*,m,w) - STT(B*,m,w) - PK(B*,m,w))) - $\sum_{i=1}^{v}$(SB(i,B*,m) * (ND(i,B*,m,w) - KD(i,B*,m,w))))
:	:
Bankleistung n*	WK(n*,m,w) = BL(n*,m,w) * ((((1 - SB(n*,m)) * (ER(n*,m,w) - STT(n*,m,w) - PK(n*,m,w))) - $\sum_{i=1}^{v}$(SB(i,n*,m) * (ND(i,n*,m,w) - KD(i,n*,m,w))))

Tab. 3.39: Gewichtete Wirtschaftlichkeit der ergänzend zu bestehenden Vertriebswegen angebotenen Bankleistungen

3.5.3 Schritt 4-3: Zusammenfassung der Einzelergebnisse zur szenariogestützten Wirtschaftlichkeit des neuen elektronischen Vertriebsweges

Der Schritt 4-3 führt die Grundlagen aus Schritt 1 und die Ergebnisse aus Schritt 2 bis 4-2 zu einer szenariogestützten Wirtschaftlichkeitsanalyse zusammen. Die Tab. 3.40 zeigt die Vorgehensweise zur endgültigen Ermittlung der Wirtschaftlichkeit und die jeweiligen Schritte des Vorgehensmodells, in denen die hier verwendeten Teilergebnisse ermittelt wurden. Die Ermittlung muß für jedes der drei im Schritt 1-3 definierten Szenarios durchgeführt werden. Man erhält so die Wirtschaftlichkeit des neuen Vertriebsweges für jedes Jahr des Betrachtungszeitraumes und jeweils für das «wahrscheinliche», «pessimistische» und «optimistische» Szenario.

	Ermittlung der Wirtschaftlichkeit des neuen elektronischen Vertriebsweges pro Jahr und Szenario
+	laufende Kosten des neuen elektronischen Vertriebsweges für das jeweilige Szenario (Schritt 4-1)
+	kundenspezifische Kosten (exklusiv/substitutiv) im Vergleich zu anderen bereits angebotenen Vertriebswegen für das jeweilige Szenario (Schritt 4-1)
+	Kosten/Erlöse durch die Nutzung der Bankleistungen des neuen elektronischen Vertriebsweges durch die Bankkunden für das jeweilige Szenario (Schritt 4-2)
=	**Wirtschaftlichkeit des neuen elektronischen Vertriebsweges für Bankleistungen für ein Jahr und ein Szenario**

Tab. 3.40: Ermittlungsschema für die Wirtschaftlichkeit des neuen elektronischen Vertriebsweges pro Jahr und Szenario

In der Glg. 3.5 wird die Ermittlung der Gesamtwirtschaftlichkeit des neuen elektronischen Vertriebsweges für das Jahr m und das «wahrscheinliche» Szenario dargestellt.

GWkt(m,w)	=	LK(m,w)	Laufende, nutzungsunabhängige Kosten durch Bereitstellung und Betrieb des neuen elektronischen Vertriebsweges
	+	[(KDE(m,w)	Anzahl der Kunden, die im Jahr m unter Berücksichtigung des «wahrscheinlichen» Szenarios den neuen elektronischen Vertriebsweg nutzen
	-	$KDE(m-1,w)]_+$[58]	Anzahl der Kunden, die im Jahr m-1 unter Berücksichtigung des «wahrscheinlichen» Szenarios den neuen elektronischen Vertriebsweg nutzen. (Ist m-1 = 0, so ist jeweilige Nutzerzahl auch Null).
	*	KEN(m,w))	Kundenspezifische, nutzungsunabhängige einmalige Kosten, die durch die erstmalige Nutzung des neuen elektronischen Vertriebsweges verursacht werden
	+	(KDE(m,w)	Anzahl der Kunden, die im Jahr m unter Berücksichtigung des «wahrscheinlichen» Szenarios den neuen elektronischen Vertriebsweg nutzen

[58] Der eingeklammerte Term wird für negative Ergebnisse zu 0 definiert.

* KLN(m,w))	Kundenspezifische, nutzungsunabhängige laufende Kosten, die durch die Nutzung des neuen elektronischen Vertriebsweges verursacht werden
- [(KDE(m,w)	Anzahl der Kunden, die im Jahr m unter Berücksichtigung des «wahrscheinlichen» Szenarios den neuen elektronischen Vertriebsweg nutzen
- $KDE(m-1,w)]_{+}$	Anzahl der Kunden, die im Jahr m-1 unter Berücksichtigung des «wahrscheinlichen» Szenarios den neuen elektronischen Vertriebsweg nutzen. (Ist m-1 = 0, so ist die jeweilige Nutzerzahl auch Null).
* (KEB(m,w)	Kundenspezifische, nutzungsunabhängige einmalige Kosten, die durch die Nutzung der bestehenden Vertriebswege verursacht werden
- $(\sum_{i=1}^{v} ERE(i,m,w))))$	Ausfall der kundenspezifischen, nutzungsunabhängigen einmaligen Erlöse, die durch die Substitution der bestehenden Vertriebswege durch den neuen elektronischen Vertriebsweg verursacht werden
+ (KDE(m,w)	Anzahl der Kunden, die im Jahr m unter Berücksichtigung des «wahrscheinlichen» Szenarios den neuen elektronischen Vertriebsweg nutzen
* (KLB(m,w)	Kundenspezifische, nutzungsunabhängige laufende Kosten, die durch die Nutzung der bestehenden Vertriebswege verursacht werden
- $(\sum_{i=1}^{v} ERL(i,m,w))))$	Ausfall der kundenspezifischen, nutzungsunabhängigen laufenden Erlöse, die durch die Substitution der bestehenden Vertriebswege durch den neuen elektronischen Vertriebsweg verursacht werden
+ (KDE(m,w)	Anzahl der Kunden, die im Jahr m unter Berücksichtigung des «wahrscheinlichen» Szenarios den neuen elektronischen Vertriebsweg nutzen
* $(\sum_{i=1}^{n} WK(i,m,w)$	Wirtschaftlichkeit der exklusiv über den elektronischen Vertriebsweg angebotenen Bankleistungen für das Jahr m und das «wahrscheinliche» Szenario
+ $\sum_{i=1}^{n^*} WK(i,m,w)))$	Wirtschaftlichkeit der ergänzend zu bestehenden Vertriebswegen über den neuen elektronischen Vertriebsweg angebotenen Bankleistungen für das Jahr m und das «wahrscheinliche» Szenario
+ KER(m,w)))	Nutzungsunabhängige laufende Erlöse des neuen elektronischen Vertriebsweges (z.B. durch Gebühren) für das Jahr m und das «wahrscheinliche» Szenario

Glg. 3.5: Gleichung zur Berechnung der Gesamtwirtschaftlichkeit des neuen elektronischen Vertriebsweges für das Jahr m und das «wahrscheinliche» Szenario

Neben dieser Gesamtwirtschaftlichkeit wird auch ein Wirtschaftlichkeitskoeffizient ermittelt, der in Kapitel 2.1.1 als Quotient aus den Erlösen und den Kosten eines Jahres des Betrachtungszeitraumes definiert wurde. Die Tab. 3.41 zeigt die Ermittlung des Koeffizienten mit Hilfe der laufenden, kunden- und bankleistungsspezifischen Kosten/Erlöse.

Jahr des Betrachtungszeitraumes Kosten/Erlöse	Jahr 1 [GE]	Jahr 2 [GE]	...	Jahr m [GE]
laufende Kosten	LK(1,w)	LK(2,w)	...	LK(m,w)

Jahr des Betrachtungszeitraumes Kosten/Erlöse	Jahr 1 [GE]	Jahr 2 [GE]	...	Jahr m [GE]
kundenspezifische Kosten/Erlöse	$KS(1,w) = [(KDE(1,w) - KDE(1-1,w)]_+ * KEN(1,w)) + (KDE(1,w) * KLN(1,w)) - [(KDE(1,w) - KDE(1-1,w)]_+ * (KEB(1,w) - (\sum_{i=1}^{v} ERE(i,1,w)))) + (KDE(1,w) * (KLB(1,w) - (\sum_{i=1}^{v} ERL(i,1,w)))) + KER(1,w)$	$KS(2,w) = [(KDE(2,w) - KDE(2-1,w)]_+ * KEN(2,w)) + (KDE(2,w) * KLN(2,w)) - [(KDE(2,w) - KDE(2-1,w)]_+ * (KEB(2,w) - (\sum_{i=1}^{v} ERE(i,2,w)))) + (KDE(2,w) * (KLB(2,w) - (\sum_{i=1}^{v} ERL(i,2,w)))) + KER(2,w)$	...	$KS(m,w) = [(KDE(m,w) - KDE(m-1,w)]_+ * KEN(m,w)) + (KDE(m,w) * KLN(m,w)) - [(KDE(m,w) - KDE(m-1,w)]_+ * (KEB(m,w) - (\sum_{i=1}^{v} ERE(i,m,w)))) + (KDE(m,w) * (KLB(m,w) - (\sum_{i=1}^{v} ERL(i,m,w)))) + KER(m,w)$
bankleistungsspezifische Kosten/Erlöse	$BS(1,w) = KDE(1,w) * (\sum_{i=A}^{n} WK(i,1,w) + \sum_{i=A^*}^{n^*} WK(i,1,w))$	$BS(2,w) = KDE(2,w) * (\sum_{i=A}^{n} WK(i,2,w) + \sum_{i=A^*}^{n^*} WK(i,2,w))$	...	$BS(m,w) = KDE(m,w) * (\sum_{i=A}^{n} WK(i,m,w) + \sum_{i=A^*}^{n^*} WK(i,m,w))$
Gesamtwirtschaftlichkeit des neuen elektronischen Vertriebsweges	$GWkt(1,w) = LK(1,w) + KS(1,w) + BS(1,w)$	$Gwkt(2,w) = LK(2,w) + KS(2,w) + BS(2,w)$	...	$GWkt(m,w) = LK(m,w) + KS(m,w) + BS(m,w)$
Wirtschaftlichkeitskoeffizient	$Wkt(1,w) = \frac{BS(1,w)}{LK(1,w) + KS(1,w)}$	$Wkt(2,w) = \frac{BS(2,w)}{LK(2,w) + KS(2,w)}$	...	$Wkt(m,w) = \frac{BS(m,w)}{LK(m,w) + KS(m,w)}$

Legende:

KS(m,w)	Kundenspezifische nutzungsunabhängige Kosten/Erlöse für das Jahr m des Betrachtungszeitraumes unter Berücksichtigung des w=«wahrscheinlichen» Szenarios.
BS(m,w)	Bankleistungsspezifische Kosten/Erlöse für das Jahr m des Betrachtungszeitraumes unter Berücksichtigung des w=«wahrscheinlichen» Szenarios.
Wkt(m,w)	Wirtschaftlichkeitskoeffizient für das Jahr m des Betrachtungszeitraumes unter Berücksichtigung des w=«wahrscheinlichen» Szenarios.

Tab. 3.41: Ermittlung der Wirtschaftlichkeit des neuen elektronischen Vertriebsweges unter Berücksichtigung des «wahrscheinlichen» Szenarios

Berechnung des Erwartungswertes und der Standardabweichung der Gesamtwirtschaftlichkeit für die drei betrachteten Szenarien

Im Rahmen des Vorgehensmodells wird die Szenario-Technik zur besseren Abschätzung der Planungsunsicherheit der Zukunft angewendet [vgl. Kapitel 3.2.3]. Aus den Werten der Gesamtwirtschaftlichkeit der drei Szenarien läßt sich zum einen der Erwartungswert der drei Szenarien und zum anderen die Standardabweichung als Maß der Streuung der drei Szenarien um den Erwartungswert berech-

nen. Die beiden ermittelten statistischen Kennzahlen erlauben eine bessere Abschätzung des mit der Bereitstellung und dem Betrieb eines neuen elektronischen Vertriebsweges verbundenen Investitionsrisikos.
In Tab. 3.42 werden die Werte für die Gesamtwirtschaftlichkeit der drei Szenarien für den Betrachtungszeitraum, der Erwartungswert [vgl. Hartung 89, S. 113 ff.] und die Standardabweichung [vgl. Hartung 89, S. 116 f.] dargestellt.

Jahr des Betrachtungszeitraumes Gesamtwirtschaftlichkeit pro Szenario	Wahrscheinlichkeit	Jahr 1 [GE]	Jahr 2 [GE]	...	Jahr m [GE]
Gesamtwirtschaftlichkeit «wahrscheinliches» Szenario	1/3	GWkt(1,w)	GWkt(2,w)	...	GWkt(m,w)
Gesamtwirtschaftlichkeit «pessimistisches» Szenario	1/3	GWkt(1,p)	GWkt(2,p)	...	GWkt(m,p)
Gesamtwirtschaftlichkeit «optimistisches» Szenario	1/3	GWkt(1,o)	GWkt(2,o)	...	GWkt(m,o)
Erwartungswert der drei Szenarien[59]		ØGWkt(1)	ØGWkt(2)	...	ØGWkt(m)
Standardabweichung der drei Szenarien[60]		sGWkt(1)	sGWkt(2)	...	sGWkt(m)

Tab. 3.42: Ermittlung des Erwartungswertes und der Standardabweichung über die drei im Rahmen der Wirtschaftlichkeitsanalyse untersuchten Szenarien

Ermittlung des Teilkapitalwertes des Betrachtungszeitraumes pro Szenario

Zur besseren Vergleichbarkeit einzelner möglicher Investitionsalternativen soll für den für die szenariogestützte Wirtschaftlichkeitsanalyse gewählten Betrachtungszeitraum ein Teilkapitalwert ermittelt werden.
Der Kapitalwert in der Investitionsrechnung erfaßt die durch eine Investition verursachten Ein- und Auszahlungen und ermöglicht die Vergleichbarkeit mehrerer Investitionsalternativen zu einem gemeinsamen Investitionszeitpunkt t_0 [vgl. Schneider 92, S. 75 ff.; vgl. Wöhe 96, S. 757 ff.]. Die Anwendung der Kapitalwertmethode setzt voraus, daß zum Zeitpunkt der Investition alle Ein- und Auszahlungen und die Nutzungsdauer der Investition bekannt sind [vgl. Wöhe 96, S. 757]. Weiterhin wird angenommen, daß der Investor während der Gesamtnutzungsdauer der Investition jeden beliebigen Geldbetrag zu einem einheitlichen Zinssatz aufnehmen und anlegen kann[61]. Zwischen dem Kapitalwert einer Investition und deren Vorteilhaftigkeit gibt es folgende Beziehung [vgl. Schneider 92, S. 78; vgl. Wöhe 96, S. 757]:

$K > 0$ → Investition vorteilhaft
$K = 0$ → Entscheidungsindifferenz
$K < 0$ → Investition unvorteilhaft

59 Zum Vergleich des Ermittlungsverfahrens des Erwartungswertes siehe [Hartung 89, S. 113 ff.].
60 Zum Vergleich des Ermittlungsverfahrens der Standardabweichung siehe [Hartung 89, S. 116 f.].
61 Prämisse des vollkommenen Kapitalmarktes [vgl. Kruschwitz 93, S. 55 ff.; vgl. Wöhe 96, S. 756].

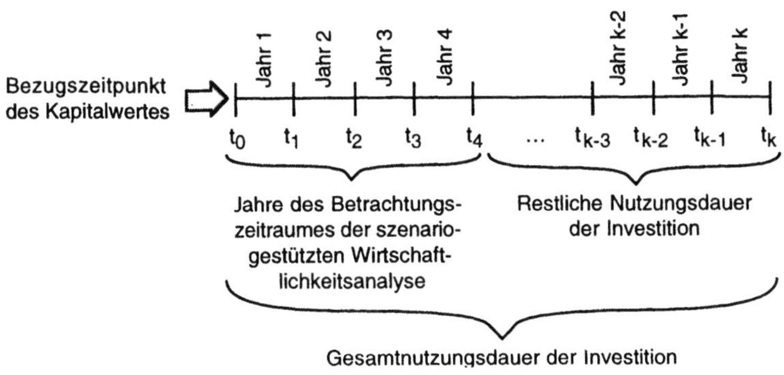

Abb. 3.16: Darstellung der unterschiedlichen Betrachtungszeiträume einer Investition

Stehen mehrere Investitionsalternativen zur Auswahl, sollte sich der Investor für die Investition mit dem größten positiven Kapitalwert entscheiden. Für einen neuen elektronischen Vertriebsweg lassen sich im Zeitpunkt t_0 weder die gesamte Nutzungsdauer noch die Ein- und Auszahlungen für den Gesamtnutzungszeitraum bestimmen. Daher wird die Gesamtnutzungsdauer der Investition, wie in Abb. 3.16 dargestellt, aufgeteilt.
Die Formel zur Ermittlung des Kapitalwertes lautet wie folgt [vgl. Schneider 92, S. 80; vgl. Wöhe 96, S. 758]:

K: Kapitalwert der Investition
A_0: Anschaffungsauszahlung der Investition
A_t: Summe der Auszahlungen der Periode t
E_t: Summe der Einzahlungen der Periode t
L_k: Einzahlung aus der Liquidation der Investition
k: Anzahl der Jahre der Gesamtnutzungsdauer der Investition
m: Anzahl der Jahre des Betrachtungszeitraumes der szenariogestützten Wirtschaftlichkeitsanalyse (Prämisse m =< k)
i: Kalkulationszinsfuß unter der Modellannahme des vollkommenen Kapitalmarktes

(F. 1): $$K = -A_0 + \sum_{t=1}^{k}((E_t - A_t) * (1+i)^{-t}) + L_k * (1+i)^{-k}$$

Für die Ermittlung des Teilkapitalwertes wird die Gesamtnutzungsdauer in zwei Zeitabschnitte [vgl. Abb. 3.16] aufgeteilt und die Formel des Kapitalwertes entsprechend umgestellt [vgl. (F. 2)]. Die Formel (F. 3) zeigt den Teilkapitalwert für den Betrachtungszeitraum der szenariogestützten Wirtschaftlichkeitsanalyse, und die Formel (F. 4) den Teilkapitalwert für den restlichen Zeitraum der Gesamtnutzungsdauer der Investition. In der Formel (F. 5) wird dann die Zusammensetzung des Kapitalwertes der Investition aus den beiden Teilkapitalwerten dargestellt.

(F. 2): $$K = -A_0 + \sum_{t=1}^{m}((E_t - A_t) * (1+i)^{-t}) + \sum_{t=m+1}^{k}((E_t - A_t) * (1+i)^{-t}) + L_k * (1+i)^{-k}$$

(F. 3): $$K_{0-m} = -A_0 + \sum_{t=1}^{m}((E_t - A_t) * (1+i)^{-t})$$

(F. 4): $$K_{m+1-k} = \sum_{t=m+1}^{k}((E_t - A_t) * (1+i)^{-t}) + L_k * (1+i)^{-k}$$

(F. 5): $$K = K_{0-m} + K_{m+1-k}$$

Der Einfluß der zeitlich nach dem Betrachtungszeitraum liegenden Ein- und Auszahlungen nimmt durch die Diskontierung der Zahlungen auf den Zeitpunkt t_0 immer stärker ab. Der Saldo aus Ein- und Auszahlungen der einzelnen Perioden sollte nach den hohen Investitionszahlungen im Zeitpunkt t_0 positiv sein und sollte daher durch eine längere Betrachtung größer werden. Die Liquidationseinzahlung am Ende der Gesamtnutzungsdauer ist nicht zu berücksichtigen, da die eingesetzten proprietären Hard- und Softwaresysteme aufgrund des technischen Fortschritts nicht veräußert werden können. Aus den oben genannten Gründen ist es ausreichend, den Teilkapitalwert des Betrachtungszeitraumes als Vorteilhaftigkeitskriterium zu ermitteln. Die Ermittlung des Kapitalwertes basiert auf den liquiditätswirksamen Ein- und Auszahlungen, die durch die betrachtete Investition ausgelöst werden [vgl. Wöhe 96, S. 757]. Im Rahmen des Vorgehensmodells wurden in den Schritten 2 bis 4 Kosten und Erlöse ermittelt. Diese Kosten und Erlöse führen in den jeweiligen Perioden zu Ein- und Auszahlungen, da sie keine kalkulatorischen Kosten und Erlöse darstellen [vgl. Schweitzer/Küpper 95, S. 30; vgl. Götzinger/Michael 93, S. 40 ff.]. Dabei wird die Prämisse unterstellt, daß die Ein- und Auszahlungen in der gleichen Periode wie die Kosten und Erlöse entstehen. Die in Schritt 4-1 ermittelten Investitionskosten zur Bereitstellung des neuen elektronischen Vertriebsweges werden als liquiditätswirksam zum Zeitpunkt t_0 angenommen. Damit sind die mit den kalkulatorischen Abschreibungen und Zinsen innerhalb des Betrachtungszeitraumes angesetzten Kosten nicht mehr zu berücksichtigten[62]. Die in Schritt 4-1 ermittelten laufenden Kosten des neuen elektronischen Vertriebsweges und die kundenspezifischen einmaligen und laufenden Kosten sind in der jeweiligen Periode liquiditätswirksam und werden daher bei der Ermittlung des Teilkapitalwertes berücksichtigt. Die steuerlichen Wirkungen der Investition werden bei der Ermittlung des Teilkapitalwertes nicht berücksichtigt.

Die Aus- und Einzahlungen der einzelnen Perioden des Betrachtungszeitraumes müssen getrennt für die drei Szenarien ermittelt werden. Aus den ermittelten Aus- und Einzahlungen kann somit für den neuen elektronischen Vertriebsweg je Szenario ein Teilkapitalwert ermittelt werden. Für den Teilkapitalwert der drei Szenarien werden als statistische Kennzahlen der Erwartungswert und die Standardabweichung berechnet.

[62] Die kalkulatorischen Kosten für Abschreibungen und Zinsen sind innerhalb des Betrachtungszeitraumes nicht liquiditätswirksam und werden daher im Rahmen der Ermittlung des Kapitalwertes nicht erfaßt [vgl. Kruschwitz 93, S. 65 f.; vgl. Wöhe 96, S. 757 ff.]. Sowohl die Abschreibung als auch die Zinsen sind bereits durch die Berücksichtigung der Investitionskosten zum Zeitpunkt t_0 im Kapitalwert erfaßt.

Betrachtungszeitraum Szenario	Teilkapitalwert [GE]	t_0	Jahr 1 [GE]	Jahr 2 [GE]	...	Jahr m [GE]
Ein- und Auszahlungen «wahrscheinliches» Szenario	TKW(w) = EK(w) + $\sum_{t=1}^{m} EA(t,w) * (1+i)^{-t}$	EK(w)	EA(1,w) = LK(1,w) + kalk. Abschreibung(1,w) + kalk. Zinsen(1,w) + KS(1,w) + BS(1,w)	EA(2,w) = LK(2,w) + kalk. Abschreibung(2,w) + kalk. Zinsen(2,w) + KS(2,w) + BS(2,w)	...	EA(m,w) = LK(m,w) + kalk. Abschreibung(m,w) + kalk. Zinsen(m,w) + KS(m,w) + BS(m,w)
Ein- und Auszahlungen «pessimistisches» Szenario	TKW(p) = EK(p) + $\sum_{t=1}^{m} EA(t,p) * (1+i)^{-t}$	EK(p)	EA(1,p) = LK(1,p) + kalk. Abschreibung(1,p) + kalk. Zinsen(1,p) + KS(1,p) + BS(1,p)	EA(2,p) = LK(2,p) + kalk. Abschreibung(2,p) + kalk. Zinsen(2,p) + KS(2,p) + BS(2,p)	...	EA(m,p) = LK(m,p) + kalk. Abschreibung(m,p) + kalk. Zinsen(m,p) + KS(m,p) + BS(m,p)
Ein- und Auszahlungen «optimistisches» Szenario	TKW(o) = EK(o) + $\sum_{t=1}^{m} EA(t,o) * (1+i)^{-t}$	EK(o)	EA(1,o) = LK(1,o) + kalk. Abschreibung(1,o) + kalk. Zinsen(1,o) + KS(1,o) + BS(1,o)	EA(2,o) = LK(2,o) + kalk. Abschreibung(2,o) + kalk. Zinsen(2,o) + KS(2,o) + BS(2,o)	...	EA(m,o) = LK(m,o) + kalk. Abschreibung(m,o) + kalk. Zinsen(m,o) + KS(m,o) + BS(m,o)
Erwartungswert	∅TKW					
Standardabweichung	sTKW					

Legende:

TKW(w)	Teilkapitalwert des neuen elektronischen Vertriebsweges unter Berücksichtigung des w=«wahrscheinlichen» Szenarios.
EA (m,w)	Saldo der liquiditätswirksamen Ein- und Auszahlungen für das Jahr m des Betrachtungszeitraumes unter Berücksichtigung des w=«wahrscheinlichen» Szenarios.

Tab. 3.43: Ermittlung des Teilkapitalwertes, des Erwartungswertes und der Standardabweichung für die drei Szenarien

Die Ergebnisse der Gesamtwirtschaftlichkeit und der Teilkapitalwerte der drei Szenarien in Verbindung mit den errechneten statistischen Kennzahlen gehen in den Vergleich mehrerer Investitionsalternativen für elektronische Vertriebswege ein. Der Teilkapitalwert des neuen elektronischen Vertriebsweges sollte bereits für den Betrachtungszeitraum positiv sein. Ein Liquidationserlös der Investitionsgüter wird bei den im Bankenumfeld vorherrschenden proprietären EDV-Systemen und der rasanten technischen Weiterentwicklung der Informationstechnologie nicht möglich sein.

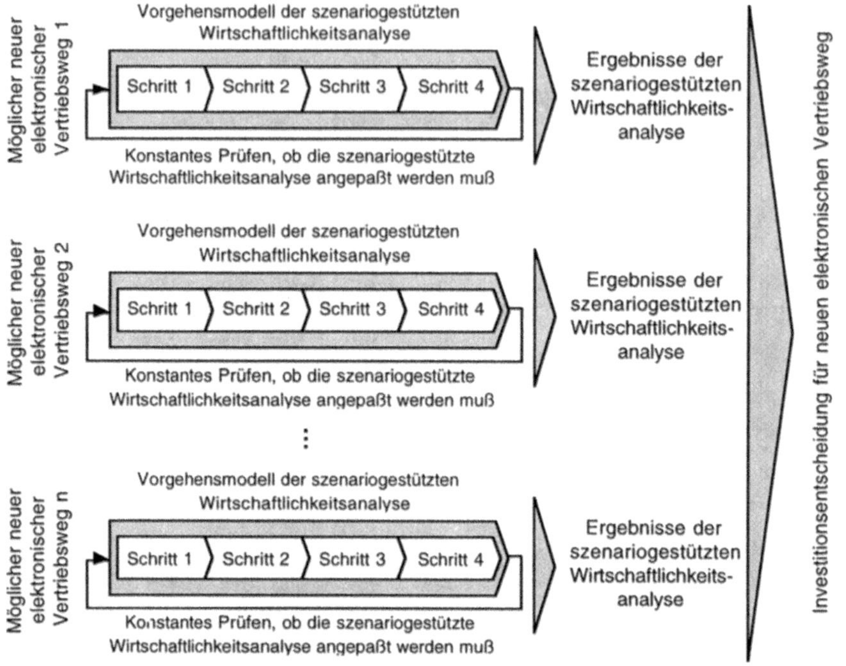

Abb. 3.17: Verwendung der Ergebnisse des Vorgehensmodells zur Unterstützung strategischer Investitionsentscheidungen für neue elektronische Vertriebswege

Die Abb. 3.17 zeigt die Verwendung der Ergebnisse des Vorgehensmodells zur Unterstützung strategischer Investitionsentscheidungen für neue elektronische Vertriebswege in Banken.

Interpretation der Ergebnisse einer einzelnen Wirtschaftlichkeitsanalyse

Das Vorgehensmodell der szenariogestützten Wirtschaftlichkeitsanalyse hat drei wesentliche monetäre Ergebnisse:

(1) Jahres- und szenariobezogene Gesamtwirtschaftlichkeit als Überschuß der Planerlöse über die Plankosten

(2) Jahres- und szenariobezogene Wirtschaftlichkeitskoeffizienten als Relation zwischen Planerlösen und Plankosten

(3) Szenariobezogener Teilkapitalwert des auf den Zeitpunkt t_0 diskontierten Überschusses der Einnahmen über die Ausgaben für den Betrachtungszeitraum

Die Interpretationen der drei monetären Ergebnisse sind in Tab. 3.44 bis Tab. 3.46 dargestellt.

Gesamtwirtschaftlichkeit [GE]	Interpretation
< 0	Die Kosten übersteigen die Erlöse für das betrachtete Jahr. Der Einsatz des neuen elektronischen Vertriebsweges ist in diesem Jahr und für das betrachtete Szenario nicht wirtschaftlich. Die gewünschte Mindestverzinsung des eingesetzten Kapitals wird nicht erreicht.
= 0	Die Kosten des neuen elektronischen Vertriebsweges werden durch die Erlöse getragen. Der neue elektronische Vertriebsweg verzinst das eingesetzte Kapital mit dem vorgegebenen Mindestzinssatz. Der Einsatz des neuen elektronischen Vertriebsweges ist in diesem Jahr und für das betrachtete Szenario wirtschaftlich.
> 0	Die durch den Einsatz des elektronischen Vertriebsweges erwirtschafteten Erlöse übersteigen die Kosten. Die gewünschte Mindestverzinsung des eingesetzten Kapitals wird übertroffen und der neue elektronische Vertriebsweg ist in diesem Jahr und für das betrachtete Szenario wirtschaftlich einsetzbar.

Tab. 3.44: Interpretation der Kennzahl Gesamtwirtschaftlichkeit für den neuen elektronischen Vertriebsweg

Gesamtwirtschaftlichkeitskoeffizient	Interpretation
< 1	Die Erlöse erreichen zu einem Prozentsatz in Höhe des Gesamtwirtschaftlichkeitskoeffizienten die Kosten. Die gewünschte Mindestverzinsung des eingesetzten Kapitals wird nicht erreicht. Der neue elektronische Vertriebsweg ist für das betrachtete Jahr und Szenario nicht wirtschaftlich.
= 1	Kosten und Erlöse des neuen elektronischen Vertriebsweges sind gleich. Damit verzinst der neue elektronische Vertriebsweg das eingesetzte Kapital mit dem vorgegebenen Mindestzinssatz. Der neue elektronische Vertriebsweg ist im betrachteten Jahr und Szenario wirtschaftlich.
> 1	Die Erlöse übersteigen zu einem Prozentsatz von Gesamtwirtschaftlichkeitskoeffizient - 1 die Kosten. Das eingesetzte Kapital wird mit einem höheren als dem vorgegebenen Mindestzinssatz verzinst. Der neue elektronische Vertriebsweg ist in dem betrachteten Jahr und Szenario wirtschaftlich.

Tab. 3.45: Interpretation der Kennzahl Gesamtwirtschaftlichkeitskoeffizient für den neuen elektronischen Vertriebsweg

Teilkapitalwert [GE]	Interpretation
< 0	Die Investition in den neuen elektronischen Vertriebsweg ist für den Betrachtungszeitraum absolut unvorteilhaft. Das eingesetzte Kapital wird nicht mit der gewünschten Mindestverzinsung verzinst, und das eingesetzte Kapital wird innerhalb des Betrachtungszeitraumes nicht zurückgewonnen. Die Investition ist absolut unvorteilhaft.
= 0	Die Investition in den neuen elektronischen Vertriebsweg ist für den Betrachtungszeitraum als indifferent einzuschätzen. Die Investition erwirtschaftet das eingesetzte Kapital und erreicht die gewünschte Mindestverzinsung. Der Investor ist indifferent.
> 0	Die Investition in den neuen elektronischen Vertriebsweg ist für den Betrachtungszeitraum absolut vorteilhaft. Das eingesetzte Kapital wird erwirtschaftet und über die gewünschte Mindestverzinsung hinaus verzinst. Die Investition ist absolut vorteilhaft.

Tab. 3.46: Interpretation der Kennzahl Teilkapitalwert für den neuen elektronischen Vertriebsweg

Grundsätzlich sollten nur solche Investitionsalternativen realisiert werden, deren Teilkapitalwert positiv ist [vgl. Kruschwitz 93, S. 67]. Für die drei dargestellten Kennzahlen der szenariogestützten Wirtschaftlichkeitsanalyse werden jeweils für drei Szenarien Ergebnisse ermittelt. Aus den vorliegenden Ergebnissen kann unter Einbeziehung der Wahrscheinlichkeitsverteilung (das Vorgehensmodell sieht jedes Szenario mit der gleichen Wahrscheinlichkeit von 1/3) der Erwartungswert und die Standardabweichung berechnet werden. Die ermittelten Werte der drei Szenarien können entweder eine kleine oder eine große Differenz zueinander aufweisen. Als Maß für das mit der Investition verbundene Risiko läßt sich der Variationskoeffizient berechnen [vgl. Bamberg/Baur 96, S. 17 f.].

$$\text{Variationskoeffizient} = \frac{\text{Standardabweichung}}{\text{Erwartungswert}}$$ [63]

Für Werte gegen Null ist das Risiko bei einer linearen Nutzenfunktion[64] des Investors sehr klein, und für Werte gegen eins oder größer eins ist das mit der Investition verbundene Risiko als sehr hoch einzuschätzen.

Entscheidungsregel zur Auswahl einer Investitionsalternative

Konkurrierende Investitionsalternativen können anhand des ermittelten Teilkapitalwertes verglichen werden. Voraussetzung dafür ist, daß allen Investitionsalternativen der gleiche Zeitpunkt t_0 als Investitionszeitpunkt, der gleiche Betrachtungszeitraum und der gleiche Kalkulationszinsfuß zugrunde liegt. Die Entscheidung zur Auswahl einer Investition soll auf der Grundlage des (μ,σ)-Kriteriums[65] getroffen werden [vgl. Schmidt 86, S. 128 ff.; vgl. Abb. 3.18].
Im dargestellten Beispiel wird die Investitionsalternative B im Vergleich zur Investitionsalternative A bewertet. Dazu werden erstens die Alternativen A und B in das Koordinatensystem, aufgespannt durch die Standardabweichung und den Erwartungswert des Teilkapitalwertes, eingetragen [vgl. Schmidt 86, S. 129], und zweitens, ausgehend von Alternative A, eine Matrix mit den vier dargestellten Quadranten [vgl. Abb. 3.18]. Weiterhin wird die Nutzenfunktion des Investors eingetragen (in Abb. 3.18 beispielhaft zwei unterschiedliche Nutzenfunktionen).

[63] Der Variationskoeffizient ist nur für positive Erwartungswerte definiert [vgl. Bamberg/Baur 96, S. 21].

[64] Die Nutzenfunktion gibt die Einstellung des Investors bezüglich Ertrag und Risiko wieder. Auf allen Punkten der Nutzenfunktion ist der Investor indifferent zwischen Risiko und Ertrag. Für eine detaillierte Darstellung der Nutzenfunktion und deren Ausgestaltung zu risikoscheuen, risikofreudigen und risikoindifferenten Investoren verweise ich auf [Saliger 93, S. 24 ff.; Bamberg/Coenenberg 96, S. 27 ff. ; Schmidt 86, S. 127 ff.; bezüglich linearer Nutzenfunktion vgl. Bamberg/Coenenberg 96, S. 79].

[65] Die angewandte Entscheidungsregel heißt (μ,σ)-Kriterium und erlaubt die Auswahl zwischen Investitionsalternativen aufgrund ihrer Parameter „Ertrag" (Teilkapitalwert) und „Risiko" (Standardabweichung des Teilkapitalwertes der drei Szenarien) [vgl. Bamberg/Coenenberg 96, S. 89 ff.; vgl. Schmidt 86, S. 129].

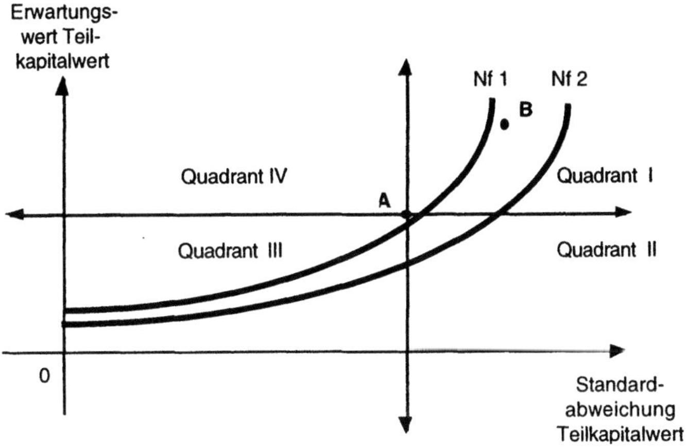

Legende:
A = Investitionsalternative elektronischer Vertriebsweg A
B = Investitionsalternative elektronischer Vertriebsweg B
Nf1/2 = Mögliche Nutzenfunktionen des Investors

Abb. 3.18: Einordnung der Investitionsalternativen im Erwartungswert/Standardabweichungs-diagramm

Im folgenden werden die vier Quadranten und die daraus ableitbaren Aussagen diskutiert:

- **Quadrant I und Quadrant III:** Liegt die Alternative B in Quadrant I (oder III), so bringt die Alternative B gegenüber A einerseits einen höheren (niedrigeren) Teilkapitalwert, jedoch gleichzeitig auch ein höheres (niedrigeres) Risiko. Der Investor muß sich entscheiden, ob er mit dem gegenüber Alternative A höheren (niedrigeren) Teilkapitalwert auch das höhere (niedrigere) Risiko tragen will. Hat der Investor die Nutzenfunktion 1, so wird er die Investitionsalternative B nicht umsetzen, dafür aber die Investitionsalternative A. Hat er dagegen die Nutzenfunktion 2, so wird er die Investitionsalternative B aufgrund des höheren Teilkapitalwertes im Vergleich zum eingegangenen Risiko realisieren.
- **Quadrant II:** Die in Quadrant II liegenden Alternativen sind gegenüber Alternative A ineffizient. Der Investor erhält bei höherem Risiko einen niedrigeren Teilkapitalwert.
- **Quadrant IV:** Die in Quadrant IV liegenden Alternativen sind gegenüber Alternative A absolut effizient. Der Investor erhält bei geringerem Risiko einen höheren Teilkapitalwert.

Auf der Grundlage der oben dargestellten Entscheidungsregel und seiner implizit in die Entscheidung eingehenden Nutzenfunktion kann der Investor die für ihn optimale Investitionsalternative auswählen.

3.6 Kritische Diskussion des Vorgehensmodells

Das in den Kapiteln 3.1 bis 3.5 dargestellte Vorgehensmodell sollte zum einen allgemeine Anforderungen an ein Vorgehensmodell und zum anderen den in Kapitel 2.6.1 aufgestellten Kriterienkatalog mit den speziellen Anforderungen erfüllen. Die allgemeinen Anforderungen und deren Erfüllung durch das dargestellte Vorgehensmodell wird in Kapitel 3.6.1 dargestellt. Kapitel 3.6.2 stellt die speziellen Anforderungen dar und gibt einen Überblick über den Kriterienkatalog sowie dessen Erfüllung durch das Vorgehensmodell.

3.6.1 Erfüllung der allgemeinen Anforderungen an ein Vorgehensmodell

Die Investitionsentscheidung für einen neuen elektronischen Vertriebsweg ist eine von Unsicherheitsfaktoren beeinflußte Entscheidung, da die zukünftigen Entwicklungen aus heutiger Sicht nicht mit Sicherheit vorhersehbar sind. Daher sollte die Szenariotechnik im Rahmen des Vorgehensmodells angewendet werden [vgl. Meyer-Schönherr 91, S. 13 ff.]. Um eine ausreichende Abdeckung der möglichen Zukunftsentwicklung zu erhalten, ist die Aufstellung von drei Szenarien mit den Bezeichnungen «wahrscheinlich», «pessimistisch» und «optimistisch» notwendig [vgl. Horváth/Mayer 88]. Innerhalb der drei Szenarien werden die in Schritt 1-3 identifizierten Haupteinflußparameter mit den entsprechenden Ausprägungen variiert. Mit den drei Szenarien werden sowohl die beiden Randbereiche der Extrem-Szenarien als auch der Bereich des „normalen“ Szenarios abgedeckt. Damit ist der Raum der möglichen Szenarien durch die drei beschriebenen Szenarien hinreichend abgedeckt [vgl. Horváth/Mayer 88]. Die Abb. 3.19 zeigt ein Denkmodell alternativer Szenarien. Die beiden an den Rändern liegenden Extrem-Szenarien (S1 und S3) würden durch die beiden Szenarien «pessimistisch» und «optimistisch» abgedeckt. Das «wahrscheinliche» Szenario (S2) liegt zwischen den beiden Extrem-Szenarien.
Der Vorteil der Szenariotechnik liegt in dem Zwang, die vorhandenen Prognosen relativ gut auszugestalten, bei den Verantwortlichen ein entsprechendes Problembewußtsein zu erwecken und evtl. bestehende oder entstehende Interdependenzen zwischen den einzelnen Variablen der Szenarien darzulegen [vgl. Schell 88, S. 168]. Sind Szenariokomponenten relativ unabhängig voneinander, so lassen sich diese kombinieren. Korrelieren Einfluß- oder Erfolgsparameter weitgehend, wie es bei Zinsentwicklung und wirtschaftlicher Entwicklung unterstellt werden kann, so können diese Einflußparameter verbunden werden. Ziel muß es sein, eine möglichst kleine Zahl von Haupteinflußparametern zu erhalten [vgl. Schritt 1-3, Kapitel 3.2.3], die den kompletten Raum der möglichen Ausprägungen der verwendeten Variablen abdecken [vgl. Kümmel 93, S. 61].

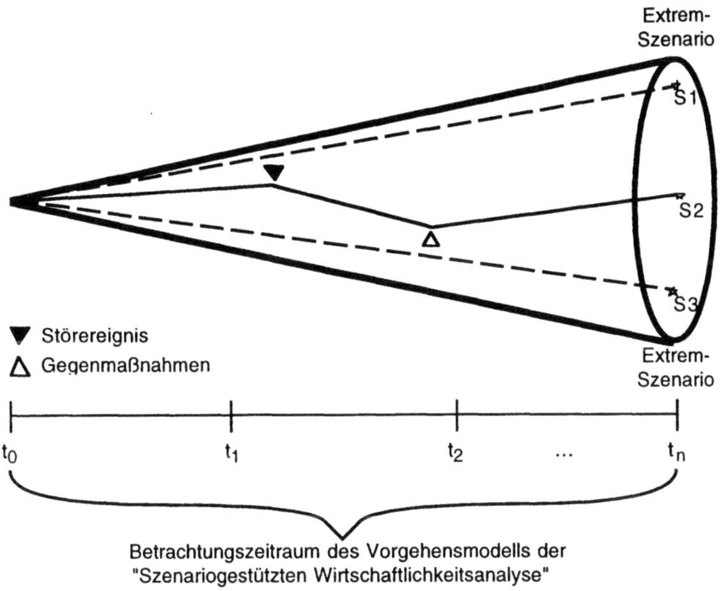

Abb. 3.19: Denkmodell zur Darstellung alternativer Szenarien [vgl. Mißler-Behr 93, S. 4; vgl. Meyer-Schönherr 91, S. 18; vgl. Götze 93, S. 40]

Neben der Anwendung der Szenario-Technik wäre auch die Verwendung der Monte-Carlo-Methode[66] möglich [vgl. Herchenröder/Vasak 96, S. 18]. Dabei werden mit Hilfe eines mathematischen Zufallszahlengenerators Verteilungskurven für eine Anzahl wichtiger Haupteinflußparameter ermittelt. Der große Vorteil der Monte-Carlo-Methode liegt darin, daß viele Haupteinflußparameter verwendet werden können und der Rechenaufwand sich nicht exponentiell mit der Anzahl der Haupteinflußparameter entwickelt. Die Monte-Carlo-Methode ist als Simulationsmethode in der Wissenschaft seit langem bekannt und wird in der Physik zur Behandlung von Vielteilchenproblemen angewendet [vgl. Herchenröder/Vasak 96, S. 18]. Im Rahmen des Vorgehensmodells wäre jedoch eine Anwendung zu aufwendig. Darüber hinaus können die Unsicherheiten der Zukunft durch die Variation der maximal zehn Haupteinflußparameter und durch die Bildung von drei Szenarien gut antizipiert werden.

Das Modell erlaubt mit seinen funktionalen Abhängigkeiten durch die Variation der Einflußparameter in den einzelnen Teilbereichen ein differenziertes Ergebnisbild der einzelnen Szenarien.

Das in Kapitel 3.1 bis 3.5 dargestellte Vorgehensmodell muß den folgenden sechs in der Tab. 3.47 dargestellten Anforderungen genügen [vgl. Kümmel 93, S. 53 f.].

---

[66] Die Monte-Carlo-Methode wird detailliert in [Herchenröder/Vasak 96] dargestellt.

Anforderung	Erläuterung
Isomorphie	Das Modell muß mit der Wirklichkeit weitestgehend übereinstimmen, d.h. alle für das Untersuchungsziel relevanten Informationen und Einflußvariablen müssen einbezogen werden.
Kausalität	Die Prognosen müssen auf den Bestimmungsfaktoren und Wirkungsrelationen aufbauen, die die Marktentwicklung bestimmen.
Planungshorizont	Es muß dem Untersuchungszweck angemessen sein und die wirtschaftliche und technische Entwicklung der kommenden Jahre mit einbeziehen.
Differenziertheit	Es sind nur solche Größen gemeinsam zu prognostizieren, die sich auf die gleichen Bestimmungsfaktoren zurückführen lassen.
Intersubjektivität	Die verwendeten Prognoseverfahren sollten, soweit möglich, intersubjektiv überprüfbar sein.
Komplexitäts-reduktion	Um die Überschaubarkeit des Modells zu gewährleisten, müssen die Erfolgs- und Einflußfaktoren auf eine überschaubare Anzahl von Parametern begrenzt werden. Dies erfordert eine Konzentration auf die wichtigsten und einflußreichsten Faktoren, und soweit möglich, eine Zusammenfassung zu wenigen Erfolgs- und Einflußgrößen.

Tab. 3.47: Anforderungen an ein Vorgehensmodell [vgl. Kümmel 93, S. 53 f.]

Die in Tab. 3.47 dargestellten sechs Anforderungen an ein Vorgehensmodell werden in Tab. 3.48 für das in den Kapiteln 3.1 bis 3.5 beschriebene Vorgehensmodell diskutiert.

Anforderung	Erläuterung
Isomorphie	Ziel des Vorgehensmodells ist die Ermittlung der Wirtschaftlichkeit eines neuen elektronischen Vertriebsweges in einem bestehenden Vertriebswegemix. Alle hierzu notwendigen Informationen werden im Rahmen des Vorgehensmodells erfaßt. Dies sind die Besonderheiten des jeweiligen elektronischen Vertriebsweges und der angebotenen Bankleistungen in Schritt 1, die bankleistungsspezifischen Kosten (Schritt 2) und Nutzeffekte (Schritt 3), weiterhin die einmaligen und laufenden nutzungsunabhängigen Kosten durch die Einführung und den Betrieb des elektronischen Vertriebsweges (Schritt 4-1). Die Identifikation der Einflußvariablen und deren Variation wird mit Hilfe der Szenario-Technik durchgeführt (Schritt 1-3).
Kausalität	Die im Rahmen der drei Szenarien entwickelten Prognosen beruhen auf den in der jeweiligen Bank vorherrschenden Expertenmeinungen, die bereits die Wirkungsrelationen und die Einschätzung der zukünftigen Marktentwicklung beinhalten (Schritt 1-3).
Planungshorizont	Der Betrachtungszeitraum des Vorgehensmodells beträgt maximal 4 Jahre. Für diesen Zeitraum ist die technische Entwicklung und deren Penetration in der Bank und im Privatkundengeschäft prognostizierbar. Ein realisierter elektronischer Vertriebsweg sollte auch konzeptionell für diesen Zeitraum ausgelegt sein, ansonsten unterliegt die Bank einem ständigen Anpassungsdruck durch die Mitwettbewerber.
Differenziertheit	Im Rahmen des Vorgehensmodells werden die maximal zehn wesentlichen Haupteinflußparameter auf die Wirtschaftlichkeit des neuen elektronischen Vertriebsweges identifiziert. Zusätzlich wird festgestellt, ob die Haupteinflußparameter untereinander korreliert sind, und falls ja, ob dies einen linearen oder nicht linearen Zusammenhang darstellt. Die Haupteinflußparameter werden dann in Abhängigkeit der Korrelation im Rahmen der drei Szenarien «wahrscheinlich», «pessimistisch» und «optimistisch» prognostiziert.
Intersubjektivität	Die im Rahmen des Vorgehensmodells verwendeten Prognosen werden von Experten der Bank und externen Experten erstellt und basieren auf Studien für den jeweiligen Bereich. Die im Rahmen der szenariogestützten Wirtschaftlichkeitsanalyse verwendeten Prognosen sind daher intersubjektiv nachprüfbar.

Anforderung	Erläuterung
Komplexitätsreduktion	Die geforderte Komplexitätsreduktion wird durch die Identifikation der maximal zehn wesentlichen Haupteinflußparameter, die Anwendung der Szenario-Technik und die Bildung von drei Szenarien erreicht. Dadurch wird auf der einen Seite ein realistisches Abbild der Realität gewahrt und zum anderen bleibt die gute Übersichtlichkeit eines Vorgehensmodells erhalten (Schritt 1-3).

Tab. 3.48: Erfüllung der allgemeinen Anforderungen durch das Vorgehensmodell

Alle gestellten allgemeinen Anforderungen werden demnach durch das dargestellte Vorgehensmodell erfüllt.
Eine wichtige Einflußgröße stellt der Betrachtungszeitraum dar. Dieser sollte wohl gewählt werden, da er entscheidenden Einfluß auf die Prognosen und Szenarien und damit auf die gesamte Wirtschaftlichkeit des neuen elektronischen Vertriebsweges hat. Für das Vorgehensmodell wird daher ein Betrachtungszeitraum von vier Jahren gewählt [vgl. Blohm/Lüder 95, S. 240]. Aufgrund der sich stark ändernden technischen Ausstattung der deutschen Haushalte [vgl. Kreuzer 96, S. 56 ff.], des schärfer werdenden Wettbewerbs insbesondere durch Non- und Near-Banks [vgl. FAZ 96a] und der neuen technischen Möglichkeiten zum Vertrieb von Bankleistungen [vgl. FAZ 96b] im Privatkundengeschäft scheint ein Betrachtungszeitraum von vier Jahren angemessen. Eine geschäftsfeld-, produkt- oder dienstleistungsspezifische Differenzierung des Betrachtungszeitraumes wird im dargestellten Vorgehensmodell nicht vorgenommen. Dies ist insbesondere deshalb nicht notwendig, da eine Veränderung der Haupteinflußparameter innerhalb der Szenarien auf alle Bereiche der Bank die gleichen Auswirkungen hat.
Die folgende Abb. 3.20 zeigt noch einmal die vier Schritte des Vorgehensmodells der szenariogestützten Wirtschaftlichkeitsanalyse und deren Abhängigkeit untereinander.

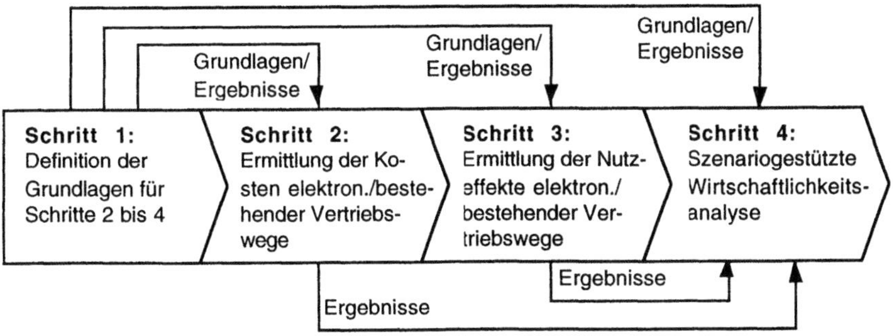

Abb. 3.20: Darstellung der vier Schritte des Vorgehensmodells und deren Abhängigkeit untereinander

3.6.2 Erfüllung der speziellen Anforderungen an ein Vorgehensmodell zur Ermittlung der Wirtschaftlichkeit neuer elektronischer Vertriebswege

Neben den allgemeinen Anforderungen an ein Vorgehensmodell ergeben sich aus der konkreten Aufgabenstellung der Arbeit die in Kapitel 2.5 aufgestellten speziellen Anforderungen an eine Wirtschaftlichkeitsanalyse, die im Kriterienkatalog in Kapitel 2.6.1 zusammengefaßt sind.

Erfüllung des Kriterienkataloges

In Tab. 3.49 werden die einzelnen Kriterien des Kriterienkataloges aufgeführt und deren Erfüllung durch das in den Kapiteln 3.1 bis 3.5 beschriebene Vorgehensmodell erläutert.

Kriterium:	erf.
Wirtschaftlichkeitsprinzip:	●
• Einzel- und nicht gesamtwirtschaftliche Betrachtung der Wirtschaftlichkeit. Es wird die Wirtschaftlichkeit eines neuen elektronischen Vertriebsweges im Rahmen der betrachteten Bank analysiert. • Reine monetäre Betrachtung, die um die strategischen Wirkungen des neuen elektronischen Vertriebsweges durch die Erhebung der qualitativen Nutzeffekte ergänzt wird. • Ermittlung von drei Wirtschaftlichkeitskennzahlen, die den neuen elektronischen Vertriebsweg aus unterschiedlichen Blickwinkeln beschreiben. Die jahresbezogene Gesamtwirtschaftlichkeit auf der Basis der Kosten und Erlöse zeigt die direkten monetären Auswirkungen der Investition. Der Gesamtwirtschaftlichkeitskoeffizient auf Jahresbasis zeigt das Verhältnis zwischen Kosten und Erlösen und drückt den Grad der Deckung bzw. Unterdeckung der Kosten durch die Erlöse aus. Der Teilkapitalwert ermöglicht die Vergleichbarkeit unterschiedlicher Investitionsalternativen zum Zeitpunkt t_0.	
Umweltdynamik:	●

• Die Umweltdynamik wird mit Hilfe der Szenariotechnik im gesamten Vorgehensmodell berücksichtigt. Die Umwelt setzt sich im wesentlichen aus drei Faktoren zusammen:
  • Kunden
  • Wettbewerber (Non- und Near-Banks, Direktbanken, ausländische Banken)
  • Gesellschaft/Öffentliche Ordnung (Gesetzgebung)
• Das Vorgehensmodell versucht, mögliche Entwicklungen der Umwelt anhand der drei Szenarien und der Einbeziehung der Umwelteinflüsse bei der Ermittlung der eingehenden Daten bereits zu antizipieren.	

Szenarien	●

• Identifizierung der Haupteinflußparameter auf die Wirtschaftlichkeit und Variation dieser Haupteinflußparameter innerhalb der drei Szenarien
• Verwendung der Szenarien in allen vier Schritten des Vorgehensmodells. Das Vorgehensmodell sieht die Ermittlung der Wirtschaftlichkeit des neuen elektronischen Vertriebsweges für drei Szenarien «wahrscheinlich», «pessimistisch» und «optimistisch» vor.
• Die Szenarien werden zum Beispiel berücksichtigt bei der Ermittlung der ... [vgl. Abb. 3.2]
  • ... Nutzer- und Nutzungszahlen des neuen elektronischen Vertriebsweges (Schritt 1-1 bis 1-3)
  • ... prozeßorientierten Standardeinzel- und Prozeßkosten
  • ... quantitativen Nutzeffekte (Schritt 3-1 und 3-2).
  • ... einmaligen und laufenden nutzungsunabhängigen Kosten (Schritt 4-1).
  • ... Wirtschaftlichkeit und der gewichteten Wirtschaftlichkeit der einzelnen Bankleistungen (Schritt 4-2).
  • ... Gesamtwirtschaftlichkeit, des Gesamtwirtschaftlichkeitskoeffizienten und der Teilkapitalwerte (Schritt 4-3).	

Kriterium:	erf.
Wirtschaftlichkeitsanalyse auf Basis von Kosten/Erlösen	●
• Das Vorgehensmodell der szenariogestützten Wirtschaftlichkeitsanalyse ermittelt die Wirtschaftlichkeit eines neuen elektronischen Vertriebsweges, der in der Zukunft eingeführt wird. Die hierfür erforderlichen Kosten und Erlöse werden mit Hilfe der Plankostenrechnung ermittelt. Die Kosten und Erlöse können dann durch Einhaltung verschiedener Prämissen zur Ermittlung des Teilkapitalwertes in Ein- und Auszahlungen überführt werden (den dynamischen Verfahren der Investitionsrechnung liegen Zahlungsströme zugrunde, die im Rahmen des Vorgehensmodells nicht ermittelt werden).	
Kriterien für den Bereich elektronische Vertriebswege für Bankleistungen:	
vertriebswegeunabhängig	●
• Das Vorgehensmodell kann zur Ermittlung der Wirtschaftlichkeit jedes möglichen neuen elektronischen Bankvertriebsweges eingesetzt werden. Die in Kapitel 2.1.2 gegebene Definition des elektronischen Vertriebsweges und das in den Kapiteln 3.2 bis 3.5 allgemein definierte Vorgehensmodell ermöglichen die Anpassung des Vorgehensmodell auf mögliche elektronische Vertriebswege.	
Branchendynamik/Me-too	●
• Die Branchendynamik, ausgelöst durch Non- und Near-Banks, Direktbanken und ausländische Banken, wird sich in der Zukunft noch verstärken. Die Nutzung elektronischer Medien zum Vertrieb von Bankleistungen wird Rationalisierungspotentiale ermöglichen, und diese werden zum Teil an die Kunden weitergegeben. Zusätzlich wird die Transparenz im elektronischen Markt zu einem bisher nicht dagewesenen Wettbewerb führen [vgl. Stockmann 96, S. 152; vgl. Schürmann 96, S. 42]. Diese Branchenentwicklung in der Zukunft wird im Rahmen des Vorgehensmodells durch die Identifizierung der Haupteinflußparameter und Anwendung der Szenario-Technik antizipiert.	
Charakteristika Bankleistung	●
• Die Charakteristik der Bankleistung wird im Rahmen des Vorgehensmodells berücksichtigt: • **nicht speicherbar:** Der neue elektronische Vertriebsweg wird immer an der maximalen Nachfrage ausgerichtet und die notwendigen Kosten werden in der szenariogestützten Wirtschaftlichkeitsanalyse berücksichtigt. • **abstrakt:** Die Anwendbarkeit der elektronischen Vertriebswege wird innerhalb des Vorgehensmodells auf die wenig erklärungsbedürftigen und standardisierungsfähigen Bankleistungen konzentriert. In diesem Bereich können die elektronischen Vertriebswege Rationalisierungseffekte erzielen und wirtschaftlich eingesetzt werden. • **nicht patentfähig:** Die mögliche Marktdynamik und die Imitation der angebotenen Bankleistungen durch Mitwettbewerber wird im Rahmen des Vorgehensmodells berücksichtigt. Dies kann zu Veränderungen in der Gebührenstruktur und der Nutzung des neuen elektronischen Vertriebsweges im Zeitablauf führen. • **Tagfertigkeitsprinzip:** Das Tagfertigkeitsprinzip ist bei den elektronischen Vertriebswegen extremer zu definieren als das Verfügbarkeitsprinzip. Der Kunde möchte bei der Nutzung elektronischer Vertriebswege die angebotenen Bankleistungen sofort und abschließend in Anspruch nehmen. Dies bedarf einer entsprechenden Konzeption, Auslegung der EDV-Systeme und Gestaltung der Prozesse für Erstellung und Vertrieb der angebotenen Bankleistungen. • Die vier wesentlichen Charakteristika der Bankleistung sind im Rahmen des Vorgehensmodells berücksichtigt und gehen so in die Ermittlung der szenariogestützten Wirtschaftlichkeitsanalyse mit ein.	
Risikopotentiale	●
• Mögliche Risikopotentiale wurden durch die Erfassung der Branchendynamik und die Anwendung der Szenariotechnik bereits erfaßt. Weiterhin werden im Schritt 1-3 die mit Einführung und Betrieb eines neuen elektronischen Vertriebsweges verbundenen Risikopotentiale in die Überlegungen miteinbezogen. Dies können z.B. bei der Einführung des Internet-Banking die Attacken durch Hacker, die Einschleppung von Viren, die Blockade der Internetverbindung der Bank durch Mail-Bombing, das Überwinden der Verschlüsselung oder das Umleiten von Geldströmen sein. Die möglichen Risikopotentiale, z.B. Vandalismus beim Automaten-Banking oder bei öffentlich aufgestellten Internet-Terminals müssen erfaßt, geeignete Gegenmaßnahmen konzipiert und deren Kosten im Rahmen der Wirtschaftlichkeitsanalyse ermittelt werden.	

Kriterium:	erf.
Kriterien für den Bereich Kosten:	
Prozeßorientierung	●
• Die Ermittlung der Standardeinzelkosten des Einzelkostenbereiches und der Prozeßkosten des Gemeinkostenbereiches wird auf der Grundlage von Prozessen durchgeführt. Hierzu wird eine kostenstellen- und abteilungsübergreifende Prozeßanalyse der zur Erstellung und Vertrieb einer Bankleistung notwendigen Organisationseinheiten vorgenommen. Auf Basis dieser Erhebung werden die Standardeinzel- und Prozeßkosten jeder Bankleistung ermittelt und für die szenariogestützte Wirtschaftlichkeitsanalyse verwendet.	
Effektivität/Nachfrageelastizität	●
• Die Kapazität des neuen elektronischen Vertriebsweges wird auf die Maximalanforderungen ausgelegt. Die Effektivität des neuen elektronischen Vertriebsweges wird anhand der tatsächlichen Nachfrage an Bankleistungen gemessen. Die entstehenden zusätzlichen Kosten durch die Bereitstellung einer größeren Kapazität ist aufgrund des Betriebs des elektronischen Vertriebsweges ohne Eingreifen eines Bankmitarbeiters sehr gering. Die Nachfrageelastizität wird mit Hilfe der Szenarien abgebildet.	
Einmalige/laufende Kosten	●
• Bei den einmaligen und laufenden Kosten können drei Bereiche unterschieden werden: (1) Nutzungsunabhängige einmalige und laufende Kosten • einmalige Kosten zur Bereitstellung des neuen elektronischen Vertriebsweges, z.B. Investitionskosten für die EDV-Infrastruktur • laufende Kosten zum Betrieb des neuen elektronischen Vertriebsweges, z.B. Kommunikationskosten zwischen Bank und Selbstbedienungsautomat bei einem Kooperationspartner, Standleitung Telekom (2) Bei den bankleistungsspezifischen Kosten gibt es nur nutzungsabhängige Kosten, die direkt durch die Inanspruchnahme einer Bankleistung entstehen • bankleistungsspezifische Kosten, die direkt mit der Erstellung und dem Vertrieb einer Bankleistung in Zusammenhang stehen (3) Kundenspezifische einmalige und laufende Kosten • einmalige Kosten bei der erstmaligen Nutzung des neuen elektronischen Vertriebsweges durch den Kunden, z.B. durch die Bereitstellung eines Chipkartenlesers oder Softwarepakets zur Nutzung des PC-Banking für den Kunden • laufende Kosten, die im Rahmen der Nutzung des elektronischen Vertriebsweges durch den Kunden entstehen, z.B. Ersatzchipkarten für die Autorisierung beim Vertriebsweg Internet/WWW	
Kriterien für den Bereich Nutzeffekte:	
Einmalige/laufende Nutzeffekte	●
• Im Rahmen des Vorgehensmodells werden neben den einmaligen Nutzeffekten durch die Einführung des neuen elektronischen Vertriebsweges auch die laufenden Nutzeffekte, die durch die Nutzung durch den Bankkunden entstehen, erfaßt. Dabei sind die einmaligen Nutzeffekte hauptsächlich im qualitativen Bereich (z.B. Imagegewinn, Erhöhung des Neukundenakquisitionspotentials) und die laufenden Nutzeffekte hauptsächlich im quantitativen Bereich (z.B. Erlöse des Betriebsbereiches durch die Nutzung einer Bankleistung) anzutreffen.	
Erfassung quantitativer Nutzeffekte	●
• Die quantitativen Nutzeffekte des neuen elektronischen Vertriebsweges können aufgeteilt werden in die nutzungsunabhängigen und die nutzungsabhängigen Nutzeffekte. Die nutzungsunabhängigen quantitativen Nutzeffekte werden durch die Erlöse des Betriebsbereiches für die Nutzung des neuen elektronischen Vertriebsweges erfaßt. Die nutzungsabhängigen Nutzeffekte werden durch die Erlöse des Betriebsbereiches für die jeweilige Inanspruchnahme einer Bankleistung erfaßt.	

Kriterium:	erf.
Erfassung qualitativer Nutzeffekte	●
• Die qualitativen Nutzeffekte werden durch die Identifizierung der Nutzenpotentiale, die durch die Bereitstellung und den Betrieb des neuen elektronischen Vertriebsweges entstehen, erfaßt. Aus den Nutzenpotentialen werden in einem zweiten Schritt Wirkungsketten abgeleitet. Die aus den Nutzenpotentialen abgeleiteten Wirkungsketten verdeutlichen die Wirkung des neuen elektronischen Vertriebsweges.	

Tab. 3.49: Bewertung des Vorgehensmodells der szenariogestützten Wirtschaftlichkeitsanalyse anhand des Kriterienkataloges

Alle dargestellten speziellen Anforderungen des in Kapitel 2.6.1 definierten Kriterienkataloges werden durch das Vorgehensmodell der „szenariogestützten Wirtschaftlichkeitsanalyse" erfüllt. Somit werden alle allgemeinen und speziellen Anforderungen durch das dargestellte Vorgehensmodell der szenariogestützten Wirtschaftlichkeitsanalyse abgedeckt.

Teil C - Konkrete Anwendung des Vorgehensmodells: Advance Bank AG - Vertrieb über Internet/WWW

4 Ausgangslage der Advance Bank AG

Als Fallbeispiel zur Anwendung des Vorgehensmodells wird die Konzeption des elektronischen Vertriebsweges Internet/WWW bei der Advance Bank AG detailliert dargestellt und dessen szenariogestützte Wirtschaftlichkeit anhand des Vorgehensmodells ermittelt. In Kapitel 4.1 wird der organisatorische Aufbau der Advance Bank AG und ein Überblick über bereits bestehende Vertriebswege gegeben. Kapitel 4.2 beschreibt detailliert die Konzeption des Vertriebsweges Internet/WWW und die für diesen neuen elektronischen Vertriebsweg geplanten Bankleistungen.

4.1 Die Advance Bank AG und ihre bestehenden Vertriebswege

Die Advance Bank AG hat zum 25.3.1996 den Geschäftsbetrieb in Deutschland aufgenommen [vgl. o.V. 96e]. Die Advance Bank ist eine hundertprozentige Tochter der Bayerischen Vereinsbank AG und verzichtet als reine Direktbank auf ein flächendeckendes Filialnetz. Hauptstandort der Bank ist München, wo sich auch das Call-Center für den Hauptvertriebsweg der Bank, das Telefon-Banking, befindet[67]. Daneben betreibt die Bank in Wilhelmshaven ein Back-Office für die Geschäftsabwicklung. Für die Zukunft sind weitere Standorte für Call-Center in Deutschland geplant. Die folgende Abb. 4.1 zeigt das Organigramm der Advance Bank AG mit den wesentlichen Organisationseinheiten.

[67] Eine detaillierte Darstellung der EDV-Infrastruktur des Call-Center und der dahinter liegenden EDV-Systeme gibt [Cloer 96].

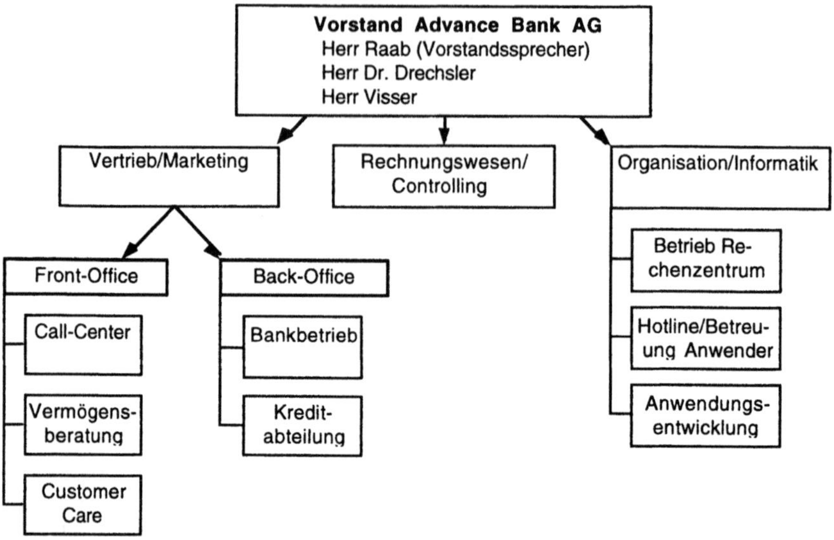

Abb. 4.1: Organigramm der Advance Bank AG

Die Bank stellt ihren Kunden die Vertriebswege Telefon- und Telefax-Banking zur Verfügung.
Die Advance Bank bietet ihren Kunden im wesentlichen drei Kontoarten an:

(1) **Kontokorrent-/Zahlungsverkehrskonto:**

- Cash-Management-Konto (CMK)
- Cash-Management-Konto Light (CMK-Light)
- Cash-Management-Konto Light mit FOCUS-Card (CMK-Light mit FOCUS-Card)

(2) **Anlagekonto:**

- Geldmarkt-Konto (GMK)

(3) **Wertpapier-Depot und Liquiditätskonto:**

- Wertpapier-Depot (W.-Depot)

Die Advance Bank AG konzentriert sich mit ihrem Angebot an Bankleistungen auf die folgende direktbankaffine Zielgruppe:

- Haushaltseinkommen größer gleich 3.000 DM netto *UND* Alter zwischen 20 und 49 Jahren

ODER

- Abitur oder Studium *UND* Alter geringer als 30 Jahre

Diese Zielgruppe besteht in Deutschland aus zirka 14,95 Mio.[68] Personen, von denen zirka 1,56 Mio.[69] Personen Online-Dienste nutzen oder deren Nutzung innerhalb der nächsten 12 Monate planen.
Die Advance Bank AG beschäftigt Anfang Dezember 1996 260 Mitarbeiter und konnte bis zum gleichen Zeitpunkt zirka 23.500 Kunden gewinnen. Im Jahr 1997 sollen weitere 45.000 Kunden hinzugewonnen werden [vgl. FAZ 96c]. Nach der fünfjährigen Anlaufphase will die Bank 250.000 Kunden bedienen. Sechs Prozent der Kunden der Advance Bank waren vorher Kunde bei der Bayerischen Vereinsbank [vgl. o.V. 96b]. Andere Bankhäuser gehen davon aus, daß in zehn Jahren 20% - 30% der Kunden ausschließlich Direktbanken nutzen werden [vgl. Wiebe 96].

4.2 Beschreibung des geplanten neuen elektronischen Vertriebsweges Internet/WWW

Internet/WWW als Vertriebsweg für Bankleistungen

Zusätzlich zu den angebotenen Vertriebswegen Telefon- und Telefax-Banking wurde der Vertriebsweg Internet/WWW in einer Fachkonzeptphase konzipiert und anhand des in Kapitel 3 dargestellten Vorgehensmodells auf seine Wirtschaftlichkeit hin analysiert.
Der Vertriebsweg Internet/WWW wurde als möglicher zusätzlicher Vertriebsweg analysiert, da die Zielgruppe der Advance Bank mit einem Index[70] von 2,46[71] stark überrepräsentativ dieses elektronische Medium nutzt [vgl. o.V. 96e] und sich das Internet/WWW sehr gut zum Vertrieb von Bankleistung eignet [vgl. Dratva 95, S. 207 ff.].
Weltweit wird die Anzahl der Nutzer des Internet auf zirka 30 - 40 Millionen und europaweit auf zirka 10 Millionen Teilnehmer geschätzt [vgl. Hies 96, S. 26]. Etwa alle 12 Monate hat sich in den letzten Jahren die Zahl der Nutzer und angeschlossenen Systeme verdoppelt [vgl. Treplin 95, S. 76; vgl. Hies 96, S. 26]. Lux gibt für das Internet zirka 62.000 Netzwerke verschiedener Größe an, zirka 6,8 Mio. angeschlossene Rechner, von denen zirka 500.000 in Deutschland stehen [Lux 95, S. 3 f.].
Eine 1996 über das Internet/WWW in Deutschland durchgeführte Umfrage hat für den Internet-Nutzer die folgenden in der Tab. 4.1 dargestellten soziodemographischen Charakteristika und Interessen- bzw. Nutzungsgebiete des Internet/WWW ergeben [vgl. Fittkau/Maaß 96, S. 13 - 66].

---

68 Zielgruppenspezifische Auswertung der Studie „Typologie der Wünsche/Intermedia 1996/1997" des Burda Verlages [Burda 96].

69 Zielgruppenspezifische Auswertung nach der Nutzung bzw. Planung der Nutzung von Online-Diensten innerhalb der nächsten 12 Monate der Studie „Typologie der Wünsche/Intermedia 1996/1997" des Burda Verlages [Burda 96].

70 Der Index gibt das Verhältnis zwischen der deutschen Gesamtbevölkerung von 18 bis 64 Jahren und der Zielgruppe der Advance Bank AG im Bezug auf die Nutzung des Internet/WWW wieder.

71 Auswertung der Studie „Typologie der Wünsche/Intermedia 1996/1997" des Burda Verlages [Burda 96] auf die Zielgruppe der Advance Bank AG.

Attribut	Ausprägungen							
Geschlecht	männlich 93,8%	weiblich 6,2%						
Altersstruktur	unter 19 Jahre 4,1%	20 - 29 Jahre 62,6%	30 - 39 Jahre 23,5%	40 - 49 Jahre 7,3%	über 50 Jahre 2,5%			
Bildungsstand	Universität 61,5%	Fachhochschule 16,9%	Abitur 16,1%	Realschule 4,5%	Hauptschule 0,9%	kein Abschluß 0,1%		
Beruf	Student 48,2%	Angestellter 32,6%	Selbständig 8,7%	Schüler, Lehrling 3,5%	Beamter 3,3%	Doktorand 1,5%	nicht berufstätig 1,2%	sonstiges 1%
Bruttomonatseinkommen in DM	bis 1.500 43%	1.501 - 3000 16,6%	3.001 - 5.000 15,1%	5.001 - 7.000 14,8%	mehr als 7.000 10,5%			
am häufigsten benutzter Zugang	Online-Dienst 15%	Internet-Provider 6,6%	Arbeitgeber 16,1%	Universität 59,9%	andere 2,4%			
Verwendung des WWW[72]	aktuelle Informationen 81%	aus Neugier 66,8%	Unterhaltung 66,2%	Aus-/ Weiterbildung 62%	Produktinformation 29,4%	Shopping 7,5%	sonstiges 15,2%	
Zahlungsbereitschaft	nein 32,6%	ja 1,3%	preisabhängig 3%	qualitätsabhängig 4%	preis- und qualitätsabhängig 59,1%			

Tab. 4.1: Wesentliche Charakteristika und Verhaltensweisen der deutschen Internet/WWW-Nutzer nach einer im April 1996 - Mai 1996 durchgeführten Befragung [vgl. Fittkau/Maaß 96, S. 13 - 66]

Nach der im Mai und Juni 1996 durchgeführten Umfrage „Online - Offline" des SPIEGEL-Verlages haben zirka 3,75 Mio. deutsche Haushalte Zugriff auf Online-Dienste und damit auch auf das Internet/WWW [vgl. Online/Offline 96, S. 60]. Die Abb. 4.2 zeigt die wichtigsten deutschen Internet Service Provider[73] (ISP) und deren Vernetzung sowohl untereinander als auch zu den ISPs in den USA[74].

---

[72] Für diese Frage waren Mehrfachnennungen zugelassen.

[73] Die Internet Service Provider betreiben jeweils Teile des Internets, das sich weltweit aus Teilstücken der regional, national oder international tätigen ISPs zusammensetzt. Die ISPs unterliegen einer Selbstkontrolle und verwalten den jeweiligen Teilbereich des Internets in Eigenverantwortung. Eine detailliertere Darstellung findet sich in [Lux 95].

[74] Eine detaillierte Darstellung des deutschen Internet und der deutschen ISPs findet sich in [Lux/Heinen 96].

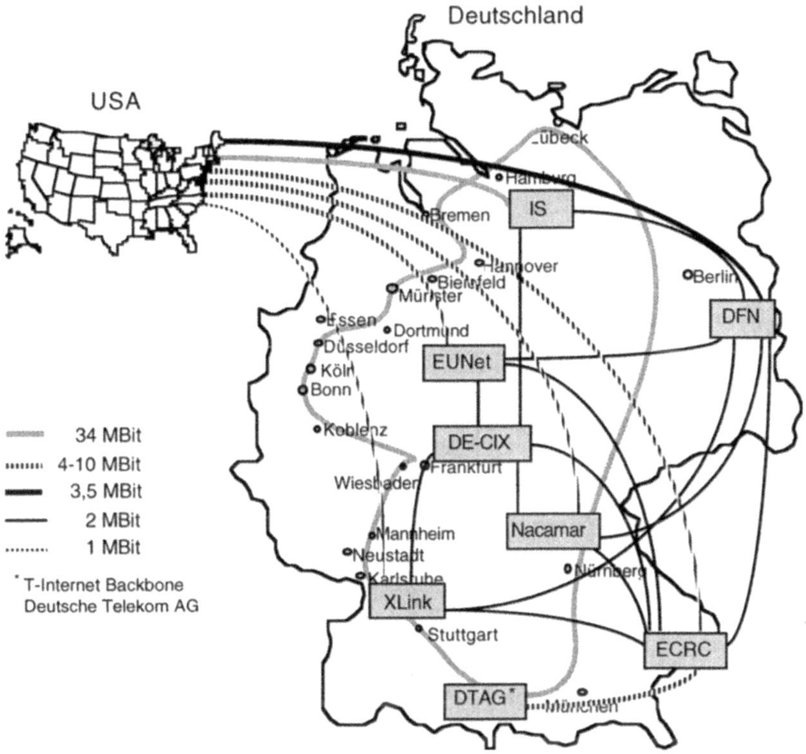

Abb. 4.2: Interne Verbindungsstruktur der wichtigsten Internet Service Provider in Deutschland [vgl. Lux/Heinen 96]

Das Internet hat sich insbesondere in den letzten drei Jahren rasant entwickelt [vgl. FAZ 96d]. Die Abb. 4.3 zeigt die Entwicklung der Hostsysteme im Internet zwischen Juli 1988 und Juli 1996. Die Entwicklung entspricht einer jährlichen Wachstumsrate der Hostsysteme von zirka 110% [vgl. Network Zone 96].
Die Abb. 4.4 zeigt die Entwicklung der Hostsysteme im Internet aufgeteilt nach den Domains [75] „.com“ und „.de“. Die Grafik belegt das starke Wachstum der Hostsysteme im kommerziellen Bereich (Domain „.com“) und der deutschen Informationsanbieter (Domain „.de“). Die Hostsysteme in der Domain „.com“ sind seit Juli 1991 mit einer jährlichen Wachstumsrate von zirka 86% gewachsen und in der Domain „.de“ mit zirka 92% [vgl. Network Zone 96].

---

[75] Domains sind logische Teilbereiche des Internets, die anhand ihrer Internet-Adresse den verschiedenen Teilbereichen zugeordnet werden. Dabei kann man unterscheiden zwischen einer geographischen und einer organisatorischen Struktur. So gehören die Domain '.de' zur geographischen Struktur Deutschland und die Domain '.com' zur organisatorischen Struktur kommerzieller Anbieter [vgl. Obermayr et al. 95, S. 25 ff.].

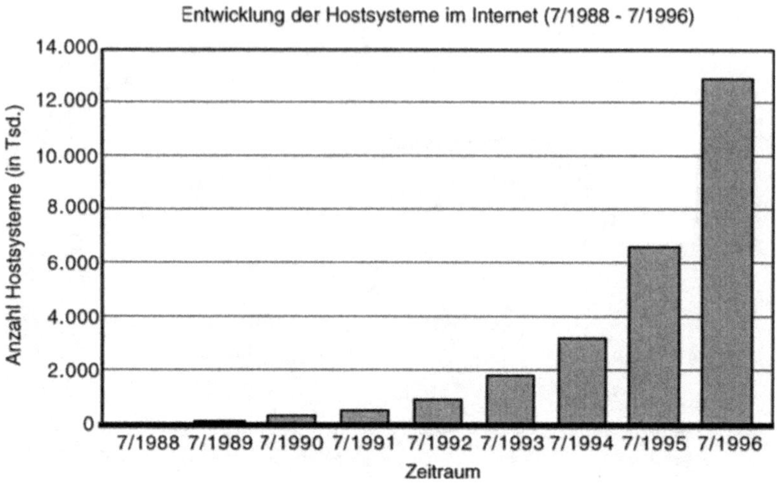

Abb. 4.3: Entwicklung der Hostsysteme im Internet von 7/1988 bis 7/1996 [Network Zone 96]

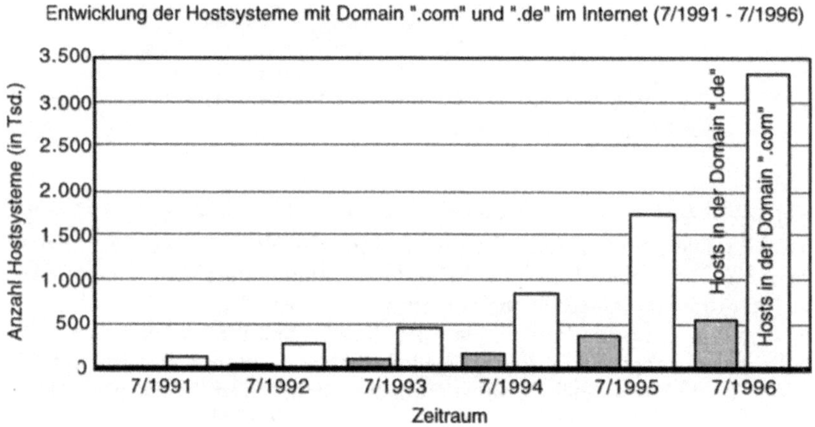

Abb. 4.4: Entwicklung der Hostsysteme mit Domain „.com" und „.de" im Internet von 7/1991 bis 7/1996 [Network Zone 96]

Das Internet/WWW unterlag in den Jahren 1994 bis 1996 einer starken Kommerzialisierung [vgl. Harrington/Reed 96; vgl. Bowers/Singer 96; vgl. Heinrich 96] und hat sich weltweit auch als Standard[76] für kommerzielle Online-Dienste durch-

[76] Als Standard haben sich zum einen das Datenübertragungsprotokoll TCP/IP und die Seitenbeschreibungssprache HTML v3.0 durchgesetzt.

gesetzt. Die kommerziellen Online-Dienste T-Online, CompuServe und Microsoft Network haben bereits eine Migration auf die Internetstandards angekündigt [vgl. o.V. 96c; vgl. o.V. 96d][77]. Diese kommerziellen Online-Dienste bieten bereits heute einen Zugang zum Internet/WWW, so daß alle Informationen des Internet/WWW auch über den jeweiligen Online-Dienst abgerufen werden können. Eine Bank, die im Internet/WWW eine Präsenz unterhält, ist damit auch in den kommerziellen Online-Diensten vertreten [vgl. Fleischer 96, S. 33; vgl. Schürmann 96].

Als erste deutsche Banken gingen zeitgleich die Bayerische Hypotheken- und Wechselbank AG Schwerin und die Sparkasse Schwerin am 26.5.1995, gefolgt von der Deutschen Bank AG am 1.6.1995 und der Hessischen Landesbank am 1.7.1995 auf das Internet/WWW. Das Internet wurde von den Banken aufgrund der unzureichenden Sicherheit bisher weitgehend als Marketing- und Informationsmedium genutzt. Eine neue inhaltliche Dimension und Nutzung erhält das Internet durch das Angebot von Transaktionen [vgl. Birkelbach 96c; vgl. Birkelbach 96d]. Als erste Investmentgesellschaft bietet der Deutsche Investment-Trust (DIT) der Dresdner Bank AG seit Herbst 1995 den Kauf und Verkauf von Investmentanteilen über das Internet/WWW an. Als erste Universalbank offeriert die Stadtsparkasse Dortmund seit dem 15.3.1996 Kontokorrentdienstleistungen, wie z.B. Kontoeröffnungsanträge, Überweisungen und Daueraufträge über das Internet/WWW. Die Bank setzt dazu das Secure Socket Layer (SSL) Protokoll der Firma Netscape Inc. zur Sicherung der Datenübertragung ein. Am 27.8.1996 folgte die Direkt Anlage Bank mit sicheren Transaktionen auf dem Internet durch Implementierung von Sicherheitsalgorithmen in vom Kunden herunterladbaren JAVA-Applets[78] (X*Presso der Fa. Brokat Informationssysteme GmbH, Böblingen) [vgl. Ströbele 96]. Diese Softwarelösung setzen ebenfalls die Bank24 AG[79], Deutsche Bank AG, Consors Discount Broker und die 1822 Direkt ein. Die Sparda-Bank Hamburg eG bietet seit dem 18.11.1996 sichere Transaktionen unter Zuhilfenahme einer Kryptohardware (MeChip der Fa. ESD GmbH, Leipzig) an [vgl. Fleischer 96; vgl. o.V. 96f; vgl. Seiler 96; vgl. Weiler 96].

Um im Internet/WWW Transaktionen anbieten zu können, muß die Bank über eine direkte Anbindung ihrer EDV-Systeme zum Internet/WWW verfügen. Zur Sicherung der EDV-Systeme gegen unberechtigten Zugriff aus dem Internet/WWW werden sogenannte Firewalls eingesetzt [vgl. Weiss 96; vgl. Gruber 96; vgl. O'Neil/Achter 96; vgl. FAZ 96e]. Die Bank könnte, wie in Abb. 4.5 dargestellt, an das Internet/WWW angeschlossen werden. Die EDV-Systeme der Bank werden hierbei durch zwei Firewalls geschützt[80].

---

77 Neben den kommerziellen Online-Diensten etablieren sich auf der technologischen Basis auch Online-Dienste für Berufsgruppen. So wurde auf der Medizinfachmesse Medica 1996 das deutsche Gesundheitsnetz (DGN) vorgestellt [vgl. FAZ 96f].

78 Für eine detaillierte Darstellung der Vor- und Nachteile der Programmiersprache JAVA sei verwiesen auf [Markwitz/Golob 96].

79 Die Bank24 AG bietet neuen Kunden bei der Nutzung des Vertriebsweges Internet/WWW oder T-Online eine kostenlose Kontoführung inklusive ec-Karte an. Im ersten Jahr erhält der Kunde zusätzlich kostenfrei eine Kreditkarte [vgl. o.V. 96g].

80 Die möglichen Gefahren für die Informationssicherheit der EDV-Systeme einer Bank werden in [Petzel 95; Rueppel 96] dargestellt.

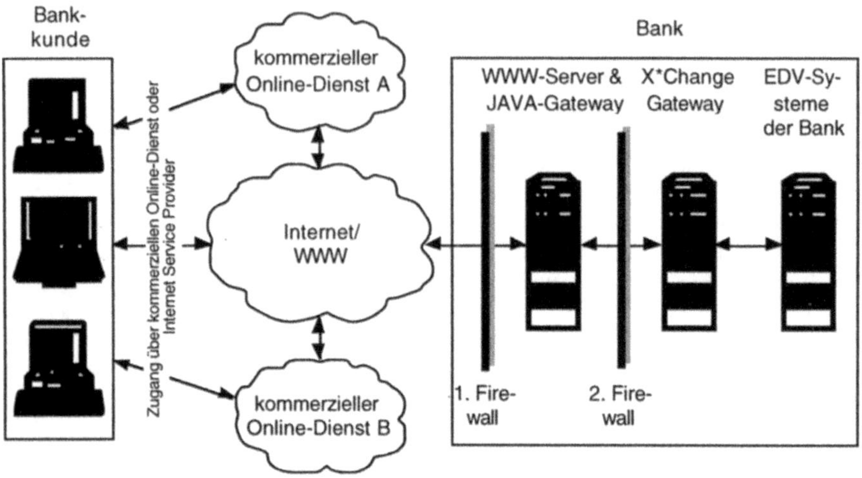

Abb. 4.5: Schematischer Aufbau der EDV-Infrastruktur zur Realisierung des Vertriebsweges Internet/WWW

Über das Internet/WWW angebotene Bankleistungen

Im Fachkonzept wurden für die vier Kontoarten die in Tab. 4.2 und Tab. 4.3 dargestellten Bankleistungen über den Vertriebsweg Internet/WWW festgelegt:

Kontoart des Unternehmensbereiches Call-Center / Bankleistung	CMK und CMK-Light (Kontokorrent)	CMK-Light mit FOCUS-Card (Kontokorrent)
Kontostandsabfrage	JA	JA
Umsatzabfrage	JA	JA
Überweisung ausführen	JA	JA
Dauerauftrag einrichten/ändern/ löschen	JA	JA
ec-Schecks bestellen	JA	NEIN

Tab. 4.2: Angebotene Bankleistungen für das CMK, CMK-Light und CMK-Light mit FOCUS-Card über Internet/WWW

Kontoart des Unternehmensbereiches Vermögensberatung / Bankleistung	GMK (Geldanlage)	W.-Depot (Wertpapier-Depot)
Kontostandsabfrage	JA	NEIN
Umsatzabfrage	JA	NEIN
Überweisung ausführen	JA	NEIN
Kauf/Verkauf Wertpapiere	NEIN	JA

Kontoart des Unternehmensbereiches Vermögensberatung Bankleistung	GMK (Geldanlage)	W.-Depot (Wertpapier-Depot)
Depotwert mit aktuellen Kursen	NEIN	JA
Depotinhalt mit aktuellen Kursen	NEIN	JA

Tab. 4.3: Angebotene Bankleistungen für das GMK und W.-Depot über Internet/WWW

5 Anwendung der szenariogestützten Wirtschaftlichkeitsanalyse: Bewertung des geplanten Vertriebsweges Internet/WWW anhand des Vorgehensmodells

Das Vorgehensmodell zur Durchführung der szenariogestützten Wirtschaftlichkeitsanalyse besteht aus vier Schritten. Die Anwendung der vier Schritte auf den konzipierten neuen elektronischen Vertriebsweg Internet/WWW der Advance Bank AG wird im Detail in den Kapiteln 5.1 bis 5.4 dargestellt. In Kapitel 5.1 wird Schritt 1: «Grundlagen für die Schritte 2 bis 4» dargestellt. Kapitel 5.2 beschreibt Schritt 2: «Ermittlung der Kosten des elektronischen und der bestehenden Vertriebswege». In Kapitel 5.3 wird Schritt 3 dargestellt, bei dem die «Ermittlung der Nutzeffekte des neuen elektronischen und der bestehenden Vertriebswege» im Mittelpunkt steht. Kapitel 5.4 beschreibt Schritt 4: «Berechnung der szenariogestützten Wirtschaftlichkeit», der die Grundlagen aus Schritt 1 und die Ergebnisse auf Schritt 2 und 3 zu einer szenariogestützten Wirtschaftlichkeitsanalyse zusammenführt. Ergebnis dieser szenariogestützten Wirtschaftlichkeitsanalyse sind die Wirtschaftlichkeitszahlen der drei Szenarien «wahrscheinlich», «pessimistisch» und «optimistisch» für den Vertriebsweg Internet/WWW der Advance Bank AG. Sämtliche im Fallbeispiel verwendeten Kosten und Erlöse sind aufgrund der vorgenommenen Verfälschung mit Geldeinheiten (GE) bewertet [vgl. Kapitel 0].

5.1 Schritt 1: Festlegung der Grundlagen für die Schritte 2 bis 4

Im folgenden werden die drei Teilschritte des Schrittes 1 des Vorgehensmodells für die Ermittlung der Wirtschaftlichkeit des Telebanking über Internet/WWW der Advance Bank AG beschrieben.
In Kapitel 5.1.1 wird der Schritt 1-1 dargestellt, in dem der neue elektronische Vertriebsweg Internet/WWW der Advance Bank AG und die darüber angebotenen Bankleistungen erläutert wird. Kapitel 5.1.2 beschreibt den Schritt 1-2, der die Nutzung und die Auswirkungen des neuen elektronischen Vertriebsweges auf den bestehenden Vertriebswegemix erfaßt. Kapitel 5.1.3 stellt abschließend den Schritt 1-3 dar, in dem die Haupteinflußparameter auf die Wirtschaftlichkeit identifiziert und drei Umwelt- und Nutzungsszenarien definiert werden.

5.1.1 Schritt 1-1 - Definition des Vertriebsweges Internet/WWW und der darüber angebotenen Bankleistungen

Vertriebsweg Internet/WWW und benötigte technische Ausstattung des Kunden

Der Vertriebsweg Internet/WWW ist ein elektronischer Vertriebsweg [vgl. Kapitel 2.1.2], der auf technischer Basis des Internets bereitgestellt wird. Das Internet ist in Deutschland über verschiedene Zugangswege erreichbar. Die erste Möglich-

keit besteht in der Nutzung der kommerziellen Online-Dienste. Diese bieten einen Zugang zum Internet/WWW an, so z.B. T-Online, AOL, CompuServe, Microsoft Network und andere. Eine zweite Möglichkeit besteht im direkten Zugang über einen Internet Service Provider, der einen Teil des Internets betreibt. Eine dritte Möglichkeit besteht in der Nutzung lokaler/regionaler Online-Dienste auf technischer Basis des Internets. Der regionale Online-Dienst[81] Donau Online bietet z.B. in Regensburg einen kostenlosen Zugang zu deutschen Informationen im Internet/WWW an. Die vierte und letzte Möglichkeit besteht in der Nutzung der Internetanschlüsse von Universitäten und öffentlichen Einrichtungen. Alle deutschen Universitäten sind untereinander durch das Deutsche Forschungsnetz (DFN) und mit den anderen Teilbereichen des weltweiten Internets verbunden. Über das Internet/WWW können in Deutschland zirka 4 bis 5,5 Mio. Personen erreicht werden. Es hat damit die größte Verbreitung der Online-Dienste in Deutschland.
Die Advance Bank AG wird im Internet eine Homepage betreiben, über die der Kunde die Informations- und Transaktionsdienste in Anspruch nehmen kann. Dazu ist beim Kunden ein Personal Computer (PC) mit einer Internetsoftware, ein javafähiger WWW-Browser und einer der vier oben beschriebenen Zugangsarten zum Internet notwendig. Die für die Nutzung der Bankleistungen notwendige Software wird von der Bank bereitgestellt und während der Nutzung vom WWW-Server der Bank geladen.
Um diesen Vertriebsweg ihren Kunden anbieten zu können, benötigt die Advance Bank AG eine leistungsfähige Hard- und Software, eine Anbindung an das Internet und Sicherheitssysteme, die das Eindringen von Hackern, Viren usw. in die EDV-Systeme der Bank verhindern. Die Verbindung der Bank zum Internet muß nach der Anzahl gleichzeitiger Nutzer dieses Vertriebsweges dimensioniert werden. Weiterhin müssen die Hard- und Softwaresysteme durch hochqualifizierte und speziell auf die eingesetzten Produkte geschulte Spezialisten installiert und gewartet werden. Diese technischen, organisatorischen und personellen Anforderungen dieses elektronischen Vertriebsweges wirken sich auf die einmaligen und laufenden Kosten für die Bereitstellung dieses Vertriebsweges und auf die Kosten für die Bereitstellung einzelner Bankleistungen aus.
Der Vertriebsweg Internet/WWW zeichnet sich durch hohe Anfangsinvestitionen in Hardware, Software und Sicherheitssysteme aus. Die laufenden Kosten für die Bereitstellung des Vertriebsweges und die Abwicklung von Bankleistungen sind dagegen sehr gering. Dadurch entstehen durch die verstärkte kundenseitige Nutzung des Vertriebsweges Internet/WWW hohe Skalenerträge.

Im Internet unterstützte Kontoarten und angebotene Bankleistungen

Zur Nutzung des neuen Vertriebsweges schließt die Bank mit dem Kunden einen Zusatzvertrag. Der Kunde muß hierzu im Call-Center anrufen und erhält auf seinen Wunsch den Zusatzvertrag zugesandt. Nach Rücksendung des ausgefüllten und unterzeichneten Vertrages wird ihm eine Liste mit Transaktionsnummern

[81] Die lokalen und regionalen Online-Dienste werden deutschlandweit in der Zukunft an Bedeutung gewinnen [vgl. Peters 96].

(TAN)/Bestätigungsnummern (BEN)[82] zugesandt, und der Zugang zum Internet-Banking wird für seine Personen-Nr. freigeschaltet.
Für den Vertriebsweg Internet/WWW werden zur Authentifizierung der berechtigten Personen Mehrmalspaßwörter (PIN) und Einmalpaßwörter zur Autorisierung einzelner Transaktionen benötigt. Der Kunde benötigt daher eine Liste mit solchen Einmalpaßwörtern (TAN/BEN) und bekommt diese bei der Anmeldung zum Internet-Banking automatisch zugesandt.
Im Internet werden die vier von der Advance Bank AG angebotenen Kontoarten unterstützt und eine Auswahl der häufig genutzten Bankleistungen angeboten. In Tab. 5.1 sind die über den Vertriebsweg Internet/WWW angebotenen Bankleistungen dargestellt und erläutert. In dieser Tabelle ist auch jede Bankleistung einer oder mehreren Bankleistungskategorien zugeordnet.

Bankleistungs-kategorie	Bankleistung	Beschreibung
Kontokorrent Geldanlage	Kontostandsabfrage	Anzeige des Kontostandes
Kontokorrent Geldanlage	Umsatzabfrage	Anzeige der Umsätze der letzten zwei Wochen in absteigender Datumsfolge. Der Kunde hat die Möglichkeit, einen beliebigen Datumsbereich für die Anzeige der Umsätze seines Kontos auszuwählen.
Kontokorrent Geldanlage	Überweisung	Eingabe der Daten für eine Überweisung durch den Kunden und Autorisierung der Überweisung durch eine TAN. Bestätigung des Empfanges und der Verarbeitung der Überweisung durch die Rücksendung einer BEN durch die Bank. Elektronische Weiterleitung der Überweisung an die Clearingstelle.
Kontokorrent	Dauerauftrag einrichten (1)/ ändern (2)/ löschen (3)	(1) Eingabe der Daten für einen neuen Dauerauftrag durch den Kunden und Autorisierung des Dauerauftrages durch eine TAN (2) Auswahl eines bestehenden Dauerauftrages zur Änderung und Änderung der Daten durch den Kunden. Autorisierung des geänderten Dauerauftrages durch eine TAN (3) Auswahl eines bestehenden Dauerauftrages zur Löschung und Autorisierung der Löschung durch eine TAN Bestätigung des Empfanges und der Verarbeitung des Dauerauftrages durch die Rücksendung einer BEN durch die Bank. Schriftliche Bestätigung der Einrichtung/Änderung oder Löschung des Dauerauftrages an den Kunden.
Kontokorrent	ec-Schecks bestellen	Anforderung von 10 ec-Schecks durch den Kunden. Zusendung von ec-Schecks an den Kunden auf dem Postweg.

[82] Zur Nutzung des Transaktionssystems durch den Kunden muß sich dieser mit seiner PIN gegenüber dem EDV-System der Bank autorisieren. Nach der Autorisierung kann der Kunde Kontostände oder Umsätze abrufen. Jede Transaktion, die eine Buchung auslöst, muß durch Angabe einer sogenannten Transaktionsnummer (TAN) durch den Bankkunden autorisiert werden. Zusammen mit einigen Detailinformationen der Transaktion (z.B. Betrag, Empfänger, usw.) wird die Transaktion dem Kunden durch die Bank mit Bekanntgabe der Bestätigungsnummer (BEN) quittiert.

Bankleistungs-kategorie	Bankleistung	Beschreibung
Wertpapier-Depot	Kauf/Verkauf Wertpapiere	Eingabe der notwendigen Daten für einen Wertpapierkauf und Autorisierung des Kaufs durch eine TAN. Rückbestätigung des korrekten Empfanges und der Weiterverarbeitung durch die Rücksendung einer BEN an den Kunden.
Wertpapier-Depot	Depotwert mit aktuellen Kursen	Anzeige des Depotwertes auf Basis aktueller Wertpapierkurse
Wertpapier-Depot	Depotinhalt mit aktuellen Kursen	Anzeige der einzelnen im Depot enthaltenen Wertpapiere auf der Basis aktueller Wertpapierkurse

Tab. 5.1: Über den Vertriebsweg Internet/WWW angebotene Bankleistungen

Tab. 5.2 gibt eine Übersicht über die auf dem Vertriebsweg Internet/WWW angebotenen Bankleistungen und auch darüber ob diese Bankleistungen bereits auf den bestehenden Vertriebswegen Telefon- und Telefax-Banking angeboten werden.

Vertriebsweg / ergänzend zu bestehenden Vertriebswegen angebotene Bankleistungen	Neuer elektronischer Vertriebsweg Internet/WWW	Bestehender Vertriebsweg Telefon-Banking	Bestehender Vertriebsweg Telefax-Banking
Kontostandsabfrage	JA	JA	NEIN
Umsatzabfrage	JA	JA	NEIN
Überweisung	JA	JA	JA
Dauerauftrag einrichten/ändern/löschen	JA	JA	JA
ec-Schecks bestellen	JA	JA	JA
Kauf/Verkauf Wertpapiere	JA	JA	JA
Depotwert mit aktuellen Kursen	JA	JA	NEIN
Depotinhalt mit aktuellen Kursen	JA	JA	NEIN

Tab. 5.2: Übersicht über die Bankleistung/Vertriebswegekombination der über das Internet/WWW angebotenen Bankleistungen

In der Tab. 5.3 werden die einzelnen Kontoarten und die hierfür angebotenen Bankleistungen dargestellt. Die dargestellten Bankleistungen wurden in der Fachkonzeptphase nach der Nutzungsintensität und an den Anforderungen der Kunden ausgerichtet.

Kontoart / Bankleistung	CMK und CMK-Light (Kontokorrent)	GMK (Geldanlage)	CMK-Light mit FOCUS-Card (Kontokorrent)	W.-Depot (Wertpap.-D.)
Kontostandsabfrage	JA	JA	JA	NEIN
Umsatzabfrage	JA	JA	JA	NEIN
Überweisung	JA	JA	JA	NEIN
Dauerauftrag einrichten/ändern/löschen	JA	NEIN	JA	NEIN
ec-Schecks bestellen	JA	NEIN	NEIN	NEIN

Kontoart / Bankleistung	CMK und CMK-Light (Kontokorrent)	GMK (Geldanlage)	CMK-Light mit FOCUS-Card (Kontokorrent)	W.-Depot (Wertpap.-D.)
Kauf/Verkauf Wertpapiere	NEIN	NEIN	NEIN	JA
Depotwert mit aktuellen Kursen	NEIN	NEIN	NEIN	JA
Depotinhalt mit aktuellen Kursen	NEIN	NEIN	NEIN	JA

Tab. 5.3: Über den Vertriebsweg Internet/WWW angebotene Bankleistungen der Advance Bank AG

5.1.2 Schritt 1-2: Definition der Nutzung und der Auswirkungen des Vertriebsweges Internet/WWW auf bestehende Vertriebswege

Die durchschnittliche Anzahl der Kunden, die den Vertriebsweg Internet/WWW nutzen werden, ist in Abhängigkeit des jeweiligen Jahres des Betrachtungszeitraumes und des Szenarios in der Tab. 5.4 dargestellt. Die durchschnittliche Anzahl der Kunden, die den neuen elektronischen Vertriebsweg nutzen werden, hat maßgeblichen Einfluß auf den wirtschaftlichen Einsatz des Vertriebsweges Internet/WWW. Die detaillierte Ermittlung der durchschnittlichen Kundenzahlen auf dem Vertriebsweg Internet/WWW ist im Anh. A-1 bis Anh. A-3 dargestellt.

Jahr des Betrachtungszeitraumes / Szenario [Kunden]	1997	1998	1999	2000
«wahrscheinliches» Szenario (vgl. Anh. A-1)	2.952	6.121	10.707	16.512
«pessimistisches» Szenario (vgl. Anh. A-2)	2.596	4.465	6.467	8.561
«optimistisches» Szenario (vgl. Anh. A-3)	3.071	7.241	13.441	23.072

Tab. 5.4: Durchschnittliche Anzahl der Kunden pro Jahr und Szenario für den Vertriebsweg Internet/WWW

Bisher bietet die Advance Bank AG ihren Kunden zwei Vertriebswege an. Hauptvertriebsweg stellt das Telefon-Banking mit einem zentralen Call-Center in München dar. Der andere Vertriebsweg ist das Telefax-Banking. Im Rahmen der szenariogestützten Wirtschaftlichkeitsanalyse werden die beiden bestehenden Vertriebswege Telefon- und Telefax-Banking in die Analyse einbezogen.
Der neue elektronische Vertriebsweg Internet/WWW wird zusätzlich zu den beiden bereits existierenden Vertriebswegen angeboten. Zum einen müssen die Substitutions- und Kannibalisierungswirkungen des neuen elektronischen Vertriebsweges auf die beiden bestehenden Vertriebswege erfaßt werden und zum anderen das Nutzungsverhalten der Kunden prognostiziert werden. Die dargestellten Werte wurden im Rahmen der Konzeptphase ermittelt. Hierzu werden die in Kapitel 3.2.2 definierten Matrizen im folgenden aufgestellt und erläutert.

Bankleistungsnutzungsmatrix

Die Bankleistungsnutzungsmatrix zeigt die einzelnen über den neuen elektronischen Vertriebsweg angebotenen Bankleistungen, die entweder exklusiv oder ergänzend zu den beiden existierenden Vertriebswegen angeboten werden. Im vorliegenden Fall werden alle Bankleistungen bereits auf den Vertriebswegen Telefon- und Telefax-Banking angeboten, so daß bei allen Bankleistungen ein Substitutions- bzw. Kannibalisierungseffekt auftreten wird. Die Bankleistungsnutzungsmatrix ist in Tab. 5.5 dargestellt. Eine Differenzierung der drei Szenarien für die Bankleistungsnutzungsmatrix wird nicht vorgenommen.

Jahr des Betrachtungszeitraumes / Inanspruchnahme Bankleistungen pro Monat	1997 [Transaktionen]	1998 [Transaktionen]	1999 [Transaktionen]	2000 [Transaktionen]
Ergänzend zu bestehenden Vertriebswegen angebotene Bankleistungen:				
CMK und CMK-Light:				
Kontostandsabfrage	3,57	3,57	3,57	3,57
Umsatzabfrage	2,38	2,38	2,38	2,38
Überweisung	3,57	3,57	3,57	3,57
Dauerauftrag einrichten/ ändern/löschen	0,30	0,30	0,30	0,30
ec-Schecks bestellen	0,20	0,20	0,20	0,20
GMK:				
Kontostandsabfrage	0,30	0,30	0,30	0,30
Umsatzabfrage	0,30	0,30	0,30	0,30
Überweisung auf Referenzkonto	0,30	0,30	0,30	0,30
CMK-Light mit FOCUS-Card:				
Kontostandsabfrage	0,60	0,60	0,60	0,60
Umsatzabfrage	0,60	0,60	0,60	0,60
Überweisung	1,19	1,19	1,19	1,19
Dauerauftrag einrichten/ ändern/löschen	0,30	0,30	0,30	0,30
W.-Depot:				
Kauf/Verkauf Wertpapiere	0,89	0,89	0,89	0,89
Depotwert mit aktuellen Kursen	0,60	0,60	0,60	0,60
Depotinhalt mit aktuellen Kursen	0,60	0,60	0,60	0,60

Tab. 5.5: Bankleistungsnutzungsmatrix für den Vertriebsweg Internet/WWW; Bankleistungen, die ergänzend zu bestehenden Vertriebswegen angeboten werden

Verflochtenheitsmatrix

Im nächsten Schritt nach der Aufstellung der Bankleistungsnutzungsmatrix muß die Verflochtenheitsmatrix aufgestellt werden. Die Verflochtenheitsmatrix bildet einen der drei Hauptcharakteristika der Bankleistungen, ihre kunden- oder bankbedingte Verflochtenheit untereinander, ab. Im folgenden werden in den Tab. 5.6 bis Tab. 5.9 die Verflochtenheitsmatrizen für die vier Kontoarten aufgestellt. Eine Differenzierung der drei Szenarien für die Verflochtenheitsmatrix wird nicht vorgenommen.

Verflochtenheitsmatrix für CMK und CMK-Light:

Verflochtene Bankleistung (Internet/WWW) Initiale Inanspruchnahme der Bankleistung	Kontostandsabfrage [Transakt.]	Umsatzabfrage [Transakt.]	Überweisung [Transakt.]	Dauerauftrag einrichten/ ändern/ löschen [Transakt.]	ec-Schecks bestellen [Transakt.]
Kontostandsabfrage		0	0	0	0
Umsatzabfrage	0		0	0	0
Überweisung	0,70	0,35		0	0
Dauerauftrag einrichten/ändern/löschen	0,35	0,35	0		0
ec-Schecks bestellen	0	0	0	0	
Summe der Inanspruchnahme durch die Verflechtung	Σ= 1,05	Σ= 0,70	Σ= 0	Σ= 0	Σ= 0

Tab. 5.6: Verflochtenheit der Bankleistungen des CMK und CMK-Light untereinander und deren Auswirkung auf die Inanspruchnahme durch die Bankkunden

Verflochtenheitsmatrix für GMK:

Verflochtene Bankleistung (Internet/WWW) Initiale Inanspruchnahme der Bankleistung	Kontostandsabfrage [Transaktionen]	Umsatzabfrage [Transaktionen]	Überweisung [Transaktionen]
Kontostandsabfrage		0,70	0
Umsatzabfrage	0,70		0
Überweisung	0,70	0,70	
Summe der Inanspruchnahme durch die Verflechtung	Σ= 1,40	Σ= 1,40	Σ= 0

Tab. 5.7: Verflochtenheit der Bankleistungen des GMK untereinander und deren Auswirkung auf die Inanspruchnahme durch die Bankkunden

Verflochtenheitsmatrix für CMK-Light mit FOCUS-Card:

Verflochtene Bankleistung (Internet/WWW) / Initiale Inanspruchnahme der Bankleistung	Kauf/Verkauf Wertpapiere [Transaktionen]	Depotwert mit aktuellen Kursen [Transaktionen]	Depotinhalt mit aktuellen Kursen [Transaktionen]
Kauf/Verkauf Wertpapiere		0,70	0
Depotwert mit aktuellen Kursen	0		0,70
Depotinhalt mit aktuellen Kursen	0	0	
Summe der Inanspruchnahme durch die Verflechtung	Σ= 0	Σ= 0,70	Σ= 0,70

Tab. 5.8: Verflochtenheit der Bankleistungen des CMK-Light mit FOCUS-Card untereinander und deren Auswirkung auf die Inanspruchnahme durch die Bankkunden

Verflochtenheitsmatrix für CMK-Light mit FOCUS-Card:

Verflochtene Bankleistung (Internet/WWW) / Initiale Inanspruchnahme der Bankleistung	Kontostandsabfrage [Transaktionen]	Umsatzabfrage [Transaktionen]	Überweisung [Transaktionen]	Dauerauftrag einrichten/ ändern/löschen [Transaktionen]
Kontostandsabfrage		0,70	0	0
Umsatzabfrage	0,70		0	0
Überweisung	0,70	0,70		0
Dauerauftrag einrichten/ändern/löschen	0	0	0	
Summe der Inanspruchnahme durch die Verflechtung	Σ= 1,40	Σ= 1,40	Σ= 0	Σ= 0

Tab. 5.9: Verflochtenheit der Bankleistungen des Wertpapier-Depots untereinander und deren Auswirkung auf die Inanspruchnahme durch die Bankkunden

Mehrnutzungsmatrix

Durch die leichte Erreichbarkeit des Telebanking über Internet/WWW vom Arbeitsplatz des Bankkunden oder durch Online-Dienste von Zuhause aus wird die Inanspruchnahme der Bankleistungen gegenüber den bisherigen Vertriebswegen Telefon- und Telefax-Banking vielleicht steigen. Im Rahmen der Fachkonzeptphase wurde beschlossen, keine Mehrnutzung von Bankleistungen über den Vertriebsweg Internet/WWW anzusetzen. Diese Mehrnutzungen gegenüber den bisher angebotenen Vertriebswegen wird in der in Tab. 5.10 dargestellten Matrix für jede Kontoart, Bankleistung und jedes Jahr des Betrachtungszeitraumes dargestellt. Eine Differenzierung der drei Szenarien für die Mehrnutzungsmatrix wird nicht vorgenommen.

Jahr des Betrachtungszeitraumes / Mehrnutzung Bankleistungen pro Monat	1997 [Transaktionen]	1998 [Transaktionen]	1999 [Transaktionen]	2000 [Transaktionen]
Ergänzend zu bestehenden Vertriebswegen angebotene Bankleistungen:				
CMK und CMK-Light:				
Kontostandsabfrage	0	0	0	0
Umsatzabfrage	0	0	0	0
Überweisung	0	0	0	0
Dauerauftrag einrichten/ändern/löschen	0	0	0	0
ec-Schecks bestellen	0	0	0	0
GMK:				
Kontostandsabfrage	0	0	0	0
Umsatzabfrage	0	0	0	0
Überweisung auf Referenzkonto	0	0	0	0
CMK-Light mit FOCUS-Card:				
Kontostandsabfrage	0	0	0	0
Umsatzabfrage	0	0	0	0
Überweisung	0	0	0	0
Dauerauftrag einrichten/ändern/löschen	0	0	0	0
W.-Depot:				
Kauf/Verkauf Wertpapiere	0	0	0	0
Depotwert mit aktuellen Kursen	0	0	0	0
Depotinhalt mit aktuellen Kursen	0	0	0	0

Tab. 5.10: Mehrnutzungsmatrix für den Vertriebsweg Internet/WWW für die angebotenen Bankleistungen und jedes Jahr des Betrachtungszeitraumes

Gesamtinanspruchnahme der über den neuen Vertriebsweg Internet/WWW angebotenen Bankleistungen

Aus den drei Matrizen Bankleistungsnutzungs-, Verflochtenheits- und Mehrnutzungsmatrix wird durch eine Zusammenführung die in Tab. 5.11 dargestellte Gesamtinanspruchnahme der über den neuen elektronischen Vertriebsweg angebotenen Bankleistungen für jedes Jahr des Betrachtungszeitraums ermittelt.

Jahr des Betrachtungszeitraumes Gesamtinanspruchnahme Bankleistungen pro Monat	1997 [Transaktionen]	1998 [Transaktionen]	1999 [Transaktionen]	2000 [Transaktionen]
Ergänzend zu anderen Vertriebswegen angebotene Bankleistungen				
CMK und CMK-Light:				
Kontostandsabfrage	6,17	6,17	6,17	6,17
Umsatzabfrage	3,73	3,73	3,73	3,73
Überweisung	3,57	3,57	3,57	3,57
Dauerauftrag einrichten/ändern/löschen	0,30	0,30	0,30	0,30
ec-Schecks bestellen	0,20	0,20	0,20	0,20
GMK:				
Kontostandsabfrage	0,72	0,72	0,72	0,72
Umsatzabfrage	0,72	0,72	0,72	0,72
Überweisung auf Referenzkonto	0,30	0,30	0,30	0,30
CMK-Light mit FOCUS-Card:				
Kontostandsabfrage	1,02	1,02	1,02	1,02
Umsatzabfrage	1,02	1,02	1,02	1,02
Überweisung	1,19	1,19	1,19	1,19
Dauerauftrag einrichten/ändern/löschen	0,30	0,30	0,30	0,30
W.-Depot:				
Kauf/Verkauf Wertpapiere	0,89	0,89	0,89	0,89
Depotwert mit aktuellen Kursen	1,22	1,22	1,22	1,22
Depotinhalt mit aktuellen Kursen	1,02	1,02	1,02	1,02

Tab. 5.11: Matrix der Gesamtinanspruchnahme der angebotenen Bankleistungen über den Vertriebsweg Internet/WWW für jedes Jahr des Betrachtungszeitraums

Substitutions-/Kannibalisierungsmatrix der einzelnen Kontoarten auf dem neuen Vertriebsweg gegenüber den bestehenden Vertriebswegen

Im folgenden werden die Substitutionsmatrizen für die einzelnen Kontoarten CMK, CMK-Light, GMK, CMK-Light mit FOCUS-Card und Wertpapier-Depot aufgestellt. Die Substitutionsmatrizen werden in Schritt 4 der szenariogestützten Wirtschaftlichkeitsanalyse zur Berechnung der Kosteneinsparungen verwendet. Die Substitutionsmatrizen für die einzelnen Kontoarten sind in den Tab. 5.12 bis Tab. 5.15 dargestellt. Eine Differenzierung der Substitutionsmatrix für die drei Szenarien wird nicht vorgenommen.

Substitutionsmatrix bestehender Vertriebswege für das CMK und CMK-Light:

Substitutionswirkungen des Vertriebsweges Internet/WWW für die Jahre 1997 - 2000					
Bankleistung / Bestehende Vertriebswege	Kontostandsabfrage	Umsatzabfrage	Überweisung	Dauerauftrag	ec-Schecks bestellen
Gesamtinanspruchnahme neuer Vertriebsweg pro Monat [Transaktionen]	6,17	3,73	3,57	0,30	0,20
Substitution Telefon-Banking [Anteil Gesamtinanspruchnahme]	49,2%	54,2%	85,0%	85,0%	85,0%
Substitution Telefax-Banking [Anteil Gesamtinanspruchnahme]	8,7%	9,6%	15,0%	15,0%	15,0%
Summe Substitutionswirkung [Anteil Gesamtinanspruchnahme]	Σ= 57,9%	Σ= 63,8%	Σ= 100,0%	Σ= 100,0 %	Σ= 100,0 %

Tab. 5.12: Substitutionswirkung der Kontoart CMK und CMK-Light auf bestehende Vertriebswege durch Bereitstellung und Betrieb des Vertriebsweges Internet/WWW

Substitutionsmatrix bestehender Vertriebswege für das GMK:

Substitutionswirkungen des Vertriebsweges Internet/WWW für die Jahre 1997 - 2000			
Bankleistung / Bestehende Vertriebswege	Kontostandsabfrage	Umsatzabfrage	Überweisung
Gesamtinanspruchnahme neuer Vertriebsweg pro Monat [Transaktionen]	0,72	0,72	0,30
Substitution Telefon-Banking [Anteil Gesamtinanspruchnahme]	35,4%	35,4%	85,0%
Substitution Telefax-Banking [Anteil Gesamtinanspruchnahme]	6,3%	6,3%	15,0%
Summe Substitutionswirkung [Anteil Gesamtinanspruchnahme]	Σ= 41,7%	Σ= 41,7%	Σ= 100,0%

Tab. 5.13: Substitutionswirkung der Kontoart GMK auf bestehende Vertriebswege durch Bereitstellung und Betrieb des Vertriebsweges Internet/WWW

Substitutionsmatrix bestehender Vertriebswege für das CMK-Light mit FOCUS-Card:

Substitutionswirkungen des Vertriebsweges Internet/WWW für die Jahre 1997 - 2000				
Bankleistung Bestehende Vertriebswege	Kontostands-abfrage	Umsatzabfrage	Überweisung	Dauerauftrag einrichten/ändern/löschen
Gesamtinanspruchnahme neuer Vertriebsweg pro Monat [Transaktionen]	1,02	1,02	1,19	0,30
Substitution Telefon-Banking [Anteil Gesamtinanspruchnahme]	50,0%	50,0%	85,0%	85,0%
Substitution Telefax-Banking [Anteil Gesamtinanspruchnahme]	8,8%	8,8%	15,0%	15,0%
Summe Substitutionswirkung [Anteil Gesamtinanspruchnahme]	Σ= 58,8%	Σ= 58,8%	Σ= 100,0%	Σ= 100,0%

Tab. 5.14: Substitutionswirkung der Kontoart CMK-Light mit FOCUS-Card auf bestehende Vertriebswege durch Bereitstellung und Betrieb des Vertriebsweges Internet/WWW

Substitutionsmatrix bestehender Vertriebswege für das W.-Depot:

Substitutionswirkungen des Vertriebsweges Internet/WWW für die Jahre 1997 - 2000			
Bankleistung Bestehende Vertriebswege	Kauf/Verkauf Wertpapiere	Depotwert mit aktuellen Kursen	Depotinhalt mit aktuellen Kursen
Gesamtinanspruchnahme neuer Vertriebsweg pro Monat [Transaktionen]	0,89	1,22	1,02
Substitution Telefon-Banking [Anteil Gesamtinanspruchnahme]	85,0%	41,8%	50,0%
Substitution Telefax-Banking [Anteil Gesamtinanspruchnahme]	15,0%	7,4%	8,8%
Summe Substitutionswirkung [Anteil Gesamtinanspruchnahme]	Σ= 100,0%	Σ= 49,2%	Σ= 58,8%

Tab. 5.15: Substitutionswirkung der Kontoart W.-Depot auf bestehende Vertriebswege durch Bereitstellung und Betrieb des Vertriebsweges Internet/WWW

Mit der Aufstellung der Matrizen für die Nutzung, Verflochtenheit, Mehrnutzung, Gesamtinanspruchnahme und Substitution sind die Inanspruchnahme des neuen elektronischen Vertriebsweges durch die Kunden und die Auswirkungen auf die anderen bereits bestehenden Vertriebswege vollständig erfaßt. Diese Daten werden im Schritt 4 zur Berechnung der szenariogestützten Wirtschaftlichkeit des neuen elektronischen Vertriebsweges verwendet.

5.1.3 Schritt 1-3: Definition der drei Nutzungs- und Umweltszenarien für die szenariogestützte Wirtschaftlichkeitsanalyse

Im Rahmen der Wirtschaftlichkeitsanalyse wurden die Haupteinflußparameter mit der größten Hebelwirkung auf die szenariogestützte Wirtschaftlichkeitsanalyse identifiziert. Dabei wurde das in Kapitel 3.2.3 definierte Ziel, eine Anzahl von fünf bis zehn der wichtigsten Haupteinflußparameter zu identifizieren, berücksichtigt [vgl. Mißler-Behr 93, S. 13 ff.]. Die Tab. 5.16 zeigt die Aufstellung der Haupteinflußparameter, deren Beschreibung und deren gegenseitige Abhängigkeit untereinander.

Nr.	Haupteinfluß-parameter	Beschreibung des Haupteinflußparameters	Abhängigkeit mit anderen Haupteinflußparametern: korreliert (linear oder nicht linear) oder nicht korreliert
1	Online-Nutzer in % deutscher Haushalte	Bestimmt den Anteil der Personen, die über die technischen Voraussetzungen verfügen, das Internet-Banking der Advance Bank AG zu nutzen. Die Zielgruppe der Advance Bank AG nutzt mit einem Index von 2,4 Online-Dienste stärker als der Durchschnitt der deutschen Bevölkerung zwischen 18 und 64 Jahren.	nicht korreliert
2	Anzahl der Kunden der Advance Bank AG im Jahresdurchschnitt	Dieser HP ist der wesentliche Einflußparameter auf die Wirtschaftlichkeit des Internet-Banking der Advance Bank AG. Zusammen mit dem HP 1 hat er die größte Hebelwirkung im Rahmen der szenariogestützten Wirtschaftlichkeitsanalyse.	nicht korreliert
3	Anteil der Kunden, die das Cash-Management-Konto bzw. CMK-Light nutzen	Dieser HP hängt im wesentlichen mit den HP 4, 5 und 6 zusammen. Eine Veränderung dieses HP führt normalerweise zu einer Veränderung der anderen HP nach oben oder unten. Wird der Kunde mit dem CMK eine Hauptkontoverbindung mit der Bank eingehen, wird auch die Anzahl der Wertpapierdepots steigen. Hat der Kunde ein CMK, benötigt er normalerweise kein GMK.	korreliert linear mit HP 4, 5 und 6
4	Anteil der Kunden, die das Geldmarkt-Konto nutzen	Das GMK dient vorwiegend der kurzfristigen Geldanlage und wird von Kunden vorwiegend als Zweit- oder Drittkonto bei der Advance Bank AG geführt. Mit den Bemühungen, mit diesen Kunden auch eine Erstbankverbindung aufzubauen, wird das GMK an Bedeutung verlieren.	korreliert linear mit HP 3, 5 und 6

Nr.	Haupteinfluß-parameter	Beschreibung des Haupteinflußparameters	Abhängigkeit mit anderen Haupteinflußparametern: korreliert (linear oder nicht linear) oder nicht korreliert
5	Anteil der Kunden, die das CMK-Light mit FOCUS-Card nutzen	Anteil der Kunden, die eine Unterart des CMK-Light, ausgestattet mit einer speziellen Kreditkarte und Zusatzleistungen anstelle des vollwertigen CMK verwenden. Die Kontoart steht daher in direkter Konkurrenz zu CMK und CMK-Light und korreliert daher mit diesen Werten linear.	korreliert linear mit HP 3, 4 und 6
6	Anteil der Kunden, die das Wertpapier-Depot und Liquiditätskonto nutzen	Die Kunden, die mit der Advance Bank AG eine Hauptkontoverbindung eingehen, werden auch ihr Depot verlegen. Daher steht der Anteil der Kunden mit Depot in direkter Korrelation mit dem Anteil der Kunden, die ein CMK oder CMK-Light oder CMK-Light mit FOCUS-Card bei der Advance Bank AG unterhalten.	korreliert linear mit HP 3, 4 und 5

Tab. 5.16: Darstellung der Haupteinflußparameter für die Anwendung der Szenariotechnik und deren Abhängigkeit untereinander

Die sechs identifizierten wesentlichen Haupteinflußparameter auf die Wirtschaftlichkeit des neuen Vertriebsweges Internet/WWW werden nun im Rahmen der Szenariotechnik für die drei Szenarien «wahrscheinlich», «pessimistisch» und «optimistisch» variiert. Für die Bestimmung der Werte für die drei Szenarien wurde zum einen auf eine am Institut für Bankinformatik durchgeführte Delphi-Expertenbefragung [vgl. Kreuzer 96, S. 56 ff.] und zum anderen auf interne Planzahlen der Bank zurückgegriffen. Bei den Zahlen aus der Delphi-Expertenbefragung wurde für das «wahrscheinliche» Szenario der Prognosewert, für das «pessimistische» die untere Quartilsspanne und für das «optimistische» Szenario die obere Quartilsspanne verwendet. Die internen Planzahlen der Bank wurden für das «pessimistische» Szenario um 20% nach unten und für das «optimistische» Szenario um 10% nach oben angepaßt. Durch die ungewisse Entwicklung des Internet/WWW in Deutschland hat man sich dazu entschlossen, eine stärkere Korrektur des «pessimistischen» Szenarios und eine schwächere Korrektur des «optimistischen» Szenarios vorzunehmen. Tab. 5.17 zeigt die Werte der sechs Haupteinflußparameter für die jeweils drei Szenarien innerhalb des Betrachtungszeitraumes 1997 bis 2000.

Jahr des Betrachtungszeitraumes Haupteinflußparameter/Szenario		1997	1998	1999	2000
HP 1 [Anteil der deutschen Bevölkerung mit Online-Zugang]	**«wahrscheinlich»**	5,00%	5,50%	6,25%	7,00%
	«pessimistisch»	5,00%	5,25%	5,50%	5,75%
	«optimistisch»	5,00%	6,00%	7,00%	8,50%
HP 2 [Durchschnittliche Anzahl Kunden pro Jahr]	**«wahrscheinlich»**	35.650	67.200	103.450	142.450
	«pessimistisch»	31.345	51.358	71.014	89.902
	«optimistisch»	37.085	72.876	115.944	163.906

Jahr des Betrachtungszeitraumes Haupteinflußparameter/Szenario		1997	1998	1999	2000
HP 3 [Anteil der Kunden mit CMK und CMK-Light]	«wahrscheinlich»	38,1%	43,3%	39,7%	40,5%
	«pessimistisch»	34,3%	39,0%	35,7%	36,5%
	«optimistisch»	40,0%	45,5%	41,7%	42,6%
HP 4 [Anteil der Kunden mit GMK]	«wahrscheinlich»	14,8%	0,0%	0,0%	0,0%
	«pessimistisch»	13,3%	0,0%	0,0%	0,0%
	«optimistisch»	15,5%	0,0%	0,0%	0,0%
HP 5 [Anteil der Kunden mit CMK-Light mit FOCUS-Card]	«wahrscheinlich»	15,1%	25,1%	23,5%	24,2%
	«pessimistisch»	13,6%	22,6%	21,2%	21,7%
	«optimistisch»	15,9%	26,4%	24,7%	25,4%
HP 6 [Anteil der Kunden mit W.-Depot]	«wahrscheinlich»	14,0%	14,6%	14,4%	15,1%
	«pessimistisch»	12,6%	13,2%	13,0%	13,6%
	«optimistisch»	14,7%	15,4%	15,1%	15,9%

Tab. 5.17: Aufstellung der sechs Haupteinflußparameter und deren Werte für jedes der drei zu analysierenden Szenarien innerhalb des Betrachtungszeitraumes

Im Rahmen der drei Szenarien werden auch die Werte für die Nutzungshäufigkeiten der über den neuen Vertriebsweg angebotenen Bankleistungen variiert. Hierzu werden die Nutzungshäufigkeiten für jede Kontoart und jede Bankleistung über den Betrachtungszeitraum 1997 bis 2000 gleich variiert. Tab. 5.18 zeigt die Abweichungen der Nutzungshäufigkeiten für die drei Szenarien.

Szenarien	Abweichung der Nutzungshäufigkeiten der angebotenen Bankleistungen in Abhängigkeit des Szenarios
«wahrscheinliches» Szenario	0%
«pessimistisches» Szenario	-20%
«optimistisches» Szenario	+10%

Tab. 5.18: Abweichungen der Nutzungsintensitäten der über den Vertriebsweg Internet/WWW angebotenen Bankleistungen in Abhängigkeit des Szenarios

Die im Schritt 1-3 des Vorgehensmodells definierten Szenarien für die Haupteinflußparameter und Nutzungshäufigkeiten der angebotenen Bankleistungen haben einen wesentlichen Einfluß auf die in Schritt 4 berechnete szenariogestützte Wirtschaftlichkeit. Die Werte für die drei Szenarien müssen daher mit größter Sorgfalt ermittelt werden. Bei der Ermittlung und Festlegung der Werte der Haupteinflußparameter waren die jeweiligen Produktmanager der Kontoarten, das Controlling und die Abteilung Organisation und Informatik beteiligt. Die in Schritt 1 und seinen drei Teilschritten festgelegten Werte und Szenarien sind wesentliche Grundlage für die weiteren Schritte 2 bis 4 des Vorgehensmodells. Sie werden immer wieder verwendet und haben eine besonders große Hebelwirkung bei der Durchführung der szenariogestützten Wirtschaftlichkeitsanalyse.

5.2 Schritt 2: Ermittlung der bankleistungsspezifischen Kosten des Vertriebsweges Internet/WWW und der bestehenden Vertriebswege

Schritt 2 dient der Ermittlung der Standardeinzel- und Prozeßkosten für den Vertriebsweg Internet/WWW und die bestehenden Vertriebswege für jede über das Internet/WWW angebotene Bankleistung. In Kapitel 5.2.1 wird der Schritt 2-1 zur Ermittlung der Standardeinzel- und Prozeßkosten für den Vertriebsweg Internet/WWW dargestellt. Die prozeßorientierten Standardeinzelkosten und die Prozeßkosten werden auf Teilkostenbasis ermittelt. Der Schritt 2-2 wird in Kapitel 5.2.2 erläutert. In diesem Schritt werden die Standardeinzelkosten auf Teilkostenbasis für die bestehenden, durch den neuen elektronischen Vertriebsweg substituierten Vertriebswege Telefon- und Telefax-Banking ermittelt. Kapitel 5.2.3 stellt dann den abschließenden Schritt 2-3 dar, innerhalb dessen die Kostendeltas der Erstellung und des Vertriebes über die bestehenden Vertriebswege Telefon- und Telefax-Banking gegenüber dem Vertriebsweg Internet/WWW ermittelt werden.

5.2.1 Schritt 2-1: Ermittlung der bankleistungsspezifischen Standardeinzel- und Prozeßkosten für den Vertriebsweg Internet/WWW

Bei der Bereitstellung und dem Betrieb eines Vertriebsweges entstehen zum einen direkt zurechenbare Einzelkosten und zum anderen der einzelnen Bankleistung nicht direkt zurechenbare Kosten des Gemeinkostenbereiches. Im Rahmen des Vorgehensmodells werden die direkt zurechenbaren Kosten in Form der prozeßorientierten Standardeinzelkosten [vgl. Kapitel 2.4.2] und die Kosten des Gemeinkostenbereiches in Form der Prozeßkosten ermittelt [vgl. Kapitel 2.4.3]. Die Standardeinzelkosten teilen sich auf in die beiden Bereiche Personal- und Sachmittelkosten [vgl. Schierenbeck 94, S. 274 ff.].
Im Falle des Vertriebsweges Internet/WWW entstehen im Bereich der Personalkosten weder im Einzelkosten- noch im Gemeinkostenbereich Kosten, die der Inanspruchnahme einer einzelnen Bankleistung zugerechnet werden können. Tab. 5.19 zeigt die Personal- und Prozeßkosten für die auf dem Vertriebsweg Internet/WWW angebotenen Bankleistungen.
Der Vertriebsweg Internet/WWW führt zu hohen Skalenerträgen, da für die einzelne Transaktion keine weiteren Prozeß- und Personalkosten anfallen. Der Vertriebsweg wird automatisiert elektronisch verwaltet und bedarf für Erstellung und Vertrieb einzelner Bankleistungen keinerlei Eingriffe durch das Personal der Bank.

Vertriebsweg Internet/WWW Bankleistung	Personalkostenteil der Standardeinzelkosten (Einzelkosten)	Prozeßkosten (Gemeinkosten)
Kontostandsabfrage	0,00 GE	0,00 GE
Umsatzabfrage	0,00 GE	0,00 GE
Überweisung	0,00 GE	0,00 GE
Dauerauftrag einrichten/ändern/ löschen	0,00 GE	0,00 GE
ec-Schecks bestellen	0,00 GE	0,00 GE

Vertriebsweg Internet/WWW Bankleistung	Personalkostenteil der Standardeinzelkosten (Einzelkosten)	Prozeßkosten (Gemeinkosten)
Kauf/Verkauf Wertpapiere	0,00 GE	0,00 GE
Depotwert mit aktuellen Kursen	0,00 GE	0,00 GE
Depotinhalt mit aktuellen Kursen	0,00 GE	0,00 GE

Tab. 5.19: Personalkostenanteil der Standardeinzelkosten und Prozeßkosten für Erstellung und Vertrieb der Bankleistungen auf dem Vertriebsweg Internet/WWW

Sachmittelkosten für Erstellung und Vertrieb der Bankleistungen

Im Rahmen der Standardeinzelkostenermittlung werden neben den Personalkosten auch die Sachmittelkosten ermittelt. Die Sachmittelkosten für Erstellung und Vertrieb der Bankleistungen über Internet/WWW setzen sich aus vier Kostenkategorien zusammen. Dies sind Arbeitsplatzkosten, EDV-Kosten, Kosten externer Dienstleister und Druck-, Porto-, Formular- und sonstige Kosten. Die EDV-Kosten sind für zwei Fälle getrennt zu ermitteln, die davon abhängig sind ob für die Inanspruchnahme einer Bankleistung eine TAN/BEN notwendig ist oder nicht. Die beiden Fälle und die dabei entstehenden Kosten sind in den Tab. 5.20 und Tab. 5.21 dargestellt.

Leistung	Kosten pro verarbeiteter Bankleistung
Verarbeitung Client-/Server-Architektur	-0,035 GE[83]
Verarbeitung Mainframe	-0,035 GE
Verwendung TAN/BEN (vgl. Anh. A-25)	-0,140 GE
Summe EDV-Kosten je Bankleistung:	-0,210 GE

Tab. 5.20: Bankleistunsspezifische EDV-Kosten unter Verwendung einer TAN/BEN, z.B. Überweisung oder Einrichtung eines Dauerauftrages

Leistung	Kosten pro verarbeiteter Bankleistung
Verarbeitung Client-/Server-Architektur	-0,035 GE
Verarbeitung Mainframe	-0,035 GE
Summe EDV-Kosten je Bankleistung:	-0,070 GE

Tab. 5.21: Bankleistunsspezifische EDV-Kosten ohne Verwendung einer TAN/BEN, z.B. Kontostands- oder Umsatzabfrage

In Tab. 5.22 werden die bankleistungsspezifischen Sachmittelkosten, gegliedert nach den vier Kostenkategorien, dargestellt.

83 Kosten werden im Rahmen des Vorgehensmodells negativ und Erlöse positiv dargestellt.

Sachmittelkosten Bankleistung	Arbeitsplatzkosten[84]	EDV-Kosten	Externe Dienstleister	Druck-, Porto-, Formular- und sonstige Kosten
Kontostandsabfrage	0,00 GE	-0,07 GE	0,00 GE	0,00 GE
Umsatzabfrage	0,00 GE	-0,07 GE	0,00 GE	0,00 GE
Überweisung	0,00 GE	-0,21 GE	-0,07 GE	0,00 GE
Dauerauftrag einricht./änd./löschen	0,00 GE	-0,21 GE	0,00 GE	-0,81 GE
ec-Schecks bestellen (10 Stck.)	0,00 GE	-0,21 GE	0,00 GE	-2,03 GE
Kauf/Verkauf Wertpapiere	0,00 GE	-0,21 GE	-3,50 GE	-0,81 GE
Depotwert mit aktuellen Kursen	0,00 GE	-0,07 GE	0,00 GE	0,00 GE
Depotinhalt mit aktuellen Kursen	0,00 GE	-0,07 GE	0,00 GE	0,00 GE

Tab. 5.22: Sachmittelkosten pro in Anspruch genommener Bankleistung für den Vertriebsweg Internet/WWW

Standardeinzel- und Prozeßkosten je Bankleistung für den Vertriebsweg Internet/WWW

Aus den Bereichen Personal- und Sachmittelkosten werden nun die Standardeinzelkosten der Bankleistungen für den Vertriebsweg Internet/WWW berechnet. In Tab. 5.23 wird die Summe aus Standardeinzel- und Prozeßkosten für jede auf dem Vertriebsweg Internet/WWW angebotene Bankleistung dargestellt.

Vertriebsweg Internet/WWW Bankleistung	Standardeinzel- und Prozeßkosten pro Bankleistung des Vertriebsweges Internet/WWW
Kontostandsabfrage	-0,07 GE
Umsatzabfrage	-0,07 GE
Überweisung	-0,28 GE
Dauerauftrag einrichten/änd./löschen	-1,02 GE
ec-Schecks bestellen	-2,24 GE
Kauf/Verkauf Wertpapiere	-4,52 GE
Depotwert mit aktuellen Kursen	-0,07 GE
Depotinhalt mit aktuellen Kursen	-0,07 GE

Tab. 5.23: Standardeinzel- und Prozeßkosten des Vertriebsweges Internet/WWW

84 Für Erstellung und Vertrieb der auf dem Vertriebsweg Internet/WWW angebotenen Bankleistungen ist der Eingriff von Mitarbeitern der Advance Bank nicht nötig. Daher werden die Arbeitsplatzkosten für jede Bankleistung mit 0,00 GE angesetzt.

5.2.2 Schritt 2-2: Ermittlung der bankleistungsspezifischen Standardeinzelkosten für die bestehenden Vertriebswege Telefon- und Telefax-Banking

Für die bestehenden Vertriebswege Telefon- und Telefax-Banking müssen die Prozesse für die auf dem Vertriebsweg Internet/WWW angebotenen Bankleistungen erfaßt werden. In Tab. 5.24 werden die Bankleistungen, die auf dem Vertriebsweg Internet/WWW angeboten werden, dargestellt.

Auf dem Vertriebsweg Internet/WWW angebotene Bankleistungen
Kontostandsabfrage
Umsatzabfrage
Überweisung
Dauerauftrag einrichten/ändern/löschen
ec-Schecks bestellen
Kauf/Verkauf Wertpapiere
Depotwert mit aktuellen Kursen
Depotinhalt mit aktuellen Kursen

Tab. 5.24: Bankleistungen des Vertriebsweges Internet/WWW

Zur Bereitstellung des Vertriebsweges Internet/WWW müssen über die bestehenden Vertriebswege Telefon- und Telefax-Banking zwei neue Bankleistungen angeboten werden. Dies ist zum einen die Freigabe einer Personen-Nr. zur Nutzung des Vertriebsweges Internet/WWW und zum anderen die Anforderung einer TAN/BEN-Liste durch den Kunden. Die beiden neuen Bankleistungen sind in Tab. 5.25 dargestellt.

Zur Nutzung des Vertriebsweges Internet/WWW auf den bestehenden Vertriebswegen Telefon- und Telefax-Banking angebotene Bankleistungen
Freigabe einer Personen-Nr. für den Vertriebsweg Internet/WWW
Anforderung einer TAN/BEN-Liste und Zusendung an den Kunden

Tab. 5.25: Bankleistungen der bestehenden Vertriebswege Telefon- und Telefax-Banking zur Nutzung des Vertriebsweges Internet/WWW

Die Bankleistungen sind grundsätzlich unabhängig von der durch den Kunden genutzten Kontoart. Es müssen daher für die Bankleistungen für die Vertriebswege Telefon-Banking, Telefax-Banking und Telebanking über Internet/WWW Prozeßketten definiert werden. Innerhalb der Bank sind jedoch verschiedene Unternehmensbereiche für die Abwicklung der vier unterstützten Kontoarten zuständig. Der Unternehmensbereich Call-Center betreut die Kontoarten CMK, CMK-Light und CMK-Light mit FOCUS-Card, der Unternehmensbereich Vermögensberatung die Kontoarten GMK und W.-Depot. Die Abb. 5.1 zeigt die Aufteilung der Kontoarten auf die Unternehmensbereiche und die Unterstützung der Vertriebswege Telefon- und Telefax-Banking.

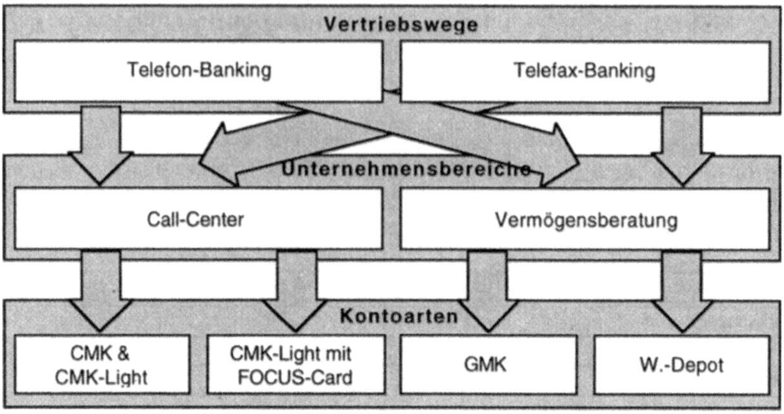

Abb. 5.1: Inanspruchnahme der Bankleistungen verschiedener Kontoarten über Unternehmensbereiche und deren unterstützte Vertriebswege

Prozesse im bestehenden Vertriebsweg Telefon-Banking:

Im folgenden werden die Prozesse für die Erstellung und den Vertrieb der einzelnen Bankleistungen für den bestehenden Vertriebsweg Telefon-Banking dargestellt. In den Abb. 5.2 bis Abb. 5.9 werden die Prozeßketten für die einzelnen Bankleistungen dargestellt. Die Prozeßketten wurden in Anlehnung an die von Scheer vorgeschlagenen Geschäftsprozeßsymbole modelliert [vgl. Scheer 95, S. 11]. Die dargestellten Prozeßketten gelten sowohl für den Unternehmensbereich Call-Center als auch für den Unternehmensbereich Vermögensberatung.

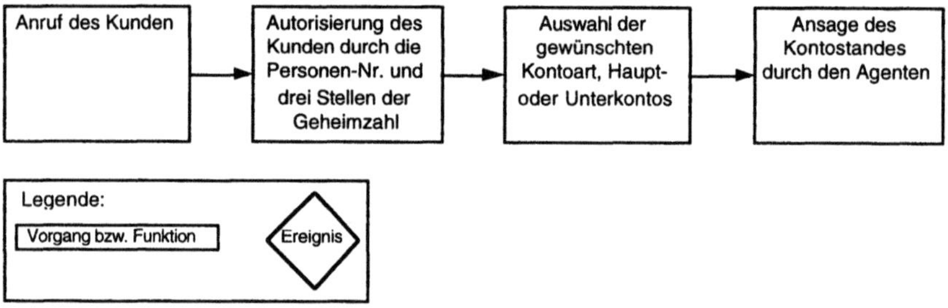

Abb. 5.2: Prozeßkette für die Kontostandsabfrage über den Vertriebsweg Telefon-Banking

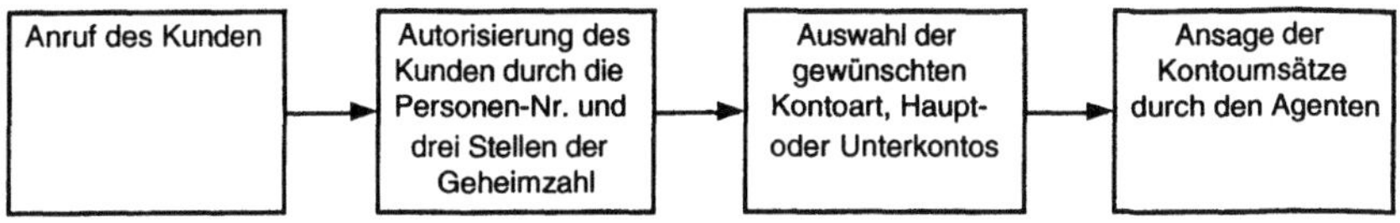

Abb. 5.3: Prozeßkette für die Umsatzabfrage über den Vertriebsweg Telefon-Banking

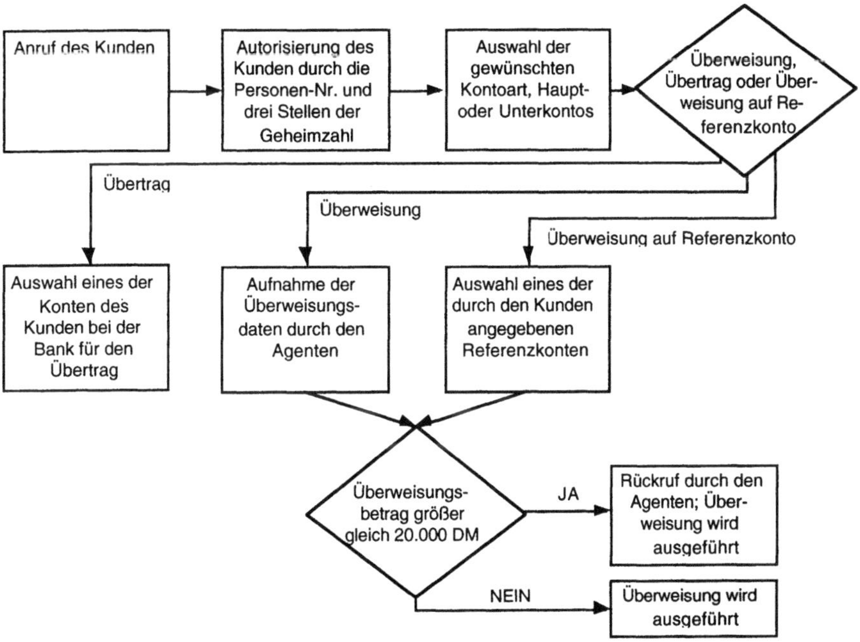

Abb. 5.4: Prozeßkette für die Überweisung über den Vertriebsweg Telefon-Banking

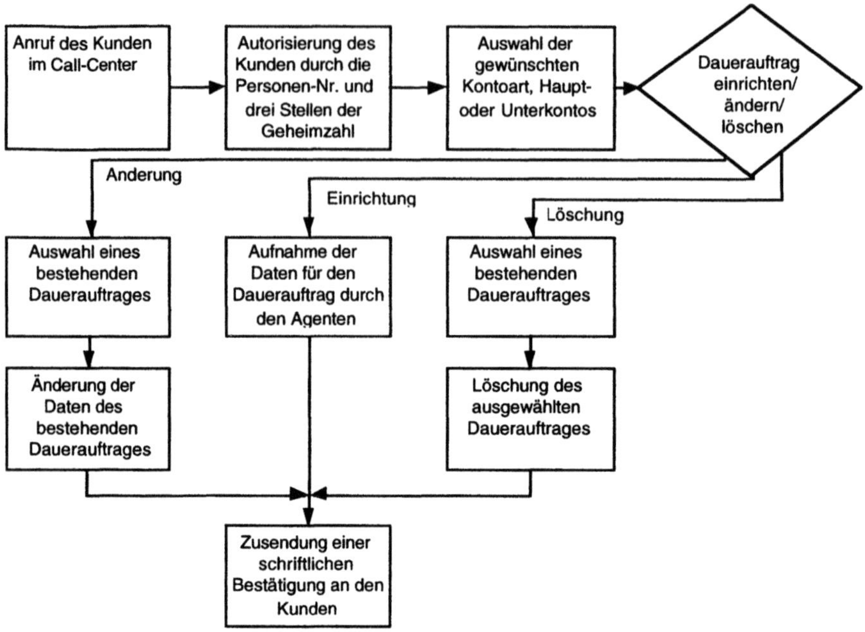

Abb. 5.5: Prozeßkette für Dauerauftrag einrichten/ändern/löschen über den Vertriebsweg Telefon-Banking

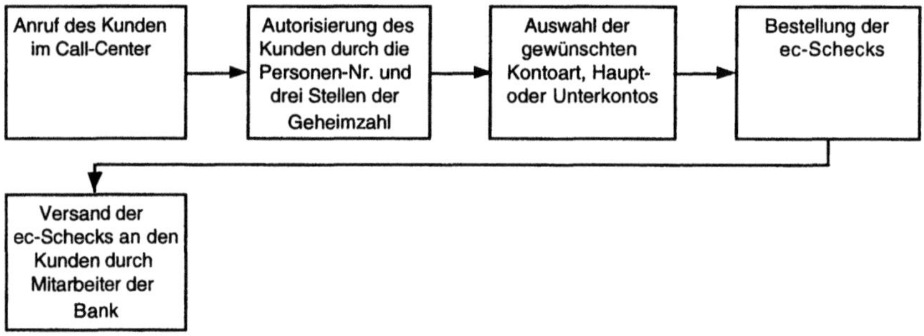

Abb. 5.6: Prozeßkette für die Bestellung von ec-Schecks über den Vertriebsweg Telefon-Banking

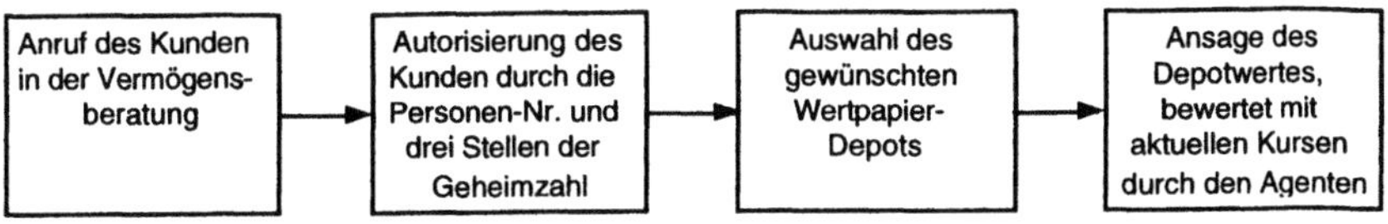

Abb. 5.7: Prozeßkette für die Ansage des Depotwertes, bewertet zu aktuellen Kursen, über den Vertriebsweg Telefon-Banking

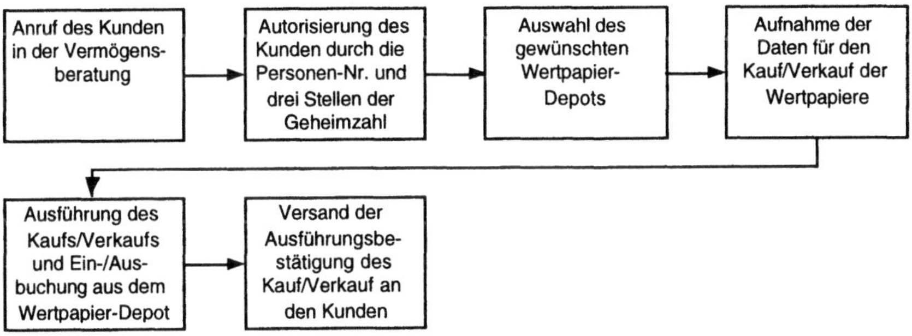

Abb. 5.8: Prozeßkette für den Kauf/Verkauf von Wertpapieren über den Vertriebsweg Telefon-Banking

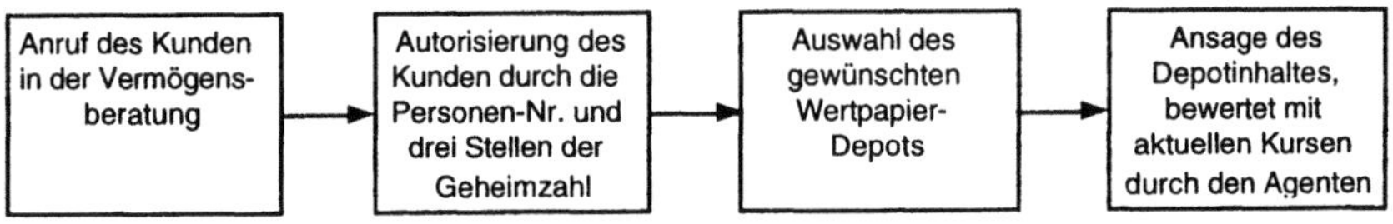

Abb. 5.9: Prozeßkette für die Ansage des Depotinhaltes, bewertet zu aktuellen Kursen, über den Vertriebsweg Telefon-Banking

Neue Prozesse zur Bereitstellung des Vertriebsweges Internet/WWW:

Auf Seiten der Bank sind für die Bereitstellung des Vertriebsweges Internet/WWW die folgenden Prozesse notwendig:

- Der Vertriebsweg Internet/WWW muß für eine Personen-Nr. freigeben werden. Dieser Prozeß wird pro Kunde einmalig vor der Freischaltung des Zugriffes durch den Kunden in Anspruch genommen. In Abb. 5.11 wird der Ablauf des Prozesses dargestellt.
- Der Prozeß wird in der Anzahl der Kunden, die diesen Vertriebsweg pro Jahr neu nutzen wollen, benötigt. Die anfallenden Kosten sind keine nutzungs- son-

dern kundenspezifische Kosten und werden mit den Standardeinzelkosten in Schritt 4-1 zur Ermittlung der Wirtschaftlichkeit herangezogen.

- Eine Liste mit TAN/BEN muß dem Kunden zugesandt werden. Die Zusendung dieser Liste wird normalerweise automatisch bei Verbrauch der alten Liste durch das EDV-System ausgelöst. Hat der Kunde seine TAN/BEN-Liste verloren oder verlegt, kann er über das Call-Center eine neue TAN/BEN-Liste anfordern, die alte Liste wird dabei automatisch gesperrt. Weiterhin kann der Kunde über das Internet/WWW eine Liste mit TAN/BEN sperren und bekommt daraufhin automatisch eine neue Liste zugesandt. In Abb. 5.10 wird der Ablauf des Prozesses dargestellt.

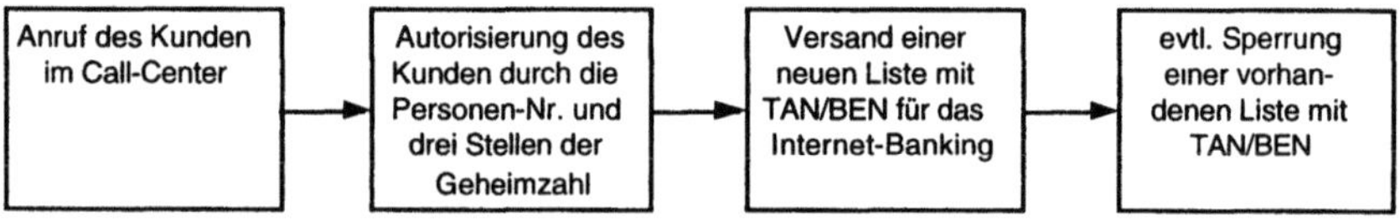

Abb. 5.10: Prozeßkette für die Zusendung einer Liste mit TAN/BEN zur Nutzung des Vertriebsweges Internet/WWW

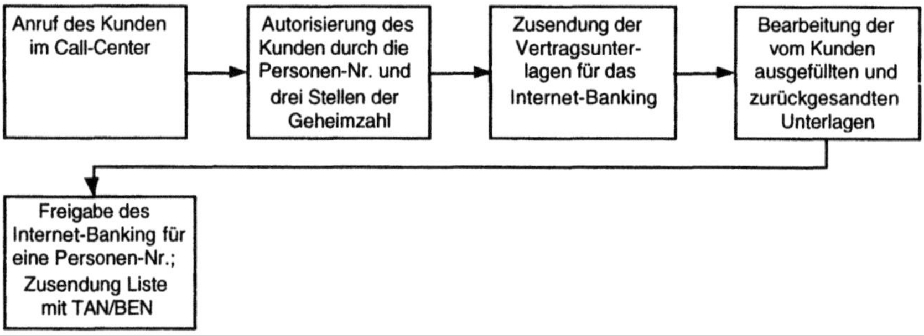

Abb. 5.11: Prozeßkette für die Freigabe einer Personen-Nr. für den Vertriebsweg Internet/WWW

Prozesse im bestehenden Vertriebsweg Telefax-Banking:

Die Prozesse für das Telefax-Banking unterscheiden sich lediglich durch die Autorisierung des Kunden. An Stelle der Personen-Nr. und der drei Stellen der Geheimzahl wird bei den über Telefax-Banking angebotenen Bankleistungen die Unterschrift des Kunden überprüft. Aus diesem Grund wird für den Bereich der Personalkosten keine Differenzierung zwischen den bestehenden Vertriebswegen Telefon- und Telefax-Banking vorgenommen.

Ermittlung der prozeßorientierten Standardeinzelkosten

Die im Rahmen der Berechnung der Wirtschaftlichkeit des Vertriebsweges Internet/WWW ermittelten prozeßorientierten Standardeinzelkosten setzen sich aus den folgenden Bestandteilen zusammen [vgl. Schierenbeck 94, S. 267 ff.]:

- Personalkosten
- Arbeitsplatzkosten
- EDV-Kosten
- Kosten externer Dienstleister (z.B. Schufa-Mitteilung)
- Sonstige Sachmittelkosten
    - Druckkosten
    - Portokosten
    - Formularkosten
    - sonstige Kosten

Im folgenden werden die einzelnen Bestandteile der prozeßorientierten Standardeinzelkosten für die über die bestehenden Vertriebswege Telefon- und Telefax-Banking angebotenen Bankleistungen ermittelt.

Ermittlung des Personalkostenanteils der prozeßorientierten Standardeinzelkosten

Die Standardeinzelkosten setzen sich aus den Personal- und Sachmittelkosten zusammen [vgl. Schierenbeck 94, S. 274 ff.]. Die Standardbearbeitungszeiten für Erstellung und Vertrieb der einzelnen Bankleistungen wurden mit Hilfe des Verfahrens der „Selbstbeobachtung und Aufschreibung“ ermittelt [vgl. Mabberley 92, S. 45 ff.]. Die Standardbearbeitungszeiten werden mit den Teilkosten eines Mitarbeiters des Call-Centers bzw. der Vermögensberatung multipliziert. Als Standardkosten pro Produktivminute im Call-Center wurden -0,89 GE und in der Vermögensberatung -1,45 GE ermittelt. Eine detaillierte Ermittlung der Standardkosten pro Produktivminute wird im Anh. A-4 für das Call-Center und in Anh. A-5 für die Vermögensberatung dargestellt. Die Tab. 5.26 zeigt die Standardbearbeitungszeiten für den Unternehmensbereich Call-Center und die Tab. 5.27 für den Unternehmensbereich Vermögensberatung.

Bestehender Vertriebsweg (Unt.-bereich Call-Center) Bankleistung	Telefon-Banking		Telefax-Banking	
Kontostandsabfrage	1,8 Min. »	-1,60 GE		
Umsatzabfrage	2,5 Min. »	-2,23 GE		
Überweisung	1,4 Min. »	-1,25 GE	1,4 Min. »	-1,25 GE
Dauerauftrag einrichten/ändern/ löschen	1,8 Min. »	-1,60 GE	1,8 Min. »	-1,60 GE
ec-Schecks bestellen	0,7 Min. »	-0,62 GE	0,7 Min. »	-0,62 GE
Freigabe Personen-Nr. für den Vertriebsweg Internet/WWW	1,4 Min. »	-1,25 GE	1,4 Min. »	-1,25 GE

Bestehender Vertriebsweg (Unt.-bereich Call-Center) Bankleistung	Telefon-Banking		Telefax-Banking	
Zusendung Liste mit TAN/BEN	0,7 Min. »	-0,62 GE	0,7 Min. »	-0,62 GE

Tab. 5.26: Standardbearbeitungszeiten und Standardpersonalkosten im Unternehmensbereich Call-Center für Erstellung und Vertrieb auf den bestehenden Vertriebswegen Telefon- und Telefax-Banking

Bestehender Vertriebsweg (Unt.-bereich Vermögensberatung) Bankleistung	Telefon-Banking		Telefax-Banking	
Kontostandsabfrage	1,8 Min. »	-2,61 GE		
Umsatzabfrage	2,5 Min. »	-3,63 GE		
Überweisung	1,4 Min. »	-2,03 GE	1,4 Min. »	-2,03 GE
Kauf/Verkauf Wertpapiere	4,9 Min. »	-7,11 GE	4,9 Min. »	-7,11 GE
Depotwert mit aktuellen Kursen	2,1 Min. »	-3,05 GE		
Depotinhalt mit aktuellen Kursen	2,1 Min. »	-3,05 GE		

Tab. 5.27: Standardbearbeitungszeiten und Standardpersonalkosten im Unternehmensbereich Vermögensberatung für Erstellung und Vertrieb auf den bestehenden Vertriebswegen Telefon- und Telefax-Banking

EDV- und Sachmittelkosten des Vertriebsweges Telefon-Banking

Neben den Personalkosten nehmen die EDV- und Sachmittelkosten einen wesentlichen Anteil an den Standardeinzelkosten einer Bankleistung ein. Die EDV-Kosten für Erstellung und Vertrieb einer Bankleistung werden pauschaliert verrechnet. Die Kosten der Verarbeitung in der Client/Server- und der Host-Umgebung werden pro verarbeiteter Bankleistung mit -0,035 GE je Umgebung angesetzt.

Neben den EDV-Kosten werden Arbeitsplatzkosten, Telefonkosten, Kosten für externe Dienstleistungen sowie Druck-, Porto-, Formular- und sonstige Kosten erhoben. Die Arbeitsplatzkosten im Unternehmensbereich Call-Center werden mit -0,02 GE und im Unternehmensbereich Vermögensberatung mit -0,04 GE pro Produktivminute verrechnet. Eine detaillierte Ermittlung für den Bereich Call-Center ist in Anh. A-6 und für den Bereich Vermögensberatung in Anh. A-7 dargestellt. Einen weiteren wesentlichen Kostenblock stellen die Telefonkosten der Service-Nr. „01803“ dar. Sie werden pauschal mit -0,2913 GE pro Gesprächs- bzw. Übermittlungsminute verrechnet. Die detaillierte Ermittlung wird in Anh. A-8 dargestellt.

In der Tab. 5.28 werden die Sachmittelkosten für die Bankleistungen des Unternehmensbereiches Call-Center und in Tab. 5.29 die für den Unternehmensbereich Vermögensberatung dargestellt.

Sachmittelkosten Bankleistung	Arbeitsplatzkosten	Telefonkosten (Service-Nr. „01803")	Externe Dienst-leister	Druck-, Porto-, Formular- und sonstige Kosten
Kontostandsab-frage	1,8 Min. » -0,036 GE	1,8 Min. » -0,524 GE	0,00 GE	0,00 GE
Umsatzabfrage	2,5 Min. » -0,050 GE	2,5 Min. » -0,728 GE	0,00 GE	0,00 GE
Überweisung	1,4 Min. » -0,028 GE	1,4 Min. » -0,408 GE	-0,07 GE	0,00 GE
Dauerauftrag einrichten/ än-dern/löschen	1,8 Min. » -0,036 GE	1,8 Min. » -0,524 GE	0,00 GE	-0,81 GE
ec-Schecks be-stellen	0,7 Min. » -0,014 GE	0,7 Min. » -0,204 GE	0,00 GE	-2,03 GE
Freigabe Pers.-Nr.	1,4 Min. » -0,028 GE	1,4 Min. » -0,408 GE	0,00 GE	-1,51 GE
Zusendung Liste mit TAN/BEN	0,7 Min. » -0,014 GE	0,7 Min. » -0,204 GE	-2,73 GE	0,00 GE

Tab. 5.28: Sachmittelkosten pro Bankleistung im Unternehmensbereich Call-Center für den Vertriebsweg Telefon-Banking

Sachmittelkosten Bankleistung	Arbeitsplatzkosten	Telefonkosten (Service-Nr. „01803")	Externe Dienst-leister	Druck-, Porto-, Formular- und sonstige Kosten
Kontostands-abfrage	1,8 Min. » -0,072 GE	1,8 Min. » -0,524 GE	0,00 GE	0,00 GE
Umsatzabfrage	2,5 Min. » -0,100 GE	2,5 Min. » -0 728 GE	0,00 GE	0,00 GE
Überweisung	1,4 Min. » -0,056 GE	1,4 Min. » -0,408 GE	-0,07 GE	0,00 GE
Kauf/Verkauf Wertpapiere	4,9 Min. » -0,196 GE	4,9 Min. » -1,427 GE	-3,50 GE	-0,81 GE
Depotwert mit aktuellen Kursen	2,1 Min. » -0,084 GE	2,1 Min. » -0,612 GE	0,00 GE	0,00 GE
Depotinhalt mit aktuellen Kursen	2,1 Min. » -0,084 GE	2,1 Min. » -0,612 GE	0,00 GE	0,00 GE

Tab. 5.29: Sachmittelkosten pro Bankleistung im Unternehmensbereich Vermögensberatung für den Vertriebsweg Telefon-Banking

Sachmittelkosten des Vertriebsweges Telefax-Banking

Im Bereich der Sachmittelkosten muß zwischen den Vertriebswegen Telefon- und Telefax-Banking differenziert werden. Die EDV-Kosten bleiben mit -0,07 GE pro verarbeiteter Bankleistung gleich. Im wesentlichen differieren die Kosten für die Service-Nr. „01803" zwischen den beiden Vertriebswegen. Die durchschnittliche Übertragungszeit zur Übermittlung eines einseitigen Auftrages per Telefax dauert 0,8 Minuten. Für alle Bankleistungen wird ein einseitiger Auftrag per Telefax als Standard definiert. Die Telefonkosten für die Service-Nr. „01803" werden gleich dem Telefon-Banking mit -0,2913 GE/Minute angesetzt. Die Arbeitsplatzkosten werden gleich dem Telefon-Banking im Call-Center mit -0,02 GE [vgl. Anh. A-6] und in der Vermögensberatung mit -0,04 GE [vgl. Anh. A-7] pro Produktivminute verrechnet. In der Tab. 5.30 werden die Sachmittelkosten für den

Bereich Call-Center und in der Tab. 5.31 für den Bereich Vermögensberatung dargestellt.

Sachmittelkosten Bankleistung	Arbeitsplatzkosten	Telefaxkosten (Service-Nr. „01803“)	Externe Dienst-leister	Druck-, Porto-, Formular- und sonstige Kosten
Überweisung	1,4 Min. » -0,028 GE	0,8 Min. » -0,233 GE	-0,07 GE	0,00 GE
Dauerauftrag einrichten/ ändern/löschen	1,8 Min. » -0,036 GE	0,8 Min. » -0,233 GE	0,00 GE	-0,81 GE
ec-Schecks bestellen	0,7 Min. » -0,014 GE	0,8 Min. » -0,233 GE	0,00 GE	-2,03 GE
Freigabe Pers.-Nr.	1,4 Min. » -0,028 GE	0,8 Min. » -0,233 GE	0,00 GE	-1,51 GE
Zusendung Liste mit TAN/BEN	0,7 Min. » -0,014 GE	0,8 Min. » -0,233 GE	-2,73 GE	0,00 GE

Tab. 5.30: Sachmittelkosten des Vertriebsweges Telefax-Banking für den Unternehmensbereich Call-Center

Sachmittelkosten Bankleistung	Arbeitsplatzkosten	Telefaxkosten (Service-Nr. „01803“)	Externe Dienst-leister	Druck-, Porto-, Formular- und sonstige Kosten
Überweisung	1,4 Min. » -0,056 GE	0,8 Min. » -0,233 GE	-0,07 GE	0,00 GE
Kauf/Verkauf Wertpapiere	4,9 Min. » -0,196 GE	0,8 Min. » -0,233 GE	-3,50 GE	-0,81 GE

Tab. 5.31: Sachmittelkosten des Vertriebsweges Telefax-Banking für den Unternehmensbereich Vermögensberatung

Standardeinzelkosten für die Vertriebswege Telefon- und Telefax-Banking und die Unternehmensbereiche Call-Center und Vermögensberatung

Aus den Bereichen Personal- und Sachmittelkosten werden nun die Standardeinzelkosten der Bankleistungen für die Vertriebswege Telefon- und Telefax-Banking und die Unternehmensbereiche Call-Center und Vermögensberatung berechnet. Die Standardeinzelkosten der bestehenden Vertriebswege werden für alle Bankleistungen ermittelt, die auf dem Vertriebsweg Internet/WWW angeboten bzw. für den Vertriebsweg Internet/WWW benötigt werden. In Tab. 5.32 werden die Standardeinzelkosten der Vertriebswege Telefon- und Telefax-Banking für den Unternehmensbereich Call-Center und in Tab. 5.33 die für den Unternehmensbereich Vermögensberatung dargestellt.

Bestehende Vertriebswege Bankleistung	Standardeinzelkosten Telefon-Banking pro Bankleistung	Standardeinzelkosten Telefax-Banking pro Bankleistung
Kontostandsabfrage	-2,230 GE	
Umsatzabfrage	-3,078 GE	
Überweisung	-1,826 GE	-1,651 GE

Bestehende Vertriebswege Bankleistung	Standardeinzelkosten Telefon-Banking pro Bankleistung	Standardeinzelkosten Telefax-Banking pro Bankleistung
Dauerauftrag einrichten/ändern/ löschen	-3,040 GE	-2,749 GE
ec-Schecks bestellen	-2,938 GE	-2,967 GE
Freigabe Personen-Nr.	-3,266 GE	-3,091 GE
Zusendung Liste mit TAN/BEN	-3,638 GE	-3,667 GE

Tab. 5.32: Standardeinzelkosten der Vertriebswege Telefon- und Telefax-Banking für den Unternehmensbereich Call-Center

Bestehende Vertriebswege Bankleistung	Standardeinzelkosten Telefon-Banking pro Bankleistung	Standardeinzelkosten Telefax-Banking pro Bankleistung
Kontostandsabfrage	-3,276 GE	
Umsatzabfrage	-4,528 GE	
Überweisung	-2,634 GE	-2,459 GE
Kauf/Verkauf Wertpapiere	-13,113 GE	-11,919 GE
Depotwert mit aktuellen Kursen	-3,816 GE	
Depotinhalt mit aktuellen Kursen	-3,816 GE	

Tab. 5.33: Standardeinzelkosten der Vertriebswege Telefon- und Telefax-Banking für den Unternehmensbereich Vermögensberatung

Im nächsten Schritt 2-3 werden die Kostendeltas zwischen den bestehenden Vertriebswegen Telefon- und Telefax-Banking und dem Vertriebsweg Internet/WWW berechnet. Die ermittelten Kostendeltas werden in Schritt 4-2 zur Ermittlung der Wirtschaftlichkeit einzelner Bankleistungen unter Berücksichtigung des betrachteten Jahres und des gewählten Szenarios verwendet.

5.2.3 Schritt 2-3: Ermittlung der bankleistungsspezifischen Kostendeltas zwischen dem Vertriebsweg Internet/WWW und den bestehenden Vertriebswegen

Nachdem in Schritt 2-1 die Standardeinzel- und Prozeßkosten des Vertriebsweges Internet/WWW und in Schritt 2-2 die Standardeinzelkosten der bestehenden Vertriebswege Telefon- und Telefax-Banking der Bankleistungen ermittelt wurden, wird nun das Kostendelta der bestehenden Vertriebswege zum Vertriebsweg Internet/WWW ermittelt. Im Fallbeispiel müssen die Kostendeltas für die beiden bestehenden Vertriebswege und für die Unternehmensbereiche Call-Center und Vermögensberatung getrennt ermittelt werden.

Kostendelta pro substituierter Bankleistung auf dem Vertriebsweg Telefon-Banking

Im folgenden wird das Kostendelta der Vertriebswege Telefon-Banking und Internet/WWW für die Unternehmensbereiche Call-Center und Vermögensberatung ermittelt. In der Tab. 5.34 werden die Ergebnisse für den Unternehmensbereich Call-Center und in Tab. 5.35 die für den Unternehmensbereich Vermögensberatung dargestellt.

Vertriebsweg / Bankleistung	Standardeinzelkosten Telefon-Banking	Standardeinzel- und Prozeßkosten Internet/WWW	Kostendelta
Kontostandsabfrage	-2,230 GE	-0,070 GE	2,160 GE
Umsatzabfrage	-3,078 GE	-0,070 GE	3,008 GE
Überweisung	-1,826 GE	-0,280 GE	1,546 GE
Dauerauftrag einrichten/ändern/löschen	-3,040 GE	-1,020 GE	2,020 GE
ec-Schecks bestellen	-2,938 GE	-2,240 GE	0,698 GE

Tab. 5.34: Ermittlung der Kostendeltas für den Vertriebsweg Telefon-Banking und den Unternehmensbereich Call-Center

Vertriebsweg / Bankleistung	Standardeinzelkosten Telefon-Banking	Standardeinzel- und Prozeßkosten Internet/WWW	Kostendelta
Kontostandsabfrage	-3,276 GE	-0,070 GE	3,206 GE
Umsatzabfrage	-4,528 GE	-0,070 GE	4,458 GE
Überweisung	-2,634 GE	-0,280 GE	2,354 GE
Kauf/Verkauf Wertpapiere	-13,113 GE	-4,520 GE	8, 593 GE
Depotwert mit aktuellen Kursen	-3,816 GE	-0,070 GE	3,746 GE
Depotinhalt mit aktuellen Kursen	-3,816 GE	-0,070 GE	3,746 GE

Tab. 5.35: Ermittlung der Kostendeltas für den Vertriebsweg Telefon-Banking und den Unternehmensbereich Vermögensberatung

Kostendelta pro substituierter Bankleistung auf dem Vertriebsweg Telefax-Banking

Im folgenden wird das Kostendelta des Vertriebsweges Telefax-Banking und Internet/WWW für die Unternehmensbereiche Call-Center und Vermögensberatung ermittelt. In der Tab. 5.36 werden die Ergebnisse für den Unternehmensbereich Call-Center und in Tab. 5.37 die für den Unternehmensbereich Vermögensberatung dargestellt.

Vertriebsweg / Bankleistung	Standardeinzelkosten Telefax-Banking	Standardeinzel- und Prozeßkosten Internet/WWW	Kostendelta
Überweisung	-1,651 GE	-0,280 GE	1,371 GE
Dauerauftrag einrichten/ändern/löschen	-2,749 GE	-1,020 GE	1,729 GE
ec-Schecks bestellen	-2,967 GE	-2,240 GE	0,727 GE

Tab. 5.36: Ermittlung der Kostendeltas für den Vertriebsweg Telefax-Banking und den Unternehmensbereich Call-Center

Vertriebsweg / Bankleistung	Standardeinzelkosten Telefax-Banking	Standardeinzel- und Prozeßkosten Internet/WWW	Kostendelta
Überweisung	-2,459 GE	-0,280 GE	2,179 GE
Kauf/Verkauf Wertpapiere	-11,919 GE	-4,520 GE	7,399 GE

Tab. 5.37: Ermittlung der Kostendeltas für den Vertriebsweg Telefax-Banking und den Unternehmensbereich Vermögensberatung

Nach der Ermittlung der Standardeinzel- und Prozeßkosten für den Vertriebsweg Internet/WWW und die bestehenden Vertriebswege Telefon- und Telefax-Banking werden in Schritt 3 des Vorgehensmodells die quantitativen und qualitativen Nutzeffekte und die Nutzendeltas zwischen dem Vertriebsweg Internet/WWW und den bestehenden Vertriebswegen Telefon- und Telefax-Banking ermittelt.

5.3 Schritt 3: Ermittlung der Nutzeffekte des Vertriebsweges Internet/WWW und der bestehenden Vertriebswege

Der Schritt 3 „Ermittlung der quantitativen und qualitativen Nutzeffekte" setzt sich aus drei Teilschritten zusammen. In Kapitel 5.3.1 wird Schritt 3-1 mit der Ermittlung der quantitativen und qualitativen Nutzeffekte des Vertriebsweges Internet/WWW dargestellt. Kapitel 5.3.2 beschreibt Schritt 3-2 und führt zu einer Übersicht der quantitativen Nutzeffekte der bestehenden Vertriebswege Telefon- und Telefax-Banking. Für die bestehenden Vertriebswege werden keine qualitativen Nutzeffekte erhoben, da diese durch den Vertriebsweg Internet/WWW nicht verändert werden und daher in der szenariogestützten Wirtschaftlichkeitsanalyse nicht berücksichtigt werden müssen. Abschließend wird in Kapitel 5.3.3 der Schritt 3-3 dargestellt, der die quantitativen Nutzeffekte aus Schritt 3-1 und Schritt 3-2 zur Ermittlung der Nutzendeltas zusammenführt. Das im Schritt 3-3 ermittelte Nutzendelta jedes bestehenden Vertriebsweges gegenüber dem Vertriebsweg Internet/WWW je Bankleistung wird in Schritt 4-2 zur Ermittlung der Wirtschaftlichkeit der einzelnen Bankleistung herangezogen.

5.3.1 Schritt 3-1: Ermittlung der quantitativen und qualitativen Nutzeffekte des Vertriebsweges Internet/WWW

Durch die Einführung des neuen Vertriebsweges Internet/WWW stellen sich sowohl quantifizierbare als auch nicht quantifizierbare qualitative Nutzeffekte ein. Im folgenden sollen die beiden Arten von Nutzeffekten für den Vertriebsweg Internet/WWW ermittelt werden.

Ermittlung der quantitativen Nutzeffekte des Vertriebsweges Internet/WWW:

Die quantitativen Nutzeffekte des Vertriebsweges Internet/WWW unterteilen sich in die bankleistungs- und kundenspezifischen quantitativen Nutzeffekte, die im folgenden dargestellt werden.

Bankleistungsspezifische quantitative Nutzeffekte:

Zu den quantitativen Nutzeffekten[85] zählen zum einen der Wertebereich und der Betriebsbereich einer Bankleistung [vgl. Obst/Hintner 93, S. 929 f.]. Die Nutzeffekte des Wertebereiches werden im Rahmen der Wirtschaftlichkeitsanalyse nicht betrachtet [vgl. Kapitel 3.4], so daß nur die Nutzeffekte des Betriebsbereiches ermittelt werden. Mit der Einführung des Vertriebsweges Internet/WWW wird gleichzeitig eine neue Tarifierung der über das Internet/WWW in Anspruch genommenen Bankleistungen eingeführt. Hierbei werden die Gebühren für einige Zahlungsverkehrsdienstleistungen erlassen bzw. herabgesetzt. Eine Differenzierung nach den Jahren des Betrachtungszeitraumes bzw. den Szenarien wird nicht durchgeführt. Die nach Kontoart und Bankleistung differenzierte Aufstellung der Erlöse des Betriebsbereiches ist in Tab. 5.38 dargestellt.

Bankleistung	Erlöse des Betriebsbereiches
CMK und CMK-Light:	
Kontostandsabfrage	0,00 GE
Umsatzabfrage	0,00 GE
Überweisung	0,00 GE
Dauerauftrag einrichten/ändern/löschen	0,00 GE
ec-Schecks bestellen	0,00 GE
GMK:	
Kontostandsabfrage	0,00 GE
Umsatzabfrage	0,00 GE
Überweisung	0,00 GE
CMK-Light mit FOCUS-Card:	
Kontostandsabfrage	0,00 GE
Umsatzabfrage	0,00 GE
Überweisung	0,00 GE
Dauerauftrag einrichten/ändern/löschen	0,00 GE
W.-Depot:	
Kauf/Verkauf Wertpapiere	40,00 GE
Depotwert mit aktuellen Kursen	0,00 GE
Depotinhalt mit aktuellen Kursen	0,00 GE

Tab. 5.38: Erlöse des Betriebsbereiches der Bankleistungen für den Vertriebsweg Internet/WWW

Kundenspezifische quantitative Nutzeffekte:

Den Vertriebsweg Internet/WWW können die Kunden der Advance Bank AG gebührenfrei nutzen. Somit entstehen keine laufenden monatlichen oder jährlichen Erlöse, die im Rahmen der szenariogestützten Wirtschaftlichkeitsanalyse erfaßt werden müßten. Der Vertriebsweg Internet/WWW kann die bestehenden Vertriebs-

[85] Die quantitativen Nutzeffekte des Vertriebsweges Internet/WWW bzw. der bestehenden Vertriebswege Telefon- und Telefax-Banking sind die Erlöse bzw. Planerlöse des Betriebsbereiches.

wege Telefon- und Telefax-Banking aufgrund der eingeschränkten Funktionalität nicht vollständig ersetzen. Daher wird im Rahmen der szenariogestützten Wirtschaftlichkeitsanalyse kein Ausfall an einmaligen und laufenden Erlösen ermittelt.

Ermittlung der qualitativen Nutzeffekte des Vertriebsweges Internet/WWW:

Im Rahmen der Ermittlung der qualitativen Nutzeffekte können zwei Bereiche unterschieden werden. Dies ist zum einen der direkte Nutzen, der sich aus der Bereitstellung und dem Betrieb des Vertriebsweges ableiten läßt und der indirekte Nutzen, der sich auf die Auswirkungen des Vertriebsweges auf die Bank zurückführen läßt. Im folgenden wird der direkte und indirekte qualitative Nutzen des Vertriebsweges Internet/WWW für die Advance Bank AG dargestellt.

Direkter Nutzen:

- **Bereitstellung eines größeren Serviceangebotes für Kunden:**
  Die Advance Bank bietet durch die Bereitstellung des Vertriebsweges Internet/WWW ihren Kunden ein größeres Serviceangebot. Durch dieses vergrößerte Serviceangebot in Verbindung mit attraktiven Gebühren- und Konditionenmodellen wird die Advance Bank für einen größeren Kreis von Nichtkunden attraktiv. Der Kunde kann weltweit 24 Stunden über das Internet/WWW auf seine Stamm- und Bewegungsdaten bei der Advance Bank zugreifen und z.B. Überweisungen oder Kaufaufträge für Wertpapiere aufgeben.
- **Erzielung von Wettbewerbsvorteilen:**
  Durch die Bereitstellung des Vertriebsweges Internet/WWW kann sich die Advance Bank von ihren Wettbewerbern differenzieren. Zum Zeitpunkt der für Ende März 1997 geplanten Verfügbarkeit des Vertriebsweges Internet/WWW können nur wenige deutsche Banken diesen Vertriebsweg anbieten. Bereits 1996 haben zirka 5% der deutschen Haushalte Zugang zu einem kommerziellen Online-Dienst [vgl. Burda 96; Online/Offline 96, S. 60]. Nach einer Prognose des Instituts für Bankinformatik Regensburg werden bis zum Jahre 2000 bereits zirka 15% der deutschen Haushalte Zugang zu einem Online-Dienst haben [vgl. Kreuzer 96, S. 78]. Bis zum Jahr 2000 steigt der Anteil der deutschen Haushalte, die über einen onlinefähigen PC verfügen auf zirka 30% und bis 2006 auf zirka 63% [vgl. Kreuzer 96, S. 59]. Die Advance Bank investiert damit in einen schnell an Bedeutung gewinnenden elektronischen Vertriebsweg, bei dem es wichtig ist, bereits heute Erfahrungen für dessen zukünftige Nutzung zu sammeln [vgl. Bartmann/Wörner 96; vgl. Mendonca/Nakache 96, S. 142 f.; vgl. Stockmann 97].

- **Mehr Informationen:**

Durch die Nutzung des Vertriebsweges Internet/WWW können mehr Informationen über den Kunden, seine Gewohnheiten und die von ihm genutzten Bankleistungen gewonnen werden. Der Vertriebsweg Internet/WWW mit der dahinter liegenden EDV-Infrastruktur macht eine genaue und detaillierte Erfassung der durch den Kunden getätigten Informations- und Bankleistungstransaktionen möglich. Somit kann die Advance Bank ein detaillierteres Nutzungsprofil ihrer Kunden erstellen. So kann z.B. die Nutzung eines Beispielrechnungsmodells für Immobilienkredite durch den Kunden erfaßt und für eine spätere Ansprache des Kunden genutzt werden. Der Vermögensberater ist auf das Beratungsgespräch besser vorbereitet und

kann so dem Kunden schneller und detaillierter konkrete Problemlösungen anbieten.
Das Profil des Kunden wird durch die Nutzung der EDV für die Bank differenzierter und genauer. Am Institut für Bankinformatik wurde ein System zur Speicherung von Kundeninformationen unter dem Namen Relationship Management System (RMS) konzipiert [vgl. Bartmann/Kreuzer 96b]. Die in diesem System gespeicherten Informationen sind für den jeweiligen Kundenberater verständlich und nachvollziehbar und damit nicht mehr an einen Bankmitarbeiter, wie in der Bankfiliale, gebunden. Eine direkte und einzelfallbezogene Ansprache des Kunden auf seine persönlichen Bedürfnisse und Probleme wird möglich.

- **Schnellere Informationen:**
  Die im Rahmen der Nutzung des Vertriebsweges Internet/WWW durch den Kunden erfaßten Informationen sind für den Kundenbetreuer/Vermögensberater direkt online abrufbar. Damit kann er auf aktuelle Entwicklungen bei den von ihm betreuten Kunden schnell und direkt reagieren.
- **Erhöhung des Neukundenakquisitionspotentials:**
  Durch die Bereitstellung des Vertriebsweges Internet/WWW als einer der ersten Banken in Deutschland wird die Advance Bank für technikaffine Nichtkunden attraktiver. Damit steigt das Neukundenakquisitionspotential der Advance Bank AG [vgl. FAZ 96a; vgl. Mendonca/Nakache 96, S. 145 f.; vgl. Seiler 96].
- **Imagesteigerung**:
  Die Advance Bank kann die frühzeitige Verfügbarkeit des Vertriebsweges Internet/WWW für ihre Kunden im Marketing umsetzen und sich als innovative und kundenfreundliche Direktbank etablieren.
- **Entlastung der Mitarbeiter von Routinetätigkeiten:**
  Die Mitarbeiter der bestehenden Vertriebswege Telefon- und Telefax-Banking werden langfristig von routinemäßigen Bankleistungen, wie z.B. Umsatz-, Kontostandsabfragen oder Überweisungen entlastet. Dadurch wird eine bessere Fokussierung der Mensch-Mensch-Kommunikation im Telefon-Banking auf die speziellen Bedürfnisse und Probleme des Kunden möglich. Hierdurch steigt langfristig die Kundenzufriedenheit und damit die Kundenbindung [vgl. Nader/Johnson/Bühler 96, S. 704; vgl. Meyer/Dornach 94; vgl. Meyer/Dornach/Ertl 96].
- **Effiziente Online-Kommunikation zwischen Kunde und Advance Bank:**
  Durch den Einsatz der eMail-Funktion kann die Kommunikation zwischen den Mitarbeitern der Advance Bank und den Kunden effizienter abgewickelt werden. Der Kunde kann direkt mit dem Kundenbetreuer/Vermögensberater per eMail Kontakt aufnehmen und Bedürfnisse oder Probleme diskutieren. Zusammen mit der eMail können auch Dokumente an den Kunden versendet werden, die dieser an seinem PC weiterverarbeiten und dann auch wieder an den Kundenbetreuer/Vermögensberater zurücksenden kann. Der Austausch von elektronischen Informationen ist dabei wesentlich effizienter und schneller als der Austausch von Dokumenten und Informationen auf Papier.

Indirekter Nutzen:

- **Mögliche Reorganisation des Betriebes/der Abläufe:**
  Die Entlastung der bestehenden Vertriebswege Telefon- und Telefax-Banking durch die Einführung und den Betrieb des Vertriebsweges Internet/WWW bietet die Möglichkeit, die bestehenden Vertriebswege neu zu strukturieren und zu organisieren. Die Inanspruchnahme der Bankleistungen wird sich weg von den Standardbankleistungen des Kontokorrentbereiches und hin zu stärker erklärungs- und/oder verhandlungsbedürftigen Bankleistungen entwickeln [vgl. Roemer/Buhl 96; vgl. Kreuzer 96, S. 136 ff.]. Dies erfordert eine höhere Qualifizierung des auf den bestehenden Vertriebswegen Telefon- und Telefax-Banking eingesetzten Personals. Für den Kunden wird durch eine gegenüber den bestehenden Vertriebswegen günstigere Gebührenstruktur die Nutzung des Internet/WWW sehr attraktiv gestaltet. Damit werden für den Kunden die monetären Anreize zur Nutzung des Vertriebsweges Internet/WWW immer stärker in den Vordergrund gestellt. Die szenariogestützte Wirtschaftlichkeitsanalyse macht die Überprüfung verschiedener Gebührenszenarien möglich und kann somit Aussagen über Preisuntergrenzen für Bankleistungen über den Vertriebsweg Internet/WWW geben [vgl. Kapitel 1.1].
- **Entlastung der bestehenden Vertriebswege von Routinetätigkeiten:**
  Kreuzer führt aus, daß sich insbesondere Bankleistungen für den elektronischen Vertriebsweg eignen, die weder erklärungs- noch verhandlungsbedürftig sind [vgl. Kreuzer 96, S. 121 ff.]. Dies sind vor allem die Bankleistungen des Kontokorrentbereiches, wie z.B. Überweisungen, Daueraufträge oder Umsatzauskünfte oder auch einfache Bankleistungen des Passivbereiches, wie z.B. Geldanlagen. Weiterhin eignen sich die Bereiche des Wertpapierhandels für mögliche Rationalisierungen durch den Einsatz des Vertriebsweges Internet/WWW.
- **Verbesserung der betrieblichen Steuerung und Regelung:**
  Durch die Entlastung der bestehenden Vertriebswege Telefon- und Telefax-Banking von den Routinetätigkeiten reduzieren sich die Spitzenbelastungen, so z.B. die Anfragen der Gehaltsempfänger am 15. oder 30. eines jeden Monats, ob das Gehalt bereits eingegangen ist, oder die Aufgabe von Überweisungen, sobald das Gehalt auf dem Konto eingegangen ist. Des weiteren reduziert sich die Spitzenbelastungen jeden Montag vormittag, die dadurch entsteht daß die über das Wochenende vorbereiteten Bankleistungen in Anspruch genommen werden. Durch diese Verminderung von Spitzenbelastungen wird die betriebliche Steuerung und Regelung der Kapazität vereinfacht, da die Nachfrageschwankungen nicht mehr so großen Amplituden unterliegen. Der Einsatz des Internet/WWW trägt damit indirekt zum Abbau der für Spitzenbelastungen bereitgestellten Kapazitäten auf den bestehenden Vertriebswegen Telefon- und Telefax-Banking bei.
- **Erhöhung der betrieblichen Kapazität:**
  Durch den Einsatz des Vertriebsweges Internet/WWW kann die Kapazität zur Erbringung von Bankleistungen maßgeblich gesteigert werden. Die bisher eingesetzte EDV-Infrastruktur kann gleichzeitig maximal zirka 200 parallele Ver-

bindungen verarbeiten. Dem steht ein Nutzungspotential des Vertriebsweges Internet/WWW durch zirka 60.000 Kunden entgegen. Eine Kapazitätserweiterung des Vertriebsweges Internet/WWW ist jederzeit möglich und darüber hinaus um ein Vielfaches kostengünstiger als z.B. die Kapazitätserweiterung des Call-Centers der Advance Bank.

Die aus den qualitativen Nutzeffekten abgeleiteten Nutzenpotentiale und deren Wirkungsketten sind für den Vertriebsweg Internet/WWW in der folgenden Abb. 5.12 dargestellt.

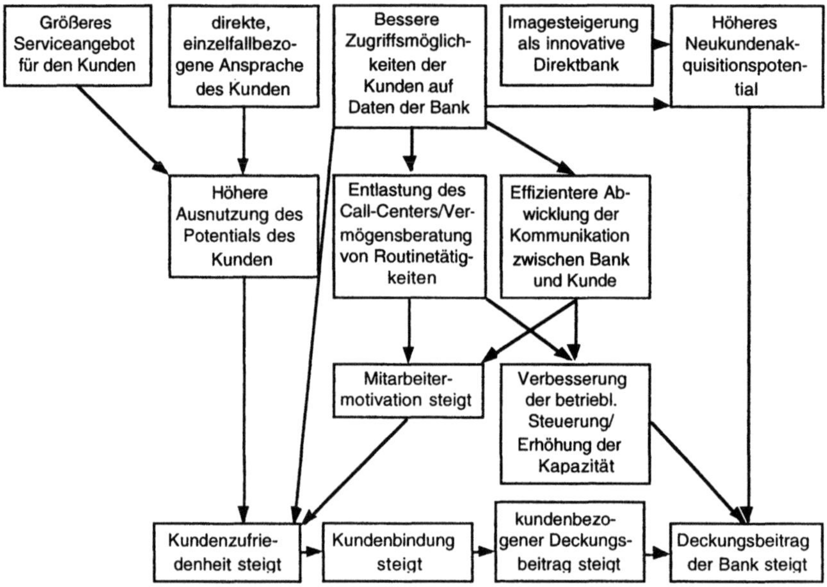

Abb. 5.12: Darstellung der Nutzenpotentiale und deren Wirkungsketten des Vertriebsweges Internet/WWW bei der Advance Bank

5.3.2 Schritt 3-2: Ermittlung der quantitativen Nutzeffekte der bestehenden Vertriebswege

Die Erlöse des Betriebsbereiches für die bestehenden Vertriebswege Telefon- und Telefax-Banking müssen für die Ermittlung des Nutzendeltas errechnet werden. Tab. 5.39 zeigt die Erlöse des Betriebsbereiches für jede Kontoart und die dazugehörigen Bankleistungen für die beiden bestehenden Vertriebswege.

Bestehende Vertriebswege Bankleistung	Erlöse des Betriebsbereiches Telefon-Banking	Erlöse des Betriebsbereiches Telefax-Banking
CMK und CMK-Light[86]:		
Kontostandsabfrage	0,00 GE	
Umsatzabfrage	0,00 GE	
Überweisung	0,00 GE	1,00 GE
Dauerauftrag einr./ändern/löschen	0,00 GE	0,00 GE
ec-Schecks bestellen	0,00 GE	0,00 GE
GMK[87]:		
Kontostandsabfrage	0,00 GE	
Umsatzabfrage	0,00 GE	
Überweisung	0,00 GE	1,00 GE
CMK-Light mit FOCUS-Card[88]:		
Kontostandsabfrage	0,00 GE	
Umsatzabfrage	0,00 GE	
Überweisung	0,00 GE	1,00 GE
Dauerauftrag einr./ändern/löschen	0,00 GE	0,00 GE
W.-Depot[89]:		
Kauf/Verkauf Wertpapiere	40,00 GE	40,00 GE
Depotwert mit aktuellen Kursen	0,00 GE	
Depotinhalt mit aktuellen Kursen	0,00 GE	

Tab. 5.39: Erlöse des Betriebsbereiches der Bankleistungen für die bestehenden Vertriebswege Telefon- und Telefax-Banking

86 In der gestaffelten Monatspauschale für die Kontoführung des CMK und CMK-Light sind pro Quartal 50 gebührenfreie Transaktionen enthalten, die von den meisten Kunden nicht ausgeschöpft werden [vgl. Advance Bank 96]. Daher werden im Rahmen der Wirtschaftlichkeitsrechnung für den Betriebsbereich keine Erlöse für die Inanspruchnahme einzelner Bankleistungen des CMK und CMK-Light angesetzt. Die beleghafte Überweisung wird dem Kunden mit 1,00 GE berechnet.

87 Die Kontoführung und alle über das Geldmarktkonto abgewickelten Transaktionen sind grundsätzlich gebührenfrei [vgl. Advance Bank 96]. Die beleghafte Überweisung wird dem Kunden mit 1,00 GE berechnet.

88 In der gestaffelten Monatspauschale für die Kontoführung des CMK-Light mit FOCUS-Card sind pro Quartal 50 gebührenfreie Transaktionen enthalten, die von den meisten Kunden nicht ausgeschöpft werden [vgl. Advance Bank 96]. Daher werden im Rahmen der Wirtschaftlichkeitsrechnung für den Betriebsbereich keine Erlöse für die Inanspruchnahme einzelner Bankleistungen angesetzt. Die beleghafte Überweisung wird dem Kunden mit 1,00 GE berechnet [vgl. Advance Bank 96].

89 Die Kontoführung des Wertpapier-Depots und des Liquiditätskontos sind grundsätzlich gebührenfrei [vgl. Advance Bank 96]. Der An- und Verkauf von Wertpapieren (Aktien, Festverzinsliche Wertpapiere, usw.) wird mit einer Mindestpauschale von 40,00 GE abgerechnet [vgl. Advance Bank 96].

5.3.3 Schritt 3-3: Berechnung des quantitativen Nutzendeltas zwischen dem Vertriebsweg Internet/WWW und den bestehenden Vertriebswegen

Zur Ermittlung des Nutzendeltas zwischen dem Vertriebsweg Internet/WWW und den bestehenden Vertriebswegen Telefon- und Telefax-Banking werden nur die quantitativen Nutzeffekte einbezogen. Eine Bewertung der qualitativen Nutzeffekte wird aufgrund einer fehlenden objektiven Operationalisierung und Quantifizierung nicht vorgenommen [vgl. Kapitel 3.4.2.2.4].
Die in Schritt 3-1 und Schritt 3-2 ermittelten quantitativen Nutzeffekte der Vertriebswege Internet/WWW, Telefon- und Telefax-Banking sind szenariounabhängig und können mit den ermittelten Werten in die Wirtschaftlichkeitsanalyse der drei Szenarien von Schritt 4-3 eingehen. In Tab. 5.40 werden die ermittelten Nutzendeltas des Betriebsbereiches für jede Kontoart und die dazugehörigen Bankleistungen des Vertriebsweges Internet/WWW gegenüber den beiden bestehenden Vertriebswegen Telefon- und Telefax-Banking dargestellt.

Bankleistung	Nutzendelta Internet/WWW zu Telefon-Banking	Nutzendelta Internet/WWW zu Telefax-Banking
CMK und CMK-Light:		
Kontostandsabfrage	0,00 GE	
Umsatzabfrage	0,00 GE	
Überweisung	0,00 GE	-1,00 GE
Dauerauftrag einr./ändern/löschen	0,00 GE	0,00 GE
ec-Schecks bestellen	0,00 GE	0,00 GE
GMK:		
Kontostandsabfrage	0,00 GE	
Umsatzabfrage	0,00 GE	
Überweisung	0,00 GE	-1,00 GE
CMK-Light mit FOCUS-Card:		
Kontostandsabfrage	0,00 GE	
Umsatzabfrage	0,00 GE	
Überweisung	0,00 GE	-1,00 GE
Dauerauftrag einr./ändern/löschen	0,00 GE	0,00 GE
W.-Depot:		
Kauf/Verkauf Wertpapiere	0,00 GE	0,00 GE
Depotwert mit aktuellen Kursen	0,00 GE	
Depotinhalt mit aktuellen Kursen	0,00 GE	

Tab. 5.40: Nutzendelta des Vertriebsweges Internet/WWW gegenüber den bestehenden Vertriebswegen Telefon- und Telefax-Banking

5.4 Schritt 4: Ermittlung der szenariogestützten Wirtschaftlichkeit des Vertriebsweges Internet/WWW

Der Schritt 4 des Vorgehensmodells unterteilt sich in drei Teilschritte. In Kapitel 5.4.1 wird Schritt 4-1 mit der Ermittlung der einmaligen, laufenden und kundenspezifischen Kosten zur Bereitstellung des Vertriebsweges Internet/WWW dargestellt. Der Vertriebsweg Internet/WWW erfordert hohe Anfangsinvestitionen in EDV-Infrastrukturmaßnahmen, die nutzungsunabhängig sind. Diese werden zusammen mit den kundenspezifischen und nutzungsunabhängigen Kosten erfaßt. In Kapitel 5.4.2 wird Schritt 4-2 erläutert und für jedes Jahr des Betrachtungszeitraumes und jedes Szenario die Wirtschaftlichkeit der einzelnen auf dem Vertriebsweg Internet/WWW angebotenen Bankleistungen ermittelt. Abschließend wird in Kapitel 5.4.3 der Schritt 4-3 dargestellt, der die Ergebnisse der Schritte 1 bis 4-2 zu dem Endergebnis der szenariogestützten Wirtschaftlichkeitsanalyse zusammenfaßt.

5.4.1 Schritt 4-1: Ermittlung der Investitionskosten sowie der laufenden und kundenspezifischen Kosten für Bereitstellung und Betrieb des Vertriebsweges Internet/WWW

Im Schritt 4-1 werden die Investitionskosten, die laufenden und die kundenspezifischen Kosten zur Bereitstellung des Vertriebsweges Internet/WWW ermittelt. Diese Kosten sind nutzungsunabhängig und daher von den Kosten zu trennen, die durch Erstellung und Vertrieb einer einzelnen Bankleistung entstehen.

Investitionskosten zur Bereitstellung des Vertriebsweges Internet/WWW:

Eine Aufstellung der Investitionskosten für die Bereitstellung des Vertriebsweges Internet/WWW ist in der Tab. 5.41 dargestellt. Die im Vorgehensmodell vorgesehene Differenzierung der Investitionskosten nach den drei Szenarien wird im Fallbeispiel nicht durchgeführt. Die bereitgestellte EDV-Infrastruktur kann bei allen drei Szenarien genutzt werden. Eine detailliertere Aufstellung der einzelnen Kategorien der Investitionskosten findet sich in Anh. A-10 bis Anh. A-16.

Kostenkategorie	interne oder externe Kosten für die Bereitstellung des Vertriebsweges Internet/WWW
Projektkosten:	
Projektkosten Fachkonzeptphase (interne und externe Kosten) (vgl. Anh. A-10)	-124.275,00 GE
Projektkosten Realisierungsphase (interne und externe Kosten) (vgl. Anh. A-11)	-211.767,00 GE
Hardwarekosten:	
Hardware Produktivsystem Infrastruktur (vgl. Anh. A-12)	-106.260,00 GE
Hardware Produktivsystem Vertriebsweg Internet/WWW (vgl. Anh. A-12)	-101.430,00 GE
Hardware Testsystem Infrastruktur (vgl. Anh. A-13)	-48.300,00 GE

Kostenkategorie		interne oder externe Kosten für die Bereitstellung des Vertriebsweges Internet/WWW
Hardware Testsystem Vertriebsweg Internet/WWW	(vgl. Anh. A-13)	-67.620,00 GE
Softwarekosten:		
Software Produktivsystem Infrastruktur	(vgl. Anh. A-14)	-1.110.900,00 GE
Software Produktivsystem Vertriebsweg Internet/WWW	(vgl. Anh. A-14)	-379.638,00 GE
Software Testsystem	(vgl. Anh. A-15)	-2.898,00 GE
Marketingkosten:		
Marketingkosten zur Einführung des neuen Vertriebsweges		0,00 GE
Sonstige Kosten:		
Kommunikationshardware zur Anbindung der Bank an einen Internet Service Provider	(vgl. Anh. A-16)	-23.145,26 GE
Summe Investitionskosten:		**-2.176.233,26 GE**

Tab. 5.41: Investitionskosten für die Bereitstellung des Vertriebsweges Internet/WWW

Laufende Kosten zum Betrieb des Vertriebsweges Internet/WWW:

Eine Aufstellung der laufenden Kosten für Absetzung für Abnutzung (AfA), Zinsen auf das durchschnittlich gebundene Kapital und Wartungskosten für den Betrieb des Vertriebsweges Internet/WWW sind in der Tab. 5.42 dargestellt. Die im Vorgehensmodell vorgeschriebene Differenzierung der laufenden Kosten nach Szenarien wird im Fallbeispiel nicht durchgeführt. Die laufenden Kosten sind zum Teil durch die Szenariounabhängigkeit der Investitionskosten und zum anderen Teil durch die ausreichende Dimensionierung der EDV-Infrastruktur nicht szenarioabhängig. Die detailliertere Ermittlung der einzelnen Kostenkategorien ist in Anh. A-17 bis Anh. A-22 dargestellt. Die kalkulatorischen Zinsen werden auf Basis eines Kalkulationszinsfußes von 10% auf das durchschnittlich gebundene Kapital berechnet.

Kostenkategorie	Kosten AfA p.a.[90]	Kosten Zinsen p.a. (10% p.a.)[91]	Kosten Wartung p.a.
Projektkosten:			
Projektkosten Fachkonzeptphase (interne und externe Kosten) (vgl. Anh. A-17)	-24.855,00 GE	-6.213,75 GE	
Projektkosten Realisierungsphase (interne und externe Kosten) (vgl. Anh. A-17)	-42.353,40 GE	-10.588,35 GE	

[90] Die für die Bereitstellung und den Betrieb des neuen elektronischen Vertriebsweges notwendigen Investitionsgüter werden über den Zeitraum von fünf Jahren linear abgeschrieben.

[91] Die kalkulatorischen Zinsen werden auf Basis des durch die Investition durchschnittlich gebundenen Kapitals berechnet [vgl. Wöhe 96, S. 1264 f.]. Die notwendigen Investitionsgüter für Bereitstellung und Betrieb des Vertriebsweges Internet/WWW werden linear über einen Zeitraum von fünf Jahren abgeschrieben.

Kostenkategorie	Kosten AfA p.a.[90]	Kosten Zinsen p.a. (10% p.a.)[91]	Kosten Wartung p.a.
Hardwarekosten:			
Hardware Produktivsystem Infrastruktur (vgl. Anh. A-18)	-21.252,00 GE	-5.313,00 GE	-13.282,50 GE
Hardware Produktivsystem Vertriebsweg Internet/WWW (vgl. Anh. A-18)	-20.286,00 GE	-5.071,50 GE	-12.678,75 GE
Hardware Testsystem Infrastruktur (vgl. Anh. A-19)	-9.660,00 GE	-2.415,00 GE	-6.037,50 GE
Hardware Testsystem Vertriebsweg Internet/WWW (vgl. Anh. A-19)	-13.524,00 GE	-3.381,00 GE	-8.452,50 GE
Softwarekosten:			
Software Produktivsystem Infrastruktur (vgl. Anh. A-20)	-222.180,00 GE	-55.545,00 GE	-120.025,50 GE
Software Produktivsystem Vertriebsweg Internet/WWW (vgl. Anh. A-20)	-75.927,60 GE	-18.981,90 GE	-62.205,00 GE
Software Testsystem (vgl. Anh. A-21)	-579,60 GE	-144,90 GE	0,00 GE
Kosten für Datenkommunikation:			
Kommunikationshardware zur Anbindung der Bank Bank an den Internet Service Provider (vgl. Anh. A-22)	-4.629,07 GE	-1.157,27 GE	-1.806,42 GE
Summe Kosten p.a. je Kostenkategorie:	-435.246,67 GE	-108.811,67 GE	-224.488,17 GE

Tab. 5.42: Laufende Kosten durch Absetzung für Abnutzung, Zinsen und Wartung durch den Betrieb des Vertriebsweges Internet/WWW

Die Gesamtaufstellung der nutzungsunabhängigen Kosten für die Bereitstellung und den Betrieb des Vertriebsweges Internet/WWW ist in Tab. 5.43 dargestellt. Die Detailinformationen zu den einzelnen Kostenkategorien ist in Tab. 5.42, in Anh. A-23 und Anh. A-24 dargestellt.

Kostenkategorie	interne oder externe Kosten für die Bereitstellung des Vertriebsweges Internet/WWW
Absetzung für Abnutzung und Zinsen:	
Absetzung für Abnutzung Investitionskosten (Projektkosten, Hardware, Software, Kommunikationshardware, usw.) (vgl. Tab. 5.42)	-435.246,67 GE
Zinsen Investitionskosten (interner Zinssatz 10%) (vgl. Tab. 5.42)	-108.811,67 GE
Wartungskosten:	
Wartungsverträge Hardware Produktiv- und Testsystem (vgl. Tab. 5.42)	-42.257,67 GE
Wartungsverträge Software Produktiv- und Testsystem (vgl. Tab. 5.42)	-185.230,50 GE
Personalkosten:	
Personalkosten zur Wartung und Betreuung der Hard- und Software (vgl. Anh. A-23)	-198.800,00 GE
Personalkosten für die Pflege und Aktualisierung des Internetauftritts (vgl. Anh. A-23)	-44.450,00 GE

Kostenkategorie	interne oder externe Kosten für die Bereitstellung des Vertriebsweges Internet/WWW
Kommunikationskosten:	
Verbindung Bank zu Internet Service Provider und Bandbreite für den Zugang zum Internet/WWW (vgl. Anh. A-24)	-187.740,00 GE
Summe laufende Kosten p.a.:	**-1.202.536,51 GE**

Tab. 5.43: Laufende, nutzungsunabhängige Kosten durch die Bereitstellung und den Betrieb des Vertriebsweges Internet/WWW

Kundenspezifische Kosten:

Die Kunden benötigen zur Benutzung des Vertriebsweges Internet/WWW eine Persönliche Identifikationsnummer (PIN) und eine Transaktionsnummer/Bestätigungsnummer (TAN/BEN) oder eine Chipkarte mit zur eingesetzten Hardware passendem Chipkartenleser. Bei der PIN verwendet der Kunde die bereits bei Etablierung der Bank-Kundebeziehung übermittelte PIN. Zur Durchführung von Transaktionen, z.B. Überweisung oder Dauerauftrag, benötigt der Kunde eine TAN/BEN. Die TAN gibt er zur Autorisierung bei der Transaktionsbestätigung ein und erhält von der Bank eine BEN zur Anzeige der korrekten Ausführung zurück. Die Kosten je Kombination aus TAN/BEN werden den Standardeinzelkosten der jeweiligen Bankleistung zugerechnet. Die Chipkarte und der Chipkartenleser sind jedoch kundenspezifische Kosten und werden daher in der Tab. 5.44 pro Kunde aufgeführt. In der szenariogestützten Wirtschaftlichkeitsanalyse wird eine Veränderung der Relation zwischen dem Einsatz von TAN/BEN und Chipkarte von 95%/5% im Jahr 1997 auf 20%/80% im Jahr 2000 unterstellt. Die daraus resultierenden kundenspezifischen, nutzungsunabhängigen und einmaligen Kosten pro Kunde sowie die laufenden Kosten pro Kunde p.a. sind in der Tab. 5.45 dargestellt. Die im Rahmen der Wirtschaftlichkeitsanalyse erfaßten kundenspezifischen Kosten sind szenariounabhängig und werden komplett von der Bank getragen, d.h. es werden keine Gebühren erhoben und damit keine Erlöse bzw. Minderung der Kosten des Betriebsbereiches erzielt.

Gegenstand/ Bankleistung	einmalige Kosten pro Nutzer für den Betrachtungszeitraum/ laufende Kosten pro Nutzer pro Jahr	
Freigabe Personen-Nr.	-3,170 GE	Standardeinzelkosten der Freigabe einer Personen-Nr. und der Zusendung einer ersten Liste mit TAN/BEN
Anforderung Liste TAN/BEN	-3,572 GE	Anforderung einer neuen Liste mit TAN/BEN (10% der Nutzer pro Jahr fordern eine neue Liste mit TAN/BEN an)
Chipkarte	-14,00 GE	zur Erstausstattung des Nutzers mit einer Chipkarte
	-2,10 GE	für Ersatz Chipkarte (15% der Nutzer benötigen eine Ersatzkarte)
AGEinistration Chipkarte	-3,50 GE	zur Erstausstattung des Nutzers mit einer Chipkarte
	-0,53 GE	für Administration Ersatz Chipkarte (15% der Nutzer benötigen eine Ersatzkarte)

Gegenstand/ Bankleistung	einmalige Kosten pro Nutzer für den Betrachtungszeitraum/ laufende Kosten pro Nutzer pro Jahr	
Chipkartenleser	-70,00 GE	zur Erstausstattung (einmalig für den Nutzer im Betrachtungszeitraum)

Tab. 5.44: Kundenspezifische Kosten bei der Nutzung des Vertriebsweges Internet/WWW

Jahr des Betrachtungszeitraumes Kundenspezifische Kosten	1997	1998	1999	2000
Einmalige kundenspez. Kosten (vgl. Anh. A-26)	-11,12 GE	-24,24 GE	-50,49 GE	-76,74 GE
Laufende kundenspez. Kosten p.a. (vgl. Anh. A-26)	-1,27 GE	-1,54 GE	-2,08 GE	-2,62 GE

Tab. 5.45: Kundenspezifische einmalige Kosten pro Nutzer und laufende Kosten pro Jahr

Die im Rahmen des Vorgehensmodells vorgesehene Berechnung der Kosteneinsparungen auf den bestehenden Vertriebswegen Telefon- und Telefax-Banking ist in der dargestellten szenariogestützten Wirtschaftlichkeitsanalyse nicht notwendig. Die beiden bestehenden Vertriebswege können selbst für Neukunden durch das eingeschränkte Angebot an Bankleistungen des Vertriebsweges Internet/WWW nicht vollständig ersetzt werden. Daher fallen sowohl die einmaligen Kosten pro Nutzer des Vertriebsweges Internet/WWW als auch weiterhin die laufenden Kosten der beiden bestehenden Vertriebswege Telefon- und Telefax-Banking an.

5.4.2 Schritt 4-2: Berechnung der Wirtschaftlichkeit je Bankleistung, Jahr und Szenario des Vertriebsweges Internet/WWW

In diesem Schritt 4-2 wird aus den Grundlagen des Schrittes 1 und den Ergebnissen der Schritte 2 und 3 die Wirtschaftlichkeit und die gewichtete Wirtschaftlichkeit jeder über das Internet/WWW angebotenen Bankleistung für die drei Szenarien ermittelt. Die folgende Tab. 5.46 zeigt die Wirtschaftlichkeit der einzelnen Bankleistungen des Vertriebsweges Internet/WWW bei 1:1 Substitution der bestehenden Vertriebswege.

Bestehende Vertriebswege Bankleistung	Bestehender Vertriebsweg Telefon-Banking (vgl. Anh. A-27)	Bestehender Vertriebsweg Telefax-Banking (vgl. Anh. A-28)
CMK und CMK-Light:		
Kontostandsabfrage	2,160 GE	
Umsatzabfrage	3,008 GE	
Überweisung	1,546 GE	0,371 GE
Dauerauftrag einrichten/ändern/löschen	2,020 GE	1,729 GE
ec-Schecks bestellen	0,698 GE	0,727 GE
GMK:		
Kontostandsabfrage	3,206 GE	
Umsatzabfrage	4,458 GE	

Bankleistung / Bestehende Vertriebswege	Bestehender Vertriebsweg Telefon-Banking (vgl. Anh. A-27)	Bestehender Vertriebsweg Telefax-Banking (vgl. Anh. A-28)
Überweisung	2,354 GE	1,179 GE
CMK-Light mit FOCUS-Card:		
Kontostandsabfrage	2,160 GE	
Umsatzabfrage	3,008 GE	
Überweisung	1,546 GE	0,371 GE
Dauerauftrag einrichten/ändern/löschen	2,020 GE	1,729 GE
W.-Depot:		
Kauf/Verkauf Wertpapiere	8,593 GE	7,399 GE
Depotwert mit aktuellen Kursen	3,746 GE	
Depotinhalt mit aktuellen Kursen	3,746 GE	

Tab. 5.46: Vertriebswegeabhängige Wirtschaftlichkeit der Bankleistungen des Vertriebsweges Internet/WWW

Bei der gewichteten Wirtschaftlichkeit wird die vertriebswegabhängige Substitutionswirkung des neuen elektronischen Vertriebsweges in die Ermittlung mit einbezogen. Die Ergebnisse der gewichteten Wirtschaftlichkeit auf Basis der drei Szenarien «wahrscheinlich», «pessimistisch» und «optimistisch» sind in der Tab. 5.47 dargestellt.

Bankleistung / Szenarien		«wahrscheinliches» Szenario	«pessimistisches» Szenario	«optimistisches» Szenario
CMK und CMK-Light:				
Kontostandsabfrage	(vgl. Anh. A-29)	1,038 GE	1,074 GE	1,020 GE
Umsatzabfrage	(vgl. Anh. A-30)	1,796 GE	1,814 GE	1,786 GE
Überweisung	(vgl. Anh. A-31)	1,370 GE	1,370 GE	1,370 GE
Dauerauftrag einrichten/ändern/löschen	(vgl. Anh. A-32)	1,970 GE	1,970 GE	1,970 GE
ec-Schecks bestellen	(vgl. Anh. A-33)	0,710 GE	0,710 GE	0,710 GE
GMK:				
Kontostandsabfrage	(vgl. Anh. A-34)	1,271 GE	1,276 GE	1,268 GE
Umsatzabfrage	(vgl. Anh. A-35)	1,791 GE	1,796 GE	1,788 GE
Überweisung	(vgl. Anh. A-36)	2,180 GE	2,180 GE	2,180 GE
CMK-Light mit FOCUS-Card:				
Kontostandsabfrage	(vgl. Anh. A-37)	1,211 GE	1,216 GE	1,208 GE
Umsatzabfrage	(vgl. Anh. A-38)	1,711 GE	1,716 GE	1,708 GE
Überweisung	(vgl. Anh. A-39)	1,370 GE	1,370 GE	1,370 GE
Dauerauftrag einrichten/ändern/löschen	(vgl. Anh. A-40)	1,970 GE	1,970 GE	1,970 GE
W.-Depot:				
Kauf/Verkauf Wertpapiere	(vgl. Anh. A-41)	8,420 GE	8,420 GE	8,420 GE
Depotwert mit aktuellen Kursen	(vgl. Anh. A-42)	1,767 GE	1,775 GE	1,762 GE

Bankleistung / Szenarien	«wahrscheinliches» Szenario	«pessimistisches» Szenario	«optimistisches» Szenario
Depotinhalt mit aktuellen Kursen (vgl. Anh. A-43)	2,141 GE	2,146 GE	2,138 GE

Tab. 5.47: Szenarioabhängig gewichtete Wirtschaftlichkeit der Bankleistungen des Vertriebsweges Internet/WWW

Die ermittelte gewichtete Wirtschaftlichkeit der einzelnen Bankleistungen wird im Schritt 4-3 zur Ermittlung der szenariogestützten Wirtschaftlichkeit des gesamten Vertriebsweges Internet/WWW herangezogen.

5.4.3 Schritt 4-3: Ermittlung der szenariogestützten Wirtschaftlichkeit des Vertriebsweges Internet/WWW

Im letzten Schritt des Vorgehensmodells werden die Grundlagen aus Schritt 1 und die Ergebnisse der Schritte 2 bis 4-2 zur Ermittlung der szenariogestützten Wirtschaftlichkeit des Vertriebsweges Internet/WWW zusammengefaßt. Die folgende Tab. 5.48 zeigt das Ermittlungsschema und die Herkunft der benötigten Ergebnisse zur Berechnung der Wirtschaftlichkeit eines jeden Jahres des Betrachtungszeitraumes in Abhängigkeit vom gewählten Szenario.

	Ermittlung der Wirtschaftlichkeit des Vertriebsweges Internet/WWW pro Jahr und Szenario
+	laufende nutzungsunabhängige Kosten des Vertriebsweges Internet/WWW (Schritt 4-1)
+	kundenspezifische einmalige und laufende Kosten (exklusiv/ergänzend) durch die Nutzung des Vertriebsweges Internet/WWW nach Substitution der bestehenden Vertriebswege Telefon- und Telefax-Banking (Schritt 4-1)
+	bankleistungsspezifische Kosten/Erlöse (exklusiv/ergänzend) des Vertriebsweges Internet/WWW nach Substitution der bestehenden Vertriebswege Telefon- und Telefax-Banking (Schritt 4-2)
=	**Szenariogestützte Wirtschaftlichkeit des Vertriebsweges Internet/WWW für ein Jahr und ein Szenario**

Tab. 5.48: Ermittlungsschema für die Wirtschaftlichkeit des Vertriebsweges Internet/WWW unter Berücksichtigung der angebotenen Bankleistungen

Die laufenden Kosten des Vertriebsweges Internet/WWW sind unabhängig von dem gewählten Szenario und dem gewählten Jahr des Betrachtungszeitraumes. Die bankleistungsspezifischen Kosten/Nutzeffekte und die kundenspezifischen Kosten/Nutzeffekte sind vom gewählten Szenario und dem Jahr des Betrachtungszeitraumes abhängig und differieren sehr stark in Abhängigkeit des gewählten Szenarios und der damit verbundenen Haupteinflußparameter aus Schritt 1-3. Die folgende Tab. 5.49 zeigt das Ermittlungsschema und die Werte für das «wahrscheinliche» Szenario und das Jahr 1997 des Betrachtungszeitraumes.

Ermittlung der Wirtschaftlichkeit des Vertriebsweges Internet/WWW für das «wahrscheinliche» Szenario		Jahr 1997
-	laufende Kosten des neuen Vertriebsweges (Schritt 4-1)	-1.202.536,51 GE
-/+	kundenspezifische Kosten/Nutzen (exklusiv/ergänzend) im Vergleich zu anderen bereits angebotenen Vertriebswegen (Schritt 4-1)	-36.575,28 GE
-/+	bankleistungsspezifische Kosten/Nutzen (exklusiv/ergänzend) im Vergleich zu anderen bereits angebotenen Vertriebswegen (Schritt 4-2)	354.000,99 GE
=	**Wirtschaftlichkeit des Vertriebsweges Internet/WWW für 1997 und das «wahrscheinliche» Szenario**	**-885.110,80 GE**

Tab. 5.49: Ermittlung der Wirtschaftlichkeit des Vertriebsweges Internet/WWW für das Jahr 1997

Die Tab. 5.50 zeigt die Gesamtinanspruchnahme der Bankleistungen für das «wahrscheinliche» Szenario für die Jahre 1997 bis 2000 des Betrachtungszeitraumes.

Jahr des Betrachtungszeitraumes durchschn. Anzahl der Kunden durchschn. Anz. Nutzer Internet/WWW Gesamtinanspruchn. Bankleistung über Nutzer Internet/WWW pro Monat	1997 35.650 2.952	1998 67.200 6.121	1999 103.450 10.707	2000 142.450 16.512
CMK und CMK-Light (vgl. Anh. A-52):				
Anteil der Nutzer Internet/WWW mit CMK und CMK-Light	38,1%	43,3%	39,7%	40,5%
Kontostandsabfrage [Transaktionen]	6.935	16.363	26.223	41.290
Umsatzabfrage [Transaktionen]	4 193	9.892	15.853	24.961
Überweisung [Transaktionen]	4.013	9.468	15.173	23.890
Dauerauftrag einrichten/ ändern/löschen [Transaktionen]	337	796	1.275	2.008
ec-Schecks bestellen [Transaktionen]	225	530	850	1.338
GMK (vgl. Anh. A-52):				
Anteil der Nutzer Internet/WWW mit GMK	14,8%	0,0%	0,0%	0,0%
Kontostandsabfrage [Transaktionen]	314	0	0	0
Umsatzabfrage [Transaktionen]	314	0	0	0
Überweisung [Transaktionen]	131	0	0	0
CMK-Light mit FOCUS-Card (vgl. Anh. A-52):				
Anteil der Nutzer Internet/WWW mit CMK-Light mit FOCUS-Card	15,1%	25,1%	23,5%	24,2%
Kontostandsabfrage [Transaktionen]	455	1.569	2.568	4.068
Umsatzabfrage [Transaktionen]	455	1.569	2.568	4.068
Überweisung [Transaktionen]	531	1.830	2.996	4.746
Dauerauftrag einrichten/ ändern/löschen [Transaktionen]	134	461	755	1.196

Jahr des Betrachtungszeitraumes	1997	1998	1999	2000
durchschn. Anzahl der Kunden	35.650	67.200	103.450	142.450
durchschn. Anz. Nutzer Internet/WWW	2.952	6.121	10.707	16.512
Gesamtinanspruchn. Bankleistung über Nutzer Internet/WWW pro Monat				
W.-Depot (vgl. Anh. A-52):				
Anteil der Nutzer Internet/WWW mit W.-Depot	14,0%	14,6%	14,4%	15,1%
Kauf/Verkauf Wertpapiere [Transaktionen]	368	797	1.374	2.222
Depotwert mit aktuellen Kursen [Transaktionen]	504	1.093	1.884	3.046
Depotinhalt mit aktuellen Kursen [Transaktionen]	421	914	1.575	2.547

Tab. 5.50: Gesamtinanspruchnahme der über den Vertriebsweg Internet/WWW angebotenen Bankleistungen innerhalb des Betrachtungszeitraumes unter Berücksichtigung des «wahrscheinlichen» Szenarios

In Tab. 5.51 ist die szenariogestützte Wirtschaftlichkeit des neuen elektronischen Vertriebsweges Internet/WWW für das «wahrscheinliche» Szenario dargestellt.

Jahr des Betrachtungszeitraumes Ergebnisse der szenariogestützten Wirtschaftlichkeitsanalyse	1997	1998	1999	2000
durchschnittliche Anzahl der Kunden pro Jahr [Kunden] (vgl. Anh. B-1)	35.650	67.200	103.450	142.450
durchschnittliche Anzahl der Nutzer des Vertriebsweges Internet/WWW [Nutzer] (vgl. Anh. B-1)	2.952	6.121	10.707	16.512
Laufende Kosten p.a. [GE] (vgl. Tab. 5.43)	-1.202.536,51	-1.202.536,51	-1.202.536,51	-1.202.536,51
kundenspezifische, nutzungsunabhängige Kosten [GE] (vgl. Anh. A-44)	-36.575,28	-86.242,90	-253.817,70	-488.737,14
Kosten/Erlöse aus Bankleistungen [GE] (vgl. Anh. B-1)	354.000,99	819.133,62	1.331.387,35	2.107.181,94
Gesamtwirtschaftlichkeit «wahrscheinliches» Szenario [GE]	-885.110,80	-469.645,79	-124.966,86	415.908,29
Wirtschaftlichkeitskoeffizient «wahrscheinliches» Szenario	0,29	0,64	0,91	1,25

Tab. 5.51: Wirtschaftlichkeit des Vertriebsweges Internet/WWW für das «wahrscheinliche» Szenario

In Tab. 5.52 ist die szenariogestützte Wirtschaftlichkeit des neuen elektronischen Vertriebsweges Internet/WWW für das «pessimistische» Szenario dargestellt.

Jahr des Betrachtungszeitraumes Ergebnisse der szenariogestützten Wirtschaftlichkeitsanalyse	1997	1998	1999	2000
durchschnittliche Anzahl der Kunden pro Jahr [Kunden] (vgl. Anh. C-1)	31.345	51.358	71.014	89.902
durchschnittliche Anzahl der Nutzer des Vertriebsweges Internet/WWW [Nutzer] (vgl. Anh. C-1)	2.596	4.465	6.467	8.561
Laufende Kosten p.a. [GE] (vgl. Tab. 5.43)	-1.202.536,51	-1.202.536,51	-1.202.536,51	-1.202.536,51
kundenspezifische, nutzungsunabhängige Kosten [GE] (vgl. Anh. A-45)	-32.164,44	-52.180,66	-114.532,34	-183.123,38
Kosten/Erlöse aus Bankleistungen [GE] (vgl. Anh. C-1)	232.009,28	442.677,46	596.359,51	810.795,25
Gesamtwirtschaftlichkeit «pessimistisches» Szenario [GE]	-1.002.691,67	-812.039,71	-720.709,34	-574.864,64
Wirtschaftlichkeitskoeffizient «pessimistisches» Szenario	0,19	0,35	0,45	0,59

Tab. 5.52: Wirtschaftlichkeit des Vertriebsweges Internet/WWW für das «pessimistische» Szenario

In Tab. 5.53 ist die szenariogestützte Wirtschaftlichkeit des neuen elektronischen Vertriebsweges Internet/WWW für das «optimistische» Szenario dargestellt.

Jahr des Betrachtungszeitraumes Ergebnisse der szenariogestützten Wirtschaftlichkeitsanalyse	1997	1998	1999	2000
durchschnittliche Anzahl der Kunden pro Jahr [Kunden] (vgl. Anh. D-1)	37.085	72.876	115.944	163.906
durchschnittliche Anzahl der Nutzer des Vertriebsweges Internet/WWW [Nutzer] (vgl. Anh. D-1)	3.071	7.241	13.441	23.072
Laufende Kosten p.a. [GE] (vgl. Tab. 5.43)	-1.202.536,51	-1.202.536,51	-1.202.536,51	-1.202.536,51
kundenspezifische, nutzungsunabhängige Kosten [GE] (vgl. Anh. A-46)	-38.049,69	-112.231,94	-340.995,28	-799.531,58
Kosten/Erlöse aus Bankleistungen [GE] (vgl. Anh. D-1)	410.378,28	939.144,56	1.602.176,76	2.812.203,89
Gesamtwirtschaftlichkeit «optimistisches» Szenario [GE]	-830.207,92	-375.623,89	58.644,97	810.135,80
Wirtschaftlichkeitskoeffizient «optimistisches» Szenario	0,33	0,71	1,04	1,40

Tab. 5.53: Wirtschaftlichkeit des Vertriebsweges Internet/WWW für das «optimistische» Szenario

Nach der Ermittlung der Wirtschaftlichkeit der drei Szenarien für den Betrachtungszeitraum von 1997 bis 2000 wird in Tab. 5.54 der Erwartungswert und die Standardabweichung der drei Szenarien für den Betrachtungszeitraum ermittelt.

Jahr des Betrachtungszeitraumes Ergebnisse der szenariogestützten Wirtschaftlichkeitsanalyse [GE]	1997	1998	1999	2000
Gesamtwirtschaftlichkeit «wahrscheinliches» Szenario Wahrscheinlichk.=1/3 (vgl. Tab. 5.51)	-885.110,80	-469.645,79	-124.966,86	415.908,29
Gesamtwirtschaftlichkeit «pessimistisches» Szenario Wahrscheinlichk.=1/3 (vgl. Tab. 5.52)	-1.002.691,67	-812.039,71	-720.709,34	-574.864,64
Gesamtwirtschaftlichkeit «optimistisches» Szenario Wahrscheinlichk.=1/3 (vgl. Tab. 5.53)	-830.207,92	-375.623,89	58.644,97	810.135,80
Erwartungswert der drei Szenarien (vgl. Anh. A-47)	-906.003,46	-552.436,46	-262.343,74	217.059,82
Standardabweichung der drei Szenarien (vgl. Anh. A-47)	88.119,46	229.685,47	407.434,16	713.590,98

Tab. 5.54: Erwartungswert und Standardabweichung der Gesamtwirtschaftlichkeit der drei Szenarien der szenariogestützten Wirtschaftlichkeitsanalyse des Vertriebsweges Internet/WWW

Die Tab. 5.54 zeigt die Wirtschaftlichkeit des Vertriebsweges Internet/WWW für das «wahrscheinliche» Szenario ab dem Jahr 2000 und für das «optimistische» Szenario ab dem Jahr 1999. Die im Rahmen einer solchen Wirtschaftlichkeitsanalyse vorliegende Unsicherheit kann sich zum einen in einer Erhöhung der Kosten oder in der Verringerung des erzielbaren/umsetzbaren Erlöses/Nutzens für die Bank auswirken [vgl. Obermeier 77, S. 40]. Die zeitnahen Kosten für die Bereitstellung des Vertriebsweges wurden mit höchster Sorgfalt ermittelt und werden sich aufgrund der zeitnahen Umsetzung und vertraglichen Bindung der Projektpartner nicht mehr verändern. Die einmaligen und laufenden Kosten wurden im Rahmen der maximalen Beanspruchung durch die drei definierten Szenarien ausgelegt und mit einem Sicherheitszuschlag i.H.v. 20% versehen, so daß auch diese Kosten nicht überschritten werden sollten. Im Rahmen der kunden- und bankleistungsspezifischen Kosten und Erlöse sind mögliche Schwankungen durch die Haupteinflußparameter der Szenarien und deren Variation im Rahmen des «wahrscheinlichen», des «pessimistischen» und des «optimistischen» Szenarios abgedeckt. Auf der Grundlage der oben angeführten Ergebnisse und Ausführungen ist der Vertriebsweg Internet/WWW für die Advance Bank AG unter Berücksichtigung von zwei Szenarien ab dem Jahr 2000 wirtschaftlich.

Ermittlung des Teilkapitalwertes des Betrachtungszeitraumes pro Szenario

Neben der Ermittlung der Gesamtwirtschaftlichkeit der drei Szenarien für die Jahre des Betrachtungszeitraumes wird für jedes Szenario der Teilkapitalwert für den Betrachtungszeitraum ermittelt. Die Tab. 5.55 zeigt den Teilkapitalwert der drei Szenarien und die in die Ermittlung des Teilkapitalwertes eingehenden Daten.

Jahr des Betrachtungszeitraumes / Szenario [GE]	Teilkapitalwert[92]	Saldo der Ein- und Auszahlungen pro Jahr: t_0	1997	1998	1999	2000
«Wahrscheinliches» Szenario (W'lichk.=1/3) (vgl. Anh. A-48)	-1.456.926	-2.176.233	-341.290	73.754	418.038	958.311
«Pessimistisches» Szenario (W'lichk.=1/3) (vgl. Anh. A-49)	-2.969.575	-2.176.233	-458.781	-268.322	-177.101	-31.413
«Optimistisches» Szenario (W'lichk.=1/3) (vgl. Anh. A-50)	-923.983	-2.176.233	-286.444	167.404	600.937	1.351.087
Erwartungswert der drei Szenarien (vgl. Anh. A-51)	-1.783.495					
Standardabweichung der drei Szenarien (vgl. Anh. A-51)	1.061.177					

Tab. 5.55: Ermittlung der Teilkapitalwerte, des Erwartungswertes und der Standardabweichung der drei Szenarien für den Vertriebsweg Internet/WWW

Die Ergebnisse des Teilkapitalwertes sind für die drei analysierten Szenarien negativ und damit nach der Kapitalwerttheorie absolut unvorteilhaft [vgl. Kruschwitz 93, S. 67; vgl. Wöhe 96, S. 757; vgl. Blohm/Lüder 95, S. 61 f.]. Die Investition in den elektronischen Vertriebsweg Internet/WWW ist für die Advance Bank AG nach dem zweiten Wirtschaftlichkeitskriterium des Vorgehensmodells unwirtschaftlich. Die Advance Bank AG sollte daher unter dem Gesichtspunkt der Wirtschaftlichkeit ihren Kunden den Vertriebsweg Internet/WWW nicht anbieten.

92 Der Kalkulationszinsfuß beträgt i=10%.

6 Schlußbetrachtung und Ausblick

Im folgenden soll ein Überblick über die durch den Autor mit der Anwendung des Vorgehensmodells gesammelten Erfahrungen und die möglichen Weiterentwicklungen des Vorgehensmodells zur Durchführung der szenariogestützten Wirtschaftlichkeitsanalyse gegeben werden.
Ein Problembereich der deutschen Banken ist die im Vergleich zu den Industriebetrieben bisher vernachlässigte Kostenrechnung [vgl. Schmitt 93, S. 1]. Ziel der Arbeit war es, ein Vorgehensmodell zur Ermittlung der szenariogestützten Wirtschaftlichkeit neuer elektronischer Vertriebswege zu entwickeln, das in der Praxis einsetzbar ist. Das Vorgehensmodell bietet die Möglichkeit, trotz vielfach fehlender Kostenrechnungsinfrastruktur bei den Banken, detaillierte Wirtschaftlichkeitsanalysen möglicher neuer elektronischer Vertriebswege durchzuführen. Auf Grundlage der Ergebnisse der szenariogestützten Wirtschaftlichkeitsanalyse können strategische Investitionsentscheidungen in neue elektronische Vertriebswege unterstützt werden. Das Vorgehensmodell ist mit vertretbarem Zeitaufwand und mit geringen Vorleistungen durchzuführen.
Folgende Merkmale und Eigenschaften des Vorgehensmodells haben sich in der praktischen Anwendung als vorteilhaft erwiesen:

- Das Vorgehensmodell ist speziell auf die Ermittlung der Wirtschaftlichkeit der Konzeption, der Einführung und des Betriebes eines neuen elektronischen Bankvertriebsweges ausgerichtet. Daher erfaßt das Vorgehensmodell beispielhaft die folgenden Wirkungen und Effekte: hohe Substitutionswirkung des neuen elektronischen auf die bestehenden Vertriebswege, hohe Investitionskosten zur Bereitstellung und niedrige laufende Kosten zum Betrieb elektronischer Vertriebswege sowie die differenzierten Entwicklungsperspektiven neuer elektronischer Bankvertriebswege.
- Wesentlich für die praktische Anwendbarkeit ist die prozeßorientierte Ermittlung der Standardeinzel- und Prozeßkosten. Hierdurch fokussiert sich die Anwendung des Vorgehensmodells auf Bereitstellung und Betrieb des neuen elektronischen Vertriebsweges sowie auf die für die Erstellung und den Vertrieb von Bankleistungen notwendigen Prozesse und die damit verbundenen gesamten Kosten und Nutzeffekte.
- Das Vorgehensmodell unterstützt die Interpretation der Ergebnisse der szenariogestützten Wirtschaftlichkeitsanalyse. Weiterhin stellt es anhand der Ergebnisse der szenariogestützten Wirtschaftlichkeitsanalyse Entscheidungsregeln für die Auswahl aus möglichen Investitionsalternativen zur Verfügung. Darüber hinaus ist es möglich, eine Priorisierung der möglichen Investitionsalternativen auf Grundlage der Ergebnisse der Wirtschaftlichkeitsanalyse zu erstellen.
- Auf Basis der Szenariotechnik werden mögliche Änderungen der Umwelt und der Nutzungsintensitäten berücksichtigt und für die Prognose der Wirtschaftlichkeit eines neuen elektronischen Vertriebsweges herangezogen. Besonders die Betrachtung von drei möglichen Entwicklungsszenarien des analysierten elektronischen Vertriebsweges ermöglicht den Entscheidungsträgern eine genauere

und detailliertere Einschätzung der mit einer Vertriebswegeentscheidung bzw. dem entstehenden Vertriebswegemix verbundenen Chancen und Risiken.

- Neben den quantitativen Nutzeffekten werden auch die qualitativen Nutzeffekte ermittelt. Aus den qualitativen Nutzeffekten werden die Nutzenpotentiale abgeleitet und die sich daraus ergebenden Wirkungsketten aufgebaut. Daraus können die langfristigen strategischen Nutzeffekte, die durch die Einführung des neuen elektronischen Vertriebsweges entstehen, abgeleitet werden.
- Die Wirtschaftlichkeit eines neuen elektronischen Vertriebsweges wird nicht isoliert sondern innerhalb eines bestehenden traditionellen und/oder elektronischen Vertriebswegemixes ermittelt. Die gegenseitigen Wechselwirkungen werden durch das Vorgehensmodell erfaßt. Mehrere mögliche elektronische Vertriebswegealternativen (z.B. Internet/WWW, Handy-Banking oder Interactive TV) können anhand der Ergebnisse der szenariogestützten Wirtschaftlichkeitsanalyse miteinander verglichen werden.
- Das dargestellte Vorgehensmodell läßt sich sequentiell auf die zeitlich versetzte Einführung mehrerer elektronischer Vertriebswege anwenden. Der in der vorhergehenden Iteration eingeführte elektronische Vertriebsweg wird jeweils als bestehender Vertriebsweg definiert. Der neue elektronische Vertriebsweg wird anhand des Vorgehensmodells und auf der Grundlage des dann neuen Vertriebswegemixes auf seine Wirtschaftlichkeit hin analysiert. Damit kann das Vorgehensmodell zur Beurteilung der Wirtschaftlichkeit einer Migration von einem überwiegend traditionell geprägten Vertriebswegemix hin zu einem vorwiegend elektronisch geprägten Vertriebswegemix eingesetzt werden. Die Entscheidungsträger erhalten die notwendigen Informationen aus wirtschaftlicher Sicht zur Bestimmung einer zeitlichen Vorgehensweise.
- Im Rahmen der einzelnen Schritte des Vorgehensmodells werden Standardeinzelkosten auf Teilkostenbasis für die verschiedenen Bankleistungen des neuen elektronischen und der bestehenden Vertriebswege ermittelt. Die hieraus resultierende Erfassungsarbeit kann auch auf die verbleibenden Bankleistungen ausgeweitet werden. Die Bank erhält somit für alle bestehenden Vertriebswege und alle Bankleistungen eine Kosten- und Erlöstransparenz. Besonders für die Produktkalkulation und die Festlegung von Produktpreisen bzw. kurzfristigen Preisuntergrenzen (z.B. für zeitlich begrenzte Kundenakquisitionen) sind die ermittelten Standardeinzelkosten verwendbar [vgl. Schweitzer/Küpper 95, S. 477 ff.; vgl. Schierenbeck 94, S. 267 ff.].

Die bisher in der Bankpraxis durchgeführten Wirtschaftlichkeitsuntersuchungen für neue elektronische Vertriebswege haben sich weitgehend auf die Ermittlung der Kosten beschränkt. Dies liegt zum einen an dem in der Praxis vorherrschenden Zeitdruck und zum anderen an der mangelnden Kenntnis der Investitions- und Kostenrechnungstheorie, die eine umfassende Wirtschaftlichkeitsuntersuchung verhindert. Vielfach werden elektronische Vertriebswege auch ohne Wirtschaftlichkeitsbetrachtung eingeführt, was in der Zukunft aufgrund des steigenden Kostendrucks und der Vielzahl möglicher elektronischer Vertriebswege nicht mehr möglich ist.

Wesentliches Ziel des Vorgehensmodells war, die Ermittlung zuverlässiger Ergebnisse mit einem geringstmöglichen Ermittlungs- und Erfassungsaufwand zu kombinieren. Die im Rahmen der Anwendung des Vorgehensmodells durchgeführten Praxisbeispiele haben gezeigt, daß der mit dem vorliegenden Vorgehensmodell

notwendige Aufwand in der praktischen Anwendung vertretbar ist. Das Vorgehensmodell konnte bereits erfolgreich in der Praxis angewendet werden [vgl. Kapitel 4 und 5]. Die notwendige Datenerhebung, -erfassung und die Durchführung des Vorgehensmodells konnte für das dargestellte Fallbeispiel innerhalb von 3 Wochen abgeschlossen werden.
Folgende mögliche Weiterentwicklungen des Vorgehensmodells der szenariogestützten Wirtschaftlichkeitsanalyse neuer elektronischer Vertriebswege für Banken sind zu nennen. Durch das Angebot neuer elektronischer Vertriebswege durch die Bank verbessert die Bank den Service und damit die Servicequalität gegenüber dem Kunden. Untersuchungen [vgl. Meyer/Dornach 94; vgl. Nader/Johnson/Bühler 96, S. 704] haben gezeigt, daß die Servicequalität einen maßgeblichen Einfluß auf die Kundenbindung hat [vgl. Meyer/Dornach/Ertl 96]. Auf der Basis einer repräsentativen Umfrage müßte die Erhöhung der Servicequalität durch den elektronischen Vertriebsweg ermittelt und in die Verlängerung der Kundenbindung umgesetzt werden. Verbunden mit dem durchschnittlichen Deckungsbeitrag pro Kunde könnte die veränderte Dauer der Kundenbindung in die szenariogestützte Wirtschaftlichkeitsanalyse einbezogen werden.
Im Rahmen des Vorgehensmodells werden nur Kosten und Erlöse des Betriebsbereiches einer Bankleistung erfaßt, weil der Wertebereich auf den elektronischen Vertriebswegen bisher durch die Banken noch nicht differenziert wird. Dies liegt zum einen an der geringen Marge im Aktiv- und Passivbereich, zum anderen an der mangelnden Kontrollierbarkeit, ob der Kunde nicht doch vor der Inanspruchnahme der Bankleistung eine Beratung in der Bankfiliale in Anspruch genommen hat. In der Zukunft ist jedoch eine Differenzierung des Wertebereiches einer Bankleistung über verschiedene traditionelle und elektronische Vertriebswege denkbar. Das Vorgehensmodell müßte daraufhin zur Erfassung des Wertebereiches einzelner Bankleistungen erweitert werden.

Fazit:

Das vorliegende szenariogestützte Vorgehensmodell ist ein wesentlicher Beitrag zur Erhöhung der Kosten- und Erlöstransparenz bei der Ermittlung der Wirtschaftlichkeit neuer elektronischer Bankvertriebswege. Die strategischen Investitionsentscheidungen in Banken können mit Hilfe objektiver Zahlen unterstützt werden und müssen nicht mehr auf Basis qualitativer und subjektiver Einschätzungen sowie Kostenschätzungen getroffen werden.

Anhang

Anhang A: Detailergebnisse zum Fallbeispiel Advance Bank AG

Inhaltsverzeichnis Anhang A:

Nutzer Vertriebsweg Internet/WWW für das «wahrscheinliche» Szenario				
Bezeichnung Wert	1997	1998	1999	2000
Durchschnittl. Anzahl Kunden pro Jahr:	35.650	67.200	103.450	142.450
Anteil der Online-Nutzer in Deutschland:	5,00%	5,50%	6,25%	7,00%
Index Zielgruppe Advance Bank AG:	2,3	2,3	2,3	2,3
Anteil der Online-Nutzer in der Zielgruppe Adv. Bank:	11,50%	12,65%	14,38%	16,10%
Anzahl Online-Nutzer der Kunden:	4.100	8.501	14.871	22.934
Anteil Internet-Nutzer an den Online-Nutzern:	80%	80%	80%	80%
Anzahl Internet-Nutzer der Kunden:	3.280	6.801	11.897	18.347
Anteil Nutzer Vertriebsweg Internet/WWW:	90%	90%	90%	90%
Anzahl Nutzer Vertriebsweg Internet/WWW:	2.952	6.121	10.707	16.512

Anh. A-1: Durchschnittliche Anzahl der Nutzer des Vertriebsweges Internet/WWW für das «wahrscheinliche» Szenario

Nutzer Vertriebsweg Internet/WWW für das «pessimistische» Szenario				
Bezeichnung Wert	1997	1998	1999	2000
Durchschnittl. Anzahl Kunden pro Jahr:	31.345	51.358	71.014	89.902
Anteil der Online-Nutzer in Deutschland:	5,00%	5,25%	5,50%	5,75%
Index Zielgruppe Advance Bank AG:	2,3	2,3	2,3	2,3
Anteil der Online-Nutzer in der Zielgruppe Adv. Bank:	11,50%	12,08%	12,65%	13,23%
Anzahl Online-Nutzer der Kunden:	3.605	6.201	8.983	11.890
Anteil Internet-Nutzer an den Online-Nutzern:	80%	80%	80%	80%
Anzahl Internet-Nutzer der Kunden:	2.884	4.961	7.186	9.512
Anteil Nutzer Vertriebsweg Internet/WWW:	90%	90%	90%	90%
Anzahl Nutzer Vertriebsweg Internet/WWW:	2.596	4.465	6.467	8.561

Anh. A-2: Durchschnittliche Anzahl der Nutzer des Vertriebsweges Internet/WWW für das «pessimistische» Szenario

Nutzer Vertriebsweg Internet/WWW für das «optimistische» Szenario				
Bezeichnung Wert	1997	1998	1999	2000
Durchschnittl. Anzahl Kunden pro Jahr:	37.085	72.876	115.944	163.906
Anteil der Online-Nutzer in Deutschland:	5,00%	6,00%	7,00%	8,50%
Index Zielgruppe Advance Bank AG:	2,3	2,3	2,3	2,3
Anteil der Online-Nutzer in der Zielgruppe Adv. Bank:	11,50%	13,80%	16,10%	19,55%
Anzahl Online-Nutzer der Kunden:	4.265	10.057	18.667	32.044
Anteil Internet-Nutzer an den Online-Nutzern:	80%	80%	80%	80%
Anzahl Internet-Nutzer der Kunden:	3.412	8.046	14.934	25.635
Anteil Nutzer Vertriebsweg Internet/WWW:	90%	90%	90%	90%
Anzahl Nutzer Vertriebsweg Internet/WWW:	3.071	7.241	13.441	23.072

Anh. A-3: Durchschnittliche Anzahl der Nutzer des Vertriebsweges Internet/WWW für das «optimistische» Szenario

Bezeichnung Wert	Wert
Arbeitstage pro Jahr (inklusive Urlaubstage):	220 Tag(e)
Urlaubstage pro Jahr:	30 Tag(e)
Arbeitsstunden pro Arbeitstag:	8 Stunde(n)
Krankenstand:	7,0%
Mitarbeiterschulungen Call-Center:	5,0%
Gesetzlich vorgeschriebene Pausen für Bildschirmarbeitsplätze:	9,0%
Auslastung Call-Center:	85%
Produktivminuten pro Jahr:	62.078 Minute(n)
Gehalt Mitarbeiter Call-Center:	-45.500,00 GE
Aufschlag Lohnnebenkosten Mitarbeiter Call-Center:	21%
Gehalt Mitarbeiter Call-Center pro Produktivminute:	-0,89 GE

Anh. A-4: Personalkosten Call-Center je Produktivminute

Bezeichnung Wert	Wert
Arbeitstage pro Jahr (inklusive Urlaubstage):	220 Tag(e)
Urlaubstage pro Jahr:	30 Tag(e)
Arbeitsstunden pro Arbeitstag:	8 Stunde(n)
Krankenstand:	7,0%
Mitarbeiterschulungen Vermögensberatung:	10,0%
Gesetzlich vorgeschriebene Pausen für Bildschirmarbeitsplätze:	9,0%
Auslastung Vermögensberatung:	85%
Produktivminuten pro Jahr:	58.551 Minute(n)
Gehalt Mitarbeiter Vermögensberatung:	-70.000,00 GE
Aufschlag Lohnnebenkosten Mitarbeiter Vermögensberatung:	21%
Gehalt Mitarbeiter Vermögensberatung pro Produktivminute:	-1,45 GE

Anh. A-5: Personalkosten Vermögensberatung je Produktivminute

Bezeichnung Wert	Wert
Jährliche Kosten pro Arbeitsplatz Call-Center:	-7.000,00 GE
Auslastung Call-Center:	60%
Produktivminuten pro Jahr (6.00 Uhr - 24.00 Uhr):	236.520 Minute(n)
Kosten pro Arbeitsplatz Call-Center pro Produktivminute:	-0,02 GE

Anh. A-6: Arbeitsplatzkosten Call-Center je Produktivminute

Bezeichnung Wert	Wert
Jährliche Kosten pro Arbeitsplatz Vermögensberatung:	-7.000,00 GE
Auslastung Vermögensberatung:	60%
Produktivminuten pro Jahr (7.00 Uhr - 22.00 Uhr):	197.100 Minute(n)
Kosten pro Arbeitsplatz Vermögensberatung pro Produktivminute:	-0,04 GE

Anh. A-7: Arbeitsplatzkosten Vermögensberatung je Produktivminute

Telefonkosten Service-Nr. "01803"	Anteil der Kunden	Kosten Bank pro Minute [GE]	gewichteter Durchschnittswert [GE]
Service-Nr. "01803" Nahzone - Normaltarif	2%	0,0000	0,0000
Service-Nr. "01803" Nahzone - Spartarif	1%	0,0000	0,0000
Service-Nr. "01803" Fernzone - Normaltarif	60%	-0,3200	-0,1920
Service-Nr. "01803" Fernzone - Spartarif	29%	-0,1200	-0,0348
Service-Nr. "01803" Mobil - Normaltarif	5%	-1,0746	-0,0537
Service-Nr. "01803" Mobil - Spartarif	3%	-0,3600	-0,0108
Summe:	100%		**-0,2913**

Anh. A-8: Ermittlung der durchschnittlichen Telefonkosten der Service-Nr. „01803“ pro Minute

Bezeichnung Wert	Wert
Anteil der zusätzlichen Reisekosten zu Kosten Manntage Gruppe 3 & 4:	10%
Gehalt Personaleinheit Organisation & Informatik Administrator Gruppe 3 p.a.:	-81.900,00 GE
Gehalt Personaleinheit Organisation & Informatik Manager Gruppe 4 p.a.:	-92.400,00 GE
Zuschlag für Lohnnebenkosten Gruppe 3 & 4:	0%
Arbeitsplatz und Ausstattung Mitarbeiter Gruppe 3 & 4 p.a.:	-7.000,00 GE
Kosten pro Personaleinheit Advance Bank AG Administrator Gruppe 3 p.a.:	-88.900,00 GE
Kosten pro Personaleinheit Advance Bank AG Manager Gruppe 4 p.a.:	-99.400,00 GE
Arbeitstage pro Jahr (220 Arbeitstage abzgl. 30 Tage Urlaub)	190 Tag(e)
Durchschnittlicher Krankenstand pro Mitarbeiter Gruppe 3 & 4:	7,0%
Mitarbeiterschulungen Gruppe 3 & 4:	5,0%

Personalkosten pro Manntag Org. & Inf. Advance Bank AG Gruppe 3:	-531,70 GE
Reisekosten pro Manntag Org. & Inf. Gruppe 3:	-53,17 GE
Gesamtkosten pro Manntag Org. & Inf. Gruppe 3:	-584,87 GE

Personalkosten pro Manntag Org. & Inf. Advance Bank AG Gruppe 4:	-594,00 GE
Reisekosten pro Manntag Org. & Inf. Gruppe 4:	-59,40 GE
Gesamtkosten pro Manntag Org. & Inf. Gruppe 4:	-653,40 GE

Anh. A-9: Personal- und Reisekosten für Mitarbeiter der Tarifgruppe 3 und 4 auf Basis von Jahr und Manntagen

Projektkosten Konzeptphase	Manntage	Kosten/ Manntag [GE]	Reisekosten Gesamt [GE]	Summe Manntage & Reisek. [GE]
Projektkosten Advance Bank AG	18	-594,00	-1.069,00	-11.761,00
Projektkosten BIS Medien, Erding	18	-1.208,00	-2.174,00	-23.918,00
Projektkosten BIS Security, Erding	14	-1.268,00	-1.775,00	-19.527,00
Projektkosten Andersen Consulting, München	11	-1.610,00	-1.771,00	-19.481,00
Projektkosten Brokat Informationssyst., Stuttg.	28	-1.610,00	-4.508,00	-49.588,00
Summe:	89		-11.297,00	-124.275,00

Anh. A-10: Projektkosten der Konzeptphase des Vertriebsweges Internet/WWW

Projektkosten Realisierungsphase	Manntage	Kosten/ Manntag [GE]	Reisekosten Gesamt [GE]	Summe Manntage & Reisek. [GE]
Projektk. Advance Bank AG (Projektmanagem.)	56	-594,00	-3.326,00	-36.590,00
Projektk. Advance Bank AG (Server & Firewall)	56	-594,00	-3.326,00	-36.590,00
Projektk. BIS Medien, Erding	11	-1.208,00	-1.329,00	-14.617,00
Projektk. global login, München	14	-1.610,00	-2.254,00	-24.794,00
Projektk. Andersen Consulting, München	21	-1.610,00	-3.381,00	-37.191,00
Projektk. Zertifizierung TÜV Rheinland	35	-1.610,00	-5.635,00	-61.985,00
Summe:	193		-19.251,00	-211.767,00

Anh. A-11: Projektkosten der Realisierungsphase des Vertriebsweges Internet/WWW

Kosten Hardware Produktivsystem Infrastruktur Online-Banking:	Anschaffungs-kosten (netto) [GE]	Anschaffungsk. inkl. Sicherheit & MwSt. [GE]	AfA Zeitraum
Hardware Middleware System	-24.500,00	-33.810,00	5 Jahr(e)
Hardware SNI SmartCard Server	-35.000,00	-48.300,00	5 Jahr(e)
Erw. Netzwerkkomponenten	-3.500,00	-4.830,00	5 Jahr(e)
Erw. Hardware best. Systeme - AC	-14.000,00	-19.320,00	5 Jahr(e)
Summe:	-77.000,00	-106.260,00	

Kosten Hardware Produktivsystem Internet/WWW:	Anschaffungs-kosten (netto) [GE]	Anschaffungsk. inkl. Sicherheit & MwSt. [GE]	AfA Zeitraum
Hardware WWW-Server	-21.000,00	-28.980,00	5 Jahr(e)
Hardware Firewall	-24.500,00	-33.810,00	5 Jahr(e)
Hardware X*Presso Server	-28.000,00	-38.640,00	5 Jahr(e)
Summe:	-73.500,00	-101.430,00	

Anh. A-12: Investitionskosten für Hardware Infrastruktur- und Produktivsystem

Kosten Hardware Testumgebung Infrastruktur Online-Banking:	Anschaffungskosten (netto) [GE]	Anschaffungsk. inkl. Sicherheit & MwSt. [GE]	AfA Zeitraum
Hardware Middleware System	-24.500,00	-33.810,00	5 Jahr(e)
Erw. Netzwerkkomponenten	0,00	0,00	5 Jahr(e)
Erw. Hardware best. Systeme - AC	-10.500,00	-14.490,00	5 Jahr(e)
Summe:	-35.000,00	-48.300,00	

Kosten Hardware Testumgebung Internet/WWW:	Anschaffungskosten (netto) [GE]	Anschaffungsk. inkl. Sicherheit & MwSt. [GE]	AfA Zeitraum
Hardware WWW-Server	-14.000,00	-19.320,00	5 Jahr(e)
Hardware Firewall	-14.000,00	-19.320,00	5 Jahr(e)
Hardware X*Presso Server	-21.000,00	-28.980,00	5 Jahr(e)
Summe:	-49.000,00	-67.620,00	

Anh. A-13: Investitionskosten für Hardware Testsystem

Kosten Software Produktivsystem Infrastruktur Online-Banking:	Anschaffungskosten (netto) [GE]	Anschaffungsk. inkl. Sicherheit & MwSt. [GE]	AfA Zeitraum
Brokat X*Change Integrator 100 Sess.	-129.500,00	-178.710,00	5 Jahr(e)
Brokat X*Change Call-Center Accessor	-24.500,00	-33.810,00	5 Jahr(e)
Brokat X*Change PIN/TAN-Verwaltung	-28.000,00	-38.640,00	5 Jahr(e)
Brokat X*Change SmartCard Verwaltung	-56.000,00	-77.280,00	5 Jahr(e)
SNI SmartCard Server Software	-35.000,00	-48.300,00	5 Jahr(e)
AC Erweiterung Software best. Systeme	-327.600,00	-452.088,00	5 Jahr(e)
AC Fachkonzept Software	-28.000,00	-38.640,00	5 Jahr(e)
AC Systemtest Software	-141.400,00	-195.132,00	5 Jahr(e)
Brokat Systemtest Software	-35.000,00	-48.300,00	5 Jahr(e)
Summe:	-805.000,00	-1.110.900,00	

Kosten Software Produktivsystem Internet/WWW:	Anschaffungskosten (netto) [GE]	Anschaffungsk. inkl. Sicherheit & MwSt. [GE]	AfA Zeitraum
Netscape Commerce Server (WWW)	-2.100,00	-2.898,00	5 Jahr(e)
Brokat X*Presso Java Security Package 100 S.	-73.500,00	-101.430,00	5 Jahr(e)
Brokat Basic JAVA-Applets Classics Banking	-21.000,00	-28.980,00	5 Jahr(e)
Brokat Werksleistungen Progr. Internet/WWW	-168.000,00	-231.840,00	5 Jahr(e)
Bristol Firewall Checkpoint-1 (50 User)	-10.500,00	-14.490,00	5 Jahr(e)
Summe:	-275.100,00	-379.638,00	

Anh. A-14: Investitionskosten für Software Infrastruktur- und Produktivsystem

Kosten Software Testumgebung Internet/WWW:	Anschaffungs-kosten (netto) [GE]	Anschaffungsk. inkl. Sicherheit & MwSt. [GE]	AfA Zeitraum
Netscape Commerce Server (WWW)	-2.100,00	-2.898,00	5 Jahr(e)
Brokat JAVA-Applets mit Anpassung Advance Bank	0,00	0,00	5 Jahr(e)
Bristol Firewall-1 (50 User)	0,00	0,00	5 Jahr(e)
Summe:	-2.100,00	-2.898,00	

Anh. A-15: Investitionskosten für Software Testumgebung

Kosten Hardware Kommunikation Internet Service Provider (ECRC):	Anschaffungs-kosten (netto) [GE]	Anschaffungsk. inkl. Sicherheit & MwSt. [GE]	AfA Zeitraum
2 Phillips DAG 2048 Konverter	-6.412,00	-8.848,56	5 Jahr(e)
CISCO Router	-4.060,00	-5.602,80	5 Jahr(e)
ECRC - Installation&Konfiguration Hardware	-700,00	-966,00	5 Jahr(e)
Telekom - Installation& Konfiguration Standleitung	-5.600,00	-7.728,00	5 Jahr(e)
Summe:	-16.772,00	-23.145,36	

Anh. A-16: Investitionskosten für Hardware Kommunikation Internet Service Provider

Zusammenfassung Projektkosten	Anschaffungs-kosten (netto) [GE]	AfA Zeitraum	AfA p.a. [GE]	Zinsen Investition p.a. [GE]
Projektkosten Konzeptphase	-124.275,00	5 Jahr(e)	-24.855,00	-6.213,75
Projektkosten Realisierungsphase	-211.767,00	5 Jahr(e)	-42.353,40	-10.588,35
Summe:	-336.042,00		-67.208,40	-16.802,10

Anh. A-17: Laufende Kosten p.a. aus den Projektkosten der Konzept- und Realisierungsphase

Laufende Kosten Hardware Infrastruktur Online-Banking:	AfA p.a. [GE]	Zinsen Investition p.a. [GE]	Wartung in % der Anschaffungskosten	Wartungskosten p.a. [GE]
Hardware Middleware System	-6.762,00	-1.690,50	12,5%	-4.226,25
Hardware SNI SmartCard Server	-9.660,00	-2.415,00	12,5%	-6.037,50
Erw. Netzwerkkomponenten	-966,00	-241,50	12,5%	-603,75
Erw. Hardware best. Systeme - AC	-3.864,00	-966,00	12,5%	-2.415,00
Summe:	-21.252,00	-5.313,00		-13.282,50

Laufende Kosten Hardware Produktivsystem Internet/WWW:	AfA p.a. [GE]	Zinsen Investition p.a. [GE]	Wartung in % der Anschaffungskosten	Wartungskosten p.a. [GE]
Hardware WWW-Server	-5.796,00	-1.449,00	12,5%	-3.622,50
Hardware Firewall	-6.762,00	-1.690,50	12,5%	-4.226,25
Hardware X*Presso Server	-7.728,00	-1.932,00	12,5%	-4.830,00
Summe:	-20.286,00	-5.071,50		-12.678,75

Anh. A-18: Laufende Kosten p.a. für Hardware Infrastruktur- und Produktivsystem

Laufende Kosten Hardware Testumgebung Infrastruktur Online-Banking:	AfA p.a. [GE]	Zinsen Investition p.a. [GE]	Wartung in % der Anschaffungskosten	Wartungskosten p.a. [GE]
Hardware Middleware System	-6.762,00	-1.690,50	12,5%	-4.226,25
Erw. Netzwerkkomponenten	0,00	0,00	12,5%	0,00
Erw. Hardware best. Systeme - AC	-2.898,00	-724,50	12,5%	-1.811,25
Summe:	-9.660,00	-2.415,00		-6.037,50

Laufende Kosten Hardware Testumgebung Internet/WWW:	AfA p.a. [GE]	Zinsen Investition p.a. [GE]	Wartung in % der Anschaffungskosten	Wartungskosten p.a. [GE]
Hardware WWW-Server	-3.864,00	-966,00	12,5%	-2.415,00
Hardware Firewall	-3.864,00	-966,00	12,5%	-2.415,00
Hardware X*Presso Server	-5.796,00	-1.449,00	12,5%	-3.622,50
Summe:	-13.524,00	-3.381,00		-8.452,50

Anh. A-19: Laufende Kosten p.a. für Hardware Testsysteme

Laufende Kosten Software Infrastruktur Online-Banking:	AfA p.a. [GE]	Zinsen Investition p.a. [GE]	Wartung in % der Anschaffungskosten	Wartungskosten p.a. [GE]
Brokat X*Change Integrator 100 Sess.	-35.742,00	-8.935,50	17,5%	-31.274,25
Brokat X*Change Call-Center Accessor	-6.762,00	-1.690,50	17,5%	-5.916,75
Brokat X*Change PIN/TAN-Verwaltung	-7.728,00	-1.932,00	17,5%	-6.762,00
Brokat X*Change SmartCard Verwaltung	-15.456,00	-3.864,00	17,5%	-13.524,00
SNI SmartCard Server Software	-9.660,00	-2.415,00	12,5%	-6.037,50
AC Erweiterung Software best. Systeme	-90.417,60	-22.604,40	12,5%	-56.511,00
AC Fachkonzept Software	-7.728,00	-1.932,00	0,0%	0,00
AC Systemtest Software	-39.026,40	-9.756,60	0,0%	0,00
Brokat Systemtest Software	-9.660,00	-2.415,00	0,0%	0,00
Summe:	-222.180,00	-55.545,00		-120.025,50

Laufende Kosten Software Produktivsystem Internet/WWW:	AfA p.a. [GE]	Zinsen Investition p.a. [GE]	Wartung in % der Anschaffungskosten	Wartungskosten p.a. [GE]
Netscape Commerce Server (WWW)	-579,60	-144,90	0%	0,00
Brokat X*Presso Java Security Package 100 S.	-20.286,00	-5.071,50	17,5%	-17.750,25
Brokat Basic JAVA-Applets Classics Banking	-5.796,00	-1.449,00	17,5%	-5.071,50
Brokat Werksleistungen Progr. Internet/WWW	-46.368,00	-11.592,00	17,5%	-40.572,00
Bristol Firewall-1 (50 User)	-2.898,00	-724,50	12,5%	-1.811,25
Summe:	-75.927,60	-18.981,90		-65.205,00

Anh. A-20: Laufende Kosten p.a. für Software Infrastruktur- und Produktivsystem

Laufende Kosten Software Testumgebung Internet/WWW:	AfA p.a. [GE]	Zinsen Investition p.a. [GE]	Wartung in % der Anschaffungskosten	Wartungskosten p.a. [GE]
Netscape Commerce Server (WWW)	-579,60	-144,90	0%	0,00
Brokat JAVA-Applets mit Anpassung Adv. Bank	0,00	0,00	12,5%	0,00
Bristol Firewall Checkpoint-1 (50 User)	0,00	0,00	12,5%	0,00
Summe:	-579,60	-144,90		0,00

Anh. A-21: Laufende Kosten p.a. für Software Testumgebung

Laufende Kosten Hardware Kommunikation Internet Service Provider (ECRC):	AfA p.a. [GE]	Zinsen Investition p.a. [GE]	Wartung in % der Anschaffungskosten	Wartungskosten p.a. [GE]
2 Phillips DAG 2048 Konverter	-1.769,71	-442,43	12,5%	-1.106,07
CISCO Router	-1.120,56	-280,14	12,5%	-700,35
ECRC - Install.& Konfiguration Hardware	-193,20	-48,30	0,0%	0,00
Telekom - Install.& Konfiguration Standleitung	-1.545,60	-386,40	0,0%	0,00
Summe:	-4.629,07	-1.157,27		-1.806,42

Anh. A-22: Laufende Kosten p.a. für Hardware Kommunikation Internet Service Provider

Personalkosten Infrastruktur Online-Banking:	PE	Personalkosten p.a. [GE]
Betreuung Server-Systeme Advance Bank AG	2,0 PE	-198.800,00
Summe:		-198.800,00

Personalkosten Online-Banking Internet/WWW:	PE	Personalkosten p.a. [GE]
Betreuung Internetangebot: Software & Auftritt	0,5 PE	-44.450,00
Summe:		-44.450,00

Anh. A-23: Laufende Kosten p.a. für Personal zur Betreuung Infrastruktur und Präsenz im Internet/WWW

Laufende Kosten Kommunikation Internet/WWW:	Laufende Kosten p.a. [GE]
Standleitung Telekom ECRC 2 MBit/s Nettodaten	-18.060,00
Backupleitung ISDN 64 kBit/s	-1.680,00
Bandbreite ECRC 256 kBit/s	-168.000,00
Summe:	-187.740,00

Anh. A-24: Kommunikationskosten Internet/WWW

Bezeichnung	Kosten
Kosten Druck und Versand Liste TAN/BEN:	-7,00 GE
TAN/BEN Kombinationen pro Liste:	50 TAN/BEN
Kosten je TAN/BEN:	-0,14 GE

Anh. A-25: Kosten durch die Nutzung TAN/BEN

Jahr des Betrachtungszeitraumes	1997	1998	1999	2000
Anteil Nutzer mit Einsatz TAN/BEN:	95%	80%	50%	20%
Anteil Nutzer mit Einsatz SmartCard:	5%	20%	50%	80%
Einmalige Kosten pro Kunde Nutzung Internet/WWW [GE]:	-11,120	-24,240	-50,490	-76,740
Kundenspezifische, nutzungsunabhängige Kosten pro Jahr [GE]:	-1,270	-1,540	-2,080	-2,620
Kosten SmartCard Leser pro Kunde [GE]:	-70,000			
Kosten SmartCard pro Kunde [GE]:	-14,000			
Kosten Administration SmartCard [GE]:	-3,500			
Summe einmalige Kosten SmartCard [GE]:	-87,500			
Kosten Ausdruck/Versand PIN [GE]:	-2,730			
Standardeinzelkosten Freigabe Personen-Nr. (85% Telefon-/15% Telefax-Banking) [GE]:	-3,170			
Standardeinzelkosten Anford. Liste TAN/BEN (85% Telefon-/15% Telefax-Banking) [GE]:	-3,572			
Summe einmalige Kosten Nutzung Internet/WWW [GE]:	-6,742			
Anteil der Kunden mit Ersatz SmartCard p.a.:	15%			
Anteil der Kunden mit neuer PIN p.a.:	30%			
Anteil der Kunden Anford. Liste TAN/BEN p.a.	10%			

Anh. A-26: Kundenspezifische einmalige und laufende Kosten pro Jahr

Wirtschaftlichkeit der auf dem Vertriebsweg Internet/WWW angebotenen Bankleistungen

Bestehender Vertriebsweg Telefon-Banking	wahrscheinliches Szenario	pessimistisches Szenario	optimistisches Szenario
CMK/CMK-Light:			
Kontostandsabfrage	2,160 GE	2,160 GE	2,160 GE
Umsatzabfrage	3,008 GE	3,008 GE	3,008 GE
Inlandsüberweisung	1,546 GE	1,546 GE	1,546 GE
Dauerauftrag einrichten/ändern/löschen	2,020 GE	2,020 GE	2,020 GE
ec-Schecks bestellen	0,698 GE	0,698 GE	0,698 GE
CMK-Light mit FOCUS-Card:			
Kontostandsabfrage	2,160 GE	2,160 GE	2,160 GE
Umsatzabfrage	3,008 GE	3,008 GE	3,008 GE
Inlandsüberweisung	1,546 GE	1,546 GE	1,546 GE
Dauerauftrag einrichten/ändern/löschen	2,020 GE	2,020 GE	2,020 GE
Geldmarktkonto:			
Kontostandsabfrage	3,206 GE	3,206 GE	3,206 GE
Umsatzabfrage	4,458 GE	4,458 GE	4,458 GE
Inlandsüberweisung	2,354 GE	2,354 GE	2,354 GE
Wertpapier-Depot:			
Kauf/Verkauf Wertpapier	8,593 GE	8,593 GE	8,593 GE
Depotwert mit aktuellen Kursen	3,746 GE	3,746 GE	3,746 GE
Depotinhalt mit aktuellen Kursen	3,746 GE	3,746 GE	3,746 GE

Anh. A-27: Wirtschaftlichkeit des Vertriebsweges Internet/WWW bei Substitution des bestehenden Vertriebsweges Telefon-Banking

Bestehender Vertriebsweg Telefax-Banking	wahrscheinliches Szenario	pessimistisches Szenario	optimistisches Szenario
CMK/CMK-Light:			
Kontostandsabfrage			
Umsatzabfrage			
Inlandsüberweisung	0,371 GE	0,371 GE	0,371 GE
Dauerauftrag einrichten/ändern/löschen	1,729 GE	1,729 GE	1,729 GE
ec-Schecks bestellen	0,727 GE	0,727 GE	0,727 GE
CMK-Light mit FOCUS-Card:			
Kontostandsabfrage			
Umsatzabfrage			
Inlandsüberweisung	0,371 GE	0,371 GE	0,371 GE
Dauerauftrag einrichten/ändern/löschen	1,729 GE	1,729 GE	1,729 GE
Geldmarktkonto:			
Kontostandsabfrage			
Umsatzabfrage			
Inlandsüberweisung	1,179 GE	1,179 GE	1,179 GE
Wertpapier-Depot:			
Kauf/Verkauf Wertpapier	7,399 GE	7,399 GE	7,399 GE
Depotwert mit aktuellen Kursen			
Depotinhalt mit aktuellen Kursen			

Anh. A-28: Wirtschaftlichkeit des Vertriebsweges Internet/WWW bei Substitution des bestehenden Vertriebsweges Telefax-Banking

Gewichtete Wirtschaftlichkeit der Bankleistungen des Internet/WWW:

Im folgenden wird die detaillierte Ermittlung der Wirtschaftlichkeit der über den Vertriebsweg Internet/WWW angebotenen Bankleistungen dargestellt. Je Bankleistung wird die Wirtschaftlichkeit für die drei Szenarien berechnet.

Bankleistungen für die Kontoart «CMK/CMK-Light»:

Bankleistung: «Kontostandsabfrage CMK und CMK-Light» Call-Center			
Bezeichnung:	wahrscheinliches Szenario	pessimistisches Szenario	optimistisches Szenario
Gesamtinanspruchnahme Bankleistung:	6,1700 Trans.	6,1700 Trans.	6,1700 Trans.
Szenarioabhängige Nutzung der Bankleistung:	100%	80%	110%
Szenarioabh. Gesamtinanspruchnahme Banklstg.:	6,1700 Trans.	4,9360 Trans.	6,7870 Trans.
Nutzung bestehender Vertriebswege:	3,5700 Trans.	2,8560 Trans.	3,9270 Trans.
Mehrnutzung der Bankleistung:	2,6000 Trans.	2,0800 Trans.	2,8600 Trans.
Kosten/Erlöse Bankleistung Gesamt:	1,038 GE	1,074 GE	1,020 GE
Erlöse Internet/WWW:	0,000 GE	0,000 GE	0,000 GE
Standardeinzelkosten Internet/WWW:	-0,070 GE	-0,070 GE	-0,070 GE
Prozeßkosten Internet/WWW:	0,000 GE	0,000 GE	0,000 GE
Kosten/Erlöse Internet/WWW	-0,070 GE	-0,070 GE	-0,070 GE
Substitutionswirkung Telefon-Banking:	100%	100%	100%
Erlöse Telefon-Banking:	0,000 GE	0,000 GE	0,000 GE
Standardeinzelkosten Telefon-Banking:	-2,230 GE	-2,230 GE	-2,230 GE
Kosten/Erlöse Substitution Telefon-Banking:	-1,290 GE	-1,290 GE	-1,290 GE
Substitutionswirkung Telefax-Banking:	0%	0%	0%
Erlöse Telefax-Banking:	0,000 GE	0,000 GE	0,000 GE
Standardeinzelkosten Telefax-Banking:	0,000 GE	0,000 GE	0,000 GE
Kosten/Erlöse Substitution Telefax-Banking:	0,000 GE	0,000 GE	0,000 GE

Anh. A-29: Szenarioabhängige Wirtschaftlichkeit der Bankleistung «Kontostandsabfrage CMK und CMK-Light» Call-Center

Bankleistung: «Umsatzabfrage CMK und CMK-Light» Call-Center			
Bezeichnung:	wahrscheinliches Szenario	pessimistisches Szenario	optimistisches Szenario
Gesamtinanspruchnahme Bankleistung:	3,7300 Trans.	3,7300 Trans.	3,7300 Trans.
Szenarioabhängige Nutzung der Bankleistung:	100%	80%	110%
Szenarioabh. Gesamtinanspruchnahme Banklstg.:	3,7300 Trans.	2,9840 Trans.	4,1030 Trans.
Nutzung bestehender Vertriebswege:	2,3800 Trans.	1,9040 Trans.	2,6180 Trans.
Mehrnutzung der Bankleistung:	1,3500 Trans.	1,0800 Trans.	1,4850 Trans.
Kosten/Erlöse Bankleistung Gesamt:	1,796 GE	1,814 GE	1,786 GE
Erlöse Internet/WWW:	0,000 GE	0,000 GE	0,000 GE
Standardeinzelkosten Internet/WWW:	-0,070 GE	-0,070 GE	-0,070 GE
Prozeßkosten Internet/WWW:	0,000 GE	0,000 GE	0,000 GE
Kosten/Erlöse Internet/WWW	-0,070 GE	-0,070 GE	-0,070 GE
Substitutionswirkung Telefon-Banking:	100%	100%	100%
Erlöse Telefon-Banking:	0,000 GE	0,000 GE	0,000 GE
Standardeinzelkosten Telefon-Banking:	-3,078 GE	-3,078 GE	-3,078 GE
Kosten/Erlöse Substitution Telefon-Banking:	-1,960 GE	-1,960 GE	-1,960 GE
Substitutionswirkung Telefax-Banking:	0%	0%	0%
Erlöse Telefax-Banking:	0,000 GE	0,000 GE	0,000 GE
Standardeinzelkosten Telefax-Banking:	0,000 GE	0,000 GE	0,000 GE
Kosten/Erlöse Substitution Telefax-Banking:	0,000 GE	0,000 GE	0,000 GE

Anh. A-30: Szenarioabhängige Wirtschaftlichkeit der Bankleistung «Umsatzabfrage CMK und CMK-Light» Call-Center

Bankleistung: «Überweisung CMK und CMK-Light» Call-Center			
Bezeichnung:	wahrscheinliches Szenario	pessimistisches Szenario	optimistisches Szenario
Gesamtinanspruchnahme Bankleistung:	3,5700 Trans.	3,5700 Trans.	3,5700 Trans.
Szenarioabhängige Nutzung der Bankleistung:	100%	80%	110%
Szenarioabh. Gesamtinanspruchnahme Banklstg.:	3,5700 Trans.	2,8560 Trans.	3,9270 Trans.
Nutzung bestehender Vertriebswege:	3,5700 Trans.	2,8560 Trans.	3,9270 Trans.
Mehrnutzung der Bankleistung:	0,0000 Trans.	0,0000 Trans.	0,0000 Trans.
Kosten/Erlöse Bankleistung Gesamt:	1,370 GE	1,370 GE	1,370 GE
Erlöse Internet/WWW:	0,000 GE	0,000 GE	0,000 GE
Standardeinzelkosten Internet/WWW:	-0,280 GE	-0,280 GE	-0,280 GE
Prozeßkosten Internet/WWW:	0,000 GE	0,000 GE	0,000 GE
Kosten/Erlöse Internet/WWW	-0,280 GE	-0,280 GE	-0,280 GE
Substitutionswirkung Telefon-Banking:	85%	85%	85%
Erlöse Telefon-Banking:	0,000 GE	0,000 GE	0,000 GE
Standardeinzelkosten Telefon-Banking:	-1,826 GE	-1,826 GE	-1,826 GE
Kosten/Erlöse Substitution Telefon-Banking:	-1,550 GE	-1,550 GE	-1,550 GE
Substitutionswirkung Telefax-Banking:	15%	15%	15%
Erlöse Telefax-Banking:	1,000 GE	1,000 GE	1,000 GE
Standardeinzelkosten Telefax-Banking:	-1,651 GE	-1,651 GE	-1,651 GE
Kosten/Erlöse Substitution Telefax-Banking:	-0,100 GE	-0,100 GE	-0,100 GE

Anh. A-31: Szenarioabhängige Wirtschaftlichkeit der Bankleistung «Überweisung CMK und CMK-Light» Call-Center

Bankleistung: «Dauerauftrag einrichten/ändern/löschen CMK und CMK-Light» Call-Center			
Bezeichnung:	wahrscheinliches Szenario	pessimistisches Szenario	optimistisches Szenario
Gesamtinanspruchnahme Bankleistung:	0,3000 Trans.	0,3000 Trans.	0,3000 Trans.
Szenarioabhängige Nutzung der Bankleistung:	100%	80%	110%
Szenarioabh. Gesamtinanspruchnahme Banklstg.:	0,3000 Trans.	0,2400 Trans.	0,3300 Trans.
Nutzung bestehender Vertriebswege:	0,3000 Trans.	0,2400 Trans.	0,3300 Trans.
Mehrnutzung der Bankleistung:	0,0000 Trans.	0,0000 Trans.	0,0000 Trans.
Kosten/Erlöse Bankleistung Gesamt:	1,970 GE	1,970 GE	1,970 GE
Erlöse Internet/WWW:	0,000 GE	0,000 GE	0,000 GE
Standardeinzelkosten Internet/WWW:	-1,020 GE	-1,020 GE	-1,020 GE
Prozeßkosten Internet/WWW:	0,000 GE	0,000 GE	0,000 GE
Kosten/Erlöse Internet/WWW	-1,020 GE	-1,020 GE	-1,020 GE
Substitutionswirkung Telefon-Banking:	85%	85%	85%
Erlöse Telefon-Banking:	0,000 GE	0,000 GE	0,000 GE
Standardeinzelkosten Telefon-Banking:	-3,040 GE	-3,040 GE	-3,040 GE
Kosten/Erlöse Substitution Telefon-Banking:	-2,580 GE	-2,580 GE	-2,580 GE
Substitutionswirkung Telefax-Banking:	15%	15%	15%
Erlöse Telefax-Banking:	0,000 GE	0,000 GE	0,000 GE
Standardeinzelkosten Telefax-Banking:	-2,749 GE	-2,749 GE	-2,749 GE
Kosten/Erlöse Substitution Telefax-Banking:	-0,410 GE	-0,410 GE	-0,410 GE

Anh. A-32: Szenarioabhängige Wirtschaftlichkeit der Bankleistung «Dauerauftrag einrichten/ändern/löschen CMK und CMK-Light» Call-Center

Bankleistung: «ec-Schecks bestellen CMK und CMK-Light» Call-Center			
Bezeichnung:	wahrscheinliches Szenario	pessimistisches Szenario	optimistisches Szenario
Gesamtinanspruchnahme Bankleistung:	0,2000 Trans.	0,2000 Trans.	0,2000 Trans.
Szenarioabhängige Nutzung der Bankleistung:	100%	80%	110%
Szenarioabh. Gesamtinanspruchnahme Banklstg.:	0,2000 Trans.	0,1600 Trans.	0,2200 Trans.
Nutzung bestehender Vertriebswege:	0,2000 Trans.	0,1600 Trans.	0,2200 Trans.
Mehrnutzung der Bankleistung:	0,0000 Trans.	0,0000 Trans.	0,0000 Trans.
Kosten/Erlöse Bankleistung Gesamt:	0,710 GE	0,710 GE	0,710 GE
Erlöse Internet/WWW:	0,000 GE	0,000 GE	0,000 GE
Standardeinzelkosten Internet/WWW:	-2,240 GE	-2,240 GE	-2,240 GE
Prozeßkosten Internet/WWW:	0,000 GE	0,000 GE	0,000 GE
Kosten/Erlöse Internet/WWW	-2,240 GE	-2,240 GE	-2,240 GE
Substitutionswirkung Telefon-Banking:	85%	85%	85%
Erlöse Telefon-Banking:	0,000 GE	0,000 GE	0,000 GE
Standardeinzelkosten Telefon-Banking:	-2,938 GE	-2,938 GE	-2,938 GE
Kosten/Erlöse Substitution Telefon-Banking:	-2,500 GE	-2,500 GE	-2,500 GE
Substitutionswirkung Telefax-Banking:	15%	15%	15%
Erlöse Telefax-Banking:	0,000 GE	0,000 GE	0,000 GE
Standardeinzelkosten Telefax-Banking:	-2,967 GE	-2,967 GE	-2,967 GE
Kosten/Erlöse Substitution Telefax-Banking:	-0,450 GE	-0,450 GE	-0,450 GE

Anh. A-33: Szenarioabhängige Wirtschaftlichkeit der Bankleistung «ec-Schecks bestellen CMK und CMK-Light » Call-Center

Bankleistungen für die Kontoart «Geldmarkt-Konto»:

Bankleistung: «Kontostandsabfrage GMK» Vermögensberatung			
Bezeichnung:	wahrscheinliches Szenario	pessimistisches Szenario	optimistisches Szenario
Gesamtinanspruchnahme Bankleistung:	0,7200 Trans.	0,7200 Trans.	0,7200 Trans.
Szenarioabhängige Nutzung der Bankleistung:	100%	80%	110%
Szenarioabh. Gesamtinanspruchnahme Banklstg.:	0,7200 Trans.	0,5760 Trans.	0,7920 Trans.
Nutzung bestehender Vertriebswege:	0,3000 Trans.	0,2400 Trans.	0,3300 Trans.
Mehrnutzung der Bankleistung:	0,4200 Trans.	0,3360 Trans.	0,4620 Trans.
Kosten/Erlöse Bankleistung Gesamt:	1,271 GE	1,276 GE	1,268 GE
Erlöse Internet/WWW:	0,000 GE	0,000 GE	0,000 GE
Standardeinzelkosten Internet/WWW:	-0,070 GE	-0,070 GE	-0,070 GE
Prozeßkosten Internet/WWW:	0,000 GE	0,000 GE	0,000 GE
Kosten/Erlöse Internet/WWW	-0,070 GE	-0,070 GE	-0,070 GE
Substitutionswirkung Telefon-Banking:	100%	100%	100%
Erlöse Telefon-Banking:	0,000 GE	0,000 GE	0,000 GE
Standardeinzelkosten Telefon-Banking:	-3,276 GE	-3,276 GE	-3,276 GE
Kosten/Erlöse Substitution Telefon-Banking:	-1,370 GE	-1,370 GE	-1,370 GE
Substitutionswirkung Telefax-Banking:	0%	0%	0%
Erlöse Telefax-Banking:	0,000 GE	0,000 GE	0,000 GE
Standardeinzelkosten Telefax-Banking:	0,000 GE	0,000 GE	0,000 GE
Kosten/Erlöse Substitution Telefax-Banking:	0,000 GE	0,000 GE	0,000 GE

Anh. A-34: Szenarioabhängige Wirtschaftlichkeit der Bankleistung «Kontostandsabfrage GMK» Vermögensberatung

Bankleistung: «Umsatzabfrage GMK» Vermögensberatung			
Bezeichnung:	wahrscheinliches Szenario	pessimistisches Szenario	optimistisches Szenario
Gesamtinanspruchnahme Bankleistung:	0,7200 Trans.	0,7200 Trans.	0,7200 Trans.
Szenarioabhängige Nutzung der Bankleistung:	100%	80%	110%
Szenarioabh. Gesamtinanspruchnahme Banklstg.:	0,7200 Trans.	0,5760 Trans.	0,7920 Trans.
Nutzung bestehender Vertriebswege:	0,3000 Trans.	0,2400 Trans.	0,3300 Trans.
Mehrnutzung der Bankleistung:	0,4200 Trans.	0,3360 Trans.	0,4620 Trans.
Kosten/Erlöse Bankleistung Gesamt:	1,791 GE	1,796 GE	1,788 GE
Erlöse Internet/WWW:	0,000 GE	0,000 GE	0,000 GE
Standardeinzelkosten Internet/WWW:	-0,070 GE	-0,070 GE	-0,070 GE
Prozeßkosten Internet/WWW:	0,000 GE	0,000 GE	0,000 GE
Kosten/Erlöse Internet/WWW	-0,070 GE	-0,070 GE	-0,070 GE
Substitutionswirkung Telefon-Banking:	100%	100%	100%
Erlöse Telefon-Banking:	0,000 GE	0,000 GE	0,000 GE
Standardeinzelkosten Telefon-Banking:	-4,528 GE	-4,528 GE	-4,528 GE
Kosten/Erlöse Substitution Telefon-Banking:	-1,890 GE	-1,890 GE	-1,890 GE
Substitutionswirkung Telefax-Banking:	0%	0%	0%
Erlöse Telefax-Banking:	0,000 GE	0,000 GE	0,000 GE
Standardeinzelkosten Telefax-Banking:	0,000 GE	0,000 GE	0,000 GE
Kosten/Erlöse Substitution Telefax-Banking:	0,000 GE	0,000 GE	0,000 GE

Anh. A-35: Szenarioabhängige Wirtschaftlichkeit der Bankleistung «Umsatzabfrage GMK» Vermögensberatung

Bankleistung: «Überweisung GMK» Vermögensberatung			
Bezeichnung:	wahrscheinliches Szenario	pessimistisches Szenario	optimistisches Szenario
Gesamtinanspruchnahme Bankleistung:	0,3000 Trans.	0,3000 Trans.	0,3000 Trans.
Szenarioabhängige Nutzung der Bankleistung:	100%	80%	110%
Szenarioabh. Gesamtinanspruchnahme Banklstg.:	0,3000 Trans.	0,2400 Trans.	0,3300 Trans.
Nutzung bestehender Vertriebswege:	0,3000 Trans.	0,2400 Trans.	0,3300 Trans.
Mehrnutzung der Bankleistung:	0,0000 Trans.	0,0000 Trans.	0,0000 Trans.
Kosten/Erlöse Bankleistung Gesamt:	2,180 GE	2,180 GE	2,180 GE
Erlöse Internet/WWW:	0,000 GE	0,000 GE	0,000 GE
Standardeinzelkosten Internet/WWW:	-0,280 GE	-0,280 GE	-0,280 GE
Prozeßkosten Internet/WWW:	0,000 GE	0,000 GE	0,000 GE
Kosten/Erlöse Internet/WWW	-0,280 GE	-0,280 GE	-0,280 GE
Substitutionswirkung Telefon-Banking:	85%	85%	85%
Erlöse Telefon-Banking:	0,000 GE	0,000 GE	0,000 GE
Standardeinzelkosten Telefon-Banking:	-2,634 GE	-2,634 GE	-2,634 GE
Kosten/Erlöse Substitution Telefon-Banking:	-2,240 GE	-2,240 GE	-2,240 GE
Substitutionswirkung Telefax-Banking:	15%	15%	15%
Erlöse Telefax-Banking:	1,000 GE	1,000 GE	1,000 GE
Standardeinzelkosten Telefax-Banking:	-2,459 GE	-2,459 GE	-2,459 GE
Kosten/Erlöse Substitution Telefax-Banking:	-0,220 GE	-0,220 GE	-0,220 GE

Anh. A-36: Szenarioabhängige Wirtschaftlichkeit der Bankleistung «Überweisung GMK» Vermögensberatung

Bankleistungen für die Kontoart «CMK-Light mit FOCUS-Card»:

Bankleistung: «Kontostandsabfrage CMK-Light mit FOCUS-Card» Call-Center			
Bezeichnung:	wahrscheinliches Szenario	pessimistisches Szenario	optimistisches Szenario
Gesamtinanspruchnahme Bankleistung:	1,0200 Trans.	1,0200 Trans.	1,0200 Trans.
Szenarioabhängige Nutzung der Bankleistung:	100%	80%	110%
Szenarioabh. Gesamtinanspruchnahme Banklstg.:	1,0200 Trans.	0,8160 Trans.	1,1220 Trans.
Nutzung bestehender Vertriebswege:	0,6000 Trans.	0,4800 Trans.	0,6600 Trans.
Mehrnutzung der Bankleistung:	0,4200 Trans.	0,3360 Trans.	0,4620 Trans.
Kosten/Erlöse Bankleistung Gesamt:	1,211 GE	1,216 GE	1,208 GE
Erlöse Internet/WWW:	0,000 GE	0,000 GE	0,000 GE
Standardeinzelkosten Internet/WWW:	-0,070 GE	-0,070 GE	-0,070 GE
Prozeßkosten Internet/WWW:	0,000 GE	0,000 GE	0,000 GE
Kosten/Erlöse Internet/WWW	-0,070 GE	-0,070 GE	-0,070 GE
Substitutionswirkung Telefon-Banking:	100%	100%	100%
Erlöse Telefon-Banking:	0,000 GE	0,000 GE	0,000 GE
Standardeinzelkosten Telefon-Banking:	-2,230 GE	-2,230 GE	-2,230 GE
Kosten/Erlöse Substitution Telefon-Banking:	-1,310 GE	-1,310 GE	-1,310 GE
Substitutionswirkung Telefax-Banking:	0%	0%	0%
Erlöse Telefax-Banking:	0,000 GE	0,000 GE	0,000 GE
Standardeinzelkosten Telefax-Banking:	0,000 GE	0,000 GE	0,000 GE
Kosten/Erlöse Substitution Telefax-Banking:	0,000 GE	0,000 GE	0,000 GE

Anh. A-37: Szenarioabhängige Wirtschaftlichkeit der Bankleistung «Kontostandsabfrage CMK-Light mit FOCUS-Card» Call-Center

Bankleistung: «Umsatzabfrage CMK-Light mit FOCUS-Card» Call-Center			
Bezeichnung:	wahrscheinliches Szenario	pessimistisches Szenario	optimistisches Szenario
Gesamtinanspruchnahme Bankleistung:	1,0200 Trans.	1,0200 Trans.	1,0200 Trans.
Szenarioabhängige Nutzung der Bankleistung:	100%	80%	110%
Szenarioabh. Gesamtinanspruchnahme Banklstg.:	1,0200 Trans.	0,8160 Trans.	1,1220 Trans.
Nutzung bestehender Vertriebswege:	0,6000 Trans.	0,4800 Trans.	0,6600 Trans.
Mehrnutzung der Bankleistung:	0,4200 Trans.	0,3360 Trans.	0,4620 Trans.
Kosten/Erlöse Bankleistung Gesamt:	1,711 GE	1,716 GE	1,708 GE
Erlöse Internet/WWW:	0,000 GE	0,000 GE	0,000 GE
Standardeinzelkosten Internet/WWW:	-0,070 GE	-0,070 GE	-0,070 GE
Prozeßkosten Internet/WWW:	0,000 GE	0,000 GE	0,000 GE
Kosten/Erlöse Internet/WWW	-0,070 GE	-0,070 GE	-0,070 GE
Substitutionswirkung Telefon-Banking:	100%	100%	100%
Erlöse Telefon-Banking:	0,000 GE	0,000 GE	0,000 GE
Standardeinzelkosten Telefon-Banking:	-3,078 GE	-3,078 GE	-3,078 GE
Kosten/Erlöse Substitution Telefon-Banking:	-1,810 GE	-1,810 GE	-1,810 GE
Substitutionswirkung Telefax-Banking:	0%	0%	0%
Erlöse Telefax-Banking:	0,000 GE	0,000 GE	0,000 GE
Standardeinzelkosten Telefax-Banking:	0,000 GE	0,000 GE	0,000 GE
Kosten/Erlöse Substitution Telefax-Banking:	0,000 GE	0,000 GE	0,000 GE

Anh. A-38: Szenarioabhängige Wirtschaftlichkeit der Bankleistung «Umsatzabfrage CMK-Light mit FOCUS-Card» Call-Center

Bankleistung: «Überweisung CMK-Light mit FOCUS-Card» Call-Center			
Bezeichnung:	wahrscheinliches Szenario	pessimistisches Szenario	optimistisches Szenario
Gesamtinanspruchnahme Bankleistung:	1,1900 Trans.	1,1900 Trans.	1,1900 Trans.
Szenarioabhängige Nutzung der Bankleistung:	100%	80%	110%
Szenarioabh. Gesamtinanspruchnahme Banklstg.:	1,1900 Trans.	0,9520 Trans.	1,3090 Trans.
Nutzung bestehender Vertriebswege:	1,1900 Trans.	0,9520 Trans.	1,3090 Trans.
Mehrnutzung der Bankleistung:	0,0000 Trans.	0,0000 Trans.	0,0000 Trans.
Kosten/Erlöse Bankleistung Gesamt:	1,370 GE	1,370 GE	1,370 GE
Erlöse Internet/WWW:	0,000 GE	0,000 GE	0,000 GE
Standardeinzelkosten Internet/WWW:	-0,280 GE	-0,280 GE	-0,280 GE
Prozeßkosten Internet/WWW:	0,000 GE	0,000 GE	0,000 GE
Kosten/Erlöse Internet/WWW	-0,280 GE	-0,280 GE	-0,280 GE
Substitutionswirkung Telefon-Banking:	85%	85%	85%
Erlöse Telefon-Banking:	0,000 GE	0,000 GE	0,000 GE
Standardeinzelkosten Telefon-Banking:	-1,826 GE	-1,826 GE	-1,826 GE
Kosten/Erlöse Substitution Telefon-Banking:	-1,550 GE	-1,550 GE	-1,550 GE
Substitutionswirkung Telefax-Banking:	15%	15%	15%
Erlöse Telefax-Banking:	1,000 GE	1,000 GE	1,000 GE
Standardeinzelkosten Telefax-Banking:	-1,651 GE	-1,651 GE	-1,651 GE
Kosten/Erlöse Substitution Telefax-Banking:	-0,100 GE	-0,100 GE	-0,100 GE

Anh. A-39: Szenarioabhängige Wirtschaftlichkeit der Bankleistung «Überweisung CMK-Light mit FOCUS-Card» Call-Center

Bankleistung: «Dauerauftrag einrichten/ändern/löschen CMK-Light mit FOCUS-Card» Call-Center			
Bezeichnung:	wahrscheinliches Szenario	pessimistisches Szenario	optimistisches Szenario
Gesamtinanspruchnahme Bankleistung:	0,3000 Trans.	0,3000 Trans.	0,3000 Trans.
Szenarioabhängige Nutzung der Bankleistung:	100%	80%	110%
Szenarioabh. Gesamtinanspruchnahme Banklstg.:	0,3000 Trans.	0,2400 Trans.	0,3300 Trans.
Nutzung bestehender Vertriebswege:	0,3000 Trans.	0,2400 Trans.	0,3300 Trans.
Mehrnutzung der Bankleistung:	0,0000 Trans.	0,0000 Trans.	0,0000 Trans.
Kosten/Erlöse Bankleistung Gesamt:	1,970 GE	1,970 GE	1,970 GE
Erlöse Internet/WWW:	0,000 GE	0,000 GE	0,000 GE
Standardeinzelkosten Internet/WWW:	-1,020 GE	-1,020 GE	-1,020 GE
Prozeßkosten Internet/WWW:	0,000 GE	0,000 GE	0,000 GE
Kosten/Erlöse Internet/WWW	-1,020 GE	-1,020 GE	-1,020 GE
Substitutionswirkung Telefon-Banking:	85%	85%	85%
Erlöse Telefon-Banking:	0,000 GE	0,000 GE	0,000 GE
Standardeinzelkosten Telefon-Banking:	-3,040 GE	-3,040 GE	-3,040 GE
Kosten/Erlöse Substitution Telefon-Banking:	-2,580 GE	-2,580 GE	-2,580 GE
Substitutionswirkung Telefax-Banking:	15%	15%	15%
Erlöse Telefax-Banking:	0,000 GE	0,000 GE	0,000 GE
Standardeinzelkosten Telefax-Banking:	-2,749 GE	-2,749 GE	-2,749 GE
Kosten/Erlöse Substitution Telefax-Banking:	-0,410 GE	-0,410 GE	-0,410 GE

Anh. A-40: Szenarioabhängige Wirtschaftlichkeit der Bankleistung «Dauerauftrag einrichten/ändern/löschen CMK-Light mit FOCUS-Card» Call-Center

Bankleistungen für die Kontoart «Wertpapier-Depot»:

Bankleistung: «Kauf/Verkauf Wertpapiere Wertpapier-Depot» Vermögensberatung			
Bezeichnung:	wahrscheinliches Szenario	pessimistisches Szenario	optimistisches Szenario
Gesamtinanspruchnahme Bankleistung:	0,8900 Trans.	0,8900 Trans.	0,8900 Trans.
Szenarioabhängige Nutzung der Bankleistung:	100%	80%	110%
Szenarioabh. Gesamtinanspruchnahme Banklstg.:	0,8900 Trans.	0,7120 Trans.	0,9790 Trans.
Nutzung bestehender Vertriebswege:	0,8900 Trans.	0,7120 Trans.	0,9790 Trans.
Mehrnutzung der Bankleistung:	0,0000 Trans.	0,0000 Trans.	0,0000 Trans.
Kosten/Erlöse Bankleistung Gesamt:	8,420 GE	8,420 GE	8,420 GE
Erlöse Internet/WWW:	40,000 GE	40,000 GE	40,000 GE
Standardeinzelkosten Internet/WWW:	-4,520 GE	-4,520 GE	-4,520 GE
Prozeßkosten Internet/WWW:	0,000 GE	0,000 GE	0,000 GE
Kosten/Erlöse Internet/WWW	35,480 GE	35,480 GE	35,480 GE
Substitutionswirkung Telefon-Banking:	85%	85%	85%
Erlöse Telefon-Banking:	40,000 GE	40,000 GE	40,000 GE
Standardeinzelkosten Telefon-Banking:	-13,113 GE	-13,113 GE	-13,113 GE
Kosten/Erlöse Substitution Telefon-Banking:	22,850 GE	22,850 GE	22,850 GE
Substitutionswirkung Telefax-Banking:	15%	15%	15%
Erlöse Telefax-Banking:	40,000 GE	40,000 GE	40,000 GE
Standardeinzelkosten Telefax-Banking:	-11,919 GE	-11,919 GE	-11,919 GE
Kosten/Erlöse Substitution Telefax-Banking:	4,210 GE	4,210 GE	4,210 GE

Anh. A-41: Szenarioabhängige Wirtschaftlichkeit der Bankleistung «Kauf/Verkauf Wertpapiere Wertpapier-Depot» Vermögensberatung

Bankleistung: «Depotwert Wertpapier-Depot» Vermögensberatung			
Bezeichnung:	wahrscheinliches Szenario	pessimistisches Szenario	optimistisches Szenario
Gesamtinanspruchnahme Bankleistung:	1,2200 Trans.	1,2200 Trans.	1,2200 Trans.
Szenarioabhängige Nutzung der Bankleistung:	100%	80%	110%
Szenarioabh. Gesamtinanspruchnahme Banklstg.:	1,2200 Trans.	0,9760 Trans.	1,3420 Trans.
Nutzung bestehender Vertriebswege:	0,6000 Trans.	0,4800 Trans.	0,6600 Trans.
Mehrnutzung der Bankleistung:	0,6200 Trans.	0,4960 Trans.	0,6820 Trans.
Kosten/Erlöse Bankleistung Gesamt:	1,767 GE	1,775 GE	1,762 GE
Erlöse Internet/WWW:	0,000 GE	0,000 GE	0,000 GE
Standardeinzelkosten Internet/WWW:	-0,070 GE	-0,070 GE	-0,070 GE
Prozeßkosten Internet/WWW:	0,000 GE	0,000 GE	0,000 GE
Kosten/Erlöse Internet/WWW	-0,070 GE	-0,070 GE	-0,070 GE
Substitutionswirkung Telefon-Banking:	100%	100%	100%
Erlöse Telefon-Banking:	0,000 GE	0,000 GE	0,000 GE
Standardeinzelkosten Telefon-Banking:	-3,816 GE	-3,816 GE	-3,816 GE
Kosten/Erlöse Substitution Telefon-Banking:	-1,880 GE	-1,880 GE	-1,880 GE
Substitutionswirkung Telefax-Banking:	0%	0%	0%
Erlöse Telefax-Banking:	0,000 GE	0,000 GE	0,000 GE
Standardeinzelkosten Telefax-Banking:	0,000 GE	0,000 GE	0,000 GE
Kosten/Erlöse Substitution Telefax-Banking:	0,000 GE	0,000 GE	0,000 GE

Anh. A-42: Szenarioabhängige Wirtschaftlichkeit der Bankleistung «Depotwert mit aktuellen Kursen Wertpapier-Depot» Vermögensberatung

Bankleistung: «Depotinhalt Wertpapier-Depot» Vermögensberatung			
Bezeichnung:	wahrscheinliches Szenario	pessimistisches Szenario	optimistisches Szenario
Gesamtinanspruchnahme Bankleistung:	1,0200 Trans.	1,0200 Trans.	1,0200 Trans.
Szenarioabhängige Nutzung der Bankleistung:	100%	80%	110%
Szenarioabh. Gesamtinanspruchnahme Banklstg.:	1,0200 Trans.	0,8160 Trans.	1,1220 Trans.
Nutzung bestehender Vertriebswege:	0,6000 Trans.	0,4800 Trans.	0,6600 Trans.
Mehrnutzung der Bankleistung:	0,4200 Trans.	0,3360 Trans.	0,4620 Trans.
Kosten/Erlöse Bankleistung Gesamt:	2,141 GE	2,146 GE	2,138 GE
Erlöse Internet/WWW:	0,000 GE	0,000 GE	0,000 GE
Standardeinzelkosten Internet/WWW:	-0,070 GE	-0,070 GE	-0,070 GE
Prozeßkosten Internet/WWW:	0,000 GE	0,000 GE	0,000 GE
Kosten/Erlöse Internet/WWW	-0,070 GE	-0,070 GE	-0,070 GE
Substitutionswirkung Telefon-Banking:	100%	100%	100%
Erlöse Telefon-Banking:	0,000 GE	0,000 GE	0,000 GE
Standardeinzelkosten Telefon-Banking:	-3,816 GE	-3,816 GE	-3,816 GE
Kosten/Erlöse Substitution Telefon-Banking:	-2,240 GE	-2,240 GE	-2,240 GE
Substitutionswirkung Telefax-Banking:	0%	0%	0%
Erlöse Telefax-Banking:	0,000 GE	0,000 GE	0,000 GE
Standardeinzelkosten Telefax-Banking:	0,000 GE	0,000 GE	0,000 GE
Kosten/Erlöse Substitution Telefax-Banking:	0,000 GE	0,000 GE	0,000 GE

Anh. A-43: Szenarioabhängige Wirtschaftlichkeit der Bankleistung «Depotinhalt mit aktuellen Kursen Wertpapier-Depot» Vermögensberatung

Kundenspezifische Kosten «wahrscheinliches» Szenario				
Jahr des Betrachtungszeitraumes	**1997**	**1998**	**1999**	**2000**
durchschnittl. Anz. Nutzer Internet/WWW:	2.952	6.121	10.707	16.512
Erstmalige Nutzer Internet/WWW im Jahr:	2.952	3.169	4.586	5.805
Einmalige kundenspezifische Kosten [GE]:	-11,12	-24,24	-50,49	-76,74
Summe einmalige kundenspezif. Kosten [GE]:	-32.826,24	-76.816,56	-231.547,14	-445.475,70
Laufende kundenspezif. Kosten p.a. [GE]:	-1,27	-1,54	-2,08	-2,62
Summe laufende kundenspezif. Kosten p.a. [GE]:	-3.749,04	-9.426,34	-22.270,56	-43.261,44
Summe kundenspezifische Kosten [GE]:	-36.575,28	-86.242,90	-253.817,70	-488.737,14

Anh. A-44: Kundenspezifische Kosten im Rahmen des «wahrscheinlichen» Szenarios

Kundenspezifische Kosten «pessimistisches» Szenario				
Jahr des Betrachtungszeitraumes	**1997**	**1998**	**1999**	**2000**
durchschnittl. Anz. Nutzer Internet/WWW:	2.596	4.465	6.467	8.561
Erstmalige Nutzer Internet/WWW im Jahr:	2.596	1.869	2.002	2.094
Einmalige kundenspezifische Kosten [GE]:	-11,12	-24,24	-50,49	-76,74
Summe einmalige kundenspezif. Kosten [GE]:	-28.867,52	-45.304,56	-101.080,98	-160.693,56
Laufende kundenspezif. Kosten p.a. [GE]:	-1,27	-1,54	-2,08	-2,62
Summe laufende kundenspezif. Kosten p.a. [GE]:	-3.296,92	-6.876,10	-13.451,36	-22.429,82
Summe kundenspezifische Kosten [GE]:	-32.164,44	-52.180,66	-114.532,34	-183.123,38

Anh. A-45: Kundenspezifische Kosten im Rahmen des «pessimistischen» Szenarios

Kundenspezifische Kosten «optimistisches» Szenario				
Jahr des Betrachtungszeitraumes	1997	1998	1999	2000
durchschnittl. Anz. Nutzer Internet/WWW:	3.071	7.241	13.441	23.072
Erstmalige Nutzer Internet/WWW im Jahr:	3.071	4.170	6.200	9.631
Einmalige kundenspezifische Kosten [GE]:	-11,12	-24,24	-50,49	-76,74
Summe einmalige kundenspezif. Kosten [GE]:	-34.149,52	-101.080,80	-313.038,00	-739.082,94
Laufende kundenspezif. Kosten p.a. [GE]:	-1,27	-1,54	-2,08	-2,62
Summe laufende kundenspezif. Kosten p.a. [GE]:	-3.900,17	-11.151,14	-27.957,28	-60.448,64
Summe kundenspezifische Kosten [GE]:	-38.049,69	-112.231,94	-340.995,28	-799.531,58

Anh. A-46: Kundenspezifische Kosten im Rahmen des «optimistischen» Szenarios

Erwartungswert und Standardabweichung der Wirtschaftlichkeit der drei Szenarien				
Jahr des Betrachtungszeitraumes	1997	1998	1999	2000
Wirtschaftlichkeit «wahrscheinliches» Szenario - Wahrscheinlichkeit 1/3 [GE]	-885.110,80	-469.645,79	-124.966,86	415.908,29
Wirtschaftlichkeit «pessimistisches» Szenario - Wahrscheinlichkeit 1/3 [GE]	-1.002.691,67	-812.039,71	-720.709,34	-574.864,64
Wirtschaftlichkeit «optimistisches» Szenario - Wahrscheinlichkeit 1/3 [GE]	-830.207,92	-375.623,89	58.644,97	810.135,80
Erwartungswert der Wirtschaftlichkeit der drei Szenarien [GE]	-906.003,46	-552.436,46	-262.343,74	217.059,82
Standardabweichung der Wirtschaftlichkeit der drei Szenarien [GE]	88.119,46	229.685,47	407.434,16	713.590,98

Anh. A-47: Ermittlung des Erwartungswertes und der Standardabweichung der Wirtschaftlichkeit der drei Szenarien

Teilkapitalwert für das «wahrscheinliche» Szenario					
[GE]	t0	1997	1998	1999	2000
Kalkulationszinsfuß:	10%				
Investitionskosten:	-2.176.233				
Laufende nutzungsunabh. Auszahlungen:		-658.478	-658.478	-658.478	-658.478
Kundenspezifische Ein-/Auszahlungen:		-36.575	-86.243	-253.818	-488.737
Bankleistungsspezif. Ein-/Auszahlungen:		353.763	818.475	1.330.334	2.105.526
Saldo Ein- und Auszahlungen:		-341.290	73.754	418.038	958.311
Teilkapitalwert:	-1.456.926				

Anh. A-48: Ermittlung des Teilkapitalwertes für das «wahrscheinliche» Szenario

Teilkapitalwert für das «pessimistische» Szenario					
[GE]	t0	1997	1998	1999	2000
Kalkulationszinsfuß:	10%				
Investitionskosten:	-2.176.233				
Laufende nutzungsunabh. Auszahlungen:		-658.478	-658.478	-658.478	-658.478
Kundenspezifische Ein-/Auszahlungen:		-32.164	-52.181	-114.532	-183.123
Bankleistungsspezif. Ein-/Auszahlungen:		231.861	442.337	595.909	810.188
Saldo Ein- und Auszahlungen:		-458.781	-268.322	-177.101	-31.413
Teilkapitalwert:	-2.969.575				

Anh. A-49: Ermittlung des Teilkapitalwertes für das «pessimistische» Szenario

Teilkapitalwert für das «optimistische» Szenario					
[GE]	t0	1997	1998	1999	2000
Kalkulationszinsfuß:	10%				
Investitionskosten:	-2.176.233				
Laufende nutzungsunabh. Auszahlungen:		-658.478	-658.478	-658.478	-658.478
Kundenspezifische Ein-/Auszahlungen:		-38.050	-112.232	-340.995	-799.532
Bankleistungsspezif. Ein-/Auszahlungen:		410.084	938.114	1.600.410	2.809.097
Saldo Ein- und Auszahlungen:		-286.444	167.404	600.937	1.351.087
Teilkapitalwert:	-923.983				

Anh. A-50: Ermittlung des Teilkapitalwertes für das «optimistische» Szenario

Bezeichnung	Wert	Wahrscheinlichkeit
Teilkapitalwert «wahrscheinliches» Szenario [GE]:	-1.456.926	1/3
Teilkapitalwert «pessimistisches» Szenario [GE]:	-2.969.575	1/3
Teilkapitalwert «optimistisches» Szenario [GE]:	-923.983	1/3
Erwartungswert des Teilkapitalwertes der drei Szenarien [GE]:	-1.783.495	
Standardabweichung des Teilkapitalwertes der drei Szenarien [GE]:	1.061.177	

Anh. A-51: Ermittlung des Erwartungswertes und der Standardabweichung des Teilkapitalwertes für die drei Szenarien

Monatliche Inanspruchnahme der Bankleistungen des Vertriebsweges Internet/WWW für das «wahrscheinliche» Szenario					
	BL/Mo.	1997	1998	1999	2000
Nutzer Vertriebsweg Internet/WWW		2.952	6.121	10.707	16.512
Anteil Kunden mit CMK/CMK-Light		38,1%	43,3%	39,7%	40,5%
Kunden mit CMK/CMK-Light		1.124	2.652	4.250	6.692
Kontostandsabfrage	6,17	6.935	16.363	26.223	41.290
Umsatzabfrage	3,73	4.193	9.892	15.853	24.961
Inlandsüberweisung	3,57	4.013	9.468	15.173	23.890
Dauerauftrag einricht./änd./löschen	0,3	337	796	1.275	2.008
ec-Schecks bestellen	0,2	225	530	850	1.338
Summe Inanspruchnahme:		15.703	37.049	59.374	93.487
Anteil Kunden mit CMK-Light mit FOCUS-Card:		15,1%	25,1%	23,5%	24,2%
Kunden mit CMK-Light mit FOCUS-Card		446	1.538	2.518	3.988
Kontostandsabfrage	1,02	455	1.569	2.568	4.068
Umsatzabfrage	1,02	455	1.569	2.568	4.068
Inlandsüberweisung	1,19	531	1.830	2.996	4.746
Dauerauftrag einricht./änd./löschen	0,3	134	461	755	1.196
Summe Inanspruchnahme:		1.575	5.429	8.887	14.078
Anteil Kunden mit GMK:		14,8%	0,0%	0,0%	0,0%
Kunden mit GMK:		436	0	0	0
Kontostandsabfrage	0,72	314	0	0	0
Umsatzabfrage	0,72	314	0	0	0
Inlandsüberweisung	0,3	131	0	0	0
Summe Inanspruchnahme:		759	0	0	0
Anteil Kunden mit Wertp.-Depot:		14,0%	14,6%	14,4%	15,1%
Kunden mit Wertpapier-Depot:		413	896	1.544	2.497
Kauf/Verkauf Wertpapier	0,89	368	797	1.374	2.222
Depotwert mit akt. Kursen	1,22	504	1.093	1.884	3.046
Depotinhalt mit akt. Kursen	1,02	421	914	1.575	2.547
Summe Inanspruchnahme:		1.293	2.804	4.833	7.815

Anh. A-52: Gesamtinanspruchnahme der Bankleistungen des Vertriebsweges Internet/WWW pro Monat für das «wahrscheinliche» Szenario

Anhang B: Wirtschaftlichkeit der Bankleistungen des Vertriebsweges Internet/WWW für das «wahrscheinliche» Szenario

Wirtschaftlichkeit «wahrscheinliches» Szenario					
	BL/Mo.	1997	1998	1999	2000
Durchschnittl. Anzahl der Kunden		35.650	67.200	103.450	142.450
Anteil der Personen in Deutschland mit Online-Zugang		5,00%	5,50%	6,25%	7,00%
Index gegenüber dt. Bevölkerung		2,3	2,3	2,3	2,3
Anzahl Kunden mit Online-Zugang		4.100	8.501	14.871	22.934
Anteil Nutzer Internet/WWW		80%	80%	80%	80%
Nutzer Internet/WWW		3.280	6.801	11.897	18.347
Anteil Nutzer Vertriebsweg Internet/WWW		90%	90%	90%	90%
Nutzer Vertriebsweg Internet/WWW		2.952	6.121	10.707	16.512
Anteil Nutzer mit CMK/CMK-Light		38,1%	43,3%	39,7%	40,5%
Nutzer mit CMK/CMK-Light		1.124	2.652	4.250	6.692
Kontostandsabfrage	6,17	86.383,36	203.815,54	326.627,46	514.303,76
Umsatzabfrage	3,73	90.332,04	213.132,17	341.557,97	537.813,15
Inlandsüberweisung	3,57	65.968,46	155.648,00	249.435,90	392.758,83
Dauerauftrag einricht./änd./löschen	0,3	7.971,41	18.807,98	30.141,00	47.459,66
ec-Schecks bestellen	0,2	1.915,30	4.519,01	7.242,00	11.403,17
Summe Wkt. CMK/CMK-Light:		252.570,57	595.922,70	955.004,33	1.503.738,57
Anteil Nutzer mit CMK-Light mit FOCUS-Card:		15,1%	25,1%	23,5%	24,2%
Nutzer mit CMK-Light mit FOCUS-Card		446	1.538	2.518	3.988
Kontostandsabfrage	1,02	6.608,71	22.789,69	37.311,08	59.093,16
Umsatzabfrage	1,02	9.338,23	32.202,25	52.721,24	83.499,72
Inlandsüberweisung	1,19	8.725,37	30.088,82	49.261,14	78.019,64
Dauerauftrag einricht./änd./löschen	0,3	3.163,03	10.907,50	17.857,66	28.282,90
Summe Wkt. CMK-Light mit FOCUS-Card:		27.835,34	95.988,26	157.151,12	248.895,42
Anteil Nutzer mit GMK:		14,8%	0,0%	0,0%	0,0%
Nutzer mit GMK:		436	0	0	0
Kontostandsabfrage	0,72	4.786,40	0,00	0,00	0,00
Umsatzabfrage	0,72	6.745,26	0,00	0,00	0,00
Inlandsüberweisung	0,3	3.421,73	0,00	0,00	0,00
Summe Wkt. GMK:		14.953,39	0,00	0,00	0,00
Anteil Nutzer mit Wertp.-Depot:		14,0%	14,6%	14,4%	15,1%
Nutzer mit Wertpapier-Depot:		413	896	1.544	2.497
Kauf/Verkauf Wertpapier	0,89	37.139,27	80.573,34	138.845,13	224.544,22
Depotwert mit akt. Kursen	1,22	10.681,43	23.173,27	39.932,51	64.579,97
Depotinhalt mit akt. Kursen	1,02	10.820,99	23.476,05	40.454,26	65.423,76
Summe Wkt. Wertpapier-Depot:		58.641,69	127.222,66	219.231,90	354.547,95
Gesamtsumme Wirtschaftlichkeit:		354.000,99	819.133,62	1.331.387,35	2.107.181,94

(grau hinterlegt:) Werte in Geldeinheiten (GE)

Anh. B-1: Wirtschaftlichkeit der Bankleistungen des Vertriebsweges Internet/WWW für das «wahrscheinliche» Szenario

Anhang C: Wirtschaftlichkeit der Bankleistungen des Vertriebsweges Internet/WWW für das «pessimistische» Szenario

Wirtschaftlichkeit «pessimistisches» Szenario					
	BL/Mo	1997	1998	1999	2000
Durchschnittl. Anzahl der Kunden		31.345	51.358	71.014	89.902
Anteil der Personen in Deutschland mit Online-Zugang		5,00%	5,25%	5,50%	5,75%
Index gegenüber dt. Bevölkerung		2,3	2,3	2,3	2,3
Anzahl Kunden mit Online-Zugang		3.605	6.201	8.983	11.890
Anteil Nutzer Internet/WWW		80%	80%	80%	80%
Nutzer Internet/WWW		2.884	4.961	7.186	9.512
Anteil Nutzer Vertriebsweg Internet/WWW		90%	90%	90%	90%
Nutzer Vertriebsweg Internet/WWW		2.596	4.465	6.467	8.561
Anteil Nutzer mit CMK/CMK-Light		34,3%	39,0%	35,7%	36,5%
Nutzer mit CMK/CMK-Light		890	1.741	2.309	3.125
Kontostandsabfrage	4,936	56.638,59	110.795,26	146.942,13	198.871,44
Umsatzabfrage	2,984	57.823,33	113.112,83	150.015,81	203.031,36
Inlandsüberweisung	2,856	41.787,85	81.744,55	108.413,65	146.727,00
Dauerauftrag einricht./änd./löschen	0,24	5.049,50	9.877,74	13.100,34	17.730,00
ec-Schecks bestellen	0,16	1.213,25	2.373,33	3.147,63	4.260,00
Summe Wkt. CMK/CMK-Light:		162.512,52	317.903,71	421.619,56	570.619,80
Anteil Nutzer mit CMK-Light mit FOCUS-Card:		13,6%	22,6%	21,2%	21,7%
Nutzer mit CMK-Light mit FOCUS-Card		353	1.009	1.371	1.858
Kontostandsabfrage	0,816	4.204,86	12.018,98	16.331,04	22.132,07
Umsatzabfrage	0,816	5.933,14	16.959,04	23.043,46	31.228,84
Inlandsüberweisung	0,952	5.524,76	15.791,74	21.457,36	29.079,34
Dauerauftrag einricht./änd./löschen	0,24	2.002,78	5.724,66	7.778,51	10.541,55
Summe Wkt. CMK-Light mit FOCUS-Card:		17.665,54	50.494,42	68.610,37	92.981,80
Anteil Nutzer mit GMK:		14,8%	0,0%	0,0%	0,0%
Nutzer mit GMK:		383	0	0	0
Kontostandsabfrage	0,576	3.379,22	0,00	0,00	0,00
Umsatzabfrage	0,576	4.755,81	0,00	0,00	0,00
Inlandsüberweisung	0,24	2.404,63	0,00	0,00	0,00
Summe Wkt. GMK:		10.539,66	0,00	0,00	0,00
Anteil Nutzer mit Wertp.-Depot:		14,0%	14,6%	14,4%	15,1%
Nutzer mit Wertpapier-Depot:		363	653	933	1.294
Kauf/Verkauf Wertpapier	0,712	26.114,39	46.977,13	67.120,47	93.090,98
Depotwert mit akt. Kursen	0,976	7.547,52	13.577,23	19.399,01	26.904,95
Depotinhalt mit akt. Kursen	0,816	7.629,65	13.724,97	19.610,10	27.197,72
Summe Wkt. Wertpapier-Depot:		41.291,56	74.279,33	106.129,58	147.193,65
Gesamtsumme Wirtschaftlichkeit:		232.009,28	442.677,46	596.359,51	810.795,25

(schattiert:) Werte in Geldeinheiten (GE)

Anh. C-1: Wirtschaftlichkeit der Bankleistungen des Vertriebsweges Internet/WWW für das «pessimistische» Szenario

Anhang D: Wirtschaftlichkeit der Bankleistungen des Vertriebsweges Internet/WWW für das «optimistische» Szenario

Wirtschaftlichkeit «optimistisches» Szenario					
	BL/Mo	1997	1998	1999	2000
Durchschnittl. Anzahl der Kunden		37.085	72.876	115.944	163.906
Anteil der Personen in Deutschland mit Online-Zugang		5,00%	6,00%	7,00%	8,50%
Index gegenüber dt. Bevölkerung		2,3	2,3	2,3	2,3
Anzahl Kunden mit Online-Zugang		4.265	10.057	18.667	32.044
Anteil Nutzer Internet/WWW		80%	80%	80%	80%
Nutzer Internet/WWW		3.412	8.046	14.934	25.635
Anteil Nutzer Vertriebsweg Internet/WWW		90%	90%	90%	90%
Nutzer Vertriebsweg Internet/WWW		3.071	7.241	13.441	23.072
Anteil Nutzer mit CMK/CMK-Light		40,0%	45,5%	41,7%	42,6%
Nutzer mit CMK/CMK-Light		1.228	3.295	5.605	9.829
Kontostandsabfrage	6,787	101.993,49	273.671,47	465.532,19	816.363,23
Umsatzabfrage	4,103	107.987,81	289.755,57	492.892,25	864.342,19
Inlandsüberweisung	3,927	79.279,53	212.724,80	361.858,13	634.559,06
Dauerauftrag einricht./änd./löschen	0,33	9.579,87	25.704,95	43.725,73	76.677,99
ec-Schecks bestellen	0,22	2.301,76	6.176,15	10.506,01	18.423,48
Summe Wkt. CMK/CMK-Light:		301.142,46	808.032,94	1.374.514,31	2.410.365,95
Anteil Nutzer mit CMK-Light mit FOCUS-Card:		15,9%	26,4%	24,7%	25,4%
Nutzer mit CMK-Light mit FOCUS-Card		488	1.912	3.320	5.860
Kontostandsabfrage	1,122	7.934,85	31.088,99	53.982,98	95.283,21
Umsatzabfrage	1,122	11.220,06	43.960,58	76.333,22	134.732,73
Inlandsüberweisung	1,309	10.501,74	41.146,16	71.446,27	126.106,97
Dauerauftrag einricht./änd./löschen	0,33	3.806,99	14.915,89	25.899,98	45.715,03
Summe Wkt. CMK-Light mit FOCUS-Card:		33.463,64	131.111,62	227.662,45	401.837,94
Anteil Nutzer mit GMK:		13,3%	0,0%	0,0%	0,0%
Nutzer mit GMK:		408	0	0	0
Kontostandsabfrage	0,792	4.915,52	0,00	0,00	0,00
Umsatzabfrage	0,792	6.931,89	0,00	0,00	0,00
Inlandsüberweisung	0,33	3.522,18	0,00	0,00	0,00
Summe Wkt. GMK:		15.369,59	0,00	0,00	0,00
Anteil Nutzer mit Wertp.-Depot:		12,6%	0,0%	0,0%	0,0%
Nutzer mit Wertpapier-Depot:		387	0	0	0
Kauf/Verkauf Wertpapier	0,979	38.281,33	0,00	0,00	0,00
Depotwert mit akt. Kursen	1,342	10.982,84	0,00	0,00	0,00
Depotinhalt mit akt. Kursen	1,122	11.138,42	0,00	0,00	0,00
Summe Wkt. Wertpapier-Depot:		60.402,59	0,00	0,00	0,00
Gesamtsumme Wirtschaftlichkeit:		410.378,28	939.144,56	1.602.176,76	2.812.203,89

Werte in Geldeinheiten (GE)

Anh. D-1: Wirtschaftlichkeit der Bankleistungen des Vertriebsweges Internet/WWW für das «optimistische» Szenario

Abbildungsverzeichnis

Tabellenverzeichnis

Gleichungsverzeichnis

Variablenverzeichnis

Variablenbezeichnung	Bedeutung
Indizes der verwendeten Variablen:	
e	Anzahl der verschiedenen Kostenkategorien der Investitionskosten für die Bereitstellung des neuen elektronischen Vertriebsweges
j	Jahr des Betrachtungszeitraumes
k	Anzahl der Jahre der Gesamtnutzungsdauer des neuen elektronischen Vertriebsweges
l	Anzahl der unterschiedlichen Kostenkategorien an laufenden jährlichen Kosten für die Bereitstellung und den Betrieb des neuen elektronischen Vertriebsweges
m	Anzahl der Jahre des Betrachtungszeitraumes
n	Anzahl der Bankleistungen, die exklusiv auf dem neuen elektronischen Vertriebsweg angeboten werden
n*	Anzahl der Bankleistungen, die ergänzend zu den bereits bestehenden Vertriebswegen der Bank auf dem neuen elektronischen Vertriebsweg angeboten werden
t	Anzahl der verschiedenen Kundentypen für die Ermittlung der kundenspezifischen Kosten und Erlöse pro Jahr
v	Anzahl der bestehenden Vertriebswege der Bank
x	Anzahl der Haupteinflußparameter, die innerhalb der drei Szenarien variiert werden
Bezeichnung der drei verwendeten Szenarien:	
w	«wahrscheinliches» Szenario
p	«pessimistisches» Szenario
o	«optimistisches» Szenario
Variablen:	
BL(n,m,w)	Inanspruchnahme der Bankleistung n für das Jahr m des Betrachtungszeitraumes unter Berücksichtigung des «wahrscheinlichen» Szenario
BS(m,w)	Bankleistungsspezifische Kosten/Erlöse für das Jahr m des Betrachtungszeitraumes unter Berücksichtigung des «wahrscheinlichen» Szenarios
EK(w)	Investitionsvolumen zur Bereitstellung des neuen elektronischen Vertriebsweges unter Berücksichtigung des «wahrscheinlichen» Szenarios
EK(e,w)	Einmalige Kosten, aufgeschlüsselt nach Kostenkategorien, für die Bereitstellung des neuen elektronischen Vertriebsweges unter Berücksichtigung des «wahrscheinlichen» Szenarios. Die Summe über die einmaligen Kosten ergibt das Investitionsvolumen (EK(w)).
ER(n,m,w)	Betriebserlöse für die Bankleistung n im Jahr m des Betrachtungszeitraumes unter Berücksichtigung des «wahrscheinlichen» Szenarios
ER(v,n*,m,w)	Betriebserlöse für die Bankleistung n* auf dem Vertriebsweg v im Jahr m des Betrachtungszeitraumes unter Berücksichtigung des «wahrscheinlichen» Szenarios
ERE(v,t,m,w)	Kundenspezifische, nutzungsunabhängige, einmalige Erlöse für das Jahr m durch die Nutzung des bestehenden Vertriebsweges v durch den Kundentyp t unter Berücksichtigung des «wahrscheinlichen» Szenarios
ERE(v,m,w)	Kundenspezifische, nutzungsunabhängige, einmalige Erlöse für den bestehenden Vertriebsweg v für das Jahr m unter Berücksichtigung des «wahrscheinlichen» Szenarios

Variablenbezeichnung	Bedeutung
ERL(v,t,m,w)	Kundenspezifische, nutzungsunabhängige, laufende Erlöse für das Jahr m durch die Nutzung des bestehenden Vertriebsweges v durch den Kundentyp t unter Berücksichtigung des «wahrscheinlichen» Szenarios
ERL(v,m,w)	Kundenspezifische, nutzungsunabhängige, laufende Erlöse für das Jahr m für den bestehenden Vertriebsweg v unter Berücksichtigung des «wahrscheinlichen» Szenarios
GI(n,m)	Gesamtinanspruchnahme der Bankleistung n im Jahr m des Betrachtungszeitraumes. In der Gesamtinanspruchnahme sind die Werte für die Inanspruchnahme (IN(n,m)), die Verflochtene Inanspruchnahme (VI(n)) und die Mehrnutzung (MI(n,m)) zusammengefaßt.
GWkt(m,w)	Gesamtwirtschaftlichkeit des neuen elektronischen Vertriebsweges für das Jahr m unter Berücksichtigung des «wahrscheinlichen» Szenarios
i	Kalkulationszinsfuß zur Berechnung des Kapitalwertes und der kalkulatorischen Zinsen für das in der Investition gebundene Kapital
IN(n,m)	Inanspruchnahme der Bankleistung n im Jahr m des Betrachtungszeitraumes
KA(t,m,w)	Anteil des Kundentyp t für das Jahr m und das «wahrscheinliche» Szenario an den Nutzern des neuen elektronischen Vertriebsweges
KA(v,t,m,w)	Anteil des Kundentyp t auf dem bestehenden Vertriebsweg v für das Jahr m unter Berücksichtigung des «wahrscheinlichen» Szenarios
KD(n,m,w)	Kostendelta des neuen elektronischen Vertriebsweges bei Erstellung und Vertrieb der exklusiv auf dem neuen elektronischen Vertriebsweg angebotenen Bankleistung n im Jahr m des Betrachtungszeitraumes unter Berücksichtigung des «wahrscheinlichen» Szenarios
KD(v,n*,m,w)	Kostendelta des neuen elektronischen Vertriebsweges bei Erstellung und Vertrieb der ergänzend auf dem Vertriebsweg v angebotenen Bankleistung n* im Jahr m des Betrachtungszeitraumes unter Berücksichtigung des «wahrscheinlichen» Szenarios
KDF(m,w)	Durchschnittliche Anzahl der Kunden, die im Jahr m des Betrachtungszeitraumes unter Berücksichtigung des «wahrscheinlichen» Szenarios den neuen elektronischen Vertriebsweg nutzen
KEB(v,m,w)	Kundenspezifische, nutzungsunabhängige, einmalige Kosten für den bestehenden Vertriebsweg v für das Jahr m des Betrachtungszeitraumes unter Berücksichtigung des «wahrscheinlichen» Szenarios
KEB(v,t,m,w)	Kundenspezifische, nutzungsunabhängige, einmalige Kosten für das Jahr m des Betrachtungszeitraumes durch die Nutzung des bestehenden Vertriebsweges v durch den Kundentyp t unter Berücksichtigung des «wahrscheinlichen» Szenarios
KEN(m,w)	Kundenspezifische, nutzungsunabhängige, einmalige Kosten für das Jahr m des Betrachtungszeitraumes unter Berücksichtigung des «wahrscheinlichen» Szenarios
KEN(t,m,w)	Kundenspezifische, nutzungsunabhängige, einmalige Kosten für das Jahr m des Betrachtungszeitraumes durch die Nutzung des neuen elektronischen Vertriebsweges durch den Kundentyp t unter Berücksichtigung des «wahrscheinlichen» Szenarios
KER(m,w)	Nutzungsunabhängige, laufende Erlöse für das Jahr m des Betrachtungszeitraumes unter Berücksichtigung des «wahrscheinlichen» Szenarios
KER(t,m,w)	Kundenspezifische, nutzungsunabhängige, laufende Erlöse für das Jahr m des Betrachtungszeitraumes durch die Nutzung des neuen elektronischen Vertriebsweges durch den Kundentyp t unter Berücksichtigung des «wahrscheinlichen» Szenarios
KLB(v,m,w)	Kundenspezifische, nutzungsunabhängige, laufende Kosten für das Jahr m des Betrachtungszeitraumes für den bestehenden Vertriebsweg v unter Berücksichtigung des «wahrscheinlichen» Szenarios

Variablenbezeichnung	Bedeutung
KLB(v,t,m,w)	Kundenspezifische, nutzungsunabhängige, laufende Kosten für das Jahr m des Betrachtungszeitraumes durch die Nutzung des bestehenden Vertriebsweges v durch den Kundentyp t unter Berücksichtigung des «wahrscheinlichen» Szenarios
KLN(m,w)	Kundenspezifische, nutzungsunabhängige, laufende Kosten für das Jahr m des Betrachtungszeitraumes unter Berücksichtigung des «wahrscheinlichen» Szenarios
KLN(t,m,w)	Kundenspezifische, nutzungsunabhängige, laufende Kosten für das Jahr m des Betrachtungszeitraumes durch die Nutzung des neuen elektronischen Vertriebsweges durch den Kundentyp t unter Berücksichtigung des «wahrscheinlichen» Szenarios
KS(m,w)	Kundenspezifische einmalige und laufende Kosten/Erlöse eines Jahres m des Betrachtungszeitraumes unter Berücksichtigung des «wahrscheinlichen» Szenarios
LK(l,m,w)	Laufende Kosten der Kostenkategorie l für das Jahr m des Betrachtungszeitraumes für die Bereitstellung und den Betrieb des neuen elektronischen Vertriebsweges unter Berücksichtigung des «wahrscheinlichen» Szenarios
LK(m,w)	Laufende Kosten für das Jahr m durch die Bereitstellung und den Betrieb des neuen elektronischen Vertriebsweges unter Berücksichtigung des «wahrscheinlichen» Szenarios
MI(n,m)	Mehrnutzung der Bankleistung n im Jahr m des Betrachtungszeitraumes durch das Angebot der Bankleistung n auf dem neuen elektronischen Vertriebsweg
ND(n,m,w)	Nutzendelta für die Bankleistung n auf dem neuen elektronischen Vertriebsweg im Jahr m des Betrachtungszeitraumes unter Berücksichtigung des «wahrscheinlichen» Szenarios
ND(v,n*,m,w)	Nutzendelta für die Bankleistung n* des bestehenden Vertriebsweges v gegenüber dem neuen elektronischen Vertriebsweg im Jahr m des Betrachtungszeitraumes unter Berücksichtigung des «wahrscheinlichen» Szenarios
NT(n,m,w)	Nutzung der Bankleistung n im Jahr m des Betrachtungszeitraumes unter Berücksichtigung des «wahrscheinlichen» Szenarios in Prozent der Gesamtinanspruchnahme
ØGWkt(m)	Erwartungswert der Gesamtwirtschaftlichkeit der drei Szenarien für das Jahr m des Betrachtungszeitraumes
ØTKW	Erwartungswert des Teilkapitalwertes der drei Szenarien
PK(n,m,w)	Prozeßkosten des Gemeinkostenbereiches für die Erstellung und den Vertrieb der Bankleistung n im Jahr m unter Berücksichtigung des «wahrscheinlichen» Szenarios auf dem neuen elektronischen Vertriebsweg
SB(v,n*,m)	Substitutionswirkung des neuen elektronischen Vertriebsweges für eine Bankleistung n* auf dem bestehenden Vertriebsweg v für das Jahr m des Betrachtungszeitraumes
SB(n*,m)	Kumulierte Substitutionswirkung des neuen elektronischen Vertriebsweges für die Bankleistung n* über alle bestehenden Vertriebswege der Bank für das Jahr m des Betrachtungszeitraumes
sGWkt(m)	Standardabweichung der Gesamtwirtschaftlichkeit der drei Szenarien für das Jahr m des Betrachtungszeitraumes
sTKW	Standardabweichung des Teilkapitalwertes der drei Szenarien
STT(v,n*,m,w)	Standardeinzelkosten auf Teilkostenbasis für die Erstellung und den Vertrieb der Bankleistung n* über den Vertriebsweg v im Jahr m des Betrachtungszeitraumes unter Berücksichtigung des «wahrscheinlichen» Szenarios
STT(n*,m,w)	Standardeinzelkosten auf Teilkostenbasis für die Erstellung und den Vertrieb der Bankleistung n* im Jahr m des Betrachtungszeitraumes unter Berücksichtigung des «wahrscheinlichen» Szenarios auf dem neuen elektronischen Vertriebsweg
TKW(w)	Teilkapitalwert des neuen elektronischen Vertriebsweges für das «wahrscheinliche» Szenario

Variablenbezeichnung	Bedeutung
VI(n)	Gesamtinanspruchnahme der Bankleistung n durch die Verflochtenheit mit anderen Bankleistungen, initiiert durch den neuen elektronischen Vertriebsweg
VI(n,n*)	Verflochtene Inanspruchnahme der Bankleistung n* durch initiale Inanspruchnahme der Bankleistung n
WBL(n,m,w)	Wirtschaftlichkeit der exklusiv über den neuen elektronischen Vertriebsweg angebotenen Bankleistung n für das Jahr m des Betrachtungszeitraumes unter Berücksichtigung des «wahrscheinlichen» Szenarios
WBL(n*,v,m,w)	Wirtschaftlichkeit der ergänzend zu dem bestehenden Vertriebsweg v über den neuen elektronischen Vertriebsweg angebotenen Bankleistung n* für das Jahr m des Betrachtungszeitraumes unter Berücksichtigung des «wahrscheinlichen» Szenarios. Dabei wird die Bankleistung auf dem bestehenden Vertriebsweg 1:1 durch den elektronischen Vertriebsweg substituiert.
WK(n,m,w)	Wirtschaftlichkeit der Bankleistung n für das Jahr m des Betrachtungszeitraumes unter Berücksichtigung des «wahrscheinlichen» Szenarios
Wkt(m,w)	Wirtschaftlichkeitskoeffizient des Jahres m des Betrachtungszeitraumes unter Berücksichtigung des «wahrscheinlichen» Szenarios

Literaturverzeichnis

[Advance Bank 96]
o.V.: Preisverzeichnis der Advance Bank AG - Stand: 11.12.1996, URL: http://www.advance-bank.de:443/3-0-1.html, 1996

[Albach 59]
Albach H.: Wirtschaftlichkeitsrechnung bei unsicheren Erwartungen, Köln und Opladen, 1959

[Anselstetter 86]
Anselstetter R.: Betriebswirtschaftliche Nutzeffekte der Datenverarbeitung - Anhaltspunkte für Nutzen-Kosten-Schätzungen, 2. durchges. Aufl., Berlin, Heidelberg, New York, Tokyo, 1986

[Antweiler 95]
Antweiler J.: Wirtschaftlichkeitsanalyse von Informations- und Kommunikationssystemen auf der Basis von Wirtschaftlichkeitsprofilen, in: Information Management, Heft 4/1995, S. 56 - 64

[Backhaus/Kleine 95]
Backhaus K., Kleine D. W.: Der Beitrag des Controlling für das Management von komparativen Konkurrenzvorteilen (KKV) auf Bankenmärkten, in: Schierenbeck H., Moser H. (Hrsg.): Handbuch Bankcontrolling, Wiesbaden. 1995, S. 457 - 476

[Bamberg/Baur 96]
Bamberg G., Baur F.: Statistik, 9. überarb. Aufl., München, Wien, 1996

[Bamberg/Coenenberg 96]
Bamberg G., Coenenberg A. G.: Betriebswirtschaftliche Entscheidungstheorie, 9. überarb. Aufl., München, 1996

[Bartmann 95a]
Bartmann D.: Jetzt den Anschluß nicht verpassen - Auswirkungen der elektronischen Medien auf den Vertrieb von Bankdienstleistungen, in: Geldinstitute, Heft 11-12/1995, S. 6 - 16

[Bartmann 95b]
Bartmann D.: Home Banking: Künftige Relevanz aus Sicht der Kreditinstitute, in: Ploenzke (Hrsg.): Electronic Banking im Vertrieb, Wiesbaden, 1995, S. 83 - 96

[Bartmann/Kreuzer 96a]
Bartmann D., Kreuzer M.: David gegen Goliath - Die Chance kleinerer Kreditinstitute im Direktbankgeschäft, in: Geldinstitute, Heft 6/1996, S. 18 - 20

[Bartmann/Kreuzer 96b]
Bartmann D., Kreuzer M.: Finanzdienstleistungen in der Informationsgesellschaft: Über Kundeninformationssysteme zurück zum Beziehungsmanagement, in: Geldinstitute, Heft 7-8/1996, S. 4 - 7

[Bartmann/Wörner 96]
Bartmann D., Wörner G.: Die Markteintrittsbarrieren sinken - Konkurrenz der Filialbanken aus dem Internet, in: Frankfurter Allgemeine Zeitung, 6.2.1996, Nr. 31, S. B2

[Becker 90]
Becker M.: Strategie und Wirtschaftlichkeitsnachweis beim Informatikeinsatz, in: io Management Zeitschrift, Heft 3/1990, S. 59 - 63

[Becker/Rosemann/Schütte 95]
Becker J., Rosemann M., Schütte R.: Grundsätze ordnungsmäßiger Modellierung, in: Wirtschaftsinformatik, 27. Jg., Heft 5/1995, S. 435 - 445

[Berkau 95]
Berkau C.: Vernetztes Prozeßkostenmanagement: Konzeption und Realisierung mit einem Blackboardsystem, Diss., Wiesbaden, 1995

[Bernet 95]
Bernet B.: Strategische Optionen im Retail Banking, in: Bernet B., Schmid P. (Hrsg.): Retail Banking - Visionen, Konzepte und Strategien für die Zukunft, Wiesbaden, 1995, S. 25 - 45

[Biel 90]
Biel A.: Anwendung der Prozeßkostenrechnung, in: Controller Magazin, Heft 5/1990, S. 255 - 258

[Biel 91]
Biel A.: Einführung der Prozeßkostenrechnung, in: Kostenrechnungspraxis, 35. Jg., Heft 2/1991, S. 85 - 90

[Bindlingmaier 64]
Bindlingmaier J.: Unternehmerziele und Unternehmensstrategien, Wiesbaden, 1964

[Birkelbach 93]
Birkelbach J.: Innovativ und kostengünstig, in: Geldinstitute, Heft 6/1993, S. 62 - 69

[Birkelbach 96a]
Birkelbach J.: Der weite Weg zur virtuellen Vollbank, in: Handelsblatt, 21.5.1996, Nr. 97, S. B13

[Birkelbach 96b]
Birkelbach J.: Neue Wege per Handy und Internet - Electronic Banking und Finanzanalyse, in: Geldinstitute, Heft 7-8/1996, S. 68 - 69

[Birkelbach 96c]
Birkelbach J.: Cyber Finance: Banken, Börsen und Broker im Internet - Was geht wirklich?, in: Geldinstitute, Heft 9/1996, S. 6 - 14

[Birkelbach 96d]
Birkelbach J.: Cyber Finance: Banken und Börsen im Internet - Jetzt kommt die zweite Welle, in: Geldinstitute, Heft 10/1996, S. 10 - 21

[Blohm/Lüder 95]
Blohm H., Lüder K.: Investition: Schwachstellenanalyse des Investitionsbereichs und Investitionsrechnung, München, 1995

[Bohnenkamp 95]
Bohnenkamp P.: Prozessorientierte Standard-Kostenrechnung im Bank-Controlling, Diss., Bern, Stuttgart, Wien, 1995

[Bowers/Singer 96]
Bowers T., Singer M.: Who will capture value in on-line financial services?, in: The McKinsey Quarterly, Heft 2/1996, S. 79 - 83

[Brühl/Frischmuth 95]
Brühl R., Frischmuth R.: Prozeßkostenrechnung im Bankbetrieb, in: Die Bank, Heft 9/1995, S. 551 - 555

[Brühl/Frischmuth 96]
Brühl R., Frischmuth R.: Standardeinzelkostenrechnung im Bankbetrieb, in: Die Bank, Heft 6/1996, S. 372 - 375

[Brunold/Pfatteicher 95]
Brunold A., Pfatteicher P.: Neue Perspektiven der Prozeßkostenrechnung, in: Betriebswirtschaftliche Blätter, Heft 4/1995, S. 184 - 189

[Burda 96]
Burdaverlag (Hrsg.): Typologie der Wünsche/Intermedia 1996, München, Offenburg, 1996

[Bürstner 95]
Bürstner H.: Neue Formen gesamtheitlicher Investitionsentscheidungen, in: Ausschuß für Wirtschaftliche Fertigung e.V. (AWF) (Hrsg.): Wirtschaftliche Produktion: Praktische Umsetzung neuer Produktionskonzepte, Erarb. vom AWF-Arbeitskreis „Wirtschaftliche Produktion", Berlin, 1995, S. 133 - 156

[Büschgen 93]
Büschgen H. E.: Bankbetriebslehre: Bankgeschäfte und Bankmanagement, 4. vollst. überarb. und erw. Aufl., Wiesbaden, 1993

[Büschgen 95]
Büschgen H. E.: Leistungsorientierte Anreizsysteme in der Vertriebssteuerung (von Banken), in: Schierenbeck H., Moser H. (Hrsg.): Handbuch Bankcontrolling, Wiesbaden, 1995, S. 517 - 542

[Cervellini 91]
Cervellini U.: Prozeßkostenrechnung für das Management indirekter Kosten - das Beispiel der Porsche AG, in: Witt J. (Hrsg.): Aktivitätscontrolling und Prozeßkostenmanagement, Stuttgart, 1991

[Cloer 96]
Cloer T.: Call-Center sichert den Service der Advance Bank - Client-Server-Architektur ist dreistufig, in: Computerwoche, Heft 24/1996, 14.6.1996, S. 7

[Coenenberg 92]
Coenenberg A. G.: Kostenrechnung und Kostenanalyse, Landsberg/Lech, 1992

[Coenenberg/Fischer 91]
Coenenberg A. G., Fischer T. M.: Prozeßkostenrechnung - Strategische Neuorientierung in der Kostenrechnung, in: Die Betriebswirtschaft, 51. Jg., Heft 1/1991, S. 21 - 38

[Cooper 89a]
Cooper R.: The Rise of Activity-Based Costing - Part Three: How Many Cost Drivers Do You Need, and How Do You Select Them?, in: Journal of Cost Management, Vol. 3 (1989), Winter, S. 34 - 46

[Cooper 89b]
Cooper R.: The Rise of Activity-Based Costing - Part Four: What Do Activity-Based Cost Systems Look Like?, in: Journal of Cost Management, Vol. 3 (1989), Spring, S. 38 - 49

[Cooper 90a]
Cooper R.: Activity-Based Costing - Was ist ein Activity-Based Cost-System?, in: Kostenrechnungspraxis, 34. Jg., Heft 4/1990, S. 210 - 220

[Cooper 90b]
Cooper R.: Activity-Based Costing - Wann brauche ich ein Activity-Based Cost-System und welche Kostentreiber sind notwendig? (Teil 2), in: Kostenrechnungspraxis, 34. Jg., Heft 5/1990, S. 271 - 279

[Cooper/Kaplan 91]
Cooper R., Kaplan R. S.: Activity-Based Costing: Ressourcenmanagement at its best, in: Harvard Business Manager, 13. Jg., Heft 6/1991, S. 87 - 94

[Datapro 96]
Datapro's Banking Technology Issues: 1996 International Survey (659 respondents), Datapro Information Services Group Financial Industry Technologies & Trends: World view, Delran, 1996

[Davenport 93]
Davenport Th. H.: Process Innovation, Boston, 1993

[Deiss/Heymann 88]
Deiss G., Heymann M.: Die Investition in Bürokommunikation, in: Zeitschrift für Betriebswirtschaft, 58. Jg., Heft 10/1988, S. 1072 - 1089

[Dellmann 87]
Dellmann K.: Kosten- und Erfolgsanalyse als Basis der Wirtschaftlichkeitskontrolle, in: Zeitschrift für Betriebswirtschaft, 57. Jg., Heft 4/1987, S. 367 - 383

[Dellmann/Pedell 94]
Dellmann K., Pedell K. L. (Hrsg.): Controlling von Produktivität, Wirtschaftlichkeit und Ergebnis, Stuttgart, 1994

[Dinkelbach 96]
Dinkelbach W.: Sicherheit und offene Netze - Ein Widerspruch? Das Unternehmensnetz der West LB im Spannungsfeld zwischen Business und Sicherheit, in: FOCUS 4, 19.7.1996, S. 40 - 41

[Doerig 96]
Doerig H.-U.: Universalbank - Banktypus der Zukunft: Vorwärts- und Überlebensstrategien für Europas Finanzdienstleister, Bern, Stuttgart, Wien, 1996

[Dratva 95]
Dratva R.: Telebanking - Dienstleistung und Wertschöpfungsprozesse von Banken im Wandel durch den Einsatz von Telematik beim Retailkunden, Diss., St. Gallen, 1995

[Drukarczyk 93]
Drukarczyk J.: Theorie und Politik der Finanzierung, 2. völlig neugestaltete Aufl., München, 1993

[Drukarczyk 96]
Drukarczyk J.: Unternehmensbewertung, München, 1996

[Drukarczyk/Richter 95]
Drukarczyk J., Richter F.: Wie kann man den Erfolg von Unternehmen messen? - Mehr Transparenz durch den Unternehmensgesamtwert, in: Blick durch die Wirtschaft, 30.5.1995, Nr. 103, S. 7

[Dworatschek/Donike 72]
Dworatschek S., Donike H.: Wirtschaftlichkeitsanalyse von Informationssystemen, Berlin, New York, 1972

[Eilenberger 96]
Eilenberger G.: Bankbetriebswirtschaftslehre - Grundlagen - Internationale Bankleistungen - Bank-Management, 6. völlig neu bearb. Aufl., München, Wien, 1996

[Eisele 90]
Eisele R.: Konzeption und Wirtschaftlichkeit rechnerintegrierter Planungssysteme, Diss., München, Wien, 1990

[Eisele 94]
Eisele R.: Controlling integrierter Systeme im CIM-Umfeld, Habil., St. Gallen, 1994

[Eisfelder 88]
Eisfelder H.: Strategische Nutzenpotentiale neuer Technologien, in: CIM Management, Heft 4/1988, S. 56 - 64

[Erke 96]
Erke B.: Branchen April 1996: Deutsche Banken im Umbruch, Schröder Münchmeyer Hengst & Co. (Hrsg.): Branchenreport, April 1996

[FAZ 96a]
o.V.: Die Bank24 will ihr Jahresziel von 80.000 Kunden erreichen, in: Frankfurter Allgemeine Zeitung, 11.12.1996, Nr. 289, S. 23

[FAZ 96b]
o.V.: Das Internet schafft neue individuell nutzbare Massenmedien - Internet-Zeitungen bieten viele Extras / „PointCast" zählt schon 1,8 Millionen Abonnenten, in: Frankfurter Allgemeine Zeitung, 26.11.1996, Nr. 276, S. 26

[FAZ 96c]
o.V.: Advance Bank wächst nach Plan, in: Frankfurter Allgemeine Zeitung, 12.12.1996, Nr. 290, S. 24

[FAZ 96d]
o.V.: In Amerika grassiert seit gut einem Jahr das Internet-Fieber - Fachleute sprechen von einem Quantensprung / Bald spezialisierte „Netzcomputer", in: Frankfurter Allgemeine Zeitung, 11.6.1996, Nr. 133, S. 20

[FAZ 96e]
o.V.: Internet-Teilnehmer müssen selbst für ihre Sicherheit sorgen - Paßwörter und PIN-Codes sind unzuverlässig / „Bastionen" schirmen Unternehmensnetze ab, in: Frankfurter Allgemeine Zeitung, 11.6.1996, Nr. 133, S. 21

[FAZ 96f]
o.V.: Datennetz für Ärzte, in: Frankfurter Allgemeine Zeitung, 31.12.1996, Nr. 304, S. 24

[Fischer 96]
Fischer H.: Prozeßkostenrechnung und Prozeßoptimierung für Dienstleistungen - Das Beispiel eines Versicherungsunternehmens, in: Controlling, Heft 2/1996, S. 90 - 101

[Fittkau/Maaß 96]
Fittkau S., Maaß H.: Das deutschsprachige World Wide Web - Ergebnisse der zweiten World Wide Web-Befragung W3B (W3B-Ergebnisband), Hamburg, 1996

[Flechsig 82]
Flechsig R.: Kundenkalkulation in Kreditinstituten - Ansatzpunkte eines entscheidungsorientierten Modells zur Kalkulation der Vorteilhaftigkeit einer Kundenverbindung, Band 24 der Schriftenreihe des Instituts für Kreditwesen der Westfälischen Wilhelms-Universität Münster, Frankfurt am Main, 1982

[Fleischer 96]
Fleischer K.: Banking im Internet - vom Marketing zur Businessrealität, in: Bank und Markt, Heft 10/1996, S. 33 - 37

[Foster/Gupta 90]
Foster G., Gupta M.: Manufacturing Overhead Cost Driver Analysis, in: Journal of Accounting and Economics, Vol. 12 (1990), S. 309 - 337

[Fotschki/Stockmann 94]
Fotschki C., Stockmann C.: Situationsanalyse im Automatenbanking, Bericht IBI/CCM/001/94, Institut für Bankinformatik an der Universität Regensburg (Hrsg.), Regensburg, 1994

[Franz 90a]
Franz K.-P.: Die Prozeßkostenrechnung im Vergleich mit der Grenzplankosten- und Deckungsbeitragsrechnung, in: Horváth P. (Hrsg.): Strategieunterstützung durch das Controlling: Revolution im Rechnungswesen?, Stuttgart, 1990, S. 211 - 225

[Franz 90b]
Franz K.-P.: Die Prozeßkostenrechnung - Darstellung und Vergleich mit der Plankosten- und Deckungsbeitragsrechnung, in: Ahlert D. et al. (Hrsg.): Finanz- und Rechnungswesen als Führungsinstrument. Festschrift zum 65. Geburtstag von Herbert Vormbaum, Wiesbaden, 1990, S. 109 - 136

[Franz 91]
Franz K.-P.: Stellungnahme zu Coenenberg, A. G./Fischer, Th. M.: Prozeßkostenrechnung - Strategische Neuorientierung in der Kostenrechnung, DBW, 51. Jg (1991), S. 21 - 38, in: Die Betriebswirtschaft, 51. Jg., Heft 4/1992, S. 536 - 540

[Franz 92]
Franz K.-P.: Die Prozeßkostenrechnung - Entstehungsgründe, Aufbau und Abgrenzung von anderen Kostenrechnungssystemen, in: Wirtschaftswissenschaftliches Studium (WiSt), Heft 12/1992, S. 605 - 610

[Freundorfer-Musli/Scholz 96]
Freundorfer-Musli S., Scholz B.: Verbesserte Personalbedarfsplanung durch Prozeßkostenrechnung, in: Die Bank, Heft 1/1996, S. 15 - 19

[Friedl 95]
Friedl B.: Anforderungen unterschiedlicher Rechnungsziele an die Prozeßkostenrechnung, in: Männel W. (Hrsg.): Prozeßkostenrechnung - Bedeutung, Methoden, Branchenerfahrungen, Softwarelösungen, Wiesbaden, 1995, S. 103 - 113

[Fröhling 92]
Fröhling O.: Thesen zur Prozeßkostenrechnung, in: Zeitschrift für Betriebswirtschaft (ZfB), 62. Jg., Heft 7/1992, S. 723 - 741

[Fromm 92]
Fromm H.: Das Management von Zeit und Variabilität in Geschäftsprozessen, in: CIM Management, 8. Jg., Heft 5/1992, S. 7 - 14

[Gablers Wirtschafts-Lexikon 88]
Gablers Wirtschafts-Lexikon - Taschenbuch-Kassette mit 6 Bd., 10. Aufl. u.d.T., Band 6 U-Z, 12. vollst. neu bearb. u. erw. Aufl., Wiesbaden, 1988

[Gaßner 94]
Gaßner P.: Die Wirtschaftlichkeit von Elektronischem Datenaustausch (EDI): Versuch einer Bewertung, München, 1994

[Gerke 95]
Gerke W.: Prozeßkostenrechnung im Bankbetrieb, in: Schierenbeck H., Moser H. (Hrsg.): Handbuch Bankcontrolling, Wiesbaden, 1995, S. 393 -410

[Glaser 91]
Glaser H.: Zur Bedeutung der Prozeßkostenrechnung als Controllinginstrument, in: Controlling, Heft 6/1991, S. 299 - 303

[Glaser 92]
Glaser H.: Prozeßkostenrechnung - Darstellung und Kritik, in: Zeitschrift für betriebswirtschaftliche Forschung (Zfbf), 44. Jg., Heft 3/1992, S. 275 - 288

[Götze 93]
Götze U.: Szenario-Technik in der strategischen Unternehmensplanung, 2. aktual. Aufl., Wiesbaden, 1993

[Götzelmann 93]
Götzelmann F.: Prozeßkostenrechnung - Ausweg aus der Krise der Kostenrechnung, in: Wirtschaftsstudium (WISU), Heft 1/1993, S. 36 - 38

[Götzinger/Michael 93]
Götzinger M., Michael H.: Kosten- und Leistungsrechnung - Eine Einführung, 6. überarb. und erw. Aufl., Heidelberg, 1993

[Grebe 95]
Grebe M.: Kundenpräferenzszenario: Bestandsaufnahme, Studie CCM/5051, Institut für Bankinformatik an der Universität Regensburg (Hrsg.), Regensburg, 1995

[Gruber 96]
Gruber P.: Firewall-Systeme kaufen Hackern den Schneid ab - Gegen Internet-Attacken ist kein wirksames Kraut gewachsen, in: Computerwoche, Heft 46/1996, S. 31 - 32

[Gutenberg 83]
Gutenberg E.: Grundlagen der Betriebswirtschaftslehre - Erster Band: Die Produktion, 24. unveränd. Aufl., Berlin, Heidelberg, New York, 1983

[Haist/Fromm 89]
Haist F., Fromm H.: Qualität im Unternehmen: Prinzipien - Methoden - Techniken, München, 1989

[Harrington 87]
Harrington H. J.: The Improvement Process, New York, 1987

[Harrington/Reed 96]
Harrington L., Reed G.: Electronic commerce (finally) comes of age, in: The McKinsey Quarterly, Heft 2/1996, S. 68 - 77

[Hartung 89]
Hartung J.: Statistik: Lehr- und Handbuch der angewandten Statistik; mit zahlreichen, vollständig durchgerechneten Beispielen, 7. durchges. Aufl., München, Wien, 1989

[Hein 93]
Hein M.: Einführung in die Bankbetriebslehre, 2. Aufl., München, 1993

[Heinen 62]
Heinen E.: Die Zielfunktion der Unternehmung, in: Koch H. (Hrsg.): Zur Theorie der Unternehmung, Festschrift zum 65. Geburtstag von Erich Gutenberg, Wiesbaden, 1962, S. 9 ff.

[Heinrich 96]
Heinrich W.: Gedämpfte Euphorie - Der Nutzungsgrad des weltweiten Datennetzes ist keineswegs so groß, wie vielfach suggeriert. Dies belegt eine Exklusiv-Studie für Business Computing, in: Business Computing, Heft 8/1996, S. 92 - 94

[Heitmüller 91]
Heitmüller H.-M.: Auswirkungen der Selbstbedienung auf das Vertriebssystem, in: Süchting J., van Hooven E. (Hrsg.): Handbuch des Bankmarketing, 2. völlig überarb. und erw. Aufl., Wiesbaden, 1991, S. 191 - 210

[Held 96]
Held P.: Die DV-Zukunft im Blick - Einfluß neuer Technologien und Trends auf das Retail Banking, in: Geldinstitute, Heft 3/1996, S. 6 - 10

[Helfrich 87]
Helfrich C.: Überlegungen zur Auswahl von PPS-Systemen, in: io Management Zeitschrift, Heft 4/1987, S. 199 - 202

[Herchenröder/Vasak 96]
Herchenröder P., Vasak D.: Mit der Monte-Carlo-Methode zu realitätsnahen Simulationen, in: Computerwoche, Heft 16/1996, 19.4.1996, S. 18

[Hess/Brecht 96]
Hess T., Brecht L.: State of the art des Business process redesign: Darstellung und Vergleich bestehender Methoden, 2. überarb. und erw. Aufl., Wiesbaden, 1996

[Hies 96]
Hies M.: Banken und Multimedia: schrittweise Annäherung, in: Bank und Markt, Heft 3/1996, S. 25 - 28

[Hoffjan/Liske 95]
Hoffjan A., Liske S.: Strategisches Kostenmanagement im Massengeschäft von Kreditinstituten, in: Österreichisches Bank-Archiv, Heft 9/1995, S. 680 - 689

[Hölscher 95]
Hölscher R.: Die Marktzinsmethode als Basiskonzept der Zinsergebnisrechnung von Einzelgeschäften, in: Schierenbeck H., Moser H. (Hrsg.): Handbuch Bankcontrolling, Wiesbaden, 1995, S. 243 - 266

[Holst 91]
Holst J.: Prozeß-Management im Verwaltungsbereich der IBM Deutschland GmbH, in: IFUA Horváth & Partner GmbH (Hrsg.): Prozeßkostenmanagement, München, 1991, S. 271 - 290

[Holst 92]
Holst J.: Der Wandel im Dienstleistungsbereich, in: Controlling, 4. Jg., Heft 5/1992, S. 260 - 267

[Horngren 82]
Horngren C. T.: Cost Accounting - A Managerial Emphasis, 5. Aufl., Englewood Cliffs, 1982

[Horngren 92]
Horngren C. T.: Reflections on Activity Based Accounting in the United States, in: Zeitschrift für betriebswirtschaftliche Forschung (Zfbf), 44. Jg., Heft 3/1992, S. 289 - 293

[Horváth 88]
Horváth P.: Grundprobleme der Wirtschaftlichkeitsanalyse beim Einsatz neuer Informations- und Produktionstechnologien, in: Horváth P. (Hrsg.): Wirtschaftlichkeit neuer Produktions- und Informationstechnologien, 1988, S. 1 - 14

[Horváth 90]
Horváth P. (Hrsg.): Strategieunterstützung durch das Controlling: Revolution im Rechnungswesen?, Stuttgart, 1990

[Horváth 96]
Horváth P.: Controlling, 6. vollst. überarb. Aufl., München, 1996

[Horváth et al. 93]
Horváth P. et al.: Prozeßkostenrechnung - oder wie die Praxis die Theorie überholt - Kritik und Gegenkritik, in: Die Betriebswirtschaft, 53. Jg., Heft 5/1993, S. 609 - 628

[Horváth/Mayer 88]
Horváth P., Mayer R.: CIM-Wirtschaftlichkeit aus Controller-Sicht, in: CIM Management, Heft 4/1988, S. 48 - 53

[Horváth/Mayer 89]
Horváth P., Mayer R.: Prozesskostenrechnung, in: Controlling, 1. Jg., Heft 4/1989, S. 214 - 219

[Horváth/Mayer 90]
Horváth P., Mayer R.: CIM-Wirtschaftlichkeit aus Controller-Sicht, in: Krallmann H. (Hrsg.): CIM: Expertenwissen für die Praxis, München, Wien, Oldenbourg, 1990, S. 397 - 407

[Horváth/Mayer 91]
Horváth P., Mayer R.: Anmerkungen zum Beitrag von A. G. Coenenberg / T. M. Fischer »Prozeßkostenrechnung - Strategische Neuorientierung in der Kostenrechnung« DBW, 51. Jg (1991), S. 21 - 38, in: Die Betriebswirtschaft, 51. Jg., Heft 4/1991, S. 540 - 542

[Horváth/Mayer 93]
Horváth P., Mayer R.: Prozesskostenrechnung - Konzeption und Entwicklungen, in: Kostenrechnungspraxis, Sonderheft 2/1993, S. 15 - 28

[Horváth/Mayer 95]
Horváth P., Mayer R.: Konzeption und Entwicklungen der Prozeßkostenrechnung, in: Männel W. (Hrsg.): Prozeßkostenrechnung - Bedeutung, Methoden, Branchenerfahrungen, Softwarelösungen, Wiesbaden, 1995, S. 59 - 86

[Hoyer/Schuster 91]
Hoyer R., Schuster W.: Steuerung des Produktivitätsergebnisses in Banken auf der Basis prozeßorientierter Standardstückkosten, in: Witt J. (Hrsg.): Aktivitätscontrolling und Prozeßkostenmanagement, Stuttgart, 1991

[Kampmann 95]
Kampmann S.: Bankkostenrechnung: Neukonzeption unter Einsatz der Prozeßkostenrechnung, Diss., Wiesbaden, 1995

[Kastner/Bohnenkamp 93]
Kastner K. H., Bohnenkamp P.: Beratung im Dienstleistungssektor - Ein kommunikatives Phänomen empirisch beobachtet, in: Office Management, Heft 5/1993, S. 50 - 53

[Kattler 91]
Kattler T.: Office Automation: Eine Bestandsaufnahme Technologie, Trends, Wirtschaftlichkeit, Bergheim, 1991

[Kilger 87]
Kilger W.: Einführung in die Kostenrechnung, 3. durchges. Aufl., Wiesbaden, 1987

[Kilger 93]
Kilger W.: Flexible Plankostenrechnung und Deckungsbeitragsrechnung, 10. vollst. überarb. und erw. Aufl., Wiesbaden, 1993

[Kilhey 87]
Kilhey U.: Die Beurteilung des Erfolges von Bankprodukten als Grundlage produktpolitischer Entscheidungen, Frankfurt/Main, 1987

[Kloock 92a]
Kloock J.: Prozeßkostenrechnung als Rückschritt und Fortschritt der Kostenrechnung (Teil 1), in: Kostenrechnungspraxis, Heft 4/1992, S. 183 - 193

[Kloock 92b]
Kloock J.: Prozeßkostenrechnung als Rückschritt und Fortschritt der Kostenrechnung (Teil 2), in: Kostenrechnungspraxis, Heft 5/1992, S. 237 - 245

[Klümper 96]
Klümper R.: Wann schreibt Multimedia positive Zahlen? - Ein Versuch der Kosten-Nutzen-Analyse multimedial unterstützter POS-Systeme, in: Geldinstitute, Heft 3/1996, S. 60 - 65

[Kreuzer 96]
Kreuzer, M.: Elektronische Vertriebswege - Die zukünftige Entwicklung und Bedeutung elektronischer Kommunikationskanäle und ihre Eignung zum Absatz von Bankleistungen im Privatkundengeschäft, Diss., Regensburg, 1996

[Krümmel/Rudolph 83]
Krümmel H.-J., Rudolph B.: Strategische Bankplanung - Konzepte, Erfahrungen und Perspektiven der langfristigen Unternehmensplanung bei Banken, Frankfurt am Main, 1983

[Kruschwitz 93]
Kruschwitz L.: Investitionsrechnung, 5. durchges. Aufl., Berlin, New York, 1993

[Kruschwitz 95]
Kruschwitz L.: Finanzierung und Investition, Berlin, New York, 1995

[Kuckelkorn 94]
Kuckelkorn D.: Home Banking als Vertriebsweg der Zukunft?, in: Bank und Markt, Heft 6/1994, S. 42 - 45

[Kueng/Bichler/Schrefl 96]
Kueng P., Bichler P., Schrefl M.: Geschäftsprozeßmodellierung: ein zielbasierter Ansatz, in: Information Management, Heft 2/1996, S. 40 - 50

[Kuhn 95]
Kuhn W.: Heutige und zukünftige Bedeutung des stationären Vertriebs über Zweigstellen, in: Betsch O., Wiechers R. (Hrsg.): Handbuch Finanzvertrieb: Vertriebsstrategien - Vertriebswege - Vertriebsmanagement, Frankfurt/Main, 1995, S. 157 - 173

[Kuhn/Manthey 96]
Kuhn A., Manthey C.: Kosten- und Leistungstransparenz durch die ressourcenorientierte Prozeßkettenanalyse, in: Kostenrechnungspraxis, 40. Jg., Heft 3/1996, S. 129 - 138

[Kümmel 93]
Kümmel A. T.: Bewertung von Kreditinstituten nach dem Shareholder Value Ansatz, Heinrich v. Stein (Hrsg.): Studienreihe der Stiftung Kreditwirtschaft an der Universität Hohenheim, 2. Aufl., Sternenfels, Berlin, 1995

[Küpper 91]
Küpper H.-U.: Prozeßkostenrechnung - ein strategisch neuer Ansatz? - Anmerkungen zum Beitrag »Prozeßkostenrechnung - Strategische Neuorientierung in der Kostenrechnung« von Coenenberg/Fischer DBW, 51. Jg (1991), S. 21 - 38, in: Die Betriebswirtschaft, 51. Jg., Heft 3/1991, S. 388 - 391

[Küting 93a]
Küting K.-H.: Stand und offene Probleme der Prozeßkostenrechnung (Teil I), in: Deutsches Steuerrecht, Heft 9/1993, S. 335 - 339

[Küting 93b]
Küting K.-H.: Stand und offene Probleme der Prozeßkostenrechnung (Teil II), in: Deutsches Steuerrecht, Heft 10/1993, S. 369 - 374

[Küting/Lorson 91]
Küting K.-H., Lorson P.: Grenzplankostenrechnung versus Prozeßkostenrechnung - Quo vadis Kostenrechnung?, in: Betriebs-Berater, Heft 21/1991, 30.7.1991, S. 1421 - 1433

[Küting/Lorson 95]
Küting K.-H., Lorson P.: Stand, Entwicklungen und Grenzen der Prozeßkostenrechnung, in: Männel W. (Hrsg.): Prozeßkostenrechnung - Bedeutung, Methoden, Branchenerfahrungen, Softwarelösungen, Wiesbaden, 1995

[Lehner 93]
Lehner F.: Informatik-Strategien: Entwicklung, Einsatz und Erfahrungen, München, Wien, 1993

[Leichsenring 88]
Leichsenring H.: Kostenrechnung als Instrument der Filialsteuerung in Banken, in: Die Bank, Heft 3/1988, S. 152 - 157

[Lohmann 91]
Lohmann U.: Prozeßkostenrechnung - Ein Erfahrungsbericht, in: Controller Magazin, Heft 5/1991, S. 265 - 274

[Lorson 92]
Lorson P.: Prozeßkostenrechnung versus Grenzplankostenrechnung, in: Kostenrechnungspraxis, Heft 1/1992, S. 7 - 14

[Lutter 94]
Lutter M.: Vom Electronic Banking zum Virtual Consulting - ein Szenario für den Kunden der Zukunft, in: Bank und Markt, Heft 3/1994, S. 23 - 25

[Lux 95]
Lux H.: Der Internet-Markt in Deutschland: Provider & Dienstleister, Heidelberg, 1995

[Lux/Heinen 96]
Lux H., Heinen I.: Internet-Provider in Deutschland, in: Business Online, Heft 4/1996, Beilage

[Mabberley 92]
Mabberley J.: The Price Waterhouse guide to activity-based costing for financial institutions, Pitman Publishing, 1992

[Männel 95]
Männel W. (Hrsg.): Prozeßkostenrechnung - Bedeutung, Methoden, Branchenerfahrungen, Softwarelösungen, Wiesbaden, 1995

[Männel 96]
Männel W.: Make-or-Buy-Entscheidungen, in: Kostenrechnungspraxis, 40. Jg., Heft 3/1996, S. 148 - 150

[Männel/Müller 95]
Männel W., Müller H. (Hrsg.): Modernes Kostenmanagement: Grenzplankostenrechnung als Controllinginstrument; Beiträge der Plaut-Gruppe, Wiesbaden, 1995

[Markwitz/Golob 96]
Markwitz S., Golob T.: Java - und sonst nichts? Vorteile und Schwächen - Warum eine Programmiersprache in aller Munde ist, in: Computerwoche, Heft 46/1996, S. 28

[Mayer 90]
Mayer R.: Prozeßkostenrechnung, in: Kostenrechnungspraxis, Heft 5/1990, S. 307 - 312

[Mayer 91]
Mayer R.: Prozeßkostenrechnung und Prozeßkostenmanagement: Konzept, Vorgehensweise und Einsatzmöglichkeiten, in: IFUA Horváth & Partner GmbH (Hrsg.): Prozeßkostenmanagement, München, 1991, S. 73 - 99

[Mayer/Glaser 91]
Mayer R., Glaser H.: Die Prozeßkostenrechnung als Controllinginstrument - Pro und Contra, in: Controlling, Heft 6/1991, S. 296 - 298

[Mendonca/Nakache 96]
Mendonca L., Nakache P.: Branch banking is not a dinosaur, in: The McKinsey Quarterly, Heft 1/1996, S. 136 - 147

[Mertens/Back-Hock 91]
Mertens P., Back-Hock A.: Prozeßkostenrechnung und EDV - Ergänzende Anmerkungen zum Beitrag von Adolf G. Coenenberg und Thomas Fischer »Prozeßkostenrechnung - Strategische Neuorientierung in der Kostenrechnung« DBW, 51. Jg (1991), S. 21 - 38, in: Die Betriebswirtschaft, 51. Jg., Heft 4/1991, S. 542 f.

[Meyer-Schönherr 91]
Meyer-Schönherr M.: Szenario-Technik als Instrument der strategischen Planung, Diss., Ludwigsburg, Berlin, 1991

[Meyer zu Selhausen 92]
Meyer zu Selhausen H.: Elektronisches Bankmarketing, in: Hermanns A., Flegel V. (Hrsg.): Handbuch des Electronic Marketing: Funktionen und Anwendungen der Informations- und Kommunikationstechnik im Marketing, München, 1992, S. 855 - 876

[Meyer zu Selhausen 95]
Meyer zu Selhausen H.: Interne Leistungsverrechnung in der Profitcenter-Rechnung, in: Schierenbeck H., Moser H. (Hrsg.): Handbuch Bankcontrolling, Wiesbaden, 1995, S. 375 - 392

[Meyer/Dornach 94]
Meyer A., Dornach F.: Das deutsche Kundenbarometer 1994, München, 1994

[Meyer/Dornach/Ertl 96]
Meyer A., Dornach F., Ertl R.: Befragungen: Neue Wege zum Kunden - Das Deutsche Kundenbarometer registriert die (Un)Zufriedenheit mit Banken, in: Genossenschaftsblatt, Heft 12/1996, 15.12.1996, S. 7 - 13

[Miller/Vollmann 85]
Miller J. G., Vollmann Th. E.: The hidden factory, in: Harvard Business Review, Vol. 55 (1985) 5, S. 142 - 150

[Mißler-Behr 93]
Mißler-Behr M.: Methoden der Szenarioanalyse, Diss., Wiesbaden, 1993

[Mühlenkamp 94]
Mühlenkamp H.: Kosten-Nutzen-Analyse, München, Wien, Oldenbourg, 1994

[Nader/Johnson/Bühler 96]
Nader G., Johnson M. D., Bühler W.: Kundenzufriedenheit und Unternehmenserfolg - Eine kausalanalytische Betrachtung am Beispiel des Privatkreditgeschäfts von Universalbanken, in: Österreichisches Bank-Archiv, Heft 9/1996, S. 702 - 710

[Network Zone 96]
Network Zone: WWW-URL: http://www.nw.com/zone/host-count-history

[Newman/Melson 96]
Newman D., Melson B.: Can firewalls take the heat?, in: DataComm Magazine, Heft 11/1995, 21.11.1995

[o.V. 96a]
o.V.: Bank-Tech-Barometer - Umfrage über Investitionsentscheidungen, in: Geldinstitute, Heft 1,2/1996, S. 12 - 13

[o.V. 96b]
o.V.: Harter Wettbewerb der Direktbanken - Advance Bank / Beim Wertvolumen über Plan, in: Handelsblatt, 12.12.1996, Nr. 241, S. 16

[o.V. 96c]
o.V.: America Online: Absage an das Internet läßt Analysten zweifeln - CompuServe hat nur vage Vorstellungen zur Web-Zukunft, in: Computerwoche, Heft 24/1996, 14.6.1996, S. 10

[o.V. 96d]
o.V.: MS-Normandy soll CompuServe nun auf Internet-Kurs trimmen - NSA erlaubt Microsoft den Export von Verschlüsselungsverfahren, in: Computerwoche, Heft 24/1996, 14.6.1996, S. 2

[o.V. 96e]
o.V.: Advance Bank sieht sich als Vorreiter, in: Süddeutsche Zeitung, 23.3.1996, S. 25

[o.V. 96f]
o.V.: WWW - Sicherheit als Marketing?, in: Bank und Markt, Heft 10/1996, S. 4

[o.V. 96g]
o.V.: bm-Blickpunkte - Kampfpreise, in: Bank und Markt, Heft 10/1996, S. 6

[o.V. 97]
o.V.: Alles drängt ins Internet, in: com! Das Online-Magazin, Heft 1/1997, S. 15

[Obermayr et al. 95]
Obermayr K., Gulbins J., Uhl T., Strobel S.: Das Internet-Handbuch für Windows, Heidelberg, 1995

[Obermeier 77]
Obermeier G.: Nutzen-Kosten-Analysen zur Gestaltung computergestützter Informationssysteme, Diss., München, 1977

[Obst/Hintner 93]
Obst G., Hintner O.: Geld-, Bank- und Börsenwesen: ein Handbuch, Kloten N., von Stein J. H. (Hrsg.), 39. völlig neu bearb. Aufl., Stuttgart, 1993

[Oehler 90]
Oehler A.: Die Akzeptanz der technikgestützten Selbstbedienung im Privatkundengeschäft von Universalbanken, Stuttgart, 1990

[Online/Offline 96]
SPIEGEL-Verlag, manager magazin (Hrsg.): Studie Online - Offline, SPIEGEL-Verlag, Hamburg, 1996

[Österle 95]
Österle H.: Business Engineering: Prozeß- und Systementwicklung - Band 1: Entwurfstechniken, Heidelberg, 1995

[Österle et al. 95]
Österle H. et al.: Business Engineering: Prozeß- und Systementwicklung - Band 2: Fallbeispiel, Heidelberg, 1995

[Ostrenga 90]
Ostrenga M. R.: Activities: The Focal Point of Total Cost Management, in: Management Accounting, Vol. 71 (1990) 2, S. 42 - 49

[O'Neil/Achter 96]
O'Neil P., Achter S.: Sichere Transaktionen trotz Online-Attacken - Electronic Commerce braucht zuverlässige Systeme, in: Computerwoche, Heft 46/1996, S. 58 - 60

[Parker/Benson/Trainor 88]
Parker M. M., Benson R. J., Trainor H. E.: Information Economics - Linking Business Performance to Information Technology, Englewood Cliffs, 1988

[Peters 96]
Peters R.-H.: Marktlücke im Netz - Springer bietet Privatleuten attraktive lokale Informationen. Kann die Konkurrenz gegenhalten?, in: Wirtschaftswoche, 14.11.1996, Nr. 47, S. 120 - 122

[Petzel 95]
Petzel E.: Management der Informationssicherheit, Diss., Regensburg, 1995

[Pfeiffer/Weiß/Strubl 94]
Pfeiffer W., Weiß E., Strubl C.: Systemwirtschaftlichkeit - Konzeption und Methodik zur betriebswirtschaftlichen Fundierung innovationsorientierter Entscheidungen, Göttingen, 1994

[Pfohl/Stölzle 91]
Pfohl H.-C., Stölzle W.: Anwendungsbedingungen, Verfahren und Beurteilung der Prozeßkostenrechnung in industriellen Unternehmen, Zeitschrift für Betriebswirtschaft, 61. Jg., Heft 11/1991, S. 1281 - 1305

[Picot/Reichwald 84]
Picot A., Reichwald R.: Bürokommunikation Band 5: Kommunikationstechnik und Wirtschaftlichkeit, CW-Publikationen, München, 1984

[Picot/Reichwald 87]
Picot A., Reichwald R.: Bürokommunikation: Leitsätze für den Anwender, 3. Aufl., Halbergmoos, 1987

[Porter 96]
Porter M. E.: Wettbewerbsvorteile (Competitive Advantage) - Spitzenleistungen erreichen und behaupten, 4. Aufl., Frankfurt/Main, 1996

[Priewasser 94]
Priewasser E.: Die Priewasser-Prognose. Bankstrategien und Bankmanagement 2009, Frankfurt/Main, 1994

[Reich 95]
Reich T.: Prozeßverbesserung durch Prozeßinnovation - Japanisches, amerikanisches und europäisches Kostenmanagement im Vergleich, Seicht G. (Hrsg.): Moderne Betriebswirtschaft, Band XI, Wien, 1995

[Reichling/Köberle 92]
Reichling P., Köberle G.: Zwischen Markt und Hierarchie; Prozeßkostenrechnung, in: Controller Magazin, Heft 1/1992, S. 22 - 26

[Reimer-Mortensen/Funken-Luce 96]
Reimer-Mortensen S., Funken-Luce A.: Innovative Vertriebswege - Chancen und Herausforderungen für Geldinstitute, in: Geldinstitute, Heft 1,2/1996, S. 18 - 20

[Riebel 90]
Riebel P.: Einzelkosten- und Deckungsbeitragsrechnung - Grundfragen einer markt- und entscheidungsorientierten Unternehmensrechnung, 6. wesentlich erw. Aufl., Wiesbaden, 1990

[Rieg 95]
Rieg R.: Entscheidungsrelevanz der Prozeßkostenrechnung, in: Kostenrechnungspraxis, Heft 4/1995, S. 234 - 238

[Rodewald 95]
Rodewald B.: Selbstbedienung im Privatkundengeschäft - Aktueller Stand und Zukunftsperspektiven, in: Betsch O., Wiechers R. (Hrsg.): Handbuch Finanzvertrieb, Vertriebsstrategien - Vertriebswege - Vertriebsmanagement, Frankfurt/Main, 1995, S. 537 - 553

[Rodewald 96]
Rodewald B.: Direkt Banking und Verbundstrukturen - allen Gefahren begegnet?, in: Bank und Markt, Heft 10/1996, S. 8 - 10

[Roemer/Buhl 96]
Roemer M., Buhl H. U.: Das World Wide Web als Alternative zur Bankfiliale: Gestaltung innovativer IKS für das Direktbanking, in: Wirtschaftsinformatik, 38. Jg., Heft 6/1996, S. 565 - 577

[Rogalski 96]
Rogalski M.: Prozeßkostenrechnung im Rahmen der Einzelkosten- und Deckungsbeitragsrechnung, in: Kostenrechnungspraxis, Heft 2/1996, S. 91 - 97

[Rottenbacher 94]
Rottenbacher A.: Strategische Neuausrichtung des Privatkundengeschäfts in den neunziger Jahren, Stuttgart, 1994

[Rueppel 96]
Rueppel R.: IT-Sicherheit - Strategischer Faktor in der Finanzwirtschaft, in: Ewerdwalbesloh G. (Hrsg.): Telekommunikation für Banken und Versicherungen, Berlin, 1996, S. 149 - 160

[Saliger 93]
Saliger E.: Betriebswirtschaftliche Entscheidungstheorie: Einführung in die Logik individueller und kollektiver Entscheidungen, 3. verb. Aufl., München, Wien, Oldenbourg, 1993

[Scheer 95]
Scheer A.-W.: Wirtschaftsinformatik: Referenzmodelle für industrielle Prozesse, Heidelberg, Berlin, 1995

[Schell 88]
Schell G. R.: Die Ertragsermittlung für Bankbewertungen, Ballwieser W., Ordelheide D. (Hrsg.): Betriebswirtschaftliche Studien Rechnungs- und Finanzwesen, Organisation und Institution, Band 8, Frankfurt a. Main, 1988

[Schierenbeck 92]
Schierenbeck H.: Kostenmanagement als zentrale bankstrategische Herausforderung, in: Produktivitätsmanagement für Finanzdienstleister, in: Rolfes B., Schierenbeck H., Schüller S. (Hrsg.): Band 1 der Schriftenreihe des Zentrums für Ertragsorientiertes Bankmanagement, Frankfurt am Main, 1992, S. 1 - 32

[Schierenbeck 94]
Schierenbeck H.: Ertragsorientiertes Bankmanagement - Controlling in Kreditinstituten, 4. überarb. und erw. Aufl., Wiesbaden, 1994

[Schierenbeck 95]
Schierenbeck H.: Controlling als integriertes Konzept ertragsorientierter Banksteuerung, in: Schierenbeck H., Moser H. (Hrsg.): Handbuch Bankcontrolling, Wiesbaden, 1995, S. 3 - 30

[Schierenbeck/Marusev 90]
Schierenbeck H., Marusev A. W.: Margenkalkulation von Bankprodukten im Marktzinsmodell, in: Horváth P. (Hrsg.): Strategieunterstützung durch das Controlling: Revolution im Rechnungswesen?, Stuttgart, 1990, S. 353 - 381

[Schildbach 93]
Schildbach T.: Vollkostenrechnung als Orientierungshilfe - Ein Rechtfertigungsversuch, in: Die Betriebswirtschaft, 53. Jg., Heft 3/1993, S. 345 - 359

[Schmidt 86]
Schmidt R. H.: Grundzüge der Investitions- und Finanzierungstheorie, 2. durchges. Aufl., Wiesbaden, 1986

[Schmidt-Sudhoff 76]
Schmidt-Sudhoff U.: Unternehmerziele und unternehmerisches Zielsystem, Wiesbaden, 1976

[Schmitt 93]
Schmitt T.: Standardeinzelkostenrechnung für Banken, Wiesbaden, 1993

[Schneider 92]
Schneider D.: Investition, Finanzierung und Besteuerung, 7. vollst. überarb. und erw. Aufl., Wiesbaden, 1992

[Schröder 95]
Schröder G. A.: ABC-Analyse im Kundengeschäft, in: Schierenbeck H., Moser H. (Hrsg.): Handbuch Bankcontrolling, Wiesbaden, 1995, S. 477 - 490

[Schüller 92]
Schüller S.: Ertragsorientierte Produktivitätssteuerung, in: Rolfes B. et al. (Hrsg.): Produktivitätsmanagement für Finanzdienstleister, 1992, S. 33 - 63

[Schüller 95]
Schüller S.: Stückkostenkalkulation mit Hilfe der prozeßorientierten Standard-Einzelkostenrechnung, in: Schierenbeck H., Moser H. (Hrsg.): Handbuch Bankcontrolling, Wiesbaden, 1995, S. 357 - 374

[Schumann 92]
Schumann M.: Betriebliche Nutzeffekte und Strategiebeiträge der großintegrierten Informationsverarbeitung, Berlin, 1992

[Schürmann 96]
Schürmann H.: Dabei sein ist alles - Internet / Thema des Jahres, in: Handelsblatt, 18.12.1996, S. B3

[Schuurmans/Thalmann 96]
Schuurmans L., Thalmann B.: Erfolgsfaktoren bei der Einführung einer Prozeßkostenrechnung, in: io Management, Heft 12/1996, S. 41 - 44

[Schwan 95]
Schwan T.: Konzept und Architektur eines Planungsmodells zur Bewertung rechnerintegrierter Systeme in Produktionsbereichen, Diss., Hallstadt, 1995

[Schweitzer/Küpper 95]
Schweitzer M., Küpper H.-U.: Systeme der Kosten- und Erlösrechnung, 6. vollst. überarb. und erw. Aufl., München, 1995

[Seicht 92]
Seicht G.: Investition und Finanzierung - Theoretische Grundlagen und praktische Gestaltung, 7. Aufl., Wien, 1992

[Seiler 96]
Seiler M.: Internet-Banking befindet sich auf dem Vormarsch, in: Computerwoche, Heft 50/1996, S. 23 - 24

[Siemens 85]
Siemens: Prozeßorientierte Kostenrechnung im KWS, Augsburg, München, 1985

[SNI 94]
Siemens Nixdorf: Bancs Marketing Guide '94, München, Paderborn, 1994

[Stockmann 96]
Stockmann C.: Elektronische Bankfilialen und virtuelle Banken - Das Privatkundengeschäft von Universalbanken im elektronischen Markt, Diss., Regensburg, 1996

[Stockmann 97]
Stockmann C.: Gerüstet für den Online-Kunden - BO-Branchenreport: Banken und Finanzdienstleister, in: Business Online, Heft 1-2/1997, S. 38 - 42

[Straub 90]
Straub E.: Electronic Banking - Die elektronische Schnittstelle zwischen Banken und Kunden, Bern, Stuttgart, 1990

[Ströbele 96]
Ströbele E.: Online Banking gewinnt an Fahrt - Immer neue Ideen für elektronisch unterstützte Kundenkommunikation, in: Geldinstitute, Heft 10/1996, S. 22 - 31

[Süchting 92]
Süchting J.: Bankmanagement, 3. vollst. überarb. und erw. Aufl., Stuttgart, 1992

[Süchting/Krumnow 89]
Süchting J., Krumnow J.: Bankcontrolling - Bankspezifische Aspekte und Instrumente, in: Controlling, Heft 4/1989, S. 220 - 226

[Treplin 95]
Treplin D. (Hrsg.): Marktübersicht Online-Dienste - Zehn in- und ausländische Systeme im Vergleich, MGM Media Gruppe München, München, 1995

[Turiaux 95]
Turiaux J.: Electronic Banking und stationärer Vertrieb, in: Betsch O., Wiechers R. (Hrsg.): Handbuch Finanzvertrieb: Vertriebsstrategien - Vertriebswege - Vertriebsmanagement, Frankfurt/Main, 1995, S. 263 - 277

[Vikas 88]
Vikas K.: Controlling im Dienstleistungsbereich mit Grenzplankostenrechnung, Wiesbaden, 1988

[Wagner 89]
Wagner C.: Kundenverständnis und Kundenberatungszeit im Bankgeschäft, Wien, 1989

[Wäscher 90]
Wäscher D.: Prozeßorientiertes Gemeinkostenmanagement, in: Horváth P. (Hrsg.): Strategieunterstützung durch das Controlling: Revolution im Rechnungswesen?, Stuttgart, 1990, S. 211 - 225

[Weber 91]
Weber J.: Rechnungswesenwahl im Prozeßmanagement, in: Witt J. (Hrsg.): Aktivitätscontrolling und Prozeßkostenmanagement, Stuttgart, 1991

[Weber 94]
Weber J.: Einführung in das Rechnungswesen: II. Kostenrechnung, 3. verb. Aufl., Stuttgart, 1994

[Weigert 95]
Weigert P.: Die Entwicklung einer controlling-adäquaten DV-Organisation, in: Schierenbeck H., Moser H. (Hrsg.): Handbuch Bankcontrolling, Wiesbaden, 1995, S. 105 - 138

[Weiler 96]
Weiler B.: Auf den direkten Draht kommen sie so langsam alle - Direktbanken, Börsen, Fondsgesellschaften, traditionelle Institute und andere im Internet, in: Frankfurter Allgemeine Zeitung, 27.12.1996, Nr. 301, S. 17

[Weiss 96]
Weiss R.: Firewall: Sicherheitsbarriere zwischen Internet und Intranet, in: Publi-Forum, Heft 2/1996, S. 25 - 26

[Wicki 96]
Wicki L.-P.: Bankweites Wertschöpfungspotential einer Informatik-Plattform - Eine Modellbetrachtung am praktischen Beispiel unter besonderer Berücksichtigung des integrierten Kundenbetreuer-Arbeitsplatzes im Retail Banking und von Verrechnungsaspekten, Diss., St. Gallen, 1996

[Wiebe 96]
Wiebe F.: Auf der Suche nach der Bankfiliale von morgen - Die geänderten Ladenöffnungszeiten springen auf die Banken über, in: Handelsblatt, 10.12.1996, Nr. 239, S. 23

[Wieneke/Prätsch/Beckröge 96]
Wieneke H., Prätsch J., Beckröge L.: Outsourcing contra Geschäftsprozeßanalyse, in: Betriebswirtschaftliche Blätter, Heft 5/1996, S. 203 - 207

[Wöhe 96]
Wöhe G.: Einführung in die allgemeine Betriebswirtschaftslehre, 19. überarb. und erw. Aufl., München, 1996

[Yoshikawa/Innes/Falconer 95]
Yoshikawa T., Innes J., Falconer M.: Prozeßorientierte Funktionsanalyse der Gemeinkostenbereiche, in: Controlling, Heft 4/1995, S. 190 - 198

[Zangemeister 70]
Zangemeister C.: Nutzwertanalyse in der Systemtechnik - Eine Methodik zur multidimensionalen Bewertung und Auswahl von Projektalternativen, München, 1970

[Zelle 92]
Zelle K.-G.: Mit Prozeßkosten genauer kalkulieren, in: Betriebswirtschaftliche Blätter, Heft 5/1992, S. 264 - 267

Springer und Umwelt

Als internationaler wissenschaftlicher Verlag sind wir uns unserer besonderen Verpflichtung der Umwelt gegenüber bewußt und beziehen umweltorientierte Grundsätze in Unternehmensentscheidungen mit ein. Von unseren Geschäftspartnern (Druckereien, Papierfabriken, Verpackungsherstellern usw.) verlangen wir, daß sie sowohl beim Herstellungsprozess selbst als auch beim Einsatz der zur Verwendung kommenden Materialien ökologische Gesichtspunkte berücksichtigen.
Das für dieses Buch verwendete Papier ist aus chlorfrei bzw. chlorarm hergestelltem Zellstoff gefertigt und im pH-Wert neutral.

Springer

Batch number: 10815974

Printed by Printforce, the Netherlands